suhrkamp taschenbuch
wissenschaft 1797

Die amerikanische Philosophin und Politikwissenschaftlerin Seyla Benhabib legt eine Rekonstruktion der politischen Theorie Hannah Arendts vor, die sich deren Werk gerade von ihren weniger bekannten Schriften her nähert. Dabei gelingt es Benhabib, die Spuren einer alternativen Genealogie der Moderne freizulegen. Über die Untersuchung des Spannungsverhältnisses zwischen Totalitarismusanalyse, den Einflüssen der Existenzphilosophie und der genuinen Methode Arendts findet Benhabib einen kritischen Zugang zu ihren Schriften, der auch deren Anschlußmöglichkeiten an aktuelle Debatten aufzeigt. Diese gibt es immer dort, wo es um Bürger- und Menschenrechte, Zivilgesellschaft und politische Öffentlichkeit geht.

»Für jeden, der an der jüngst wieder auflebenden Arendt-Rezeption und an ihrer Relevanz für das zeitgenössische politische Denken interessiert ist, wird Seyla Benhabibs umfassende und ausgewogene Analyse von unschätzbarem Wert sein.« *Richard J. Bernstein*

Seyla Benhabib ist Eugene Meyer Professor of Political Science and Philosophy an der Yale University.

SEYLA BENHABIB

Hannah Arendt – Die melancholische Denkerin der Moderne

Erweiterte Ausgabe

Aus dem Amerikanischen von
Karin Wördemann

Mit einem Nachwort von
Otto Kallscheuer

Suhrkamp

Titel der Originalausgabe: *The Reluctant Modernism of Hannah Arendt*,
zuerst erschienen 1996 bei Sage Publications, Inc.

Vorliegendem Buch liegt die deutsche Erstausgabe zugrunde, die 1998 im Rotbuch Verlag erschien. Sie wurde um ein Vorwort zur Neuauflage sowie einen Anhang von Seyla Benhabib erweitert und enthält ein neues Nachwort von Otto Kallscheuer.

Bibliografische Information der Deutschen Nationalbibliothek
Die Deutsche Nationalbibliothek verzeichnet diese Publikation in der Deutschen Nationalbibliografie; detaillierte bibliografische Daten sind im Internet über http://dnb.d-nb.de abrufbar.

suhrkamp taschenbuch wissenschaft 1797
Erste Auflage 2006
Suhrkamp Verlag Frankfurt am Main

Druck: Books on Demand, Norderstedt
Umschlag nach Entwürfen von
Willy Fleckhaus und Rolf Staudt
Printed in Germany
ISBN 978-3-518-29397-3

2 – 11

INHALT

Verzeichnis der im Text verwendeten Siglen

Arendt/Jaspers, Briefwechsel 1926-1969	AJB
Eichmann in Jerusalem	EJ
Elemente und Ursprünge totaler Herrschaft	TH
Human Condition	HC
Little Rock	LR
On Revolution	OR
Origins of Totalitarianism	OT
Rahel Varnhagen	RV
Über die Revolution	ÜR
Vita activa	VA
Zwischen Vergangenheit und Zukunft	VUZ

VORWORT ZUR NEUAUFLAGE*

Am Anfang des 21. Jahrhunderts gilt Hannah Arendt als eine »Klassikerin der Moderne«. Eine solche Würdigung war ihr jedoch keineswegs immer sicher. Zu Lebzeiten genoß sie zwar als politische Autorin und öffentlich wirksame Intellektuelle großes Ansehen, stand aber auch im Mittelpunkt heftiger Kontroversen, unter denen die Eichmann-Kontroverse wohl die bekannteste, doch keineswegs die einzige war.[1] Zudem warf man Arendt vor, und das nicht gerade selten, sich in Bereiche wie die jüdische Geschichte, den Holocaust und amerikanische Debatten um die Aufhebung der Rassentrennung einzumischen – um nur einige wenige Beispiele zu nennen –, auf die sie nicht spezialisiert war. In voller Kenntnis ihrer äußerst ungewöhnlichen Rolle in der Nachkriegsöffentlichkeit in den USA und Europa, wollte sie selbst nicht als »Philosophin« bezeichnet werden und beschrieb sich gegenüber Karl Jaspers, ihrem früheren Lehrer, als »irgend etwas zwischen einem Historiker und einem politischen Publizisten«. Diese Einschätzung hat sich geändert. Mittlerweile gehört Hannah Arendt zu den »klassischen« politischen Philosophen des Westens und hat ihren angestammten Platz neben den männlichen Stars des intellektuellen Kanons eingenommen.

I.

Die erste englische Ausgabe von *»Hannah Arendt – Die melancholische Denkerin der Moderne«* wurde zu einem Zeitpunkt geschrieben

* Ich bedanke mich sehr herzlich bei Karin Wördemann für die Übersetzung der ursprünglichen englischen Einleitung und bei Christian Volk für seine sprachlichen und begrifflichen Vorschläge bei der Umarbeitung.

(*1996*), als die gegenwärtige Arendt-Renaissance gerade in Gang kam.[2] Mit dieser Lektüre beabsichtigte ich, im Licht neu gewonnener Einsichten in die historischen und kulturellen Kontexte ihres Denkens eine neue Lesart ihrer politischen Philosophie anzubieten. Die These lautet, daß die deutsche Existenzphilosophie und insbesondere das Denken Martin Heideggers einige von Arendts bekanntesten Kategorien, wie die der Welt, des Handelns und der Pluralität, inspiriert haben. Was Arendt jedoch befähigte, Heideggers Lehren in eine eigenständige politische Philosophie umzusetzen, waren ihre Erfahrungen als deutsche Jüdin im Zeitalter des Totalitarismus.

Obwohl die Einzelheiten von Arendts Leben und ihre leidenschaftliche Anteilnahme an der Politik des 20. Jahrhunderts seit 1982 durch die Biographie von Elisabeth Young-Bruehl, *Hannah Arendt. Leben, Werk und Zeit*, gut bekannt waren, hatte es bislang wenige Versuche gegeben, Arendts essayistische und journalistische Schriften, die ihrer politischen Tätigkeit entstammten, mit den bekannteren philosophischen und politischen Arbeiten zu einem Ganzen zu verbinden. Statt dessen herrschte durchweg eine Lesart, die ich als die »Standardauffassung« von Arendt bezeichne, und diese Lesart dominiert nach wie vor viele Interpretationen ihres Werks. Die »Standardauffassung« behauptet, Arendt sei eine politische Philosophin der Nostalgie, eine Theoretikerin der Gegenmoderne, für die die griechische »Polis« die essentielle politische Erfahrung blieb. Hieraus den Schluß zu ziehen, daß Arendts Denken für heutige Belange nicht nur irrelevant sei, sondern daß es sich bei ihr um eine elitäre Reaktionärin handele, wenn es darum gehe, die Aussichten für liberale Demokratien zu beurteilen, ist dann ein leichtes. Diese Sicht ist nicht nur falsch und einseitig, vielmehr muß *Vita activa*, der Text, auf den sich diese Interpretation im wesentlichen stützt, auf eine subtilere und nuanciertere Art gelesen werden. Das heißt als ein Text, der sich in vielfältigen komplexen Dialogen mit Aristoteles ebenso auseinandersetzt wie mit Martin Heidegger oder Karl Marx.[3]

Um Hannah Arendts philosophische Intentionen zu klären, identifiziere ich zwei Orientierungen, die ihr Werk wie ein roter Faden durchziehen. Einerseits verwendet sie die Methode der fragmentarischen Geschichtsschreibung, für die Walter Benjamin ihr wichtigstes Vorbild war. Nach dem Bruch mit der Tradition konnte man sich der Vergangenheit nicht mehr mit der Absicht nähern, frühere Einsichten in heutige Weisheit zu überführen. Man hatte sich die Menschheitsgeschichte vielmehr wie Sedimente vorzustellen, wie Ablagerungen aus sprachlichen und begrifflichen Schichten. Gerade in den Augenblicken des Bruchs, der Verschiebung und Verwerfung legte die Begriffsgeschichte selbst Zeugnis ab von den tieferliegenden tektonischen Verschiebungen, die unter der Oberfläche des sichtbaren Ereignisverlaufs vor sich gehen. Ein solcher »fragmentarischer« Ansatz zur Geschichte würde ein Erinnern im Sinne eines schöpferischen Akts des erneuten Durchdenkens und der Wiederaneignung der Vergangenheit beinhalten, auf ähnliche Weise, wie ein Sammler oder ein Künstler vorgehen würde. Arendt hat diese Methode in ihrem Meisterwerk *Elemente und Ursprünge totaler Herrschaft* brillant praktiziert und in *Über die Revolution* und in den Aufsätzen des Bandes *Zwischen Vergangenheit und Zukunft* ebenfalls demonstriert. Andererseits sind Arendts Überlegungen von dem phänomenologischen Versuch beeinflußt, einen ursprünglichen Zustand der Phänomene freizulegen, der ihr Wesen offenbart. Im Gegensatz zum Bruch, zur Verschiebung und Verwerfung betont diese Sicht die Kontinuität zwischen Ursprung und Gegenwart und versucht, das verlorengegangene und verborgene Wesen des Phänomens an seinem Ursprung aufzudecken. Das philosophische Denken wird so zu einer Übung in mimetischem Erinnern oder in heideggerianischer Begrifflichkeit darin, den Wesen zu gestatten, sich »zu vergegenwärtigen«. Arendt sucht daher nach der »ursprünglichen Bedeutung der Politik«, nach der »verlorenen« Unterscheidung zwischen dem Öffentlichen und dem Privaten.

Während der erste Ansatz den kreativen Bruch betont, aus

dem Konfigurationen neuer Bedeutungen hervorgehen können, sieht der zweite Ansatz das Denken als eine Übung in Sicherung und Bergung. Obwohl ich den starken Einfluß beider Strömungen, der fragmentarischen und der ursprungsorientierten Methode, in Arendts Denken anerkenne, liegen meine Sympathien eher bei der benjaminischen Arendt als bei der heideggerianischen. Durch eine ausführliche Analyse ihrer Begriffe des Sozialen und des Politischen, des Privaten und des Öffentlichen, mit ihren institutionellen ebenso wie phänomenologischen Bedeutungen, versuche ich zu zeigen, daß wir als Leser »mit Arendt gegen Arendt« denken können und aus ihren Unterscheidungen Teilstücke auswählen dürfen, die für eine politische Philosophie der späten Moderne fruchtbar gemacht werden können. (Siehe bes. Kapitel 5.)

In diesem Geiste eröffne ich das Buch mit einem weniger bekannten Text von Arendt, mit *Rahel Varnhagen. Lebensgeschichte einer deutschen Jüdin aus der Romantik*. Diese Untersuchung war 1929 in Angriff genommen worden, kurz nachdem Arendt ihre Doktorarbeit über den Liebesbegriff bei Augustinus abgeschlossen hatte, sie blieb jedoch bis 1938 unvollendet und wurde erst 1957 veröffentlicht. In Arendts Geschichte der Rahel Varnhagen lese ich nicht nur die Spuren der Enttäuschung und Traurigkeit über die gescheiterte Liebesbeziehung zu Martin Heidegger, sondern ich entdecke darin zudem eine »alternative Genealogie der Moderne«. In dieser anders pointierten Darstellung der Moderne ist der Wandel des Haushalts von einer Produktionseinheit im Rahmen einer Subsistenzökonomie zur »intimen« Sphäre der bürgerlichen Familie in bestimmten historischen Kontexten mit der Entstehung von »Salons« verbunden. Unter »Salons« verstand man Räume in Haushalten – normalerweise ein repräsentatives Wohnzimmer –, in denen sich Individuen unterschiedlichen Standes und Geschlechts, unterschiedlicher Klassen und sogar Religionszugehörigkeiten als Gäste mischen konnten; man las gemeinsam literarische Werke und diskutierte über Kunst. Die

Salons waren Orte, wo mit Varianten der Selbstdarstellung und Selbstschöpfung experimentiert und anti-hierarchische Formen der Interaktion eingeübt werden konnten. Salons wie der von Varnhagen verkörperten eine alternative Form der Öffentlichkeit, die egalitärer, fließender und experimenteller war und in der die Grenzen zwischen Intimität und Geselligkeit, dem Öffentlichen und dem Privaten neu ausgehandelt und neu gedeutet wurden. Gleich am Anfang von Arendts Laufbahn als Denkerin begegnen wir ihr also, wie sie eine alternative Genealogie der Moderne entfaltet und eine Öffentlichkeit schildert, die ganz anders ist als die inegalitären, exklusiven, männlich bestimmten und hierarchischen Räume der griechischen Polis. Arendt, so behaupte ich, verlor diese alternative Darstellung der Moderne niemals ganz aus den Augen, bewertete sie aber nie ganz positiv.

II.

Den aufmerksamen Lesern meines Buches entging nicht, daß ich bei dieser alternativen Darstellung der Moderne in Arendts Arbeit von Jürgen Habermas' *Strukturwandel der Öffentlichkeit* inspiriert war.[4] Die Pfade der intellektuellen Interdependenz sind jedoch verschlungener, als es auf den ersten Blick erscheinen mag. Habermas seinerseits stellt im *Strukturwandel* von Anfang an klar, daß er bei seiner Thematisierung der Kategorie der »Öffentlichkeit« in die Fußstapfen von Arendt tritt, sich aber von Arendts Diskussion des »öffentlichen Raums« in *Vita activa* distanziert.[5] Auf den Vorwurf, ich hätte Arendt so gelesen, als sei sie eine Habermasianerin, würde ich schlicht antworten wollen, daß ich genau das umgekehrte Anliegen verfolge, nämlich zu zeigen, in welchen Hinsichten Habermas ein Arendtianer ist. Nicht bloß die Wiedergewinnung der öffentlichen Welt unter den Bedingungen der Moderne, sondern auch das Verständnis von politischer Macht als etwas, was dem »gemeinschaftlichen Handeln«

von Gleichen entspringt, die durch ihre deliberative Verfolgung des Gemeinwohls geeint sind, zeugt von Arendtschen Spuren im Werk von Habermas.

Es wäre dennoch ein Fehler, die tiefgreifenden Unterschiede zwischen ihnen zu übersehen. Habermas konnte gegen Arendt und gegen Adorno und Horkheimer in der *Dialektik der Aufklärung* das Vorhandensein eines emanzipatorischen Impulses der Vernunft in der Moderne zeigen. Im Unterschied zur instrumentellen Vernunft betont Habermas die »kommunikative Vernunft«. Sein Lebenswerk hat im wesentlichen zum Inhalt, ein Konzept von kommunikativer Rationalität auf so unterschiedlichen Gebieten wie der Pragmatik von Sprechakten, der soziologischen Handlungstheorie, der Demokratietheorie und der Rechtsphilosophie zur Geltung zu bringen. Obwohl ich das Programm von Habermas in der Ethik und Politik in groben Zügen für richtig halte,[6] bestand mein Ziel nie in einer Verteidigung von Habermas gegen Arendt. Ich habe ganz im Gegenteil des öfteren argumentiert, daß die Fokussierung auf die Geltungsdimension von Sprechakten die narrativen und interpretativen Dimensionen des menschlichen Handelns verfehle, die Arendt so scharfsinnig herausstellt. Habermas' ausschließliche Konzentration auf die Rechtfertigung von moralischen und ethischen Prinzipien hat auch die Vernachlässigung der Rolle des Urteilens in der Moral und der Politik zur Folge – ein Problem, dem Arendt doch sehr viel Beachtung geschenkt hat. Schließlich könnte Habermas' Betonung des emanzipatorischen Potentials der modernen liberalen Demokratien Gefahr laufen, den Niedergang der Öffentlichkeit in unseren Gesellschaften herunterzuspielen und die Schwäche von Bürgerbewegungen und deliberativen Organisationen verglichen mit Märkten und professionellem Lobbyismus zu ignorieren. Gerade wenn wir in bezug auf die Ideale der Aufklärung allzu selbstgefällig werden, könnte ein Quentchen des Arendtschen Pessimismus nötig sein, damit wir als Denker redlich bleiben. Das vorliegende Buch ist weit davon entfernt, einen Denker gegen den anderen ausspielen zu wollen, sondern ist in dem Kräftefeld angesiedelt, das von diesen skizzierten interpretativen Spannungen erzeugt wird, von denen meine eigene philosophische Arbeit bis heute lebt.[7]

III.

Als ich *The Reluctant Modernism of Hannah Arendt* 1996 fertigstellte, hatte ich keinen Zugang zu der Korrespondenz zwischen Arendt und Heidegger. Da die in Arendts Besitz befindlichen Briefe auch für Wissenschaftler unter Verschluß waren, mußte ich auf Auszüge aus dem Briefwechsel in der Form zurückgreifen, wie sie Elzbieta Ettinger in *Hannah Arendt – Martin Heidegger* wiedergab.[8] Zwischenzeitlich sind die Briefe unter dem Titel *Hannah Arendt/Martin Heidegger, Briefe 1925 bis 1975* veröffentlicht worden.[9] In einem neu verfaßten Anhang zu dieser Ausgabe komme ich zu einer Neueinschätzung der überfrachteten Arendt-und-Heidegger-Saga und an mehreren Stellen lehne ich Ettingers Interpretation dieser sowohl persönlichen wie intellektuellen Beziehung dezidiert ab.

Mit einem Stichwort, das ich Arendts Vortrag »Concern with Politics in Recent European Political Thought« (siehe S. 97) entnehme, stelle ich den Begriff der »Welt« nicht nur ins Zentrum meiner Rekonstruktion von bestimmten Leitmotiven in Arendts Arbeit, sondern ich verwende ihn auch, um die komplizierte philosophische Beziehung zwischen Arendt und Heidegger zu erschließen. Arendt glaubte, daß Heidegger mit seiner grundlegenden Analyse des Menschseins als eines »In-der-Welt-sein« die noch nie dagewesene Möglichkeit für Philosophen geschaffen habe, über das menschliche Handeln und den Bereich der Politik mit größter Genauigkeit nachzudenken. Es war Heidegger, der die entscheidende Erkenntnis formulierte: »Auf dem Grunde dieses *mithaften* In-der-Welt-seins ist die Welt je schon immer die,

die ich mit den Anderen teile.«[10] Nichtsdestoweniger habe er die öffentliche Sphäre als »Abständigkeit, Durchschnittlichkeit, Einebnung« herabgesetzt, behauptete Arendt.[11]

Hannah Arendts zentrale philosophische Kategorien wie das Handeln, die Pluralität und die Natalität, mit denen sie »die menschliche Bedingtheit« definiert, sind zweifellos Anleihen bei Heidegger, stellen aber die Heideggersche Ontologie auf den Kopf. Während für Heidegger das Sein-zum-Tode des Selbst die authentischste Form des Seins ist, hält Arendt die Natalität für wesentlich: die Möglichkeit eines jeden neugeborenen Kindes, Urheber von Freiheit und von neuen oder noch nie dagewesenen Worten und Taten zu werden. Während das »Mitsein« für Heidegger eine problematische und oft inauthentische Existenzform bleibt, leben Menschen für Arendt am authentischsten in einer Welt, die sie mit ihresgleichen teilen, mit anderen, mit denen sie sich permanent verständigen und denen sie im Sprechen und Handeln erscheinen. Während Heidegger Tätigkeitsformen, mit denen Gegenstände den menschlichen Zwecken verfügbar gemacht werden, sowie Formen ästhetischer Tätigkeit detailliert entwickelt, finden moralische und politische Interaktion in seinem System keine besondere ontologische Behandlung. Im Gegensatz dazu ist Hannah Arendt die Philosophin menschlicher Pluralität, der Natalität und des Handelns. Ihr Schwerpunkt liegt auf Worten und Taten, durch die das »Bezugsgewebe menschlicher Angelegenheiten« entsteht und erhalten wird. Gründlichkeit und Originalität dieser philosophischen Beiträge, die sich auf der Ebene der Ontologie (der Seinsweise qua Mensch) und Phänomenologie (erfahrungsmäßiger Zugang zu den Erscheinungen) fortsetzen, sind nicht angemessen gewürdigt worden. Zusammen mit Jacques Taminieux und Dana Villa sehe ich diese subversive Aneignung von Heidegger als Arendts genuin *philosophische* Leistung, im Unterschied zu ihrem *politischen* Beitrag.[12]

Dana Villas Buch *Arendt and Heidegger. The Fate of the Political* ist die umfassendste Behandlung dieser philosophischen Beziehung.[13] Abgesehen von unserer wesentlichen Übereinstimmung in grundsätzlichen Punkten präsentiert Villa eine Lesart von Arendt, die in der Hauptsache darauf abhebt, die »performativen« statt der deliberativen und kommunikativen Aspekte in Arendts Verständnis von politischem Handeln zu betonen (Villa, S. 53 f.). Da Villas Arbeit bald nach meiner Veröffentlichung über Arendt erschien, möchte ich auf diese Unterschiede kurz eingehen. Villa und ich sind uns einig, daß sich Arendt die Heideggerschen Kategorien nicht lediglich aneignete – eine Annahme, die jüngst von Richard Wolin wiederholt wurde[14] –, sondern daß sie diese umarbeitete. Wir sind auch gemeinsam der Auffassung, daß die Kategorien des Handelns und der Pluralität für diese Umarbeitung zentral sind und daß Heideggers Aristoteles-Auslegung der Jahre 1924-1925 in Marburg unauslöschliche Spuren bei Arendt hinterließ. Nicht von ungefähr gelangt Arendt über eine Wiederbelebung der Aristotelischen Unterscheidung von *praxis* (dem Tun guter und edler Taten) und *poiesis* (dem Herstellen) zu ihrem eigenen Begriff des Handelns.

Schließlich stimme ich Villa zu, daß »Arendt in ihrem gesamten Werk die deliberative Rede in den Mittelpunkt stellt. [...] Politisches Sprechen ist also nichts anderes als der Prozeß von Debatte und Beratung, von ›Rede und Widerrede‹, von ›Überzeugung, Verhandlung und Kompromiß‹, welcher der Tat vorausgeht. [...] Die politische Debatte ist ziel-bildend: ihr Ziel ist nicht getrennt von dem Prozeß vorhanden und beherrscht ihn zu jedem Zeitpunkt, sondern wird vielmehr im Laufe der ›Performance‹ selbst erst gebildet« (Villa, S. 12).

Nichtsdestoweniger ist Villa daran gelegen, zu zeigen, daß die deliberative und universalistische Lesart Arendt unrecht tut. »Das Problem ist, daß Benhabibs Rehabilitierung der deliberativen Dimension von Arendts politischer Theorie auf Kosten der initiatorischen oder performativen Dimension geht« (Villa, S. 70). Villa kommt mit einer beeindruckend originellen, aber nicht überzeugenden Deutung von Arendts Begriff des politischen Handelns zu diesem Schluß. Arendt hat Villa zufolge die Aristotelische Unterscheidung zwischen *praxis* und *poiesis*, zwischen Tun und Machen, nicht einfach übernommen, sondern diese Unterscheidung in einer Dimension radikalisiert. Gemeint ist der Sinn, in dem von Tätigkeiten gesagt werden kann, sie seien »selbstgenügsam« oder in sich geschlossen. »In manchen Fällen«, sagt Aristoteles, »ist die Tätigkeit der Zweck, bei anderen liegt der Zweck in irgendeiner Hervorbringung außerhalb der Tätigkeit. In Fällen, wo der Zweck außerhalb der Handlung liegt, ist die Hervorbringung der Tätigkeit naturgemäß übergeordnet« (zitiert nach Villa, S. 21). Für Aristoteles enthält die *praxis*, das Tun guter und edler Taten, ihre Zwecke in sich und wird nicht um eines Produktes willen oder um einer Konsequenz willen ausgeführt, die aus der Tat folgt. *Praxis* entspringt für Aristoteles dem richtigen moralischen Charakter, und für den guten Mann ist die Praxis der Tugend ein Zweck an sich. Der politischen Tätigkeit geht es um das gute Leben: in der Polis stellen Beratschlagen, Urteilen und Handeln »Nahziele« dar; sie sind auf das gute Leben gerichtet, welches das höchste Ziel ist.

Villa behauptet, daß für Arendt, anders als für Aristoteles, das politische Handeln selbstgenügsam und *atelic* ist; »Freiheit wohnt« für Arendt »der Selbstgenügsamkeit des Handelns inne« (Villa, S. 25). Das bedeutet, daß politisches Handeln nach Maßstäben beurteilt werden muß, die ihm intrinsisch sind. Weder Moral noch Wirtschaft, weder Ästhetik noch Gerechtigkeit sind die Ziele der Politik. Die Politik im Arendtschen Sinne hat kein Ziel, das ihr extrinsisch ist. Villa gibt zu, daß eine »selbstgenügsame Politik« eine bestimmte Art des Redens mit sich bringt: »Die Struktur des politischen Handelns ist so beschaffen, daß Debatte und Auseinandersetzung ein übergreifendes Engagement für eine bestimmte öffentliche Welt und die Form des Zusammenseins widerspiegeln, welche sie möglich macht« (Villa, S. 39). An der Debatte und Auseinandersetzung beteiligt man sich allerdings nicht, um zu einem Konsens zu gelangen; solche Prozesse, bei denen die unvermeidliche Pluralität und Perspektivität der menschlichen Welt gut sichtbar wird, sind Zwecke an sich. Villa zieht den Schluß, daß bei Arendt die performative Dimension Vorrang genießt vor der deliberativen und der dialogischen Dimension.[15]

Villas provozierende Lesart beruht nicht nur auf einer Fehldeutung von Aristoteles, sondern auch auf einer Entstellung des Sinns, den die Erzielung eines kommunikativen Einvernehmens hat. Wenn Aristoteles zwischen *praxis* und *poiesis* unterscheidet, dann geschieht dies auf der Grundlage seiner Theorie der Tugenden. Für den Mann mit praktischer Weisheit, den Aristoteles mit dem »guten Mann« gleichsetzt, ist das »Tun guter und edler Taten« alles in allem ein Zweck an sich, weil es einer festen Veranlagung des Herzens und der Gewohnheit entspringt. Ihr Ursprung ist der moralische Charakter. Handlungen können nur dann Tugend bezeugen, wenn sie nicht um des Vergnügens, der Nützlichkeit oder des Einflusses willen ausgeführt werden, sondern um das Richtige zu tun. Aristoteles ist in dieser Hinsicht nicht anders als Kant. Die Tugend ist ihr eigenes Ziel, weil sie um ihrer selbst willen erstrebt werden muß. Für Aristoteles sind nur Tätigkeiten, die einer gefestigten moralischen Disposition entspringen und die ein klares moralisches Gut zur Zielsetzung haben, Zwecke an sich. Wenn man jedoch Aristoteles' Tugendlehre verwirft, macht die Idee der *praxis* als »ein Zweck an sich« nur noch wenig Sinn.

Ich sehe wenige Anhaltspunkte in Arendts Werk dafür, daß sie sich mit dem Begriff eines Zwecks an sich beschäftigt, und auch Aristoteles' Tugendlehre spielt keine Rolle. Im Zentrum von Arendts Überlegungen steht nicht die Selbstgenügsamkeit des Handelns – eine Kategorie, die Arendt selbst fremd ist, die aber in Villas Interpretation ihrer Arbeiten einen entscheidenden Stellenwert einnimmt –, sondern die einzigartige und unhintergehbare Art, in der Worte und Taten enthüllen, *wer* eine Person ist. Arendt sagt uns wiederholt, daß Menschen einander durch ihre Worte und Taten »erscheinen« und daß sich das menschliche Leben im »Bezugsgewebe« menschlicher Beziehungen entfaltet (siehe S. 182). Villa ignoriert die *narrative* Konstitution des Selbst und des Handelns in Arendts Werk und kann den Vorrang des Performativen aus mehreren Gründen nicht zeigen.

Erstens kann die performative Interpretation des Handelns gar nicht erklären, wie das »Gewebe« der Erzählungen über die normale Sprache und Deliberation zustande kommt. Performativität, eine vage, aber sehr modische Kategorie, läßt unklar, wie Aufführender und Zuschauer dazu kommen, Maßstäbe des Verstehens und des Beurteilens miteinander zu teilen und auszutauschen. Die Aufführung kommuniziert ebenfalls über Erzählung, Beratung und wechselseitiges Argumentieren. Die Bedeutung eines Theaterstücks ist uns nicht im mindesten klarer als die Bedeutung einer umstrittenen Gesetzesvorlage. Das *Was* und auch das *Wie* einer Aufführung werden im Medium des gewöhnlichen, alltäglichen Diskurses durch Austausch und Beratschlagung bestimmt und angeeignet.[16] Darum hatte sich Arendt auf Kants Theorie der reflektierenden Urteilskraft berufen müssen, um den Standpunkt des Darstellers und des Zuschauers zu vermitteln.

Villa sieht außerdem einen scharfen Gegensatz zwischen Verständigung, die auf einen Konsens abzielt und Übereinstimmung erreichen will, und der politischen Rede und Beratung im engeren Sinn. Er legt sogar nahe, daß das Ethos der Übereinstimmung »Handlung und Urteil *instrumentalisiert*« (Villa, S. 70. Herv. im Text). Seine Annahme beruht auf einem Mißverständnis des Status von kommunikativen Geltungsansprüchen in Habermas' Werk und meiner Anleihe bei der Theorie dieser Geltungsansprüche. Wenn man annimmt, daß der andere, mit dem man ein Gespräch führt, fähig ist, die Geltung von Ansprüchen zu beurteilen – ihre Wahrheit, ihre Richtigkeit, Aufrichtigkeit oder Angemessenheit –, bedeutet das tatsächlich, daß man andere Menschen als einen Zweck an sich behandelt, als Personen nämlich, die in der Lage sind, die Ansprüche anderer mit Hilfe der

Vernunft einzuschätzen. Diese Form von Interaktion wird als »Verständigungsorientierung« in Gespräch, Beratung und Debatte bezeichnet. Die Betonung liegt hier auf den Fähigkeiten von Individuen, kommunikativ Handelnde zu sein und für sich selbst zu urteilen.

Wenn ich mich mit jemandem auf der Grundlage der Vernunft verständige, respektiere ich dessen Befähigung, ein vernünftig denkendes Wesen zu sein. Darin liegt keinerlei Instrumentalisierung. Ganz im Gegenteil, wenn ich versuchen sollte, bestimmte Wirkungen bei jemandem zu erzielen, ohne dafür Gründe anzugeben oder indem ich falsche Gründe dafür angebe – wie im Fall der Propaganda, der Werbung, der Verführung und verschiedener Formen der Einschüchterung –, behandele ich jemanden nicht als Zweck an sich und versuche die Person oder ihr Verhalten zu beeinflussen, ohne ihr meine Gründe für die beabsichtigte Wirkung mitzuteilen. Wenn die Performativität Vorrang erhält, dann ist die Politik eben kein »gemeinschaftliches Handeln unter Gleichen« mehr, sondern in der Tat eine »Politik heldenhafter Zurschaustellung« und »eine unmoralische Verherrlichung von Größe als ihre eigene Moral« (Villa, S. 55). Arendt war aber kein Bewunderer von Zarathustra, und Achill gehörte nicht zu ihren Idolen, sondern stand in ihren Augen für die Schwäche männlicher Eitelkeit und das Streben nach Selbstverherrlichung.

Villa filtert aus Arendts theoretischen Texten bestimmte kategorische Unterscheidungen heraus, läßt dabei aber ihre historisch-politischen Schriften beiseite. Wenn man nach Anhaltspunkten für ein selbstgenügsames politisches Handeln suchen wollte, wie es Arendt angeblich glorifizierte, dann hätte man das aber gerade in diesen historisch-politischen Schriften tun sollen. Verteidigen etwa ihre Verweise auf die verlorenen Schätze der Revolutionen, wiederbelebt von den deliberativen Räten russischer Matrosen im Kronstädter Aufstand, von gewöhnlichen Bürgern beim Ungarnaufstand 1956 oder von der Protestbewegung gegen den Vietnamkrieg in den 1960er Jahren, eine performative Politik der Größe gegenüber einer deliberativen Politik? Wohl kaum. Die Wahrheit ist vielmehr, daß es zwar Augenblicke großer Taten gegeben hat, die bei diesen Ereignissen von ganz normalen Individuen ausgingen, daß es aber auch ebenso viele Momente von »gemeinschaftlichem Handeln« und deliberativer Politik gab. Arendts Überlegungen zur Geschichte lassen derart scharf geschnittene Dichotomien nicht zu. Der »Vorrang des Performativen« spiegelt Villas selbstgewählte philosophische Präferenz und ist kein hermeneutischer Ansatz, der die politische mit der philosophischen, die ontologische mit der historischen Dimension von Arendts Werk zusammenbringen kann. Er bietet eine verkürzte Lesart von Arendt, durch die sie entschiedener in die Gesellschaft von Nietzsche und Heidegger eingeordnet wird als in die von Aristoteles und Kant. Der Preis dieser neuen Zuordnung ist allerdings eine Vernachlässigung von Arendts Überlegungen zu konkreten historischen und politischen Phänomenen des 20. Jahrhunderts, wie ich in den folgenden Kapiteln zeigen werde.

IV.

The Reluctant Modernism of Hannah Arendt wurde 1998 unter dem Titel *Hannah Arendt. Die melancholische Denkerin der Moderne* ins Deutsche übersetzt.[17] Die Wahl des Ausdrucks »melancholisch« wurde von einigen Kritikern mißverstanden.[18] Viele glaubten, ich habe damit einen emotionalen Gemütszustand oder eine psychische Verfassung beschreiben wollen. Was ich jedoch mit diesem Ausdruck vermitteln wollte, war eine Haltung meditativer Betrachtung über die *Notwendigkeit* wie auch die *Unmöglichkeit*, in menschlichen Angelegenheiten bestimmte Ergebnisse zu erzielen. Die Textstelle, die mich inspirierte, diesen Ausdruck zu verwenden, lautet folgendermaßen: »Unsere neuesten Erfahrungen und die sich aus ihnen ergebenden Reflexionen muten wie eine verspätete ironische Bestätigung der berühmten Argumente an, die Edmund Burke einst der Erklärung der Menschenrechte durch die Französische Revolution entgegengehalten hat.«[19] Arendt erörtert den Zustand der Staatenlosigkeit und den Millionen von Menschen betreffenden Verlust des »Rechts, Rechte zu haben«. Sie denkt nach über die Ironie, daß gerade in dem Moment, wo sich Männer und Frauen des 20. Jahrhunderts sowohl von der Ontologie der Natur als auch von der Metaphysik der Geschichte emanzipiert haben und wo die bloße Tatsache des Menschseins als Garantie dienen soll für einen Anspruch auf Rechte und für den Schutz des »Rechts, Rechte zu haben«, Menschen zu beliebig verfügbaren Körpern in Raum und Zeit werden. Über Landesgrenzen verschoben, von der Polizei gejagt und kriminalisiert, weil ihnen die richtigen Papiere fehlen, und in vielen Fällen des Schutzes der Nationalstaaten beraubt, in denen sie geboren wurden, scheinen Menschen genau dann, wenn sie nichts mehr zu verlieren haben, außer ihrer »abstrakten Nacktheit«, ihre gesamten Rechte zu verlieren.

Ich deute diese abschließenden Gedanken des zweiten Abschnitts von *Elemente und Ursprünge totaler Herrschaft* als »Melancholie«, weil sie die Notwendigkeit, allen Menschen kraft der »Nacktheit des Menschseins« universelle Menschenrechte zu garantieren, wunderbar zusammenfassen und gleichzeitig tiefe Skepsis darüber ausdrücken, daß dies ohne den Schutz der Nationalstaaten geleistet werden kann. Wie Arendt selbst einräumt, sind diese Feststellungen »ironisch und bitter«.[20] Denn was in erster Linie zu den Praktiken der Denaturalisierung, der Diskriminierung von Minderheitenrechten und der Entrechtung unerwünschter ethnischer, sprachlicher und religiöser Gruppen führt, ist das Regime territorialer Souveränität eines unterstelltermaßen homogenen Nationalstaates.

Diese Überlegungen haben sich, wie so vieles andere in Arendts Werk, als außerordentlich weitsichtig erwiesen. Das beschränkt sich nicht auf ihre Einsichten in die Bedeutung einer lebendigen und freien Öffentlichkeit in demokratischen Zivilgesellschaften, im Osten wie im Westen, die ihr die Bezeichnung einer »Theoretikerin des posttotalitären Augenblicks« eingetragen haben. In einer Welt, die noch immer von Bürgerkriegen und ethnischen Massakern, von Bewegungen für kulturelle Selbstbestimmung und rücksichtslosen Nationalstaaten erschüttert wird, ist Arendt auch die Theoretikerin der Minderheitenrechte und Staatenlosigkeit, der Flüchtlinge und Deportierten, die mit ihren Worten den Nerv der Zeit trifft. Die Dilemmata des »Rechts, Rechte zu haben«, und die Zwangslage von Staatenlosen, Flüchtlingen, Asylsuchenden, illegalen Migranten und Arbeitern werden sich für eine im Bann der Staaten stehende Welt, die sich in tiefer Krise befindet, als ebenso zentral herausstellen, wie es der Totalitarismus für das vergangene Jahrhundert war. Wenn man sich mit diesen Angelegenheiten befaßt, kann das »Denken mit Arendt gegen Arendt« sowohl neue Möglichkeiten erhellen als auch Fallgruben aufdecken.[21]

1 Hannah Arendt, *Eichmann in Jerusalem. Ein Bericht von der Banalität des Bösen.* München 1964, Neuausgabe 1986.

2 Seyla Benhabib, *The Reluctant Modernism of Hannah Arendt*, Thousand Oaks, Cal. 1996. Die zweite englische Ausgabe, mit neuer Einleitung und neuem Nachwort, erfolgte durch Rowman & Littlefield, Lanham, Md., 2003. Beim vorliegenden Vorwort handelt es sich um die von der Autorin revidierte Übersetzung der Einleitung zur zweiten englischen Ausgabe.

3 Neuere deutsche Interpretationen, die sich von der Standardlektüre absetzen, sind: Hauke Brunkhorst, *Hannah Arendt*, München 1999; Reiner Wimmer, *Vier jüdische Philosophinnen. Rosa Luxemburg, Simone Weil, Edith Stein, Hannah Arendt*, Tübingen 1995, 3. Auflage; Rahel Jaeggi, *Welt und Person. Zum anthropologischen Hintergrund der Gesellschaftskritik Hannah Arendts*, Berlin 1997; Christian Volk, *Urteilen in dunklen Zeiten. Eine neue Lesart von Hannah Arendts »Banalität des Bösen«*, Berlin 2005.

4 Siehe Maria Pia Lara und Joan V. Landes, Rezension von *The Reluctant Modernism of Hannah Arendt*, in: *Hypatia* 14, Nr. 3 (1999), S. 162-169; Rahel Jaeggi, »Authentizität und Alltag. Die Hannah Arendt Rezeption zwischen Kritischer Theorie und Postmoderne«, in: *Deutsche Zeitschrift für Philosophie*, 45, Nr. 1 (1997), S. 147-165; Dana Villa, *Arendt and Heidegger. The Fate of the Political*, Princeton, N.J. 1996.

5 Jürgen Habermas, *Strukturwandel der Öffentlichkeit*, Neuwied und Berlin 1974 [1962], 6. Auflage, S. 14-17.

6 Siehe Seyla Benhabib, *Selbst im Kontext*, Frankfurt am Main 1995; dt. Übersetzung von *Situating the Self. Gender, Community and Postmodernism in Contemporary Ethics*, New York und London 1992.

7 Vgl. zuletzt über die Paradoxien der demokratischen Staatsbürgerschaft auch im heutigen Europa, Seyla Benhabib, *The Rights of Others. Aliens, Citizens and Residents*, Cambridge 2004; dt. Übersetzung im Erscheinen.

8 Elzbieta Ettinger, *Hannah Arendt – Martin Heidegger. Eine Geschichte*, München 1995.

9 *Hannah Arendt/Martin Heidegger, Briefe 1925 bis 1975*, hg. von Ursula Ludz, Frankfurt am Main 1998.

10 Martin Heidegger, *Sein und Zeit* (1927), 13. Aufl., Tübingen 1976, S. 118.

11 Ebenda, S. 127.

12 Jacques Taminieux, *La Fille de Thrace*, engl. *The Thracian Maid and the Professional Thinker. Arendt and Heidegger*, Albany 1997.

13 Dana Villa, *Arendt and Heidegger. The Fate of the Political*, Princeton, N.J.: 1996.

14 Siehe *Heidegger's Children. Hannah Arendt, Karl Löwith, Hans Jonas, and Herbert Marcuse*, Princeton, N.J.: 2001, S. 30-70. Richard Wolin, der Arendts Person und Werk bereits in seinen früheren Rezensionen angegriffen hatte, setzt

seine einseitige Darstellung in diesem Buch fort, indem er Person und Werk wiederum unter den Schatten Heideggers subsumiert. Über den kaum verhohlenen Sexismus seiner Kommentierung der Arendt-Heidegger-Affäre hinaus ist die Feststellung interessant, daß seine Auffassungen sehr deutlich das verkörpern, was ich als »Standardinterpretation« von Arendt bezeichnet habe. Eines seiner Kapitel zu Arendt ist bezeichnenderweise mit »*Kultur*, ›Thoughtlessness‹, and *Polis Envy*« überschrieben (S. 31). Zu Wolins früheren Angriffen auf Arendt siehe: »Hannah and the Magician«, in: *The New Republic*, Band 213, 9. Okt. 1995, S. 27-37; »Within Four Walls«, in: *The New Republic*, Band 223, Nr. 22, November 2000, S. 27-35. Siehe auch meine Besprechung von Richard Wolins *Heidegger's Children*, »Taking Ideas Seriously«, in: *Boston Review*, Band 27, Nr. 6, Dez. 2002, S. 40-44, die in erweiterter Fassung im »Anhang« zu diesem Buch enthalten ist.

15 Es gibt bestimmte Textstellen in Arendts Werk, in denen das Kriterium der »Größe« bezogen auf die Beurteilung des Handelns betont wird (Arendt, *Vita activa oder vom tätigen Leben*, München 1981, S. 200 f.). Größe scheint mir mit Arendts Verständnis von Freiheit und Natalität zusammenzuhängen, mit unserer Fähigkeit, das Neue und Beispiellose ins Leben zu rufen. Derartige Handlungen erfordern eine Neubeurteilung alter Werte, ein Überdenken üblicher Maßstäbe, anhand deren wir Urteile fällen. Größe kann bei Arendt Gutes wie Böses beinhalten, während wir gewöhnlich dazu neigen, sie uns allein im Hinblick auf das moralisch Gute vorzustellen. Wenn wir aber das herausstellen, was in den menschlichen Angelegenheiten noch nie dagewesen ist, sowie die Notwendigkeit, »ohne Geländer zu denken«, dann sehen wir, daß die Verbrechen des Totalitarismus Kriterien der Beurteilung verlangen, nach denen jene ebenso neu sind wie wirklich große oder heldenhafte Taten. Arendts Betonung von Größe als einer Qualität bestimmter Handlungen macht moralische Beurteilungen nicht verdächtig, sondern unterstreicht vielmehr die Notwendigkeit, sie zu überdenken. Wenn zum Beispiel ein Regime auf einem organisierten Verbrechen beruht, wie es der Massenmord an den Juden unter den Nazis war, wie soll man dann Kriterien persönlicher Verantwortung zur Beurteilung anonymer Bürokraten anwenden? Arendt glaubte, daß dies möglich sei, doch nicht ohne eine vorhergehende Umwertung der Werte. Meines Erachtens ist Villa der Ansicht, daß Größe weitere moralische und politische Kriterien überflüssig machte. Ich denke nicht, daß es sich so verhält. Ganz im Gegenteil, Größe erzwingt eine Neubewertung herkömmlicher Kategorien und nicht deren Abschaffung.

16 Der Status der Performativität ist immer schon ein Zankapfel gewesen zwischen Theoretikern, die von der Postmoderne beeinflußt sind, und solchen, die der Diskursethik nahestehen. Ich habe mich auch in verschiedenen anderen Zusammenhängen mit der Unterscheidung narrativ/performativ befaßt.

Siehe etwa Seyla Benhabib, »Sexual Difference and Collective Identities. The New Global Constellation«, in: *Signs. Journal of Women in Culture and Society*, 24, 2 (1999), S. 335-361.

17 Seyla Benhabib, *Hannah Arendt. Die melancholische Denkerin der Moderne*, mit einem Nachwort von Otto Kallscheuer, Hamburg 1998.

18 Ronald Schindler, »Melancholische Denkerin der Moderne? Zur deutschen Ausgabe von Seyla Benhabibs Studie über Arendts Politische Theorie«, in: *Hannah Arendt Newsletter*, Nr. 3 (Juli 2000), S. 32-37.

19 Hannah Arendt, *Elemente und Ursprünge totaler Herrschaft*, München 1986, S. 466. Der Text in der englischen Originalfassung von 1951 lautet: »These facts and reflections offer what seems *an ironical, bitter, and belated confirmation* of the famous arguments with which Edmund Burke opposed the French Revolution's Declaration of the Rights of Man.« *The Origins of Totalitarianism*, New York 1979, S. 299. (Herv. K.W.)

20 Wendung der Originalfassung, ebenda.

21 Vgl. Seyla Benhabib, *Transformations of Citizenship. Dilemmas of the Nation-State in the Era of Globalization. The Spinoza Lectures*, Amsterdam 2000; *The Claims of Culture. Equality and Diversity in the Global Era*, Princeton, N.J. 2002; »Political Geographies in a New World: Arendtian Reflections«, in: *Social Research*, Band 69, Nr. 2 (Sommer 2002), S. 539-566; und *The Rights of Others. Aliens, Citizens and Residents*, Cambridge 2004.

EINLEITUNG
WARUM GERADE HANNAH ARENDT?

Hannah Arendt ist eine brillante und weithin umstrittene politische Denkerin dieses Jahrhunderts. Sie ist die erste Theoretikerin, die das Phänomen des Totalitarismus als eine in der Menschheitsgeschichte völlig neue Form politischer Macht verstand; sie hat den heftig umstrittenen Ausdruck von der »Banalität des Bösen« geprägt und hat solche kontrovers diskutierten Unterscheidungen wie die zwischen »Herstellen« (work) und »Arbeiten« (labor) oder zwischen »Stärke«, »Macht« und »Gewalt« eingeführt. Damit bleibt Hannah Arendt ein dezidiert unabhängiger Geist, dessen Werk sich der Einordnung in die etablierten Schulen des politischen Denkens widersetzt.

Mehr als zwei Jahrzehnte nach ihrem Tod am 4. Dezember 1975 gibt es keinerlei Anzeichen für ein nachlassendes Interesse an ihren Arbeiten. Es läßt sich sogar eine aktuelle Arendt-Renaissance feststellen. Agnes Heller hat mit Bezug auf diese neuere Arendt-Rezeption die Wendung von Arendt als »Modell oder Mode« geprägt.[1] Jedes Jahr erscheinen weitere Publikationen und Analysen zu Arendts Werk, über ihr Denken wird eine wachsende Zahl von Veranstaltungen und Tagungen abgehalten, und eine neue Wissenschaftlergeneration ist damit beschäftigt, den verschiedensten Aspekten ihrer Theorien nachzugehen. Diese Aspekte reichen von ihren Ansichten über den Zionismus bis zu ihren Affinitäten mit Albert Camus, von postmodernen und Nietzscheanischen Themen in ihren Auffassungen vom Handeln bis zu ihrer Bedeutung für die heutige Identitätspolitik.[2]

Im deutschsprachigen Raum ist die zunehmende Begeisterung für Hannah Arendts Arbeit und Werk nicht nur vom wissenschaftlichen Interesse getragen. Hannah Arendt, die als Frau und Jüdin das Dritte Reich überlebte, ist mittlerweile fast eine »Ikone« geworden. Ihr Leben, das sie über Frankreich in die USA und in der Nachkriegszeit immer wieder nach Europa zurückführte, erscheint wie eine Parabel dieses Jahrhunderts. Durch ihre Korrespondenz mit Karl Jaspers, Mary McCarthy, ihrem Ehemann Heinrich Blücher, Kurt Blumenfeld, Martin Heidegger u. a. offenbart sich Arendt insbesondere für die neuere Rezeption als eine unerschöpfliche und faszinierende »Zeitzeugin«. Der »schwierige Dialog«[3], der die Hannah-Arendt-Rezeption im deutschsprachigen Raum bis vor kurzem beherrschte, entspannt sich, und das Interesse an ihrer Arbeit wird jetzt nicht bloß von der Neugierde an Vergangenem getragen. Dadurch ist Hannah Arendt nicht mehr nur Zeitzeugin, sondern sie wird zu einer Stimme, die in aktuellen politischen und philosophischen Debatten eine immer größere zeitgenössische Zuhörerschaft findet.[4]

Dieses Buch möchte im Licht der jüngst gewonnenen Einblicke in den geschichtlichen und kulturellen Zusammenhang ihrer Arbeiten eine neue Lesart von Hannah Arendts politischer Philosophie anbieten.[5] Meine These ist, daß Arendt durch die deutsche Existenzphilosophie der 20er Jahre, und insbesondere durch das Denken Martin Heideggers, zu einigen ihrer bekanntesten philosophischen Grundbegriffe, wie beispielsweise der Welt, des Handelns und der Pluralität, inspiriert wurde.[6] Heideggers Interpretation von Aristoteles in seinen Marburger Vorlesungen der Jahre 1924 und 1925 hinterließ unauslöschliche Spuren in Arendts Denken. Aber erst ihre Erfahrungen als deutsche Jüdin im Zeitalter des Totalitarismus befähigten Hannah Arendt, diese Grundbegriffe in eine originäre politische Philosophie umzusetzen. Hannah Arendt erlebte die Politik des 20. Jahrhunderts zunächst als verfolgte Jüdin, dann als eine staatenlose Emigrantin in Paris, als eine Neueinwanderin in die USA und schließlich als amerikanische Staatsbürgerin der Vereinigten Staaten. Ihre Überlegungen zu den Dilemmata und Paradoxien jüdischer Identität in moderner Zeit, die Suche nach einer politischen Heimat für das jüdische Volk und ihr stets problematisches Verhältnis zum nationalistischen Zionismus bilden den Ausgangspunkt für manche ihrer provokativsten politischen Thesen: nämlich für die Unterscheidung zwischen dem Paria und dem Parvenu, für die Kritik am Nationalismus, für ihre Auffassung von den Menschenrechten und für ihren Glauben daran, daß die Menschen fähig sind, einen Neuanfang zu machen und einen gemeinsamen Raum politischer Macht zu schaffen. Die Quellen, aus denen sich Hannah Arendts politisches Denken speist, sind die deutsche Existenzphilosophie und ihre Identität als deutsche Jüdin. Zu ihnen müssen wir zurückkehren, um Hannah Arendt besser verstehen zu können. Die großen Spannungen in den systematischen Überlegungen zu Politik und Gesellschaft und die ungelösten Widersprüche in manchen Formulierungen bei Arendt können auf dieses zweifache geistig-intellektuelle Erbe zurückgeführt werden.

Nach einer sehr weit verbreiteten Deutung des Werks von Hannah Arendt ist *Vita activa* der endgültige Ausdruck ihrer politischen Philosophie und sie selbst eine Philosophin der politischen Nostalgie, eine Liebhaberin der griechischen Polis mit antimodernistischer Gesinnung.[7] Diese Sichtweise wurde erst durch die von Elisabeth Young-Bruehl verfaßte Biographie, *Hannah Arendt. Leben, Werk und Zeit*, in Frage gestellt. Young-Bruehl dokumentierte die Intensität, mit der Arendt über die politischen und kulturellen Fragen des 20. Jahrhunderts nachgedacht hatte, ebenso wie ihre lebenslange leidenschaftliche Beschäftigung mit jüdischer Politik. Als die Aufsätze, die Arendt für verschiedene Zeitungen jüdisch-deutscher Einwanderer in den USA verfaßt hatte, 1978 unter dem Titel *The Jew as Pariah* in Buchform veröffentlicht wurden[8], erfuhren wir von ihren täglichen Einmischungen in jüdische Politik und jüdisches kulturelles Leben in den 40er Jahren. Nun war zwar Arendts »jüdische Identität« entdeckt worden, doch wurden die philosophischen Implikationen für ihr politisches Denken als Ganzes von Young-Bruehl nicht angesprochen. Die übliche Lesart von Arendts Werk änderte sich daher nicht. Wie Hanna Pitkin kürzlich schrieb: »Erst wenn die abgehobenen, abstrakten, gräkophilen Konzepte aus *Vita activa* auf ihre Wurzeln in Hannah Arendts Leben zurückgeführt sein werden, wird ihre wahre politische Kraft und öffentliche Relevanz für die heutige Zeit zum Vorschein kommen.«[9]

Ein vornehmliches Ziel dieser Studie besteht darin, *Vita activa* aus dem Zentrum unseres Gesamtbildes von Hannah Arendt zu rücken. Obwohl ich die äußerst eindrucksvolle Leistung des Werks keineswegs in Zweifel ziehe, vertrete ich die These, daß wir die Bedeutung von *Vita activa* nur dann richtig interpretieren können, wenn wir dieses Werk in einem Licht lesen, das uns die geschichtliche Entwicklung des Arendtschen Denkens als ein Ganzes sehen läßt. *Vita activa* ist das Ergebnis eines Dialogs, den Arendt mit zwei Denkern führte: mit Martin Heidegger, dessen Philosophie sie sich aneignet und untergräbt, und mit Karl Marx, den sie kritisiert, aber nicht fallenläßt.

Trotz all seines gedanklichen Reichtums und seiner Komplexität hat *Vita activa* oberflächlich besehen einen einfachen Themenplan, der für das Buch bestimmend ist. Es handelt sich um die Darstellung des modernen Zeitalters und der Veränderungen, die sich in den westlichen Gesellschaften und zunehmend auch in Gesellschaften anderer Teile der Erde vollziehen. In ihrem Ansatz folgt die Darstellung einer Geschichte, die den Niedergang der politischen Öffentlichkeit und den Aufstieg einer gesellschaftlichen Sphäre der Wirtschaftstätigkeit und bürokratischen Herrschaft umfaßt. Lesen wir allerdings Hannah Arendts Arbeiten aus ihren Anfängen, dann sehen wir, daß dieses Bild der modernen Gesellschaft mit seinen Widersprüchen und Spannungen eine Karikatur ist, die ihrer eigenen weitaus nuancierteren Analyse der Moderne widerspricht. Denn eine solche ist bereits in ihrem frühen Buch über Rahel Varnhagen enthalten und wird dann in *Elemente und Ursprünge totaler Herrschaft* entwickelt. Als Autorin von *Rahel Varnhagen*, im Untertitel die *Lebensgeschichte einer deutschen Jüdin aus der Romantik*, entdeckte sie, daß die Dialektik der Moderne der Spannung zwischen politischer Gleichheit einerseits und den soziokulturellen, ethnischen, religiösen, sprachlichen (und problematischer noch, geschlechtsspezifischen) Formen der Differenz andererseits innewohnt. Als Autorin von *Elemente und Ursprünge totaler Herrschaft* analysierte sie, inwiefern der Antisemitismus der europäischen Gesellschaft, die rassistische Konfrontation mit Afrika auf seiten der Kolonialmächte Europas und die Paradoxien in der Erklärung der Menschenrechte zu den Entwicklungen in der modernen Gesellschaft gehörten, über die die gleiche Spannung zwischen dem Prinzip einer universellen politischen Gleichheit und den soziokulturellen, sprachlich bedingten, rassischen und ethnischen Unterschieden erneut wirksam wurde. Die Moderne war für Hannah Arendt nicht eine nahtlose historische Entwicklung, sondern ein Prozeß voller Widersprüche. Die universalistischen Versprechen der Aufklärung, der verschiedenen bürgerlichen Revolutionen, der Erklärung der Menschen- und Bürgerrechte standen wiederholt in einem Spannungsverhältnis zu den Formen partikularistischer Identität. Bei der Analyse der Paradoxien jüdischer Assimilation in der modernen Gesellschaft entlehnte Arendt dem französischen Journalisten Bernard Lazare die Begriffe Paria und Parvenu: Während der Paria eine Person ist, die wegen ihres Andersseins zum Außenseiter gemacht, marginalisiert und von der Gesellschaft mit Verachtung behandelt wird, verleugnet ein Parvenu sein oder ihr Anderssein, um von der tonangebenden Gesellschaft akzeptiert zu werden. Im weiteren Verlauf des 20. Jahrhunderts mußten die soziokulturellen Paradoxien, die mit der Wahrung partikularer Identitäten einhergingen, einer Politik weichen, die die Auslöschung des Andersseins anstrebte und vom Nationalsozialismus als rassistische Ausrottungspolitik betrieben wurde.

Das Werk, in dem sich die beiden geistigen Erbteile im Arendtschen Denken zusammenfügen und eine starke Synthese eingehen, ist *Elemente und Ursprünge totaler Herrschaft.* Zum einen forscht Arendt in dieser Arbeit verstärkt nach den Paradoxien von Gleichheit/Differenz unter den Voraussetzungen der Moderne, indem sie Antisemitismus, Rassismus und Imperialismus analysiert. Zum anderen sind ihre zentralen erklärenden Kategorien, so zum Beispiel die existentielle Phänomenologie des Totalitarismus, die sie über ihre Ausführungen zur Einsamkeit und Verlassenheit entwickelt, in hohem Maße Martin Heideggers *Sein und Zeit* geschuldet und bleiben ohne Kenntnis der Heideggerschen Kritik an den Bedingungen des modernen *Daseins* unverständlich.

Im ersten Kapitel untersuche ich *Rahel Varnhagen, Lebensgeschichte einer deutschen Jüdin aus der Romantik*, einen größtenteils vernachlässigten, frühen Text von Hannah Arendt. Diese Arbeit wurde 1938 während des Exils in Frankreich fertiggestellt und erst 1958 in englischer Sprache veröffentlicht. Es ist der einzige Text von Hannah Arendt, in dem der »Spiegelungseffekt« zwischen Erzählerin und Erzählgegenstand intensiv, kompliziert und vielschichtig ist. Arendts Lebensbeschreibung der Rahel Varnhagen von Ense, einer deutschen Jüdin, die für ihren Berliner Salon und ihre lebhafte Korrespondenz mit berühmten Gestalten der deutschen Romantik und der preußischen Aristokratie bekannt ist, liefert schon eine Vorlage für eine Reihe von Problemstellungen, die Arendt später beherrschen werden. Als wichtigstes läßt sich aus Arendts Behandlung der Lebensgeschichte von Rahel Varnhagen eine alternative Lesart der Genealogie der Moderne herausfiltern. Im Anschluß daran wird im zweiten Kapitel Arendts lebenslanges Bemühen untersucht, angesichts des Nationalsozialismus und des Holocaust eine geeignete Form jüdischer kollektiver Selbstbestimmung zu finden. Arendt unterscheidet scharf zwischen dem Ideal eines »Nationalstaates« und dem Ideal der »jüdischen Heimstätte«, eines politischen und sozialen Raums, in dem sich Angehörige des jüdischen Volkes, die sich mit bestimmten Prinzipien einverstanden erklärten, sammeln könnten, um eine Gemeinschaft zu bilden. Trotz ihrer Sympathien für die zionistische Bewegung und zionistische Siedlungen in Palästina, erschien ihr der Nationalstaat nicht als das einzig wünschenswerte oder sogar durchführbare Modell zur Verwirklichung dieser ersehnten jüdischen Heimstätte.

Kapitel 3 ist den *Elementen und Ursprüngen totaler Herrschaft* gewidmet. Ungeachtet all seiner Mängel ist dieses Buch die krönende Leistung von Arendts politischem Denken, im Gegensatz zu ihrem im engeren Sinne philosophischen Denken. Die Ironie bei der Arendtschen Analyse des Totalitarismusphänomens liegt darin, daß das Denken von jemandem, der dem Nationalsozialismus erlag, Martin Heidegger nämlich, die Grundbegriffe für eine Analyse des Totalitarismus und des Aufstiegs der Massenbewegungen zur Verfügung stellt. Der Schlüssel zur Lösung dieses hermeneutischen Rätsels ist Heideggers Kategorie der »Welt«. In dem Text zu einer Vorlesung, die sie erstmals 1954 hielt, schrieb Arendt: »Es ist so gut wie unmöglich, von Heideggers politischen Gedanken eine klare Vorstellung zu vermitteln, ohne von seinem Begriff und seiner Analyse der ›Welt‹ eine ausgefeilte Darstellung zu geben.«[10] Arendt glaubte, Heidegger habe mit seiner Analyse der grundlegenden menschlichen Bedingtheit als eines In-der-Welt-Seins für die Philosophen eine nie dagewesene Möglichkeit geschaffen, über den politischen Bereich produktiv nachzudenken. Arendt selbst tat genau das. Von ihrer frühen Betonung der Weltlosigkeit, die den in Rahel Varnhagens Salon zusammentreffenden Freundeskreis charakterisierte, bis zu ihrer bitteren Diagnose des doppelten Verlusts von Welt und Heim für Millionen Flüchtlinge, Staatenlose und verfolgte Minderheiten, blieb diese Kategorie ein durchgängiges Leitmotiv in Arendts Werk.

Warum aber war Heidegger selbst nicht in der Lage, das Politische klarer zu sehen? Weshalb äußerte er nicht nur »die alten Vorurteile des Philosophen gegen die Politik«, sondern beging zudem noch den fatalen Fehler, die nationalsozialistische Bewegung, wenn auch nur kurz, zu unterstützen? In ihrer Antwort auf diese letzte Frage blieb Arendt schwankend. Ihr Aufsatz »Was ist Existenz-Philosophie?« von 1946 stellte zwischen einigen philosophischen Aussagen, auf die sich Heidegger festgelegt hatte, und seiner Politik einen inneren Zusammenhang her. In ihrem Artikel von 1969, »Martin Heidegger ist achtzig Jahre alt«, erklärte Arendt den Fehler Heideggers hingegen in »charakterologischen« Begriffen als Ausdruck seiner persönlichen und berufsbedingten Blindheit und eines Mangels an Urteilsfähigkeit.

Vor diesem Hintergrund gedeutet, dokumentiert das Werk *Vita activa*, das im vierten Kapitel im Mittelpunkt steht, die theoriegeschichtliche Chronik von Hannah Arendt und Martin Heidegger. Hannah Arendt wandte in dieser Arbeit die Kategorien der Heideggerschen Philosophie erstmals nicht bloß an, sondern gestaltete sie von Grund auf um. Der entscheidende Schritt bei der Umgestaltung ist der Übergang vom In-der-Welt-Sein als einer Form des Mitseins zur menschlichen Pluralität als der elementaren menschlichen Bedingtheit. Auch wenn Heidegger stets anerkannte, daß das In-der-Welt-Sein eine Form des Mitseins ist, betrachtete er die letztere Bedingtheit mit großer Ambivalenz. Für ihn verkörperte das Mitsein meistenteils inauthentische und problematische Formen des Zusammenseins. Für Hannah Arendt dagegen ist das Mitsein in der Welt mit solchen, die einem gleichen und dennoch anders sind, die menschliche Bedingtheit schlechthin.

Arendt macht sich die von Husserl und Heidegger entwickelte phänomenologische Kategorie der Welt zu eigen. Sie entdeckt, daß die Weltlichkeit der menschlichen Bedingtheit in ihrer charakteristischen Eigenschaft der Pluralität besteht, die ohne Handeln und Sprechen, ohne das, was Aristoteles »praxis« nannte, undenkbar ist. Praxis, nämlich Sprechen und Handeln, entspricht der Aktualität, das heißt, sie ist die vollendete ontologische Wirklichkeit von Wesen, wie es die Menschen sind. Nach der Einführung dieses phänomenologischen Ansatzes analysiert Arendt, wie das Politische durch die wesentlichen Tätigkeiten des Sprechens und Handelns begründet wird. Arbeiten, Herstellen und Handeln sind zwar grundlegende Elemente der menschlichen Bedingtheit, es ist jedoch die Fähigkeit zum Sprechen und Handeln, die das Politische hervorbringt und erhält. Mit dieser These wurde es Arendt möglich, ihre phänomenologische Philosophie mit ihren politischen Überlegungen zu vereinen. Sie ließ Martin Heideggers Fundamentalontologie hinter sich und entwickelte die ausgereiften Kategorien ihrer politischen Philosophie.

Weil Arendt wiederholt betonte, die politische Philosophie des 20. Jahrhunderts gründe sich auf die Kunst, Unterschiede zu machen, handeln die beiden letzten Kapitel des vorliegenden Buchs von dieser Arendtschen Kunst. Kapitel 5 untersucht Arendts Unterscheidungen zwischen Arbeiten, Herstellen und Handeln und fragt außerdem, inwiefern sich das Gesellschaftliche und das Politische über verschiedene Phasen ihrer Autorschaft hinweg entwickelt haben. Arendts »phänomenologischen Essentialismus«, ihre Behauptung, jede menschliche Tätigkeit habe ihren rechten Platz in der Welt, an dem sie auszuführen sei und an dem sie sich entfalte, lehne ich ab. Ich bin der Ansicht, daß diese These weder aus sich heraus bestehen kann, noch von Arendt selbst konsistent eingesetzt worden ist.

Kapitel 6 erfüllt eine systematische Aufgabe. Es fragt danach, was wir von Arendts Kunst, Unterschiede zu machen, heute übernehmen können, um über unsere grundsätzliche politische Verfaßtheit weiter nachzudenken. Nach einer Erörterung von *Eichmann in Jerusalem* gehe ich auf Arendts Theorie der Urteilskraft ein und versuche am Schluß, Arendts Erkenntnisse für die Neustrukturierung des öffentlichen Bereichs und der Privatsphäre in den zeitgenössischen Gesellschaften heranzuziehen.

Wie läßt sich die gegenwärtige Arendt-Renaissance erklären, und was besagt sie im Hinblick auf das Vermächtnis von Hannah Arendts politischem Denken? Nach dem Fall des autoritären Kommunismus und seitdem die marxistische Theorie weltweit den Rückzug angetreten hat, erwies sich Hannah Arendts Denken als die kritische politische Theorie des posttotalitären Augenblicks.

Arendts Totalitarismustheorie konfrontiert uns jedoch nicht so sehr mit einer »Verlegenheit«, wie Margaret Canovan das meint[11], sondern mit so etwas wie einem Paradox. Und gerade dieses Paradox macht sie zur Denkerin des posttotalitären Moments. Die neuere Erfahrung der posttotalitären Gesellschaften in Ost- und Mitteleuropa hat – sehr im Sinne der von Hannah Arendt vorgeschlagenen Konzepte des öffentlichen Raums und demokratischer Politik – gezeigt, daß es für den Erfolg der Demokratie normativ geboten und wünschenswert ist, die Zivilgesellschaft und ein lebendiges Assoziationswesen wieder aufzubauen. Arendt, die den Totalitarismus als ein »eisernes Band« definierte, das die Leute so lange zusammenzwängt, bis sie eins werden, und das derart die »öffentlichen Räume« zwischen ihnen zerstört, hatte etwas Wichtiges über die politische Erfahrung im Totalitarismus herausgefunden. Es ist geradezu so, als ob die Revolutionen, die sich 1989 in Europa ereigneten, Arendts Revolutionsanalysen, doch leider auch ihre Diagnose der dunkleren Seiten des Totalitarismus noch einmal auf die weltgeschichtliche Tagesordnung gesetzt haben. Als die kommunistischen Regime in Mittel- und Osteuropa in den Freudentagen zum Jahresende 1989 allmählich wie ein Kartenhaus in sich zusammenfielen und in einem Land nach dem anderen Bürgerinitiativen und Bürgerforen mit unterschiedlichem Erfolg darangingen, »Politik zu machen«, wurden die Kategorien aus Arendts Revolutionsanalysen wieder lebendig.[12]

Trotz ihrer Kraft, die politischen Erfahrungen und normativen Bestrebungen der Völker Ost- und Mitteleuropas nach 1989 verständlicher zu machen, ist die analytische und erklärende Kraft von Arendts Totalitarismustheorie begrenzt. Denn Hannah Arendt verschrieb sich nicht der gefahrvollen Ansicht, wonach der Totalitarismus ein zwangsläufiger Auswuchs der westlichen Moderne sei.[13] In mehrfacher Hinsicht betrachtete sie den Totalitarismus als eine völlige Pervertierung von vielem, was für die westliche Tradition im Innersten prägend gewesen ist.[14] Ebenso wie nicht wenige Gesellschaftstheoretiker ihrer Generation sah sie allerdings eine Verbindung zwischen dem Wachstum der Massengesellschaft, der Schaffung einer Masse »überflüssiger Menschen« innerhalb und außerhalb der Grenzen der europäischen Nationalstaaten und dem Totalitarismus. Für Arendt waren der Zusammenbruch des zivilen und frei organisierten Lebens, die Erfahrungen des Entwurzeltseins, die Staatenlosigkeit und Heimatlosigkeit sämtlich Phänomene, die dem Aufkommen des Totalitarismus vorhergingen und ihn ermöglichten. Sie stand deutlich unter dem Einfluß von Martin Heideggers Analyse des »Man«, wenn sie die grundlegende ontologische Erfahrung des Individuums, die dieses für den Totalitarismus anfällig machte, als die Erfahrung der »Einsamkeit« beschrieb.

Die neuere Geschichtsforschung hat unterdessen zeigen können, in welchem Ausmaß bereits vorhandene lokale Organisationen und Verbände von den Nazis gar nicht zerstört wurden, sondern ganz im Gegenteil oftmals erfolgreich in ihre Kräftehierarchie integriert werden konnten.[15] Dies stellt den diagnostischen Stellenwert von Kategorien wie »Einsamkeit« und »Massengesellschaft« für die Erklärung, wie es zum Aufstieg des Totalitarismus kommen konnte, ernsthaft in Frage. Des weiteren gibt es schwerwiegende Probleme mit der von Arendt parallel geführten Diskussion von Nationalsozialismus und Stalinismus.

Im Falle des Stalinismus ging die Herausbildung der Massengesellschaft und die Schaffung »überflüssiger Menschen« nicht voraus, sondern schloß sich an. Anstatt zu den Ursachen des Stalinismus zu zählen, war dieses Phänomen vielmehr dessen Folge. Ungeachtet aller empirischen Unzulänglichkeiten hat Hannah Arendts politische Soziologie des Totalitarismus einer gänzlich originären Art und Weise, über diese Erfahrung nachzudenken, den Weg geebnet. Die wahren Erben der Arendtschen Totalitarismustheorie in unserer Zeit sind osteuropäische Dissidenten wie Václav Havel und György Konrád. Hannah Arendt wird im posttotalitären Augenblick eine wichtige theoretische Ansprechpartnerin bleiben.[16]

Arendt erkannte die zentrale Dialektik von Aufklärung und Moderne im Zusammenstoß der universalistischen Prinzipien der »Menschen- und Bürgerrechte«, wie sie in den verschiedenen bürgerlichen Verfassungen verkörpert sind, auf der einen Seite und den Sehnsüchten nach dem Anderssein, der Differenz und nach partikularistischen Identitäten, von denen die Moderne ebenfalls begleitet war, auf der anderen Seite. Hannah Arendt, eine Vertreterin der politischen Moderne, die melancholisch über die Hinfälligkeit der Menschenrechte nachdachte, rückte die Dialektik von Gleichheit und Differenz wiederholt in den Mittelpunkt. So gesehen, nimmt ihr politisches Denken einige der wichtigsten Anliegen der Identitätenpolitik von heute vorweg. Arendts Betrachtungen über die Paradoxien des Nationalstaats und ihre ergreifenden Überlegungen zur Lebenslage bei Staatenlosigkeit und Heimatlosigkeit in einer Welt entfachter ethnischer Leidenschaften und schwacher Staaten sind für uns relevanter denn je. Obwohl sie selbst weder für ihren Glauben an die universellen Menschenrechte noch für die Kategorie von Verbrechen gegen die Menschheit eine philosophische Rechtfertigung vorweisen konnte, können wir uns von ihren Formulierungen der damit berührten Fragen noch immer leiten lassen. Die Kategorie der »Verbrechen gegen die Menschheit« ist jetzt eine international anerkannte Rechtsnorm. Arendt hätte ganz sicher auch eine vergleichbare internationale Praxis und dauerhafte Institution gewollt, um Angehörige von Minderheiten davor zu schützen, Flüchtlinge und Staatenlose zu werden. Die kraftlose Institution des Flüchtlings-Hochkommissariats bei den Vereinten Nationen ist nur eine schwache Umsetzung der politischen Sensibilität, wie Arendt sie hier spürbar werden läßt.

Die gegenwärtige Arendt-Renaissance hat ihre Wurzeln keineswegs nur im posttotalitären Moment und in den Problemen von Gleichheit versus Differenz, mit denen sich die Identitätenpolitik auseinandersetzt, sondern auch im starken Aufwind, den die Frauenbewegung, das feministische Denken und die feministische Praxis in den letzten drei Jahrzehnten erlebten. Arendt bleibt ein beeindruckendes und geheimnisvolles Vorbild, eine unserer »frühen Mütter«. Aber auch wenn die bloßen Fakten ihres Lebens und ihrer überragenden intellektuellen Leistung in uns den Wunsch wecken, sie für ein feministisches Denken zu vereinnahmen, dürfte das aufgrund ihres theoretischen Rahmens und auch wegen ihres unverhohlenen Mißfallens an bestimmten Weisen, wie das Frauenproblem gestellt wird, zu einer gewaltigen Aufgabe werden. Arendt bleibt die Mutter, die sich uns entzieht. Obwohl Arendts historische und journalistische Schriften, von ihrem frühen Buch über Rahel Varnhagen bis zu ihren einfühlsamen Porträts von Rosa Luxemburg und Isak Dinesen (Karen Blixen)[17], weibliche Persönlichkeiten und meisterhafte Ausführungen über ihr Leben enthalten, werden Frauen und deren Tätigkeiten in ihrer politischen Theorie nicht sichtbar. Hannah Arendts politisches Denken blieb, wie die westliche Tradition überhaupt, »geschlechterblind«. Schlimmer noch, einige der charakteristischen Unterscheidungen bei Arendt, wie beispielsweise die zwischen dem »öffentlichen Bereich der Politik« und dem »privaten Bereich des Haushalts«, legen die Frauen anscheinend im traditionellsten Stil auf die Privatsphäre fest, in der für die Notwendigkeiten des täglichen Lebens gesorgt wird.

Meine These ist, daß es für die aktuelle feministische Theorie trotz dieses offensichtlichen Antagonismus zwischen feministischen Zielen und Arendts politischem Denken unerläßlich ist, mit Hannah Arendt in ein »dialektisches Gespräch« über die Konzepte des Öffentlichen und des Privaten einzutreten.

Arendt in Frauenfragen angemessen zu verstehen ist untrennbar damit verbunden, sie in der jüdischen Frage richtig zu verstehen. Diese theoretisch scheinbar nebensächlichen, existentiell aber ausschlaggebenden Kategorien der Identität – Frau und Jüdin – oder genauer ausgedrückt, Arendts Identität als eine deutsche Jüdin im 20. Jahrhundert, sind die Quellen, aus denen ihr Denken schöpft und denen wir uns als Leser zuwenden müssen, um Arendt richtig interpretieren zu können.

Ein Wort zur Methode und Interpretation in der politischen Philosophie: Um das Denken eines oder einer anderen verstehen und dessen Stichhaltigkeit beurteilen zu können, ist es im allgemeinen notwendig, die Fragen und die Rätsel zu kennen, die ein Denker beantworten und lösen will. Um diese Fragen und Rätsel begreifen zu können, ist es wiederum erforderlich, jene sozialen, geschichtlichen, persönlichen und begrifflichen Hintergründe in Erfahrung zu bringen, die den Horizont für die Forschungsfragen einer Denkerin bilden. Wie Hans-Georg Gadamer gezeigt hat, beinhaltet die Rekonstruktion früherer Argumente und Theorien stets eine »Horizontverschmelzung«.[18] Verstehen heißt immer das Verstehen in einem Rahmen, der von uns aus, wo wir heute stehen, Sinn ergibt. So betrachtet, besteht das Erfassen der Fragen *aus* der Vergangenheit unter anderem darin, im Lichte unserer gegenwärtigen Anliegen Fragen *an* die Vergangenheit zu stellen. Die Rekonstruktion und Interpretation des Denkens eines anderen geschieht in einem Dialog, in dem man eine Frage stellt, zu begreifen versucht, ob diese Frage für den anderen sinnvoll ist, zuhört, die Antwort des anderen umformuliert und im Licht dieser Antwort den Standpunkt, den man ursprünglich hatte, neu faßt. Jede Interpretation ist ein Gespräch mit all den Annehmlichkeiten und Schwierigkeiten, die Gespräche üblicherweise mit sich bringen: Mißverständnisse ebenso wie Auslassungen, Anspielungen genauso wie Bedeutungsüberfrachtungen.

Hannah Arendts Stimme hat mich in meinen philosophischen Dialogen und Fragestellungen geleitet, seit ich vor 26 Jahren – 1972 war ich soeben als Philosophiestudentin in die Yale Graduate School eingetreten – ihre Überlegungen zum Antisemitismus entdeckte. Meine große Bewunderung für ihr Denken und meine geistige Nähe zu diesem Denken hat seine Wurzeln zweifellos in meiner tiefempfundenen Identifikation mit ihr als einer Jüdin, die aus einer europäischen Tradition kommt – in meinem Fall nicht die deutsch-jüdische, sondern die spanisch-sephardische. Und die klassische deutsche Philosophie von Immanuel Kant bis Jürgen Habermas hat mich genauso wie sie, im guten wie im schlechten, mit den philosophischen Grundlagen ausgestattet, in deren Rahmen ich – nicht immer ausdrücklich – über diese Themen nachgedacht habe. So gesehen, handelt es sich um ein sehr persönliches Buch.

Im Laufe der Jahre habe ich mit vielen über Hannah Arendt gesprochen. Elisabeth Young-Bruehl weckte meine Neugier, was Arendt und Heidegger angeht, als sie 1974 bei einem Abendessen in New Haven von deren Liebesgeschichte erzählte. Professor Dan Diner von den Universitäten Essen und Tel Aviv bat mich 1987, einen Text zu einem Band beizusteuern, der den Titel *Zivilisationsbruch. Denken nach Auschwitz* trug.[19] Diese Einladung veranlaßte mich, ernsthaft über Hannah Arendt und die jüdische Frage im 20. Jahrhundert nachzudenken. Ich danke Dan Diner für seinen ersten Vorschlag, das Thema zu bearbeiten, und für viele weitere Gespräche, in denen es um Hannah Arendt ging.

Jürgen Habermas, Richard J. Bernstein, Albrecht Wellmer und Jerome Kohn, alles Arendt-Freunde, verdanke ich viele Gespräche über ihr Denken. Morris Kaplan, dessen leidenschaftliche Bewunderung für Hannah Arendt ich teile, schulde ich besonderen Dank für nahezu 20 Jahre wiederkehrender Diskussion über diese Themen. Zwischen 1981 und 1984 hatte ich erfreulicherweise die Gelegenheit, mit Maurizio Passerin d'Entrèves über Hannah Arendt arbeiten zu können. Seine ausgezeichnete Dissertation und sein Buch über ihr Denken, haben mich sehr viel gelehrt und meine eigenen Überlegungen vorangetrieben. Die neueren Veröffentlichungen von Dana Villa und Bonnie Honig, aber auch die Gespräche mit ihnen stellten für mich eine Provokation dar. Obwohl unsere Meinungen häufiger auseinandergehen als übereinstimmen, sehe ich durchaus die Verwandtschaft mit ihnen, wenn es um ihre weitreichende Auseinandersetzung mit dem Denken von Hannah Arendt geht.

Ich möchte meinen wissenschaftlichen Mitarbeitern Lynne Eckenberg, Michaele Ferguson, April Flakne und auch Patchen Markell für beste Kommentierungen früherer Fassungen von verschiedenen Kapiteln danken. Patchen Markell war ein akribischer Kommentator und Lektor.

Die Forschungsarbeiten für dieses Buch wurden in den Anfangsphasen von einem amerikanischen Stipendium der »Leona J. Beckmann and Susan B. Anthony Endowment of the American Association of University Women« unterstützt (Januar bis Dezember 1992). Außerdem möchte ich dem »Radcliffe College Junior Partnership Program« für die Vergabe von Mitteln danken, die es Lynne Eckenberg ermöglichten, im Frühjahr und Sommer 1994 als wissenschaftliche Mitarbeiterin für mich tätig zu sein. Der Lewis Clarke-Forschungsfond der Harvard University unterstützte die Fertigstellung dieses Manuskripts im Sommer 1995 durch ein Stipendium.

Ich widme dieses Buch in Liebe meiner Mutter Colombe Benhabib.

1 Agnes Heller, »Hannah Arendt – Modell oder Mode«, Vortrag vom 27.10.1995 an der Evangelischen Akademie Loccum, erschienen in: *politik-initiativen*, Zürich 10/1996, S. 19.

2 Margaret Canovans erstes Buch über Hannah Arendt erschien 1974 (*The Political Thought of Hannah Arendt*, London). Ehemalige Schüler von Arendt erstellten 1979 gemeinsam eine Aufsatzsammlung mit dem Titel *Hannah Arendt. The Recovery of the Public World*, hg. von Melvyn A. Hill, New York 1979. In den frühen 80er Jahren gab es ebenfalls eine Reihe von Veröffentlichungen zu Arendt: Bikhu Parekh, *Hannah Arendt and the Search for a New Political Philosophy*, London 1981; Elisabeth Young-Bruehl, *Hannah Arendt. For Love of the World*, New Haven, Conn. 1982; dt. Ausgabe *Hannah Arendt. Leben, Werk und Zeit*, üb. von Hans Günter Holl, Frankfurt am Main 1986; George Kateb, *Hannah Arendt. Politics, Conscience, Evil*, Totowa, N.J. 1984. Zu dieser Zeit spielte auch die Herausgabe von Hannah Arendts *Lectures on Kant's Political Philosophy* (Chicago 1982) eine wichtige Rolle (dt. Ausgabe, *Das Urteilen. Texte zu Kants Politischer Philosophie*, hg. von Ronald Beiner, üb. von Ursula Ludz, München 1985). Eine Liste der Monographien zu ihrem Werk seit 1989 hätte zumindest folgende, ausgewählte Titel zu nennen: Leah Bradshaw, *Acting and Thinking. The Political Thought of Hannah Arendt*, Toronto 1989; Shiraz Dossa, *The Public Realm and the Public Self. The Political Theory of Hannah Arendt*, Waterloo, Ontario 1989; Dagmar Barnouw, *Visible Spaces. Hannah Arendt and the German-Jewish Experience*, Baltimore 1990; Michael S. Gottsegen, *The Political Thought of Hannah Arendt*, Albany 1993; Maurizio Passerin d'Entrèves, *The Political Philosophy of Hannah Arendt*, London 1994; zudem die Aufsatzsammlung von Lewis P. Hinchman/Sandra K. Hinchman, *Hannah Arendt. Critical Essays*, Albany 1993. Bonnie Honig (Hg.), *Feminist Interpretations of Hannah Arendt*, Philadelphia 1995, enthält einen sehr guten Querschnitt der Debatten, die derzeit unter feministischen Theoretikerinnen um Arendts Werk kursieren.

3 Wolfgang Heuer, »Ein schwieriger Dialog. Die Hannah Arendt Rezeption im deutschsprachigen Raum«, in: *Hannah Arendt. Nach dem Totalitarismus*, hg. von Daniel Ganzfried und Sebastian Hefti, Hamburg 1997, S. 21 ff.

4 Roland W. Schindler, *Geglückte Zeit – gestundete Zeit. Hannah Arendts Kritik der Moderne*, Frankfurt am Main 1995, S. 14ff.

5 Siehe Hannah Arendt/Karl Jaspers, *Briefwechsel 1926–1969*, hg. von Lotte Köhler und Hans Saner, München 1985; *Hannah Arendt. Essays in Understanding, 1930–1954*, hg. von Jerome Kohn, New York 1994; *Between Friends. The Correspondence of Hannah Arendt and Mary McCarthy, 1949–1975*, hg. von Carol Brightman, New York 1995 (dt. Ausgabe: Hannah Arendt/Mary McCarthy, *Im Vertrauen. Briefwechsel 1949–1975*, üb. von Ursula Ludz und Hans Moll, München 1997).

6 Durch die Veröffentlichung von Auszügen aus der Korrespondenz Hannah Arendt – Martin Heidegger (in: Elzbieta Ettinger, *Hannah Arendt – Martin Heidegger. Eine Geschichte*, München 1995), die der wissenschaftlichen Öffentlichkeit bislang nicht zugänglich war, sind die Konturen der persönlichen Beziehung zwischen Arendt und Heidegger deutlicher geworden. Leider hat Ettinger dieses Material psychologisierend, parteiisch und, vom Standpunkt philosophischer Forschung aus betrachtet, naiv interpretiert. Die Veröffentlichung dieser Arbeit hat nichtsdestoweniger sehr schnell eine Kontroverse ausgelöst, denn einige Wissenschaftler sind dazu übergegangen, die persönliche Beziehung zwischen Arendt und Heidegger zu benutzen, um Arendt als politische Denkerin abzuqualifizieren und, schlimmer noch, sie als Jüdin zu diffamieren. Siehe Richard Wolin, »An Affair to Remember: Hannah and the Magician«, in: *New Republic*, 9. Okt. 1995, S. 27–37.

7 Ein polemisches Abtun von Hannah Arendts Denken nach diesem Muster findet sich in den Äußerungen Isaiah Berlins: »Ich gebe zu, daß ich die Ideen dieser Dame nicht besonders schätze. Viele ausgezeichnete Leute haben ihr Werk bewundert. Ich kann das nicht. [...] Weil sie meiner Meinung nach keine Argumente hervorbringt, keinerlei Anzeichen von ernsthaftem philosophischen oder historischen Denken. Alles ist ein Strom freier metaphysischer Assoziationen.« – Interviewer: Haben Sie Bücher von ihr gelesen? – »Ja, ich habe mehrere ihrer Bücher zu lesen versucht, da einige meiner Freunde sie sehr gelobt haben. [...] Dann las ich *Vita activa, oder: Vom tätigen Leben* – dieses Buch scheint auf zwei Ideen zu beruhen, die beide historisch falsch sind: die Griechen hätten die Arbeit nicht geachtet, die Juden hingegen hätten dies getan.« Über den Einfluß, den deutsche Philosophen auf Arendts Denken hatten, witzelt Berlin: »Aber ich habe bei ihr noch nichts gefunden, das mich fesselt, das mich zum Nachdenken anregt, oder etwas, bei dem mir ein Licht aufgegangen wäre.« (Isaiah Berlin u. Ramin Jahanbegloo, *Den Ideen die Stimme zurückgeben. Eine intellektuelle Biographie in Gesprächen*, üb. von Reinhard Kaiser, Frankfurt am Main 1994, S. 108 ff.) Sir Isaiah Berlin ist natürlich frei, diese Ansichten und Meinungen zu hegen. Seine Kritik an Arendts Werk in diesem Interview und seine reichlich lässig dahingesagten Bemerkungen über griechische und jüdische Einstellungen zur Arbeit, von denen in *Vita activa* die Rede sei, verraten jedoch dem aufmerksamen Leser, daß sich dahinter weder ein tieferes Verständnis noch eine echte Auseinandersetzung mit Arendts Denken verbirgt. Das respektlose, fast verstockte Abtun der Ideen einer wenn auch umstrittenen, so doch wichtigen Denkerin dieses Jahrhunderts in der zitierten Passage wirkt abstoßend. Seine Äußerung über die »Ideen dieser Dame« und die Behauptung, sie würde nie Argumente vorbringen, sondern schreibe im

Strom des Bewußtseins, klingt nach geschlechtlicher Stereotypisierung – das Denken von Frauen ist unsystematisch, eher assoziativ als argumentativ usw. Liest man Isaiah Berlins Ablehnung von Hannah Arendt, wird man wieder einmal an den einen oder anderen erbitterten Konflikt, an Abgrenzungen und an persönliche Feindseligkeiten erinnert, die für diese Generation europäisch jüdischer Emigranten in den 1930er und 40er Jahren charakteristisch waren.

8 Hannah Arendt, *The Jew as Pariah. Jewish Identity and Politics in the Modern Age*, hg. von Ron H. Feldman, New York 1978 (dt. Ausgabe: *Die verborgene Tradition. Acht Essays*, Frankfurt am Main 1976).

9 Dagmar Barnouw gibt in *Visible Spaces* die bis heute umfassendste Darstellung von Arendts Beschäftigung mit jüdischer Kultur und Politik, stellt aber nicht die philosophischen Fragen hinsichtlich ihres politischen Denkens, die diese geschichtliche Bestandsaufnahme nahelegt. Siehe Hanna Pitkin, »Conformism, Housekeeping and the Attack of the Blob: The Origins of Hannah Arendt's Concept of the Social«, in: Bonnie Honig (Hg.), *Feminist Interpretations*, S. 65.

10 Siehe Hannah Arendt, »Concern With Politics in Recent European Philosophical Thought«, in: *Hannah Arendt. Essays in Understanding: 1930–1954*, S. 446.

11 Margaret Canovan, *Hannah Arendt. A Reinterpretation of Her Political Thought*, Cambridge 1992, S. 279.

12 Siehe Timothy Garton Ashs wunderbare Darstellung dieser Revolutionen in *The Magic Lantern*, New York 1990.

13 Margaret Canovan, *Hannah Arendt. A Reinterpretation of Her Political Thought*, London 1992, S. 280.

14 Meiner Ansicht nach ist Canovans Behauptung, »die Keime des Totalitarismus waren der Moderne selbst tief eingepflanzt« (S. 202), keine zutreffende Charakterisierung von Arendts Position. Arendt hat nie aufgehört, die Kontingenz des Totalitarismus hervorzuheben und zu betonen, es hätte alles anders kommen können. Man erinnere sich nur an die kluge Behauptung, nach dem Tod Lenins hätte das sowjetische System eine andere Richtung einschlagen können: »Als Lenin starb, waren noch sehr viele Wege offen. Die neuen Klassenformationen hätten keineswegs notwendigerweise zu dem für Europa charakteristischen Klassenkampf und zu einer eindeutig kapitalistischen Entwicklung zu führen brauchen [...] Die Landwirtschaft vor allem hätte sich vermutlich ebenso gut kollektiv wie kooperativ wie als Privatwirtschaft aufbauen lassen, und nichts war darüber ausgemacht, ob die Gesamtökonomie des Landes sozialistischen oder staatskapitalistischen oder den Bahnen des freien Unternehmertums folgen würde. Keine dieser Entwicklungen hätte von sich aus die neue Strukturiertheit

des Landes zu zerstören brauchen.« Arendt, *Elemente und Ursprünge totaler Herrschaft*, München [4]1995, S. 517.

15 Siehe dazu das von Martin Broszat und seinen Mitarbeitern durchgeführte Projekt, das die Einbeziehung der ländlichen Vereinigungen und Verbände in die Machtmaschinerie der Nazis ebenso dokumentiert wie deren Widerstand dagegen. Martin Broszat/Elke Fröhlich/Falk Wiesemann (Hg.), *Bayern in der NS-Zeit. Soziale Lage und politisches Verhalten der Bevölkerung im Spiegel vertraulicher Berichte*, München 1977. Ich möchte Danny Goldhagen für Gespräche zu dieser Thematik danken.

16 Dazu Tony Judts erkenntnisreicher Artikel, »At Home in This Country«, in: *New York Review of Books* 42, 6. April 1995, S. 9–15.

17 Isak Dinesen (Pseudonym für Karen Blixen, geborene Karen Christentze Dinesen, 1885–1963) war eine dänische Autorin, die besonders durch ihren autobiographisch gefärbten Roman *Afrika – Dunkel lockende Welt* (1937) bekannt geworden ist.

18 Hans-Georg Gadamer, *Wahrheit und Methode. Grundzüge einer philosophischen Hermeneutik*, Tübingen [4]1975.

19 Siehe Seyla Benhabib, »Hannah Arendt und die erlösende Kraft des Erzählens«, in: Dan Diner (Hg.), *Zivilisationsbruch. Denken nach Auschwitz*, Frankfurt am Main 1988, S. 15–175.

I. DER PARIA UND SEIN SCHATTEN: HANNAH ARENDTS BIOGRAPHIE VON RAHEL VARNHAGEN

Hannah Arendts klares Selbstbewußtsein als Jüdin und ihre Überzeugung, daß das Jüdischsein im 20. Jahrhundert zu einer »politischen« und unausweichlichen Tatsache geworden sei, bilden einen scharfen Kontrast zu ihrem beinahe vollständigen Schweigen zur Frauenfrage.[1] Obgleich das Schicksal des jüdischen Volkes im Mittelpunkt ihres öffentlich-politischen Denkens steht, finden ihre Identität als Frau und die sozialpolitischen sowie kulturellen Dimensionen des Frauseins in der modernen Welt keine ausdrückliche Beachtung in ihrem Werk. Von ihrer Biographin Elisabeth Young-Bruehl wissen wir: »Sie war mißtrauisch gegenüber Frauen, die ›Befehle erteilten‹, skeptisch in der Frage, ob Frauen politische Führungsrollen spielen sollten, und sie opponierte standhaft gegen die sozialen Dimensionen der Frauenbewegung.«[2]

Dieser scharfe Widerspruch zwischen den zwei Dimensionen ihrer Identität wird deutlicher, wenn auch beunruhigender, sobald wir uns *Vita activa* zuwenden. Hier vermittelt ein erstes Lesen den Eindruck, daß Hannah Arendt die Frauenfrage nicht nur ignorierte, sondern in dieser Hinsicht beinahe reaktionär war, insofern sie die uralte Beschränkung der Frauen auf den Privatbereich des Haushalts und ihren Ausschluß aus dem Bereich der öffentlichen Angelegenheiten akzeptierte. In *Vita activa* schreibt sie:

»Daß die Neuzeit die Arbeiter und die Frauen in nahezu dem gleichen historischen Augenblick emanzipiert hat, geht nicht nur auf Konto einer größeren Vorurteilslosigkeit, sondern hängt aufs engste damit zusammen, daß die moderne Gesellschaft die mit den Lebensnotwendigkeiten verbundenen Tätigkeiten und Funktionen aus ihrem jahrtausende alten Versteck an das Licht der Öffentlichkeit gebracht hat. Umso charakteristischer für das Wesen dieser Phänomene ist, daß die wenigen Restbestände des auch in unserer Zivilisation unbedingt zu Verbergenden sich auf die nötigenden Notwendigkeiten beziehen, die aus der Natur des Körpers selbst stammen.«[3]

Es ist schwer, sich des Verdachts zu erwehren, daß Hannah Arendt die Arbeitsteilung zwischen den Geschlechtern ontologisierte und die Unterstellung billigte, bestimmte Aspekte der weiblichen Anatomie würden die Beschränkung der Frauen auf den häuslichen Bereich erzwingen. Das war zweifellos die Schlußfolgerung, die die feministische Dichterin und Denkerin Adrienne Rich in ihrer starken Kritik an *Vita activa* zog:

»Als ich über Fragen nachdachte, die Frauen und Arbeit betreffen [...] zog ich Hannah Arendts *Vita activa* zu Rate. Mich interessierte, wie eine wichtige politische Philosophin unserer Zeit, eine in intellektuellen Kreisen sehr geachtete Frau, über das Thema gesprochen hatte. Ich fand ihre Abhandlung erhellend, und zwar nicht so sehr um ihres Inhaltes willen, sondern als das, was sie ist [...] Die Ausgrenzung von Frauen von der Beteiligung an der *Vita activa*, der «gemeinsamen Welt», und die Verbindung dieser Ausgrenzung mit der Reproduktivität ist keineswegs etwas, wovon sie ihren Blick abwendet, vielmehr etwas, wodurch sie unverwandt hindurchstarrt, ohne es zu sehen [...] Es kann schmerzlich sein, ein solches Buch zu lesen – von einer Frau mit umfassendem Verstand und großer Gelehrsamkeit –, denn es verkörpert die Tragödie eines weiblichen Denkens, das mit männlichen Ideologien genährt wurde. Tatsächlich gereicht es uns zum Nachteil, denn Arendts Bestreben, tiefgreifende moralische Fragen zu erfassen, ist genau die Art von Bemühung, die wir brauchen, um eine gemeinsame Welt zu schaffen, die auf mehr hinausläuft als auf ›Lebensstile‹.«[4]

Adrienne Richs Urteil über Hannah Arendt gründet sich auf

bestimmte heuristische Annahmen, die sie zu dem Schluß führten, man solle Arendts Abhandlung »nicht so sehr um dessentwillen [lesen], was darin gesagt wird, sondern um dessentwillen, was sie ist«. Wenn man Hannah Arendts Werk unter dem Gesichtspunkt einer Fragestellung liest, die sie selbst nicht zum Mittelpunkt ihres Denkens erhob – die Frauenfrage nämlich –, und ihre politische Philosophie in diesem Licht prüft, erfordert das bestimmte innovative Prinzipien der Hermeneutik und Interpretation. Diese sollten über die herkömmlicherweise verwendeten Prinzipien, die auch Rich teilt, hinausgehen.

Wie sollen wir also vorgehen? Die Frauenfrage zu stellen bedeutet wie immer, sich vom Rand ins Zentrum der hermeneutischen Aufgabe zu begeben.[5] Wir fangen damit an, in den Fußnoten, den Randbemerkungen, den weniger anerkannten Arbeiten einer Denkerin nach jenen »Spuren« zu suchen, die die Anwesenheit von Frauen, viel öfter jedoch deren Abwesenheit hinterlassen hat. Für Hannah Arendts Werk heißt das, daß man nicht mit *Vita activa* beginnt, sondern mit einem Text, der keinen zentralen Platz in irgendeiner systematischen Interpretation ihrer politischen Philosophie einnimmt – nämlich: *Rahel Varnhagen, Lebensgeschichte einer deutschen Jüdin aus der Romantik.*

Rahel Levin Varnhagens Suche nach der »Welt«

Hannah Arendt begann die Arbeit an der intellektuellen Biographie von Rahel Varnhagen, die als Rahel Levin 1771 in Berlin geboren wurde, im Jahr 1929, kurz nachdem sie ihre Dissertation über den Liebesbegriff bei Augustinus, die von Karl Jaspers in Heidelberg betreut wurde, abgeschlossen hatte. Die neue Studie sollte offenbar ihre Habilitationsschrift werden, mit der sie die Lehrberechtigung an einer deutschen Universität erwerben wollte.[6] 1933 war diese Arbeit bis auf die beiden letzten Kapitel fertiggestellt, die Arendt dann während ihres Exils in Frankreich bis 1938 beendete. Das Buch erschien 1958, also erst zwanzig Jahre später, in englischer Übersetzung; 1959 folgte die erste deutsche Ausgabe.[7] *Rahel Varnhagen*, von Hannah Arendt mit dem Untertitel *Lebensgeschichte einer deutschen Jüdin aus der Romantik* versehen, ist ein schwieriger Text. Eine frühe Rezensentin urteilte, es sei »ein unnachsichtig abstraktes Buch – schwerfällig, vollgestopft, unbeweglich, merkwürdig bedrückend; beim Lesen ergeht es einem, als säße man ohne Uhr in einem Treibhaus. Man spürt das Subjekt, diese wartende, aufgelöste Frau, man wird sich fast physisch ihrer intensiven Weiblichkeit, ihrer Frustration bewußt.«[8]

»Die unnachsichtige Abstraktheit« des Buchs ist teilweise Arendts methodologischem Blickwinkel geschuldet, der, wie sie selbst zugibt, »ungewöhnlich« ist. Hannah Arendt erklärte:

»Ich hatte niemals die Absicht, ein Buch *über* die Rahel zuschreiben, über ihre Persönlichkeit, die man psychologisch und in Kategorien, die der Autor von außen mitbringt, so oder anders interpretieren und verstehen kann; oder über ihre Stellung in der Romantik und die Wirkung des von ihr eigentlich inaugurierten Goethe-Kultes in Berlin; oder über die Bedeutung ihres Salons in der Gesellschaftsgeschichte der Zeit; oder über ihre Gedankenwelt und ihre ›Weltanschauung‹, sofern sich eine solche aus ihren Briefen konstruieren lassen sollte. Was mich interessierte, war lediglich, Rahels Lebensgeschichte so nachzuerzählen, wie sie selbst sie hätte erzählen können [...] Die Darstellung also folgt, wiewohl sie sich naturgemäß einer anderen Sprache bedient und nicht nur in Variationen von Zitaten besteht, mit größtmöglicher Genauigkeit den Reflexionen der Rahel.« (S. 9ff.)

Dieser Anspruch, »Rahels Lebensgeschichte so nachzuerzählen, wie sie selbst sie hätte erzählen können«, ist doch recht erstaunlich. Arendts Vertrauen in ihre Urteile über Rahel Varnhagen ist so groß, daß sie sich nicht scheut, die Darstellung Rahels durch deren Ehemann zu korrigieren. Tatsächlich beansprucht das Buch auf einer gewissen Ebene, Rahels Leben und Gedenken den Klauen ihres Ehemanns zu entreißen – dem großzügigen und nachgiebigen, aber biederen und langweiligen preußischen Staatsbeamten Karl August Varnhagen von Ense, der, wie Arendt behauptet, Rahels Leben verfälschend schilderte, um »Rahels Umgang und Freundeskreis weniger jüdisch und mehr aristokratisch zu machen und Rahel selbst in einem konventionelleren und dem Geschmack der Zeit genehmeren Licht erscheinen zu lassen«. (S. 9) Doch was verschafft Arendt die Gewißheit zu meinen, sie kenne diese Frau im Grunde besser als deren eigener Ehemann? Wie kann Hannah Arendt, die zur Zeit der Abfassung ihres Buchs über die Rahel nahezu 100 Jahre von deren Tod am 7. März 1833 trennen, für sich beanspruchen, Rahels Lebensgeschichte so zu erzählen, »wie sie selbst sie hätte erzählen können«? Welche hermeneutischen Mysterien birgt dieser kurze Satz im Konjunktiv?

Die Tatsachen des Lebenswegs von Rahel Varnhagen sind gut bekannt: Rahel Levin wurde als ältestes Kind des wohlhabenden Kaufmanns Markus Levin am 19. Mai 1771 in Berlin geboren. Sie hatte drei jüngere Brüder und eine jüngere Schwester. Ihr Elternhaus war jüdisch orthodox und verfügte über keine Bildung in deutscher Kultur. Rahels erste Briefe sind in Jiddisch verfaßt und mit hebräischen Schriftzeichen geschrieben.[9] Nach dem Tod ihres Vaters im Jahr 1790 übernahm ihr Bruder Marcus das Familienunternehmen und versah Rahel und ihre Mutter mit einem regelmäßigen Einkommen. Zwischen 1790 und 1806 hielt Rahel in ihrer Dachstube in der Jägerstraße Salon. Unter ihren Gästen waren die Humboldt-Brüder (Alexander und Wilhelm), Friedrich Schlegel, Friedrich Gentz, Friedrich Schleiermacher, Louis Ferdinand Prinz von Preußen und dessen Geliebte Pauline Wiesel, Friedrich August Wolf – ein Altphilologe, Jean Paul, Franz Brentano und die Tieck-Brüder. Von 1790 bis 1804 hatte Rahel eine Reihe Freundschaften und Liebesaffären mit Aristokraten unterschiedlicher europäischer Herkunft, vom schwedischen Botschafter, Karl Gustav von Brinckmann, über Graf Karl von Finckenstein bis Friedrich von Gentz (ein Berufsdiplomat, der auf dem Wiener Kongreß von 1815 eine bedeutende Rolle spielen sollte).[10] Im Winter 1795/96 verlobte sich Rahel mit Finckenstein. Ihrer beider Affäre endete im Jahr 1800; er kehrte von dieser ungewöhnlichen jüdischen Frau in die Arme seiner aristokratischen Familie zurück. 1801 bis 1802 erlebte Rahel mit dem spanischen Legationssekretär, Don Raphael d'Urquijo, mit dem sie bis 1804 verlobt war, eine der stürmischsten Liebesaffären ihres Lebens.

Mit Napoleons Einzug in Berlin am 27. Oktober 1806 wurden Rahels Salon und Freundeskreis in alle Winde zerstreut. Eine Welle des Nationalismus und Antisemitismus fegte die intellektuellen und aristokratischen Kreise hinweg, die zuvor mit Rahel Varnhagen befreundet gewesen waren. Diese Phase kündigte das Ende von einem der ersten Zyklen »deutsch-jüdischer Symbiose« an. Familiäre und finanzielle Schwierigkeiten in Rahels Leben kamen hinzu. Ihre Mutter zog aus der Jägerstraße aus und starb einige Zeit später im Jahr 1809. Rahel, die Karl August von Varnhagen 1808 begegnet war, siedelte nun von Berlin nach Teplitz um. Nach mehreren kürzeren Trennungen ließ sie sich am 27. September 1814 taufen und heiratete Varnhagen. Varnhagen, ein Beamter im höheren Dienst, wechselte mehrfach in verschiedene Städte, unter anderem nach Frankfurt und Karlsruhe. 1819 ließen sich die Varnhagens erneut in Berlin nieder, und ihr Berliner Salon existierte von 1821 bis 1832. Unter den Gästen waren Bettina von Arnim, Heinrich Heine, Prinz Pückler-Muskau, G.W.F. Hegel, Leopold von Ranke und Eduard Gans. Am 7. März 1833 starb Rahel.

Arendts Rekonstruktion von Rahels Lebensgeschichte stützt sich hauptsächlich auf zu der Zeit nicht im Druck vorliegende Briefe und Tagebücher des Varnhagen-Archivs in der Handschriften-Abteilung der Preußischen Staatsbibliothek. Arendt weist 1956 in ihrem Vorwort darauf hin, daß dieses Manuskriptkonvolut während des Kriegs in östliche Provinzen Deutschlands ausgelagert wurde, und bemerkt dazu, »über seinen Verbleib ist meines Wissens nichts bekannt«.[11] Mittlerweile wissen wir, daß die gesamte Sammlung in der Bibliothek von Krakau wieder auftauchte.[12] Arendt selbst mußte sich damit zufriedengeben, aus alten Exzerpten, Photokopien und Abschriften von Dokumenten zu zitieren.

Bei der Annäherung an Arendts Versuch, Rahels Geschichte so zu erzählen, »wie sie selbst sie hätte erzählen können«, müssen ganz unterschiedliche Schichten der Lektüre und Interpretation auseinandergehalten werden. In den frühen 30er Jahren änderten sich Arendts Verständnis des Judentums allgemein und ihr Verhältnis zur eigenen jüdischen Identität tiefgreifend. Diese Veränderungen entfernten sie immer weiter von den Idealen der Aufklärung bei Kant, Lessing und Goethe und brachten sie der Erkenntnis näher, daß jüdisches Anderssein in der deutschen Kultur eine unumstößliche Tatsache ist. Das Rahel-Buch dokumentiert die Paradoxien der jüdischen Emanzipation, die zwischen dem Zusammenbruch des Ghettos und der Entstehung des modernen Nationalstaats stattgefunden hat. Gerade das kurze Intermezzo zwischen 1790 und 1806, dem Zeitpunkt, als Napoleon in Berlin Einzug hält, ist die Blütezeit des Salons in Rahel Levins »Berliner Dachstube«. Arendt ergründet mit Kategorien wie dem »Parvenu« und dem »Paria«, die sie dem französischen Journalisten Bernard Lazare entliehen hat, eine äußerst interessante Episode der deutsch-jüdischen Sozialgeschichte, nämlich die der jüdischen Salonières und die Welt einer von ihnen.[13] Was es Arendt erlaubt, Rahels Lebensgeschichte so zu erzählen, wie Rahel selbst sie nicht erzählen konnte, vielleicht aber erzählt hätte, ist ironischerweise die Perspektive aus einem Abstand von 100 Jahren und das »Bewußtsein des Untergangs des deutschen Judentums« (S. 11).

Als Arendt die Geschichte Rahel Varnhagens schilderte, war sie gleichzeitig mit einem Prozeß beschäftigt, in dem sie ihr

Selbstverständnis als deutsche Jüdin klären und neu bestimmen mußte. Ihre Korrespondenz mit Karl Jaspers, der mit einem Erstaunen, das an Gereiztheit und Verwirrung grenzt, verfolgt, wie sich Arendts Arbeit an diesem Buch entwickelt, ist in dieser Hinsicht recht aufschlußreich.

Am 20. März 1930 schreibt Karl Jaspers an Hannah Arendt und nimmt Bezug auf einen Vortrag von ihr über Rahel Varnhagen. Dieser Vortrag ist uns leider nicht erhalten geblieben. Der Briefwechsel zwischen Jaspers und Arendt vermittelt immerhin deutlich den Eindruck, als habe Arendt damit Neuland betreten und als habe sie der Existenzphilosophie ihres Lehrers Jaspers eine neue Richtung gegeben. Jaspers deutet an, er wünsche eine Unterhaltung mit ihr, »um zu fragen, und in der augenblicklichen Korrigierbarkeit der Sätze im Gespräch zu fühlen, was Sie eigentlich meinen«. (AJB, S. 46)[14] Und er fährt fort:

»Die ›jüdische Existenz‹ wird von Ihnen existenz-philosophisch objektiviert – und damit dem existentiellen Philosophieren der Möglichkeit nach vielleicht die Wurzel abgegraben. Mit dem Auf-sich-selbst-angewiesen-Sein wird dann nicht mehr völliger Ernst gemacht, wenn dieses jüdisch-schicksalhaft begründet wird, statt in sich selbst zu wurzeln [...] Die von Ihnen wunderbar ausgewählten Briefstellen lassen mich etwas ganz anderes spüren: Das ›Jüdische‹ ist eine façon de parler oder eine Erscheinungsform eines Selbstseins ursprünglich negativer Haltung, nicht begründbar aus der historischen Lage, aber Schicksal, dem die Lösung aus der verzauberten Burg nicht widerfuhr.«[15]

Jaspers ist sichtlich ratlos, was den Status der Kategorie »jüdische Existenz« angeht, und fragt sich, ob Arendt dieser Tatsache einen grundlegenderen Status zuweist, als das nach den Kategorien der Existenzphilosophie zulässig ist. Jaspers selbst sieht die »jüdische Existenz« als eine gänzlich kontingente oder zufällige Angelegenheit – eine »façon de parler« oder eine bestimmte Art zu sprechen oder »eine Erscheinungsform eines Selbstseins ursprünglich negativer Haltung«, wie er sich ausdrückt. Er vermag aber im »Jüdischen« weder individuell noch kollektiv mehr zu erblicken als eine kulturelle und historische Kontingenz oder einen Zufall der Geburt.

Arendts Antwort ist vorsichtig: Sie gibt zu verstehen, daß sie nicht versucht habe –

»bin mir dessen wenigstens nicht bewußt –, die Rahelsche Existenz jüdisch zu ›begründen‹. Dieser Vortrag gilt nur als *Vor*arbeit, die zeigen soll, daß auf dem Boden des Judeseins eine bestimmte Möglichkeit der Existenz erwachsen *kann*, die ich in aller Vorläufigkeit andeutungsweise mit Schicksalhaftigkeit bezeichnete. Diese Schicksalhaftigkeit erwächst gerade auf dem Grund einer Bodenlosigkeit und vollzieht sich gerade *nur* in der Abgelöstheit vom Judentum.« (Herv. i. O.)[16]

Bemerkenswert ist, daß das »Jüdische« für Arendt eine bestimmte Art existentieller Bedingtheit zuläßt, die sie als »Schicksalhaftigkeit« bezeichnet. Anders gesagt, Judesein ist eine Form des Schicksals – das heißt mehr als ein Zufall, weil das Schicksal, obwohl zufällig, das Leben grundsätzlicher und nachhaltiger bestimmt als ein Zufall. Arendt schreibt also der »Tatsache« des Judeseins eine grundlegendere Rolle zu, als Jaspers das zu diesem Zeitpunkt von sich aus tun würde. Dennoch stimmt Arendt mit Jaspers darin überein, daß eine authentisch existentielle Haltung, die sich ihrer »Schicksalhaftigkeit« bewußt ist, nur dann möglich ist, wenn man vom traditionellen Judentum innerlich schon Abstand genommen hat oder – wie sie sich ausdrückt – »in der Abgelöstheit vom Judentum«. Die authentisch existentielle Haltung kann nicht bei einem Selbst auftreten, das noch in die vorgegebenen Kategorien seiner kulturellen und sozialen Existenz eingelassen ist. Erst die Konfrontation mit dem Leben selbst, ohne sich auf die sozialen und kulturellen Vorgaben des eigenen Lebenshintergrundes zu verlassen, kann jemanden zu dieser Haltung bringen. Aber ist Arendt wirklich zufrieden mit dem abstrakten Individualismus der Existenzphilosophie? Verrät nicht ihre Analyse der Rahel Varnhagen, entgegen Arendts eigenem Bekunden, wie die vielfache, komplexe und bruchstückhafte Überschneidung kollektiver kultureller Identitäten das Schicksal eines Individuums bestimmt?

Aus der Retrospektive betrachtet und mit der Kenntnis dessen, was es Ende der 30er Jahre in Deutschland bedeuten sollte, jüdisch zu sein, ist dieser Briefwechsel schon fast erstaunlich abstrakt und reserviert. Weder Jaspers noch Arendt hatten eine Situation vorhersehen können, in der die Tatsache, jüdisch zu sein, für Millionen und Abermillionen wirklich schicksalhaft sein sollte. Interessant ist jedoch, daß Arendt von düsteren Vorahnungen erfüllt war; sie scheint bei Rahels Versuch, ihr Leben als ihr »Schicksal« zu leben, etwas »Unheimliches« verspürt zu haben. Mit Bezug auf Rahel schreibt sie: »Was dieses alles eigentlich ist: Schicksal, Exponiertheit, es ist mit dem Leben etwas gemeint – kann ich nicht (und merke es im Schreiben) in abstracto sagen, sondern höchstens vielleicht exemplifizierend aufweisen.«[17]

Schließlich wird Arendt die Haltung Rahels gegenüber ihrem Judentum als einen Prozeß beschreiben, in dem diese sich von der Psychologie des Parvenus allmählich entfernt und sich der des Parias annähert. Während ein Parvenu die »Schicksalhaftigkeit« leugnet, indem er den Unterschied bei sich auslöscht, sich den herrschenden Trends anpaßt und dadurch genauso wird wie die anderen Mitglieder der herrschenden Kultur, ist ein Paria der Außenseiter und Ausgestoßene, der den schicksalhaften Unterschied entweder nicht auslöschen kann oder nicht auslöschen will. Beim letzteren handelt es sich um den selbstbewußten Paria, der den Unterschied als Quelle der Schwäche und Marginalität in eine Quelle der Stärke und der Herausforderung umwandelt. Im Grunde genommen ist es das, was Arendt an Rahel bewundert. Angesichts der Überlegungen, die Rahel über ihr Leben als »Friederike Varnhagen«, die achtbare Gattin eines preußischen Staatsbeamten, anstellt, schreibt sie: »Rahel Levin ist sie endlich losgeworden, aber Friederike Varnhagen, geborene Robert, möchte sie auch nicht werden. Jene wurde nicht akzeptiert, diese will sich nicht zu einer lügenhaften Selbstidentifizierung entschließen. Denn ›ich hielt mich zeitlebens für Rahel; und sonst nichts‹.«[18]

Rahels jüdische Identität und Arendts sich wandelndes Verständnis, was jüdische Identität in den 1930er Jahren in Deutschland bedeutet, sind die wichtigsten hermeneutischen Motive für die Varnhagen-Geschichte.[19] Wenn Hannah Arendt Rahels Geschichte erzählte, so zeugte das bereits von einer politischen und geistigen Veränderung, die sie selbst durchmachte. Auf diese Weise hat die Erzählung einen Spiegelungseffekt. Die Person, von der erzählt wird, wird zum Spiegel, in dem sich die Erzählerin zu verstehen und zu interpretieren trachtet. Das Nacherzählen und die Rekonstruktion des Lebensweges von Rahel Varnhagen waren für Hannah Arendt fraglos ein Medium, das ihr half, über Aspekte ihrer eigenen Identität als deutsche Jüdin nachzudenken. Wohl zerfielen schon fast 100 Jahre vor Arendts Varnhagen-Buch der Rahelsche Salon und damit einhergehend auch die Ideale der deutschen Aufklärung, an die die assimilierten deutschen Juden, Arendts eigene Mutter eingeschlossen, unerschütterlich geglaubt hatten. Und vor ebenso langer Zeit kam Rahel schließlich dazu, ihren Status als Paria und als Jüdin anzunehmen. Trotzdem liefern diese Vorgänge eine musterhafte Erzählung, ja, fast eine Parabel, für die Erfahrungen und Veränderungen der Zeit, in der Arendt selbst lebt.[20]

In dieser exemplarischen Erzählung verbirgt sich noch eine weitere Dimension, die uns direkt zu den zukünftigen Themen in Arendts politischer Philosophie führt. Arendt möchte eine bestimmte Form romantischer Innerlichkeit aufzeigen, wenn sie Rahels Geschichte erzählt. Sie zitiert Rahels beinahe tautologische Redewendung: »Es hat ein jeder ein Schicksal, der da weiß, was er für eines hat.« (S. 10) Dieser Schicksalsbegriff, so behauptet Arendt, zwingt Rahel zu einer gewissen Passivität, läßt ihr eigentlich nur die Weigerung, zu wählen und zu handeln. Denn

Wählen und Handeln würden »bereits dem Leben zuvorkommen und das reine Geschehen verfälschen«. Arendt urteilt entschieden: »Das Leben so zu leben, als sei es ein Kunstwerk, zu glauben, daß man aus seinem eigenen Leben durch ›Bildung‹ eine Art Kunstwerk machen könne, ist der große Irrtum, den Rahel mit ihren Zeitgenossen teilte.« (S. 10) Das oben erwähnte »klaustrophobe« Gefühl, das sich beim Lesen des Buches einstellt, der Eindruck nämlich, man befinde sich ohne Uhr in einem Treibhaus (Sybille Bedford), erklärt sich aus dem Umstand, daß Arendt dieses Gefühl endloser Erwartung, eines nicht enden wollenden Sehnens ohne Erfüllung, auch einer Tatenlosigkeit gepaart mit dem Wunsch, äußerst intensiv zu leben und zu erleben, literarisch gelungen vermittelt. »Was machen Sie?«, lautet eine Frage, die Rahel an sich selbst richtet. »Nichts. Ich lasse das Leben auf mich regnen.« (S. 10) Genau diese »weltlose« Empfindsamkeit findet Arendt an Rahel so anstößig. In den Anfangskapiteln der Varnhagen-Biographie, die die romantische Innenschau behandeln, verweist Arendt auf das, was sie als größte Schwäche und letzten Endes als »apolitische« Qualität romantischer Innerlichkeit ansieht:

»Wie die Reflexion die wirkliche, vorhandene Situation in der Stimmung vernichtet, so umgibt sie zugleich alles Subjektive mit der Weihe der Objektivität, Öffentlichkeit, höchster Interessantheit. In der Stimmung verwischen sich die Grenzen von intim und öffentlich; das Intime wird veröffentlicht, das Öffentliche nur im Intimen, schließlich im Klatsch erfahrbar und aussprechbar.«[21]

Die romantische Innenschau verleitet dazu, das Gefühl für die Realität zu verlieren, weil die Grenzen zwischen dem Privaten und dem Öffentlichen, dem Intimen und dem miteinander Geteilten aufgelöst werden. Sie kompliziert die »Weltlosigkeit«, an der Rahel Varnhagen bis zum Schluß leidet. Das fehlende Bindeglied zwischen der »weltlosen« Wirklichkeit der Rahel Levin Varnhagen und ihrer Zeitgenossen einerseits und der Wiedergewinnung der »öffentlichen Welt« durch authentisches politisches Handeln, die Hannah Arendt selbst in ihrer politischen Philosophie anstrebt, andererseits ist die Kategorie der »Welt«. Die romantische Innerlichkeit verfügt über Eigenschaften des Denkens und Fühlens, die das genaue Gegenteil jener Eigenschaften sind, die bei politisch Handelnden gefordert sind und von Hannah Arendt in höchstem Maße geschätzt werden. Während die romantische Innenschau die Grenzen zwischen dem Persönlichen und dem Politischen verschwimmen läßt, sind für Arendt vor allem die politischen Eigenschaften wichtig, die zwischen dem öffentlichen Bereich und der persönlichen Sphäre scharf und genau zu unterscheiden wissen. Ist die Fähigkeit, die Welt so zu beurteilen, wie sie anderen aus verschiedenen Blickwinkeln erscheint, die höchste erkenntnisbezogene Tugend in der Politik, so neigt die romantische Innerlichkeit dazu, den Unterschied zwischen der eigenen Perspektive und der Perspektive anderer über die Stimmung aufzulösen. Letztlich bilden das Interesse an der Welt und die Verpflichtung darauf, sie zu erhalten, das Fundament der Politik, wohingegen die romantische Innerlichkeit eher die Seele kultiviert, als die Welt trägt.[22]

Rahel Varnhagens Suche nach ihrem Platz in der »Welt« war nicht nur von ihrer Identität als Jüdin und als Romantikerin bestimmt, sondern auch von ihrer Identität als Frau. Obwohl Arendt dieses Thema nicht in den Mittelpunkt stellt, beginnt ihre Geschichte der Rahel damit, einen untergründig mitlaufenden Rollentext der Geschlechter (gender subtext) freizulegen. Nach Arendts Darstellung versucht Varnhagen, einen Platz für sich in der Welt zu ergattern, indem sie sich typisch weibliche Strategien zunutze macht. In ihrem Vorwort von 1956 zu *Rahel Varnhagen* äußert sich Arendt folgendermaßen:

»Der moderne Leser wird schwerlich umhin können, sofort zu bemerken, daß Rahel weder schön noch attraktiv war, daß alle Männer, mit denen sie in einem Liebesverhältnis gestanden hat, erheblich jünger waren als sie selbst; daß ihrer außerordentlichen Klugheit und leidenschaftlichen Ursprünglichkeit keinerlei Gaben zur Verfügung standen, durch die sie das Erfahrene hätte transformieren und objektivieren können; schließlich, daß sie eine typisch ›romantische‹ Existenz war und daß das Frauenproblem, nämlich die Diskrepanz zwischen dem, was Männer von Frauen ›überhaupt‹ erwarteten und dem, was sie geben konnte oder ihrerseits erwartete, in den Verhältnissen der Zeit vorgezeichnet und nahezu unüberbrückbar war.« (S. 12)

Die Strategien, die Rahel verwandte, um mit dem Schicksal ihres Jüdischseins fertig zu werden, waren typisch weibliche: Assimilation und Anerkennung wurde durch Liebesaffären, durch das Umworbenwerden und gegebenenfalls durch die Heirat mit nichtjüdischen Männern angestrebt. Nicht ganz unerheblich ist hier möglicherweise, daß die Kinder eines jüdischen Mannes mit einer Nichtjüdin nach jüdischem Recht nicht als jüdisch betrachtet werden, während das jüdische Recht bis heute anerkennt, daß das Kind einer jüdischen Frau jüdisch ist. Dieser matrilineare Zug der jüdischen Tradition hat es jüdischen Frauen der Oberschicht vielleicht leichter gemacht, ihre Identität zu wahren, wenn sie nichtjüdische Männer heirateten, um in der Welt Erfolg zu haben. Die weibliche Strategie der Assimilation durch Heirat wird natürlich von einer geschlechtlich asymmetrisch geordneten Welt ermöglicht, in der die Frau über den öffentlichen Status des Ehemanns definiert wird und nicht umgekehrt. Das Leben der Rahel Levin Varnhagen bestand aus vielen glücklosen Liebesaffären, gebrochenen Versprechen und gescheiterten Verlobungen. Rahel hoffte, die »Welt«, die ihr als Jüdin und Frau versagt war, zu erlangen, indem sie sich dem richtigen Mann anvertraute.

Aber »wo« ist die Welt, und »wer« macht sie aus? Interessanterweise wird die ausführliche Definition dieser Kategorie von Arendt erst viel später geliefert, und zwar in einem Aufsatz über Lessing von 1960, der sich mit *Nathan der Weise* beschäftigt. »Aber die Welt und die Menschen, welche sie bewohnen«, schreibt Arendt,

»sind nicht dasselbe. Die Welt liegt zwischen den Menschen, und dies Zwischen [...] ist heute der Gegenstand der größten Sorge und der offenbarsten Erschütterung in nahezu allen Ländern der Erde. Selbst wo die Welt noch halbwegs in Ordnung ist oder halbwegs in Ordnung gehalten wird, hat die Öffentlichkeit doch die Leuchtkraft verloren, die ursprünglich zu ihrem eigensten Wesen gehört [... Der] Rückzug aus der Welt braucht den Menschen nicht zu schaden [...] Nur tritt mit einem jeden solchen Rückzug ein beinahe nachweisbarer Weltverlust ein; was verloren geht, ist der spezifische und meist unersetzliche Zwischenraum, der sich gerade zwischen diesem Menschen und seinen Mitmenschen gebildet hätte.«[23]

Arendt trug diesen Text 1959 vor, als sie den Lessing-Preis der Stadt Hamburg erhielt. Ihre melancholischen Überlegungen vom Verlust der »Welt« als jenem zerbrechlichen »Erscheinungsraum«, der die »Menschen zusammenhält«, stehen in einem interessanten Kontrast zum Thema der »Weltlosigkeit«, von dem das Varnhagen-Buch beherrscht ist. Rahel und ihren Zeitgenossen gelang es nicht, eine Welt zu schaffen. Eine Ausnahme ist das kurze Intermezzo zwischen 1790 und 1806, als ein paar außergewöhnliche preußische Juden in die Welt der nichtjüdischen Gesellschaft aufsteigen konnten, nach dem Sieg Napoleons jedoch mit heftigen antisemitischen Attacken in Preußen in die Bedeutungslosigkeit zurückgestoßen wurden. Die Welt der »Salons«, die Jüdinnen wie Rahel Varnhagen und Henriette Hertz für einen kurzen Augenblick schufen, war fragil und hatte einen fast trügerischen Charakter, der sich schroff absetzt von dem Schicksal des »staatenlosen« und »weltlosen« Volkes, zu dem die Juden im 20. Jahrhundert werden sollten. Zum Zeitpunkt der Lessing-Rede wird Arendt jedoch von einem anderen Phänomen in Anspruch genommen: Diesmal ist es nicht der Verlust einer gemeinsamen Welt durch Übergriffe mörderischer Regime und totalitäre Politik, der sie umtreibt. Was sie bedenklich stimmt, ist vielmehr das Verschwinden einer gemeinsamen Welt des »Sprechens und Handelns« infolge der privatistischen Wertesysteme kapitalistischer Konsumgesellschaften und als Konsequenz einer zunehmend vorfabrizierten Welt mit ihren massenmedial erzeugten politischen Wahrheiten. Ein Leitgedanke für Hannah Arendts politische Philosophie ist die »Wiedergewinnung der öffentlichen Welt« der Politik unter den Voraussetzungen der Moderne. Die persönliche Geschichte der Rahel Varnhagen, die Geschichte ihres Freundeskreises, der Auflösung ihres Salons und der politischen Naivität von Juden ihrer Generation gleicht in vielem der negativen Utopie einer politischen Gemeinschaft, wenn man dafür Arendts Begriff einer politischen Gemeinschaft in ihren folgenden Werken zugrunde legt. Dennoch enthält dieser überfrachtete und zuweilen ungelenk jugendliche Text Themen, Fragen und Anliegen, die näher am Nerv der existentiellen Problemstellungen von Arendt liegen als einige ihre später formulierten Aussagen. Dagmar Barnouw hat sich dazu folgendermaßen geäußert:

»Möglicherweise war jedoch ein Großteil ihrer sonderbar scharfen und zuverlässigen Wirklichkeitsnähe bei der Wahrnehmung, Analyse und Darlegung der zerstörerischen Mechanismen, die den jüdischen Erfahrungen der Assimilation und des Antisemitismus zugrundeliegen, von dem Umstand geprägt, daß sie diese Erfahrungen zuerst in der Lebensgeschichte einer Frau analysierte, der sie als Frau besonders nahe war und der sie als Frau besonders kritisch gegenüberstand. Rahels unausgesprochen mitlaufender Text (subtext) war ihr sofort zugänglich. Ihn an die Oberfläche zu befördern, war kein Akt der Indiskretion, Überstülpung oder nachträglichen Falsifizierung. Vielmehr war es ein historisches Einklagen von getilgten Teilen einer Lebensgeschichte, vorgebracht in einer eigentümlich persönlichen, unvermittelten Ausdrucksweise von einer sprachmächtigen Frau, die sich durch ihre Urteilskraft zu einer anderen in Beziehung setzt, indem sie Verwandtschaft und Andersartigkeit ausdrückt. In diesem Sinne trägt Arendts vergleichende Beschreibung der jüdischen Situation und der ›Frauenfrage‹ unter Betonung der selbstkritischen Perspektive des Parias ganz erheblich zu einem besseren Verständnis der kulturgeschichtlichen Bedeutung beider Fragen bei.«[24]

Die Salons als weibliche »Öffentlichkeit«

Rahel Varnhagens Leben und der Augenblick ihres »Ruhms« decken sich mit jenem kurzen Zwischenspiel in der deutschen Kulturgeschichte, als die Aufklärung, die Ideale der Französischen Revolution, der Geist preußischer Reformen und deutscher Romantik zusammentrafen und jene kurzlebige, aber bis heute faszinierende Öffentlichkeit – »die jüdischen Salonières von Berlin« – ermöglichten. Rahel Varnhagens Salon war keineswegs der einzige, sondern Teil einer illustren Gruppe, die Dorothea (Mendelssohn) Veit Schlegel, Henriette Hertz, Rebecca Friedländer und Amalie Beer umfaßte. Nichtsdestoweniger wurde dieser wichtige Abschnitt der deutschen Kultur- und Geistesgeschichte (1780–1806) als die Rahelzeit bekannt. In ihrer umfassenden und erhellenden Studie, *Die jüdischen Salons im alten Berlin*, schreibt Deborah Hertz:

»In dem Vierteljahrhundert zwischen 1780 und 1806 erfuhren die Berliner Salons im In- und Ausland große Beachtung. Berlin-Besucher aus ganz Europa waren insbesondere von der raschen Assimilation der jüdischen Salonières angetan, welche ihr gesellschaftliches Ansehen zu einer Zeit erlangten, als die meisten Juden Mittel- und Osteuropas noch arme Händler und Hausierer waren, auf dem Lande und in Dörfern wohnten, Jiddisch sprachen und ihrer traditionellen Lebensweise anhingen. Hier jedoch, in den Gesellschaftsräumen reicher und kultivierter Berliner Jüdinnen, schien der durch aufgeklärte Intellektuelle soeben antizipierte Traum von der jüdischen Emanzipation seiner

Verwirklichung nahe zu sein [...] Als Madame de Staël, die berühmte französische Salonière, 1804 Berlin besuchte, empfand sie es dort bei weitem leichter als anderswo in Deutschland, Fürsten gemeinsam mit einfachen Schriftstellern einzuladen.«[25]

Die jüdischen Salonières von Berlin waren die Töchter und Frauen vermögender jüdischer Kaufleute und Intellektueller, die große und aufwendige Haushalte leiteten und deren Väter und Ehemänner wegen ihrer Handelsgeschäfte und Gemeindeangelegenheiten häufig abwesend waren. Diese Frauen brachten mit ihren Geselligkeit organisierenden Tätigkeiten ein dreifaches Bravourstück zustande: Erstens emanzipierten sie sich von ihren traditionellen, patriarchalen Familien. Oftmals lehnten sie es ab, den ihnen zugedachten jüdischen Ehegatten in spe zu heiraten; einige traten zum Christentum über und verloren sämtliche Bindungen an die Religion ihrer Vorfahren. Ihre Emanzipation als »Frauen« war oft an ihre Ablehnung des traditionellen Judentums gekoppelt. Zweitens trugen sie in dem wichtigen Zeitabschnitt am Ende der Aufklärung und zum Beginn der Romantik dazu bei, eine Kultur auf hohem Niveau hervorzubringen. Denn sie schufen einen »sozialen Raum«, in dem Berlins Geistesgrößen, seine Schriftsteller und Künstler ebenso zusammenkamen wie Beamte und Aristokraten, die untereinander Ideen, Ansichten und Texte austauschten, miteinander Umgang pflegten, von anderen gesehen, gehört und wahrgenommen wurden. In dieser Hinsicht übernahmen sie in einer Stadt, die zu der Zeit weder eine Universität noch ein Parlament oder einen freizügigen Hof besaß, die Rolle von Förderern der Intelligenz. Die Salons festigten Kontakte zwischen den Klassen, religiösen Gruppen und den beiden Geschlechtern und stellten die vier Wände zur Verfügung, in denen sich neue Formen der Geselligkeit und Intimität unter den Mitgliedern einer entstehenden Zivilgesellschaft entwickeln konnten.

Die französischen Salons, die ebenfalls von Frauen geführt wurden und den Berliner Salons um ein halbes Jahrhundert voraus waren, brachten ein ähnliches Kunststück zuwege. Die Salons waren Räume, in denen Individuen aus unterschiedlichen und traditionellerweise voneinander abgesonderten Gruppen, Rängen und Klassen zusammenkamen und Umgang pflegten; in erster Linie verkehrten hier Mitglieder des Bürgertums und der Intelligenz mit dem Adel. Die Salons waren gesellschaftliche Ereignisse, bei denen literarische und künstlerische Werke gelesen, diskutiert, unter Vertrag genommen und ausgetauscht wurden. Sie verkörperten zudem soziale Prozesse, durch die die Individuen des hierarchischen Ancien régime mit seinen formalisierten Manieren im Sprechen, im Umgang und selbst in der Zuneigung ganz neue und nichthierarchische, beweglichere Formen für die Darstellung ihrer selbst und anderer erlernten. In einer Phase des Übergangs vom Alten zum Neuen im vorrevolutionären Europa waren die Salons soziale Experimente.[26] Ein solches Experimentieren beinhaltete oft nicht nur die Überwindung sozialer Grenzen, sondern auch ein Experimentieren mit den Geschlechterrollen und sexuellen Erwartungen. Sowohl im französischen wie im deutschen Kontext gestatteten die Salons die Herausbildung neuer, experimenteller und Konventionen sprengender Formen der Selbstdarstellung und Fremdbeschreibung.

Zusammenkünfte in Gestalt von Salons sind bereits für das klassische Griechenland und die französischen Höfe des 12. Jahrhunderts festgestellt worden, erst mit Beginn der Renaissance wurden sie jedoch geregeltere und weniger episodische Erscheinungen.[27] Die Salons sind daher nicht ohne historische Vorbilder, werden allerdings erst mit der Entstehung der modernen Zivilgesellschaft ein wiederkehrendes Grundmuster der Geselligkeit. Städtisches Leben, Frieden, Wohlstand, eine bestimmte Verfeinerung des Geschmacks bei der Kleidung, den Manieren, dem Verzehr ebenso wie bei der Kunst und Literatur sind Voraussetzungen des Salons. Wie Deborah Hertz erläutert:

»Der Begriff ›Salon‹ ging in den Sprachgebrauch ein als Bezeichnung eines besonderen öffentlichen Raums, der zwischen dem 16. und 18. Jahrhundert in reichen europäischen Häusern entstanden war. Die ›große Halle‹, die das Zentrum des mittelalterlichen Familienlebens der Wohlhabenden bildete, hatte ihren privaten Charakter verloren, und die Schlafstätten waren aus ihr entfernt worden. Was fortan Salon genannt wurde, war ein reich ausstaffierter halböffentlicher Raum, wo man Klavier spielte, das Essen servierte und Gäste empfing.«[28]

Die Salons der frühen Moderne sind topographisch begrenzte und strukturierte Räume. Die Formen der Geselligkeit und des sozialen Umgangs, für die sie stehen, die sie begünstigen und entwickeln helfen, sind selbst jedoch topographisch nicht beschränkt. Als sich die moderne Zivilgesellschaft ausbreitet, werden die Formen der Geselligkeit und Intimität, die in den Salons Gestalt annehmen, zum Teil soziale Wirklichkeit, zum Teil bleiben sie aber auch Ideale, die das utopische Selbstverständnis der frühen bürgerlichen Gesellschaft bestimmen.

Damit stellt sich nun die Frage, welche Formen der Geselligkeit für die Salons bezeichnend sind. Hier ist wiederum zwischen der französischen und der deutschen Ausprägung dieses Phänomens zu unterscheiden. In den französischen Salons, die sich im Schatten der höfischen Herrschaft des Sonnenkönigs entwickelten, sind die stilisierteren, zeremonielleren und hierarchisch festgelegteren Manieren die Regel. In den deutschen Salons, die sich vor dem Hintergrund einer schwachen Aristokratie und einer inexistenten höfischen Öffentlichkeit herausbildeten, ist spontaneres, weniger stilisiertes und zeremonielles Benehmen die Norm. In beiden Fällen lassen die Salons den Aufklärungsgedanken von »l'homme«, dem Menschen schlechthin, lebendig werden. Damit ist die Vision gemeint, daß wir unter all den Äußerlichkeiten, wenn wir jeglicher sozialen, kulturellen und religiösen Attribute, der Ränge und Auszeichnungen entkleidet sind, alle gleichermaßen Menschen sind. Es gibt keinen besseren Beweis unseres gemeinsamen Menschseins als die Tatsache, daß wir uns einander mitteilen und verstehen können.

Die Salons sind gesellige Zusammenkünfte, bei denen die »Freude am Gespräch«, die Freude an der Mitteilung und am Verstehen ebenso entdeckt werden wie Mißverständnisse und ein Mangel an Verständigung. Das ist in der Tat die Stärke, die Rahel Varnhagens Bewunderer an ihr bezeugen: der Zauber ihrer Sprache, ihre Fähigkeit, sich selbst auszudrücken, ihre Scherze, ihre Urteile. Denen sie sich mitteilt, öffnet Rahel durch ihr Reden eine Welt. Die Red-Seligkeit gipfelt in Freundschaft, in jenem Zueinanderfinden der Herzen, Köpfe und Geschmacksvorlieben bei zwei Individuen. Besonders im Fall der deutschen Salons ist die Suche nach einem Seelenfreund, der einen möglicherweise besser versteht als man selbst, eine beherrschende Idee. Für Rahel war Pauline Wiesel, die Geliebte des Königs Ludwig von Preußen, die in höherem Alter noch versuchen sollte, Rahels Ehemann, August von Varnhagen, zu verführen, eine solche »Freundin«. Mit Freunden teilt man die eigene Seele; um die eigene Seele teilen zu können – eine Entität, die selbst erst in diesem neuen Prozeß der Individuierung zu entdecken ist –, muß man jedoch eine bestimmte Tiefe des Selbst entwerfen, muß man das Selbst als ein Wesen ansehen, dessen öffentliche Gegenwart nicht alles freigibt. Das Öffentliche enthüllt und verbirgt gleichzeitig; nur im Rückzug aus dem Öffentlichen in den schützenden Raum einer aus zwei oder drei Personen gebildeten Beziehung kann man auch in sich gehen, sich dem zuwenden, der man wirklich ist. Auch in dieser Hinsicht ist der Salon ein faszinierender Raum: Anders als ein Versammlungssaal, ein städtischer Platz, ein Konferenzraum oder einfach nur der Familientisch, gestattet der Salon mit seinem großen, luxuriösen und weitläufigen Raum Augenblicke des Intimen. In einem Salon sind Leute beieinander, müssen aber nicht immer eng zusammenrücken. Salons sind ungefestigte Strukturen, die für jene, die Intimität hergestellt haben, keine starren Regeln beim Kommen und Gehen vorschreiben. Und es kann sogar ein Zeichen guter Manieren sein, die Entstehung von Intimität zwischen Mitgliedern des Salons zuzulassen und zu fördern. Wichtig ist hier die fließende Grenze zwischen der Zusammenkunft als einer Einheit und der Zusammenkunft als Intimität vieler Einheiten, daß die Salons sowohl öffentlich als auch privat, sowohl von allen geteilt als auch intim sein können.

Ein neues Ideal des Menschseins, die Freude an der Konversation, die Suche nach Freundschaft und die Kultivierung der Intimität sind die Ideale und Bestrebungen des Salonphänomens im Zeitalter der Moderne. Die Kluft zwischen Ideal und Wirklichkeit ist bei den Salons natürlich nicht minder vorhanden als bei anderen gesellschaftlichen Phänomenen. Klasse, Rang und religiöse Unterschiede spielen trotz der egalitären humanistischen Rhetorik nach wie vor eine Rolle. Die Salons sind keine Räume, die dem gesamten Volk einschließlich der Arbeiter, des Gärtners, des Milchmädchens und des Kutschers offenstehen. Sie sind vielmehr eine Einrichtung der oberen Mittelschicht. Den werktätigen und arbeitenden Klassen Europas dieser Zeit ist eine andere Art von Geselligkeit gemein. Wie Rahel Varnhagens Erfahrung zeigt, sind viele ihrer Liebhaber adliger Abstammung (darunter besonders bemerkenswert Graf von Finckenstein) keineswegs in der Lage, Klassenvorurteile zu überwinden; und mit der Niederlage, die den deutschen Armeen durch Napoleon zugefügt wurde, sowie einem Aufwallen des deutschen Nationalismus kommen sofort antisemitische Gefühle zum Vorschein. Auch sind die Salons nicht bloß Räume, die Freundschaft und Intimität beherbergen, denn Intrigen, Neid, Streitereien und sogar Verrat sind darin ebenfalls gang und gäbe, genauso wie erotische und sexuelle Eifersucht, Untreue und Betrug.

Die Entdeckung der »Freude an der Konversation« sollte einen schließlich nicht verleiten, die Tatsache zu übersehen, daß die Salons faszinierende Zusammenkünfte waren, bei denen das gesprochene und geschriebene Wort ineinander griffen. Selbst private, vertrauliche Briefe wurden oftmals geschrieben, um in der Öffentlichkeit laut vorgelesen zu werden. Geschriebene Texte wurden häufig improvisiert vorgetragen und im Zuge dessen geändert. Sogar die literarischen Schöpfungen der Amateure und in vielen Fällen die der Frauen wurden in diesen Räumen herumgereicht.[29] Und gerade das hat Rahel Varnhagen aus ihrem Schaffen der Nachwelt hinterlassen: nicht etwa einen literarischen, philosophischen oder politischen Text, sondern ihre Briefe, die reichhaltige Korrespondenz mit ihren vielen Freunden.

Das Briefschreiben, die Kunst, in der Rahel brillierte, hängt im späten 18. Jahrhundert eng mit einer neuen Form der Individualität und des Selbstverständnisses zusammen, die sich in der europäischen Kultur allmählich durchsetzt. Briefe haben vielfach den Verfasser, seine Stimmungen, Gedanken und Überlegungen zu ihrem Gegenstand: Sie sind oftmals ebensosehr bekenntnishaft wie mitteilsam. Sie stiften ein besonderes Band zwischen dem Verfasser oder der Verfasserin, den Addressaten und der größeren Öffentlichkeit, die diese Verfasser aus dem 18. Jahrhundert niemals völlig aus dem Blick verlieren. Briefe werden auf Grund ihres halb öffentlichen, halb privaten Charakters und weil sie sich für den Ausdruck von Intimität so sehr anbieten, das wohl beliebteste »weibliche« Schema in der Prosa. Die Frauen entdecken hier ein Medium, durch das sie sozusagen der Allgemeinheit aus dem Intimen mitteilen können. Der Brief gestattet den Frauen, mit dem Naheliegenden und der banalen Alltagswirklichkeit anzufangen und sich in eine »öffentliche« Welt vorzuwagen, von der sie effektiv ausgeschlossen waren und die sie sich nun aneignen können. Die Verwendung des ersten Personalpronomens beim Briefschreiben erlaubt den Frauen auch, eine eigene literarische und expressive Sprache zu gestalten, über die sich sonst stets ihr Ausschluß vollzieht. Mit Hilfe ihrer Briefe können sich die Frauen offenbar als Texte neu erschaffen und überwinden somit ihr eigenes Verstummen in den großen Texten der Weltliteratur, die sie als Frauen der gebildeten Ober- und

Mittelklassen zu lesen hatten. Die Briefform ist wie der Salon eine Art und Weise, Konventionen zu überschreiten: eine Möglichkeit, Grenzen zu überwinden, zu beseitigen, neu auszuhandeln und wiederherzustellen.

Das Phänomen der Salons, der vorherrschende Einfluß von Frauen in den Salons, der Typus öffentlicher Räume, den die Salons darstellen, und die Formen der Interaktion, des Redens und Schreibens, die eng mit den Salons verknüpft sind, stellen für Hannah Arendts politische Philosophie hochinteressante Probleme dar. Die Salons als Erscheinungsformen der Öffentlichkeit widersprechen in fast jeder Hinsicht dem agonalen Modell von Öffentlichkeit in der Polis, das in *Vita activa* die herausragende Rolle spielt. Während die griechische Polis und die für sie charakteristische Öffentlichkeit Frauen (und gewöhnlich auch andere Mitglieder des Haushaltes wie Kinder und Dienerschaft) ausschließen, sind die Salons Räume, wo die Anwesenheit von Frauen dominiert. Ist die Rede in den öffentlichen Räumen der Polis »ernst« und von der Sorge um das »Wohl aller« bestimmt, so ist die Rede in den Salons spielerisch, formlos und verquickt das Wohl aller zwanglos mit dem Vorteil eines jeden. Während die Öffentlichkeit der Polis versucht, den Eros auszuschalten und zu unterdrücken, kultivieren die Salons das Erotische. Das Erotische wird natürlich in der griechischen Öffentlichkeit auch nicht erstickt: Meist nimmt es dann statt der heterosexuellen eine homosexuelle Form an. Sind die Räume der Polis von den Idealen der »Sichtbarkeit« und »Durchschaubarkeit« beherrscht, so gilt für die Salons des 18. Jahrhunderts zwar »Sichtbarkeit«, nicht aber »Durchschaubarkeit«. Selbstenthüllung und Selbstverschleierung, sogar die Vorspiegelung, man sei ganz anders, als man ist, sind die Regel.

Dennoch haben die Salons und die Polis auch Züge gemein: Beide gründen sich auf die Annahme der Gleichheit ihrer Teilnehmer. Im Falle der Polis ist das die »isonomia« der politischen Stellung als Bürger und die wirtschaftliche Unabhängigkeit als

»oikos despotes«. Für die Teilnehmer des Salons ist Gleichheit ein Ideal, das sich auf ihr gemeinsames Menschsein stützt sowie auf ihre jeweils besonderen Talente, Begabungen und Fähigkeiten als Individuen, die bestimmte geschmackliche Vorlieben und Feinheiten des Empfindens teilen. Solche Gleichheit hat Vorrang vor sonst bestehender gesellschaftlicher, ökonomischer und sogar politischer Ungleichheit unter den Mitgliedern des Salons. Sowohl die Öffentlichkeit der Polis als auch die Öffentlichkeit des Salons verhelfen zur Intensivierung der Bindungen zwischen ihren Mitgliedern. Aristoteles zufolge ist »Freundschaft« unter den Bürgern der Polis diejenige Tugend, an deren Förderung dem guten Gesetzgeber am meisten liegen müsse. Denn ohne Freundschaft könne es keine Gerechtigkeit geben, und wo kein Recht herrscht, gibt es auch keine Freundschaft.[30] Die Freundschaften, die in den Salons zustande kommen, sind eher persönlicher als politischer Natur, doch sind die Grenzen keineswegs klar gezogen. Die Salons sind Räume, in denen persönliche Freundschaften durchaus zu politischen Bündnissen führen können (was wir heutzutage überall als »networking« bezeichnen). Faktisch tragen sowohl die Polis als auch die Salons zur Entstehung »ziviler Freundschaft« bei, sei es bei einer Gruppe von Bürgern oder bei einer Gruppe gleichgesinnter Privatpersonen, die sich zu einem gemeinsamen politischen Zweck versammeln können.[31]

Wenn wir Arendts politisches Denken dezentrieren, wenn wir ihr Werk so lesen, daß wir uns von den Rändern her in die Mitte begeben, dann können wir ihre Faszination von der Polis relativieren zugunsten ihrer der Moderne geneigteren und frauenfreundlicheren Überlegungen über die Salons und diesen mehr Raum geben. Die Salons sind zwar als vorübergehende Erscheinungen anzusehen, sie stellen jedoch hochinteressante Vorläufer einer gewissen Grenzüberschreitung zwischen dem Öffentlichen und dem Privaten dar. Arendt entwickelte ihre politische Philosophie, um gerade zu zeigen, daß es gilt, sie zu verhindern.

Als eine radikale Demokratin konnte sie aber nicht umhin, solche Überschreitungen zu begrüßen, wenn sie auf authentische politische Tätigkeit hinausliefen, d. h. auf eine Gemeinschaft im »Sprechen und Handeln«. Die folgenden Beobachtungen von Deborah Hertz machen deutlich, daß die Salons typisch weibliche Formen von Öffentlichkeit waren, so daß sie es Rahel Varnhagen einen kurzen Augenblick lang vielleicht tatsächlich erlaubten, ein Stück der »öffentlichen Welt« für sich zu erobern.

»Zweifellos fanden die meisten Salonzusammenkünfte in Privathäusern statt, doch wurde das, was sich dort ereignete, zugleich einer größeren Öffentlichkeit bekannt. Diese halb öffentliche und halb private Atmosphäre fand ihr Pendant darin, daß die Salons in der Regel von Frauen organisiert wurden. Die Vereinigung von Öffentlichem und Privatem zeigt sich auch daran, wie Gäste ihren Weg dorthin fanden [...] Je länger ich über die Vielfalt der Erscheinungen nachdachte, die sich unter dem Etikett Salons verbargen, um so dringender stellte sich mir die Frage, weshalb Salons überhaupt entstehen konnten. Daß derartige gesellschaftliche Institutionen im vorindustriellen Europa auftauchten, hat etwas Merkwürdiges an sich. Merkwürdig war, daß private Wohnzimmer als öffentliche Orte fungierten; daß Frauen zu einer Zeit, in der sie von Bildungsstätten und anderen bürgerlichen Institutionen ausgeschlossen waren, intellektuelle Diskurse zwischen den gelehrtesten Männern der Stadt vermittelt und geleitet haben sollen; daß Männer und Frauen in einer Zeit, in der die beiden Geschlechter sich gewöhnlich sehr wenig zu sagen hatten und es kaum öffentliche Orte gab, wo sie miteinander Umgang pflegen konnten, einem regen gedanklichen Austausch nachgingen.«[32]

Arendts eigener schonungsloser Pessimismus hinsichtlich der Bedeutung der Salons läßt sich sicherlich nicht trennen von dem tragischen Ende der utopischen und optimistischen Hoffnungen, die die Salons anfänglich in den Seelen vieler deutscher Juden geweckt hatten. So hält sie im Vorwort zu Rahel Varnhagen fest:

»Die vorliegende Biographie ist zwar schon mit dem Bewußtsein des Untergangs des deutschen Judentums geschrieben (wiewohl natürlich ohne jede Ahnung davon, welche Ausmaße die physische Vernichtung des jüdischen Volkes in Europa annehmen würde); aber die Distanz, in der das Phänomen im ganzen erscheint, habe ich damals, kurz vor Hitlers Machtübernahme, nicht gehabt [...] Andererseits darf nicht vergessen werden, daß der behandelte Stoff durchaus ein historischer ist und daß heute nicht nur die Geschichte der deutschen Juden, sondern auch ihre spezifische Problematik eine Sache der Vergangenheit ist.« (S. 11 f.)

Mit diesen melancholischen Überlegungen aus dem Jahr 1956 distanziert sich Hannah Arendt von der Varnhagen-Biographie, indem sie Rahel und das Schicksal der deutschen Juden, zu denen sie gehörte, »historisiert«. Doch für uns als Leser Arendts können die Fragen, die ihre Biographie der Rahel Varnhagen aufwirft, nicht allein auf diesen tragisch-historischen Zusammenhang verengt werden. Denn Frühwerke sind auch Anfänge, und Anfänge liegen oft näher am Nerv des Œuvres eines Denkers, weil weder die Zeit noch Erfahrung, Verfeinerung und wissenschaftlicher Apparat die existentiellen Fragen und Anliegen verschüttet haben, die an den Quellen dieses Denkens liegen. Im Bewußtsein dieses hermeneutischen Prinzips gelesen, deutet Arendts frühe Behandlung der Rahel Varnhagen bereits eine Reihe von Themen an, die sehr wohl über das Schicksal der deutschen Juden und der Salonières unter ihnen hinausgehen und uns auf den Kern ihrer politischen Theorie verweisen. Ich werde diese Fragen unter dem Titel »Eine alternative Genealogie der Moderne?« versammeln. Meine These lautet, daß in den Quellen von Hannah Arendts Denken eine andere Genealogie der Moderne zu finden ist als die für ihre späteren Schriften so charakteristische. Der »Aufstieg des Gesellschaftlichen« würde sich in dieser alternativen Genealogie der Moderne nicht auf den Aufstieg von Warentauschbeziehungen in einer schnell wachsenden kapitalistischen Ökonomie beziehen, sondern würde die

Entstehung neuer Formen von Geselligkeit, von Vereinen und Verbänden, von Intimität, Freundschaft, Rede- und Schreibgewohnheiten, von Geschmacksvorlieben für Speisen, von Verhaltensweisen und Künsten, sowie von Hobbies, Zeitvertreib und Freizeitaktivitäten bezeichnen. Inmitten dieser alternativen Genealogie des Gesellschaftlichen gibt es darüber hinaus einen merkwürdigen Raum, der sich in einer Privatwohnung befindet und dennoch öffentlich ist, wo Frauen das Sagen haben und der gleichwohl von Männern aufgesucht und frequentiert wird, wo es höchst manierlich und doch egalitär zugeht, und der sich »Außenstehenden« gegenüber hierarchisch, seinen Mitgliedern gegenüber egalitär gibt. Was bringt Arendt dazu, diese »andere Moderne«, mit der sie immerhin begann, aus dem Blick zu verlieren und sie durch einen unnachgiebigen Pessimismus zu ersetzen? Auf einer gewissen Ebene ist diese Frage mit dem Holocaust und mit dem Schicksal der europäischen Juden beantwortet, das alle Ideale der Aufklärung und der Moderne, an die Rahels Generation noch glaubte, mit einem Schlag zunichte machte. Auf einer anders gelagerten Ebene könnte die Antwort jedoch lauten, daß Arendt diese andere Moderne vielleicht niemals ganz aus dem Blick verlor und daß ihr angeblicher »Gräkozentrismus« zur Hälfte eine von uns, ihren Lesern, geschaffene Fiktion ist, während er sich zur anderen Hälfte auf ihre Texte stützt. Doch interpretieren wir die Bedeutung des Begriffs »das Gesellschaftliche« in Arendts Werk noch einmal im Licht dessen, was, wie ich meine, eine alternative Genealogie der Moderne ist.

Der Aufstieg des Gesellschaftlichen

Sehen wir uns die übliche Lesart von Arendts politischer Philosophie einmal näher an. Für viele ist Arendt eine Denkerin mit nostalgischer und antimodernistischer Gesinnung, die in der

Moderne den Verfall des öffentlichen Bereichs der Politik und das Aufkommen einer gestaltlosen, anonymen und vereinheitlichenden Wirklichkeit erblickt, die sie »das Gesellschaftliche« nennt. Nach dieser Darstellung verdrängt das Gesellschaftliche, worunter eine Form der nationalen Haushaltsführung in ökonomischen und monetären Angelegenheiten zu verstehen ist, die Auseinandersetzung mit dem Politischen, mit der »res publica«, aus den Herzen und Köpfen der Menschen. Das Gesellschaftliche ist das unübertroffene Medium für die Entstehung und Entfaltung von Bürokratie, der »Herrschaft eines Niemand«.

Als eine Darstellung der Moderne hinkt diese Auffassung in so vielen Hinsichten, daß es einer Menge hermeneutischer Lieblosigkeit bedarf, sie einer Denkerin zuzuschreiben, die ähnlich historisch beschlagen und scharfsinnig war wie Hannah Arendt. Zunächst einmal operiert dieses Modell von Aufstieg und Niedergang der Öffentlichkeit mit einer groben historischen Vereinfachung: Falls die griechische Polis und in geringerem Umfang die Frühphasen der römischen Republik das Modell für die von Arendt propagierte »Öffentlichkeit« sind, was geschieht dann mit dem Mittelalter, der Renaissance und der frühen Neuzeit? Welche Grundstruktur hatten der »oikos« und die Polis in diesen Zeiten? Sind die genannten Begriffe auch dann von Bedeutung, wenn man diese sozialgeschichtlichen Formationen beschreiben will? Überspringen wir sie einfach? Behandeln wir sie, als seien es »unbeschriebene Blätter« der Geschichte (Hegel)? Zweitens muß das »Gesellschaftliche«, wenn es einen Aufstieg erlebt, aus etwas aufsteigen. Arendt meint, es steige aus »dem Dunkel des Hauses« an das Licht der Öffentlichkeit empor. Aber was war einst auf das Haus beschränkt, das schließlich im Licht der Öffentlichkeit erschien?

Für den Begriff des Gesellschaftlichen (the social) gibt es in Hannah Arendts Werk im wesentlichen drei Bedeutungen. Zum einen bezieht sich das Gesellschaftliche auf das ›Wachstum einer kapitalistischen Warentauschwirtschaft‹. Zweitens verweist es auf Aspekte der ›Massengesellschaft‹. Und im dritten und am wenigsten erforschten Sinne bezieht sich das Gesellschaftliche auf ›Geselligkeit‹, auf das ›Leben in der Zivilgesellschaft‹ und in bürgerlichen Vereinigungen.

Um die erste Bedeutung des Gesellschaftlichen zu veranschaulichen, wird es hilfreich sein, Arendts Auffassungen von der Entstehung der modernen Tauschwirtschaft neben die von Karl Marx und Karl Polanyi zu stellen. Arendt schreibt sehr prägnant: »Die Gesellschaft ist die Form des Zusammenlebens, in der die Abhängigkeit des Menschen von seinesgleichen um des Lebens selbst willen und nichts sonst zu öffentlicher Bedeutung gelangt, und wo infolgedessen die Tätigkeiten, die lediglich der Erhaltung des Lebens dienen, in der Öffentlichkeit nicht nur erscheinen, sondern die Physiognomie des öffentlichen Raumes bestimmen dürfen.« (VA, S. 47) Die Entstehung eines solchen Bereichs des universellen wirtschaftlichen Tauschs und wirtschaftlicher Produktion, in dem alles, Arbeitskraft eingeschlossen, auf dem Markt als Ware gekauft und verkauft werden kann, ist schon von vielen Denkern vor Hannah Arendt als Kennzeichen für einen epochalen Wendepunkt in der Menschheitsgeschichte angesehen worden. Ein Jahrhundert zuvor hatte G. W. F. Hegel diesen Bereich »das System der Bedürfnisse« genannt und meinte damit den Bereich, in dem wirtschaftliche Tauschvorgänge, die einzig der Befriedigung von Bedürfnissen und den Interessen der Tauschenden dienen, zur Richtschnur menschlicher Interaktion werden.[33]

Für Karl Marx enthüllte die Ausbreitung der freien Tauschbeziehungen und die Umwandlung aller Objekte, aller Erzeugnisse menschlicher Tätigkeit sowie der menschlichen Tätigkeiten selbst in Waren eine fast ›ontologisch‹ zu nennende Wahrheit über die menschliche Gesellschaft. Mit den prophetischen Worten aus dem *Manifest der Kommunistischen Partei* heißt es:

»Die Bourgeoisie, wo sie zur Herrschaft gekommen, hat alle feudalen, patriarchalischen, idyllischen Verhältnisse zerstört. Sie hat die buntscheckigen Feudalbande, die den Menschen an seinen natürlichen Vorgesetzten knüpften, unbarmherzig zerrissen und kein anderes Band zwischen Mensch und Mensch übriggelassen als das nackte Interesse, als die gefühllose ›bare Zahlung‹ [...] Alle festen eingerosteten Verhältnisse mit ihrem Gefolge von altehrwürdigen Vorstellungen und Anschauungen werden aufgelöst, alle neugebildeten veralten, ehe sie verknöchern können. Alles Ständische und Stehende verdampft, alles Heilige wird entweiht, und die Menschen sind endlich gezwungen, ihre Lebensstellung, ihre gegenseitigen Beziehungen mit nüchternen Augen anzusehen.«[34]

Von einem Marxschen Standpunkt aus gesehen, bedeutet der Tauschmarkt in der Tat den Aufstieg des »Gesellschaftlichen«, denn die bürgerliche Gesellschaft ist die erste in der Geschichte, in der sich die Legitimation sozialer und politischer Verhältnisse von Macht und Ungleichheit nicht auf die »Natur«, sondern auf Prinzipien und Kriterien gründet, die den menschlichen Beziehungen selbst innewohnen.[35] Marx denkt hierbei an die Prinzipien des Gesellschaftsvertrags, wie sie in der politischen Theorie von Thomas Hobbes bis J.G. Fichte vertreten werden. Er deutet die von Vertragstheoretikern befürworteten Normen bürgerlicher, politischer und rechtlicher Gleichheit und Freiheit im Rahmen eines schmalen wirtschaftlichen Blickfeldes als Normen, die von der neuen Form der Warentauschbeziehungen gefordert, aber auch ermöglicht werden.[36]

Karl Polanyis Konzept der »entfesselten Ökonomie« wird für ein Verständnis dieses speziellen Sinns, den der »Aufstieg des Gesellschaftlichen« in Hannah Arendts Werk hat, noch erhellender sein als Karl Marx' Anatomie des Tauschmarkts. Polanyi konzentriert sich ähnlich wie Marx auf die »entzaubernden« Aspekte des Warentauschmarkts.[37] Die »Entzauberung« erfolgt in der Weise, daß die Wirtschaftsbeziehungen, die in allen zuvor bekannten Formen menschlicher Gesellschaften durch religiöse, magische, mythische oder andere normative Kriterien geregelt waren, nunmehr von deren Sanktionen befreit werden. Mit dem schließlich erfolgenden Fall noch existierender politischer, religiöser und kultureller Schranken, die die private Aneignung des Landes verbieten und begrenzen, mit der Umwandlung aller Objekte und potentiell aller Aspekte der physischen Realität in einen »Besitzgegenstand« und mit der Entwurzelung der Menschen selbst aus ihren angestammten Identitäten in Gemeinschaften vollzieht sich ein Prozeß sozialer Freisetzung und kultureller Nivellierung.[38] Die Wirtschaft ist nicht mehr im griechischen *oikos*, im feudalen Herrenhaus oder im ganzen Haus des Mittelalters »eingebettet«; Tauschbeziehungen und die Produktion um des Kaufens und Verkaufens willen werden nun die Norm.

Diese freigesetzte Wirtschaft trägt zum Aufstieg des Gesellschaftlichen bei, insofern sich die Tauschbeziehungen als ein offenes und unbeschränktes Medium für die soziale Interaktion aller Personen erweisen, die nun einmal zufällig Warenbesitzer sind. Die Logik der kapitalistischen Tauschbeziehungen besteht darin, alle Status- und Hierarchieunterschiede einzuebenen, mit Ausnahme jener Unterschiede, die auf der Aneignung von Vermögenswerten beruhen. Die anonymen, endlosen, sich vielfach überschneidenden Abläufe von Herstellung, Tausch und Verteilung rufen mit den Worten des jungen Hegel »eine elementar tierhafte Bewegung« hervor[39], deren Logik von einer »unsichtbaren Hand« regiert wird. Kraft dieser elementaren Bewegung, die alles in ihrem Spinnennetz auffängt, wird »die Gesellschaft [...] die Form des Zusammenlebens, in der die Abhängigkeit des Menschen von seinesgleichen um des Lebens selbst willen und nichts sonst zu öffentlicher Bedeutung gelangt, und wo infolgedessen die Tätigkeiten, die lediglich der Erhaltung des Lebens dienen, in der Öffentlichkeit nicht nur erscheinen, sondern die Physiognomie des öffentlichen Raumes bestimmen dürfen« (VA, S. 47), stellt Arendt fest. Vor dem Hintergrund der Entstehung einer Warentauschwirtschaft gesehen, verliert Arendts

Diagnose des Gesellschaftlichen einige ihrer Verschrobenheiten. Besser ist, man nennt den Aufstieg des Gesellschaftlichen den Aufstieg eines Warentauschmarkts.

Für Hannah Arendt gibt es einen zweiten Sinn des Gesellschaftlichen. Darin verlagert der Begriff nunmehr seine Bedeutung von der Verbreitung eines Warentauschmarktes zur »Massengesellschaft« als solcher. Sowie sich Arendt auf diesen Aspekt vom Aufstieg des Gesellschaftlichen konzentriert, führt sie weitere Abgrenzungen, so beispielsweise die zwischen »Verhalten« und »Handeln«, ein. Während das »Verhalten« die idealtypische Tätigkeit von Individuen ist, insoweit diese Träger sozialer Rollen sind, das heißt das Individuum als Bürokrat, als Geschäftsmann, als Führungskraft usf., ist das »Handeln« ein individuierendes und individualisierendes Verhalten; es offenbart das Selbst, anstatt ihn oder sie hinter einer sozialen Maske zu verbergen. »Entscheidend für diese Phänomene ist schließlich nur«, sagt Hannah Arendt resümierend zu diesem Punkt,

»daß die Gesellschaft in allen ihren Entwicklungsstadien das Handeln genau so ausschließt wie früher den Bezirk des Haushaltes und der Familie. An seine Stelle ist das Sich-Verhalten getreten, das in jeweils verschiedenen Formen die Gesellschaft von allen ihren Gliedern erwartet und für welches sie zahllose Regeln vorschreibt, die alle darauf hinauslaufen, die Einzelnen gesellschaftlich zu normieren, sie gesellschaftsfähig zu machen, und spontanes Handeln wie hervorragende Leistungen zu verhindern.« (VA, S. 41)

Arendts Überlegungen zu diesen Themen in *Vita activa* enthalten keine Analyse der Mechanismen sozialer Kontrolle und Integration, durch die eine solche Homogenisierung, Gleichmacherei und »Normierung« erreicht wird. Bei Arendt finden wir nicht wie früher bei Max Weber eine Analyse der Logik formaler und instrumenteller Rationalität als eines Organisationsprinzips, von dem gefordert wird, daß Verhalten vorhersagbar und gleichförmig sein solle, daß Arbeitsaufgaben in anschlußfähige und austauschbare Einheiten zerlegt werden sollen, daß Effizienz und die Unterordnung unter formale Leistungskriterien zu herrschen haben.[40] Arendts Diagnose des »Gesellschaftlichen«, die dessen Umwandlung in eine »Massengesellschaft« beschreibt, enthält auch keine Analyse dessen, was Michel Foucault »Disziplinarinstitutionen« genannt hat, beispielsweise die Klinik, die Schule, die Armee, das Gefängnissystem.[41] Arendt setzte vielmehr voraus, daß solche Normierungen erfolgen, ohne zu erläutern, mit welchen sozialen Mechanismen der Machtausübung oder durch welche ›Mikrophysik der Macht‹ eine derartige Normierung möglich wird. Als ein Beitrag zur Gesellschaftstheorie genommen, sind ihre Gedanken über die nivellierenden und homogenisierenden Wirkungen des Aufstiegs des Gesellschaftlichen dürftig und zuweilen verkürzend. Ihre Diagnose vom »Aufstieg des Gesellschaftlichen« verliert nur dann einige ihrer anfänglichen Plausibilitätsmängel, wenn wir ihre diesbezüglichen Textstellen vor dem Hintergrund vieler anderer Arbeiten aus der Sozialtheorie des 19. und 20. Jahrhunderts lesen und Arendt in Gemeinschaft mit Marx, Weber, Polanyi und Foucault sehen, so daß wir ihre Einsichten und Aphorismen mit der umfassenderen Behandlung der Dynamik moderner Gesellschaften bei diesen Autoren ergänzen können.

Um nun auch die dritte und letzte Bedeutung des Begriffs des Gesellschaftlichen bei Arendt zu untersuchen, nämlich die des »Gesellschaftlichen« als Geselligkeit und als bürgerliches Leben in Vereinen und Verbänden[42], führen wir uns einmal die folgende Textstelle vor Augen: »Das Gleichmachen ist aber der Gesellschaft unter allen Umständen eigentümlich, und der Sieg der Gleichheit in der modernen Welt ist nur die politische und juristische Anerkennung der Tatsache, daß die Gesellschaft den Bereich des Öffentlichen erobert hat, wobei automatisch Auszeichnung und Besonderheit zu Privatangelegenheiten von Einzelindividuen werden.« (VA, S. 42)

Unter Gleichheit versteht Arendt an dieser Stelle nicht bloß politische und rechtliche Gleichheit, sondern auch eine Angleichung des Geschmacks, des Verhaltens, der Umgangsformen und Lebensstile, die sich über die Massengesellschaft durchsetzt. Unter solchen Bedingungen werden »Auszeichnung und Besonderheit zu Privatangelegenheiten von Einzelindividuen«. Aber ist das wirklich so? Arendts historische und politische Schriften zur jüdischen Frage, angefangen bei ihrer Biographie der Rahel Varnhagen, zeigen ein ganz anderes Bild. Sie zeigen, daß der dauernde Kampf und die ständige Spannung zwischen »Gleichheit« und »Verschiedenheit« sowohl im Bereich des Gesellschaftlichen wie des Politischen für die Moderne charakteristisch ist. In einer ihrer erhellendsten Äußerungen zu dieser Dialektik von Gleichheit und Verschiedenheit hält Arendt fest:

»Die Tatsache, daß die Gleichheit aller Bürger für uns bereits zu den Selbstverständlichkeiten politischer Gerechtigkeit gehört, verführt leicht zu übersehen, daß Gleichheit nicht nur eine der größten, sondern auch eine der unsichersten Errungenschaften der modernen Menschheit ist [...] Je gleichartiger aber solche [Lebens]Umstände werden, desto weniger kann der durchschnittliche politische Verstand die Unterschiede begreifen, die in Wirklichkeit existieren, desto größer also werden die Ungleichartigkeiten zwischen Individuen und Gruppen [... Die Gleichheit] als das, was sie ist, zu erkennen, nämlich als das Prinzip einer politischen Organisation, innerhalb deren ungleiche Menschen gleiche Rechte haben, hat sich erheblich schwerer erwiesen, als der Optimismus des frühen neunzehnten Jahrhunderts geglaubt hat. Die modernen Massengesellschaften bieten zahllose Beispiele dafür, daß es erheblich näher liegt, Gleichheit für eine angeborene Eigenschaft eines jeden Individuums zu halten, das ›normal‹ genannt wird, wenn es ist wie jedermann, und ›anormal‹, wenn es sich unterscheidet. Diese pervertierende Umwandlung eines politischen in einen gesellschaftlich-psychologischen Begriff ist dann besonders gefährlich, wenn die Gesellschaft auf verhältnismäßig kleinem Raum die Unterschiede klar ans öffentliche Licht bringt und damit eine Fülle von Konflikten erzeugt.« (TH, S. 108 f.)[43]

Für Arendt sitzt diese Spannung zwischen politischer Gleichheit und sozialer Verschiedenheit an der Wurzel des modernen, säkularen Antisemitismus im Gegensatz zum religiös motivierten Antisemitismus. Wenn sich die Sozialkontakte zwischen Juden und Nichtjuden in den modernen Gesellschaften häufen, wenn sich die Geschäftsbeziehungen vervielfachen, wenn jüdische Kinder dieselben Schulen besuchen wie ihre Landsleute, wenn jüdische Frauen in denselben Geschäften einkaufen und in den gleichen Restaurants speisen wie die nichtjüdischen Mitglieder der mehrheitlich vertretenen Religionsgruppen einer Gesellschaft, seien diese nun christlich oder nicht – die Zunahme dieser sozialen Begegnungen läßt die Tatsache jüdischer Verschiedenheit in den Augen der anderen um so unverständlicher und problematischer werden. (TH, S. 108 ff.) Erst vor dem Hintergrund der wachsenden sozialen und politischen Gleichheit kann der Unterschied richtiggehend wahrgenommen werden; in nicht-egalitären Gesellschaften bedeutet Verschiedenheit einfach Andersheit. In der alten, hierarchischen Ordnung vorbürgerlicher Gesellschaften stößt die Andersheit der anderen nicht auf dieselbe Problematik der Diskriminierung und des Vorurteils. Denn man glaubt ja gerade, diese Andersheit lasse die Gesellschaftsordnung erkennen, durch die sie begründet sei und die in letzter Konsequenz eine außergesellschaftlich vorgegebene normative Ordnung widerspiegele. Erst als die Ideale politischer und rechtlicher Gleichheit und der universalistische Anspruch der Aufklärung, daß »wir alle Menschen sind«, aufkommen, wird die Tatsache jüdischer Verschiedenheit zu einem sozialen Faktum, für das alle modernen antisemitischen Bewegungen eine Erklärung suchen. Als Historikerin des Antisemitismus leistet Arendt eine Arbeit, die diese Dialektik von Gleichheit und Verschiedenheit ganz ausgezeichnet dokumentiert, aber auch zeigt, um wie vieles komplizierter und vielschichtiger die

Dynamik des Gesellschaftlichen ist. Dieses anspruchsvoll aufgebaute Bild ist mit den eher undifferenzierten und verkürzten Thesen hinsichtlich des Gesellschaftlichen in *Vita activa* kaum in Einklang zu bringen. Wie oben bereits erwähnt, heißt es in *Vita activa*, »Auszeichnung« und »Besonderheit« würden zu Privatangelegenheiten von Individuen werden. Die Überlegungen und Analysen, die Arendt als Sozial- und Kulturhistorikerin anstellt, zeigen jedoch, daß Angelegenheiten wie »Auszeichnung« und »Besonderheit« niemals bloß individuell sind, sondern immer auch die Identitäten und soziale Stellung von Kollektiven betreffen.

In diesem Zusammenhang ist zu beachten, daß unter dem Gesellschaftlichen weder Vorgänge des Markts in nationaler Größenordnung noch eine »Massengesellschaft« mit Verbrauchern gleichartigen Verhaltens zu verstehen sind; das Gesellschaftliche ist hier eher gleichbedeutend mit »Geselligkeit«: Muster menschlicher Interaktion, Ausprägungen des Geschmacks bei der Kleidung, beim Essen, der Muße und den Lebensweisen ganz allgemein; Unterschiede bei ästhetischen und religiösen Anschauungen sowie höfliche Umgangsformen; Muster für Vergesellschaftung und Verheiratung, für Freundschaften und Bekanntschaften sowie Geschäftskontakte. Kurz, das Gesellschaftliche bedeutet eine zivile und frei organisierte Gesellschaft, also den Bereich menschlicher Beziehungen, der nicht ökonomisch oder politisch, militärisch oder bürokratisch-administrativ ist. Diese Bedeutung des Begriffs des Gesellschaftlichen ist mit dem Verständnis einer kultivierten Gesellschaft des Geschmacks und der Umgangsformen im 18. Jahrhundert, französisch »la bonne société«, im Deutschen »die gute Gesellschaft«, eng verwandt. Auch das, was Norbert Elias als »Zivilisationsprozeß« beschrieben hat, ist damit gemeint.[44] Und in eben diesem Bereich beginnt die Homogenisierung des Geschmacks, der Einstellungen, Verhaltensweisen und Lebensführungen in der Moderne um sich zu greifen. Der »Parvenu«, ein Individuum, das die soziale

Anerkennung durch soziale Gleichheit und Akzeptanz für sich ersehnt, ist in diesem Bereich ganz heimisch.

Dem »Paria« hingegen ergeht es in »Gesellschaft« nicht besonders gut. Denn er ist, was den Geschmack, die Umgangsformen, Gewohnheiten und Freundschaften anbelangt, ein Außenseiter. Er oder sie bricht mit sozialen Gepflogenheiten und setzt sich über soziale Normen hinweg, wendet sich gegen eingebürgerte Traditionen und spielt mit sozialen Erwartungen. Der selbstbewußte Paria hält nachdrücklich an der Tatsache der Verschiedenheit und der Besonderheit fest, tut dies allerdings auf eine Art und Weise, die nicht ganz und gar individualistisch ist. Der vollendete Paria wäre ein totaler Außenseiter, eine marginalisierte Person auf der Schwelle zum Suizid, zur Geistesgestörtheit oder Kriminalität. Der selbstbewußte Paria ist eine Person, die mit ihrer Verschiedenheit und Besonderheit auf eine solche Weise lebt, daß sie sich durch ihren Unterschied in den »Augen« der Gesellschaft Geltung verschafft. Diese Person braucht die Sichtbarkeit, denn sie muß, wenn auch nur von einer sehr kleinen Gruppe, einer Gemeinschaft gleichgesinnter Freunde, als »anders« und als »verschieden« gesehen werden.

Genau das aber war Rahel Varnhagens Salon: ein Raum für Geselligkeit, in dem der Wunsch der Einzelnen nach Verschiedenheit und Auszeichnung zur intersubjektiv geteilten Realität werden konnte. Dieser Raum der Geselligkeit, für den die Salons nur ein Beispiel sind, verweist auf eine Dimension, die in der genealogischen Darstellung vom Aufstieg des Gesellschaftlichen bei Arendt enthalten ist, in *Vita activa* jedoch völlig fehlt. Warum verliert Arendt diesen sozialen Raum in ihrem späteren Schaffen aus dem Blick, wo sie doch in der Rahel-Varnhagen-Biographie ihr Augenmerk auf dieses Phänomen gerichtet hatte? Und was bedeutet sein Verschwinden in den späteren Werken für ihre politische Philosophie als Ganzes? Wo – wenn überhaupt – ist denn in »modernen Gesellschaften« Raum gegeben, um der Verschiedenheit und Auszeichnung Ausdruck zu verleihen? Sind

»Verschiedenheit« und »Auszeichnung« politische, soziale oder kulturelle Kategorien? In welcher »Sphäre«, um bei Arendts Sprachgebrauch zu bleiben, können sie am besten ausgedrückt werden?

Die von Arendts Rahel-Varnhagen-Biographie angedeutete alternative Genealogie der Moderne hat überall in ihrem Werk Spuren hinterlassen. Daher empfiehlt sich eine gründlichere Neudeutung ihrer Auffassung der Moderne und des Orts der Politik unter den Voraussetzungen der Moderne. Die Moderne läßt sich dieser alternativen Genealogie zufolge nicht einfach mit der Verbreitung von Warentauschbeziehungen und dem Wachstum einer kapitalistischen Wirtschaft gleichsetzen, ebensowenig kann aber die Moderne allein auf die Ausbreitung der Massengesellschaft reduziert werden. Die Moderne bringt auch neue Formen der sozialen Interaktion, der Vergesellschaftung, Gewohnheiten und Sitten mit sich. Für Arendt ist diese andere Dimension der Moderne aus mehreren Gründen bedeutsam. Erstens richtet Arendt als Historikerin des Antisemitismus und Totalitarismus ihre Aufmerksamkeit auf Veränderungen, die in diesen Bereichen moderner Gesellschaften erfolgen, da sie schließlich zur Herausbildung einer Massengesellschaft führen. Sowohl die Dialektik von Identität/Differenz, die sich an der Wurzel des modernen Antisemitismus befindet, als auch die politische Macht des Totalitarismus werden von Arendt, soweit sie als Theoretikerin sozial- und kulturgeschichtlich arbeitet, in diesem Bereich der modernen Gesellschaft verortet. Ein derartiges Vorgehen bedarf der weitergehenden Analyse. Zweitens ist dieser Aspekt des Gesellschaftlichen für Arendt nicht nur in historischer Absicht, sondern auch politikwissenschaftlich gesehen wichtig. Die von Arendt in ihrem späteren Werk ins Auge gefaßte Wiederbelebung des öffentlichen Lebens wies zumindest zwei bemerkenswerte Züge auf: Arendt war einerseits politische Universalistin, die für egalitäre Bürgerrechte und politische Rechte für alle Staatsbürger eintrat, während sie im sozialen und kulturellen Leben den Nonkonformismus und den Ausdruck des Pariatums befürwortete. Andererseits ist Arendts Forderung nach einem Wiedererstarken der öffentlichen Welt antistaatlich gedacht – ja, wir können sogar beklagen, daß Arendts Philosophie insgesamt unter einer gewissen »Staatsblindheit« leidet. Wenn aber mit einer solchen vitalen Erneuerung des öffentlichen Lebens keine Stärkung des Staats gemeint sein soll, sondern das Wachstum einer politischen Sphäre, die vom Staat unabhängig ist, wo sollte diese Sphäre dann angesiedelt sein, wenn nicht in der aktiv-bürgerlichen und sich frei organisierenden Gesellschaft?

Die nächsten Kapitel werden die Aufgabe haben, unter Heranziehung der historischen Schriften von Arendt zu dokumentieren, wie komplex ihre Darstellung der Moderne wirklich ist und welche Implikationen dieses nuanciertere Bild für ihre politische Philosophie als Ganzes hat.

1 Eine der frühesten Veröffentlichungen von Arendt ist eine Besprechung des Buchs *Das Frauenproblem der Gegenwart* von Alice Ruehle-Gerstel, die in der mit den Weimarer Sozialisten verbundenen Zeitschrift *Die Gesellschaft* erschien (Bd. 10/1932, S. 177–179); diese Rezension ist jetzt auch in Englisch unter dem Titel »On the Emancipation of Women« erschienen, in: *Arendt. Essays in Understanding: 1930–1954*, hg. von Jerome Kohn, New York 1994, S. 66–68. Arendt berichtet in dieser Rezension ganz sachlich von den Erkenntnissen des Buchs zur fortgesetzten Benachteiligung von Frauen auf wirtschaftlichem und politischem Gebiet.

2 Elisabeth Young-Bruehl, *Hannah Arendt. Leben, Werk und Zeit*, üb. von Hans Günter Holl, Frankfurt am Main 1992, S. 336.

3 Hannah Arendt, *Vita activa oder Vom tätigen Leben*, München 1981, S. 70.

4 A. Rich, »Conditions for Work: The Common World of Women«, in: *On Lies, Secrets, and Silence*, New York 1979, S. 212.

5 Siehe bell hooks, *Feminist Theory from Margin to Center*, Boston 1984.

6 Siehe Dagmar Barnouw, *Visible Spaces. Hannah Arendt and the German-Jewish Experience*, Baltimore 1990, S. 30f.

7 Hannah Arendt, *Rahel Varnhagen. Lebensgeschichte einer deutschen Jüdin aus der Romantik*, München [9]1992.

8 Sybille Bedford, »Emancipation and Destiny«, in: *The Reconstructionist* (»Book Notes«), 12. Dez. 1958, zitiert nach Barnouw, *Visible Spaces*, S. 48.

9 Arendt, *Rahel Varnhagen*, S. 201. Was den kulturellen und sozialen Hintergrund von Rahel Varnhagen und die jüdischen Salonières allgemein angeht, vgl. Deborah Hertz' Untersuchung, *Die jüdischen Salons im alten Berlin 1780–1806*, üb. von Gabriele Neumann-Kloth, München 1995.

10 Zur näheren Erörterung des ungewöhnlichen Charakters von Gentz, seines Antisemitismus und seiner subversiven Spekulationen über die Geschlechter in seinen Briefen, siehe Hannah Arendt, *Rahel Varnhagen*, S. 87ff. und Marlis Gerhardt, »Einleitung: Rahel Levin, Friederike Robert, Madame Varnhagen«, in: *Rahel Varnhagen. Jeder Wunsch wird Frivolität genannt. Briefe und Tagebücher*, ausgewählt und hg. von Marlis Gerhardt, Darmstadt 1983, S. 22ff. Gentz schreibt im Jahr 1803 an Rahel: »Wissen Sie, Liebe, warum unser Verhältnis so groß und so vollkommen geworden ist? Indes will ich es Ihnen sagen. Sie sind ein unendlich produzierendes, ich bin ein unendlich empfangendes Wesen; Sie sind ein großer Mann; ich bin das erste aller Weiber, die je gelebt haben. Das weiß ich: wäre ich ein physisches Weib geworden, ich hätte den Erdkreis vor meine Füße gebracht.« Zitiert nach Gerhardt, »Einleitung«, S. 23.

11 Vorwort zu *Rahel Varnhagen*, S. 7.

12 Siehe Sybille Wirsing, »Urworte, nicht orphisch, sondern weiblich«, Rezension der *Gesammelten Werke* von Rahel Varnhagen in zehn Bänden, hg. von

Konrad Feilchenfeldt, Uwe Schweikert und Rahel E. Steiner, München 1983. Die Besprechung erschien in der *Frankfurter Allgemeinen Zeitung* vom 21. Januar 1984. Diese Ausgabe der gesammelten Werke Rahels basiert auf einer frühen Ausgabe aus dem 19. Jahrhundert, die ursprünglich von Rahels Ehemann, Karl August Varnhagen von Ense, herausgegeben worden war.

13 Ingeborg Nordmann untersucht die Themen des Fremdseins und Andersseins, das Bewußtsein von sich als ein »Pariah«, als eine Ausgestoßene – Gefühle also, wie sie in Rahel Varnhagens und auch in Hannah Arendts Leben eine Rolle spielten: »Fremdsein ist gut: Hannah Arendt über Rahel Varnhagen«, in: Barbara Hahn/Ursula Isselstein (Hg.), *Rahel Levin Varnhagen. Die Wiederentdeckung einer Schriftstellerin*, Göttingen 1987, S. 196–207.

14 Hannah Arendt/Karl Jaspers, *Briefwechsel 1926–1969*, hg. von Lotte Köhler und Hans Saner, München [3]1993.

15 AJB, Brief Nr. 14, S. 46f.

16 AJB, Brief Nr. 15, S. 47.

17 AJB, Brief Nr. 15, S. 48.

18 Arendt, *Rahel Varnhagen*, S. 197.

19 Die ungebrochene Faszination, die von Rahel Varnhagens Leben und Briefen ausgeht, und insbesondere der Umstand, daß die Werkinterpretationen von den verschiedenen Autorinnen jeweils entsprechend ihrer Wahrnehmungen des Antisemitismus und der jüdischen Identität entwickelt wurden, analysierte Konrad Feilchenfeldt in seinem Aufsatz: »Rahel Philologie im Zeichen der antisemitischen Gefahr (Margarete Sussman, Hannah Arendt, Käthe Hamburger)«, in: Barbara Hahn/Ursula Isselstein (Hg.), *Rahel Levin Varnhagen. Die Wiederentdeckung einer Schriftstellerin*, Göttingen 1987, S. 187–195.

20 Hannah Arendts Geschichte der Rahel Varnhagen ist auch als eine Sublimierung ihrer Liebesbeziehung mit Martin Heidegger ausgelegt worden; siehe Young-Bruehl, *Hannah Arendt. Leben, Werk und Zeit*, S. 93. Obwohl ich gar nicht abstreiten möchte, daß das Ende der Liebesaffäre mit Martin Heidegger für sie schmerzlich gewesen sein muß und Arendts Rekonstruktion der unzähligen Herzensbrüche von Rahel beeinflußt haben mag, läßt der Arendt-Jaspers-Briefwechsel, auf den ich in diesem Kapitel zurückgreife, eher darauf schließen, daß andere existentielle Belange, nämlich solche, die ihre jüdische Identität betreffen, im Mittelpunkt dieser Arbeit über Rahel Varnhagen standen. Einige Einzelheiten dieses biographischen Hintergrunds werde ich in Kapitel 2 noch einmal aufnehmen.

21 Arendt, *Rahel Varnhagen*, S. 31.

22 In ihrer Doktorarbeit, *Der Liebesbegriff bei Augustin. Versuch einer philosophischen Interpretation*, Berlin 1929, galt Hannah Arendts Aufmerksamkeit der

Spannung zwischen den außerweltlichen Forderungen an die christliche Liebe und der Diesseitigkeit des sozialen Lebens. Arendt zitiert darin Augustinus: »Ep. Ioan. VII,1: Mundus iste omnibus fidelibus quaerentibus patriam sic est, quomodo fuit eremus populo Israel.« (S. 13, Anm. 4. »Diese Welt ist für alle Gläubigen, die eine Heimat suchen, was die Wüste dem Volk Israel war.«) Sie selbst gelangt hingegen zu der Auffassung: »Auf dem Wege zu dem, was es [das Leben] benötigt, um überhaupt sein zu können, stößt es auf das, was foris ist, auf die Welt.« (S. 14)
In seinem Text »Love and Worldliness: Hannah Arendt's Reading of St. Augustine« stützt Ronald Beiner seine These, daß die grundlegenden Strukturen des politischen Denkens von Arendt auf eine frühere Phase ihres Denkens zurückgehen und daß Arendt nicht allein unter dem Druck der traumatisierenden Ereignisse der 30er und 40er Jahre zu ihren bleibenden Fragestellungen als politische Philosophin gelangte, auf diese frühe Arbeit; in: Jerome Kohn/Larry May (Hg.), *Hannah Arendt: Twenty Years Later*, Cambridge, Mass. 1996. Ich meine zwar auch wie Beiner, daß das Interesse an den Themen der »Welt«, »Weltlichkeit« und »eine Heimat in der Welt finden« die Anfangsgründe des philosophischen Denkens bei Arendt bildet, doch ist genauso unübersehbar, daß ihr Martin Heideggers philosophischer Einfluß die Augen für die Bedeutung dieser Konzepte geöffnet hat. Wie ich in den nächsten zwei Kapiteln darlegen werde, hatte Arendt bereits von 1924 bis 1926 bei Heidegger in Marburg studiert, bevor sie nach Heidelberg ging und dort ihre Doktorarbeit mit der Betreuung durch Karl Jaspers abschloß. Arendts einzigartige Leistung ist die Umformung abstrakter erkenntnistheoretischer und ontologischer Kategorien in begriffliche Raster, mit denen die politischen Phänomene dieses Jahrhunderts erfaßt werden können. Siehe dazu Kapitel 2 und insbesondere den dritten Abschnitt, »Über den Begriff der ›Welt‹ in Martin Heideggers *Sein und Zeit*«.

23 Hannah Arendt, »Gedanken zu Lessing: Von der Menschlichkeit in finsteren Zeiten«, in: *Menschen in finsteren Zeiten*, hg. von Ursula Ludz, München 1989, S. 18.

24 Barnouw, *Visible Spaces*, S. 51.

25 Hertz, *Die jüdischen Salons*, S. 16.

26 Daniel Gordon hat eine historische Analyse vorgelegt, die den Übergang von der Herrschaft des Absolutismus zu den Geselligkeitsformen der Aufklärung und die Entstehung der »Gesellschaft« als einer von Staat und Kirche getrennten Sphäre behandelt: *Citizens Without Sovereignty. Equality and Sociability in French Thought 1670–1789*, Princeton, N.J. 1994, S. 9–43.

27 Hertz, *Die jüdischen Salons*, S. 27.

28 Ebenda, S. 26.

29 Siehe Peter Seibert, »Der Salon als Formation im Literaturbetrieb zur Zeit

Rahel Levin Varnhagens«, und Konrad Feilchenfeldt, »Die Berliner Salons der Romantik«, beide in Hahn/Isselstein (Hg.), *Rahel Levin Varnhagen*, S. 164–172 und S. 152–163. Das Verhältnis zwischen dem Brief als Textsorte und »weiblichen« Ausdrucksweisen von Subjektivität wird von Petra Mitrovic untersucht, in: »Zum Problem der Konstitution von Ich-Identität in den Briefen der Rahel Varnhagen« (Magisterarbeit, Univ. Frankfurt am Main, Institut für Deutsche Sprache und Literatur 1982).

30 Aristoteles, *Nikomachische Ethik*, üb. und kommentiert von Franz Dirlmeier, Berlin [8]1983, Buch VIII, Kap. 13, S. 185ff.

31 Welche politischen Dimensionen die Salons im Zeitalter der Aufklärung und der Französischen Revolution hatten, wurde bereits von Jürgen Habermas behandelt; J. Habermas, *Strukturwandel der Öffentlichkeit. Untersuchungen zu einer Kategorie der bürgerlichen Gesellschaft*, Darmstadt/Neuwied 1962. Die Arbeit von Landes aus den 80er Jahren diskutiert die Salons ebenfalls in politischer Hinsicht, dies aber aus einer Perspektive, die unter dem Gender-Aspekt ungleiche Faktoren mitberücksichtigt: Joan B. Landes, *Women and the Public Sphere in the Age of the French Revolution*, Ithaca, N.Y. 1988.

32 Hertz, *Die jüdischen Salons*, S. 30f.

33 G.W.F. Hegel, »Das System der Bedürfnisse«, in: Werke 7, *Grundlinien der Philosophie des Rechts oder Naturrecht und Staatswissenschaft im Grundrisse*, Frankfurt am Main 1970, S. 346ff.

34 Karl Marx/Friedrich Engels, *Ausgewählte Schriften in zwei Bänden*, Band 1, Berlin 1988, S. 40f.

35 Siehe Jürgen Habermas, »Technik und Wissenschaft als ›Ideologie‹«, in: *Technik und Wissenschaft als ›Ideologie‹*, Frankfurt am Main [9]1978, bes. S. 68f.

36 Siehe Karl Marx, *Grundrisse der Kritik der politischen Ökonomie*, (Rohentwurf) 1857–1858, Einleitung, Berlin 1974, S. 5ff.; Marx, *Zur Judenfrage*, MEW, Erste Abteilung, Band 1, Erster Halbband.

37 Siehe Karl Polanyi, »Aristotle Discovers the Economy«, in: Karl Polanyi/C.M. Arensberg/Harry W. Peasner (Hg.), *Trade and Market in the Early Empires: Economics in History and Theory*, Chicago 1971.

38 Siehe Maurice Godelier, *Perspectives in Marxist Anthropology*, London 1977, Teile III und IV.

39 G.W.F. Hegel, »Über die wissenschaftlichen Behandlungsarten des Naturrechts, seine Stelle in der praktischen Philosophie und sein Verhältnis zu den positiven Rechtswissenschaften« (1802/1803), in: *Jenaer Kritische Schriften* (II), Hamburg 1983.

40 Max Weber, »Soziologie der Herrschaft«, *Wirtschaft und Gesellschaft*, Kapitel IX, Tübingen [5]1980, S. 541–580.

41 Michel Foucault, *Überwachen und Strafen. Die Geburt des Gefängnisses*, üb. von Walter Seitter, Frankfurt am Main 1977.

42 Dazu Daniel Gordons Erläuterung: »Vor dem späten 17. Jahrhundert bezog sich das Wort *société* nicht auf eine beständige Gemeinschaft in großem Maßstab. Es bezog sich statt dessen auf kleine Vereinigungen und das gesellige Leben, das sich in ihnen abspielte [...] Hier erscheint die *société* mehr als eine Tätigkeit denn als ein Raum; sie gleicht eher einem Zeitvertreib unter Freunden als einem Geflecht dauerhafter Beziehungen zwischen einer großen Menge von Menschen«. *Citizens Without Sovereignty*, S. 51.

43 Für Arendt ist diese scharfe Unterscheidung zwischen dem »Gesellschaftlichen« und dem »Politischen« ausschlaggebend. Sie betrifft das Kernstück ihres gesamten Universalismus in der Sphäre der Menschenrechte und politischen Institutionen und auch ihres Versuchs, den Ausdruck von »Differenz« allein auf die Gesellschaft zu beschränken. Siehe Kapitel 5 unten, insbesondere S. 220ff.

44 Norbert Elias, *Über den Prozeß der Zivilisation. Soziogenetische und psychogenetische Untersuchungen*, 2 Bände, Frankfurt am Main 1976.

II. JÜDISCHE POLITIK UND DEUTSCHE EXISTENZPHILOSOPHIE

Nach einem kurzen Zwischenfall mit der deutschen Polizei[1] verließ Hannah Arendt Deutschland im Frühjahr 1933 und suchte sich eine Bleibe in Paris. Zu diesem Zeitpunkt war die Varnhagen-Biographie bis auf die letzten zwei Kapitel fertiggestellt. Die fast vollendete Arbeit, die wohl als Arendts Habilitationsschrift geplant war und ihr eine akademische Laufbahn an einer deutschen Universität ermöglichen sollte, wurde durch die geschichtlichen Ereignisse schlagartig hinfällig. Am 1. Januar 1933 kamen Hitler und die Nationalsozialistische Partei an die Macht. Die Politik, an der Hannah Arendt in ihrer Zeit als Philosophiestudentin nicht sonderlich interessiert gewesen war, wurde nun zur übermächtigen und unentrinnbaren Tatsache ihres Lebens. Als Hannah Arendt sehr viel später Karl Jaspers berichtete, was sie über die neue Orientierung ihrer existentiellen Interessen dachte, schrieb sie, sie sei während der Jahre, seit sie das letzte Mal brieflich in Kontakt standen, »eine Art freier Schriftsteller geworden, irgend etwas zwischen einem Historiker und einem politischen Publizisten«.[2]

Auch Elisabeth Young-Bruehl spricht bei der Beschreibung dieses Lebensabschnitts davon, daß Hannah Arendt weder aufgrund ihres Temperaments noch aufgrund ihrer Neigung eine persönliche Eignung für das politische Handeln und das öffentliche Leben mitbrachte. Arendt war jedoch schon einer Form von Politik und politischem Handeln begegnet, bevor der Lauf der Geschichte sie unversehens in die Weltpolitik katapultierte. Während ihrer Studienjahre wurde sie mit Kurt Blumenfeld bekannt, einem führenden Kopf des Zionismus in Deutschland[3], der einen beträchtlichen Einfluß auf sie ausübte. Arendt hatte also schon vor ihrem Eintritt in die Weltpolitik Überlegungen zur »Judenfrage« angestellt.[4]

Der Aufbau eines politischen Gemeinwesens für ein »weltloses« Volk

Bereits die beiden letzten Kapitel der Rahel-Varnhagen-Biographie, die im Pariser Exil beendet wurden, lassen diese neue Orientierung in ihrem Leben erkennen. Das zwölfte Kapitel der Varnhagen-Biographie führt die Kategorien des »Parias« und des »Parvenus« ein, während das letzte Kapitel bezeichnenderweise »Aus dem Judentum kommt man nicht heraus« überschrieben ist.[5] Arendt gelangt zu der Feststellung:

»Rahel ist Jüdin und Paria geblieben. Nur weil sie an beidem festgehalten hat, hat sie einen Platz gefunden in der Geschichte der europäischen Menschheit. [...] Heines Ja zum Judesein, das erste und letzte entschiedene, das auf lange Zeit von einem assimilierten Juden gehört wurde, stammte aus dem gleichen Grunde, der gleichen Wahrhaftigkeit wie Rahels Nein. Beide haben sich nie zu beruhigen vermocht über ihr Schicksal, beide haben es nie hinter großen oder prahlerischen Worten verstecken mögen, haben immer Rechenschaft gefordert.«[6]

Für Hannah Arendt und ihre Generation bedeutete die »Judenfrage« etwas ganz anderes als für die Generation der Juden zur Zeit der Aufklärung, der Rahel Varnhagen angehörte. Arendt verwendete Lessings *Nathan der Weise*, um diesen Sachverhalt auszudrücken. In ihrer Rede zur Entgegennahme des Lessing-Preises schreibt sie unter Verweis auf die Antwort, die Nathan der Weise gibt: »Ich hätte sicher eine Haltung, die im Sinne – nicht im Wortlaut – des Nathan auf die Aufforderung: ›Tritt näher, Jude!‹ mit einem: Ich bin ein Mensch, antwortet, für ein groteskes und gefährliches Ausweichen vor der Wirklichkeit gehalten.«[7] Die Aufklärung appelliert an unsere gemeinsame Menschlichkeit. Sie glaubt daran, daß wir alle unter den Mäntelchen, die uns Kultur, Zivilisation und Gesellschaft umgehängt haben, grundsätzlich dieselbe Menschennatur und dieselbe Fähigkeit zur menschlichen Vernunft besitzen. Sie sucht inmitten einer Welt der Verstellung und Verkehrung nach den wenigen »verwandten und ähnlichen Seelen«, mit denen man das »Gespräch der Menschheit« fortsetzen kann – dieser Appell, dieser Glaube und diese Suche erschienen Arendt im Jahr 1959 als eine groteske und gefährliche Flucht vor der Wirklichkeit.

Für die Generation deutsch-jüdischer Intellektueller, die Arendts eigener Generation unmittelbar vorausging und zu der sie Franz Kafka, Karl Kraus und Walter Benjamin zählte, hatte die »Judenfrage« wiederum ewas anderes bedeutet: Für diese Gruppe bezog sich die »Judenfrage« hauptsächlich auf die Last der Intellektuellen, die ihr Judesein weiterhin als eine »soziale Tatsache« erlebten[8], obwohl sie sich dem geistigen Gehalt des Judentums ganz und gar entfremdet hatten. Auf der einen Seite gab es die Haltung assimilierter Juden, die Juden bleiben wollten, ohne ihr Jüdischsein wirklich anerkennen zu wollen; auf der anderen Seite gab es das Dilemma jüdischer Intellektueller, die mit den Worten von Moritz Goldstein »den geistigen Besitz eines Volkes [verwalten], das uns die Berechtigung und die Fähigkeit dazu abspricht«.[9] Diese Fassung der Judenfrage war erst denkbar geworden, seitdem die politische Emanzipation und die Erlangung gleicher bürgerlicher und politischer Rechte den europäischen Juden gestatteten, an der bürgerlichen Gesellschaft zu partizipieren, ohne daß ihnen jedoch die volle soziale Anerkennung als legitime Mitglieder dieser Gesellschaft zuteil wurde. In Reaktion auf dieses Dilemma entstanden zwei Haltungen, die Arendt im Anschluß an den französischen Journalisten Bernard Lazare, als die des »Parias« und die des »Parvenus« bezeichnete.[10] Der Paria akzeptierte die soziale Stellung eines Außenseiters und hielt an dem Anderssein fest, das die bürgerliche Gesellschaft ihm oder ihr unverändert auferlegte. Der Parvenu hingegen war bemüht, seinen oder ihren Außenseiterstatus zu überwinden und das Anderssein loszuwerden, indem er die Differenz überhaupt leugnete oder die Identifizierung mit den Wertvorstellungen und dem Verhalten der »nichtjüdischen christlichen Gesellschaft«, deren Anerkennung er oder sie suchte, übertrieb. Unter diesen Umständen war die »Judenfrage« eine Frage sozialer Anerkennung: Wie konnte man ein vollwertiges Mitglied der bürgerlichen Gesellschaft sein, von ihrer Geschäftswelt bis zu ihren literarischen Kreisen, ohne gleichzeitig zu verleugnen, wer man war?

Für Hannah Arendt und ihre Generation deutscher Juden dagegen stellte sich die »Judenfrage« nicht mehr als eine der sozialen Anerkennung, und sie bestand auch längst nicht mehr in der Suche nach gegenseitiger Achtung auf der Grundlage einer allen gemeinsamen Humanität wie zur Zeit der Aufklärung. Hatte Arendt die Frage in *Nathan der Weise*, »Wer bist du?«, mit der Feststellung »ein Jude« beantwortet, so meinte sie damit, wie sie selbst erläutert, »noch nicht einmal eine geschichtlich belastete oder ausgezeichnete Realität, sondern nichts als die schlichte Anerkennung einer politischen Gegenwart, die eine Zugehörigkeit diktiert hatte, in welcher gerade die Frage der personalen Identität im Sinne des Anonymen, des Namenlosen mitentschieden war«.[11] Dies war nicht in einem ontologischen Sinne zu verstehen, so als bedeute ein Jude zu sein, eine besondere Art von Mensch zu sein (eine Denkweise, die Arendt vielmehr den Nazis zuschrieb); für Arendt war diese Antwort in erster Linie eine politische: Im politischen Bereich gilt, »daß man sich immer nur als das wehren kann, als was man angegriffen ist.«[12]

Hannah Arendt hatte sich gewünscht, die »angegriffene Identität« in ein realisierbares, kollektives politisches Projekt zu übersetzen. Insbesondere strebte sie an, die kollektive jüdische Identität in einer Form wiederherzustellen, durch die sich das verbrauchte Repertoire politischer Alternativen, beispielsweise der Kosmopolitismus der Aufklärung, die Assimilationsbewegung oder der Nationalismus des 19. Jahrhunderts, nicht noch einmal wiederholen würde. Dieser Wunsch sollte sich nicht erfüllen. Nachdem Hannah Arendt Deutschland 1933 verlassen hatte, wurde sie zunächst von der Baronesse de Rothschild als Sekretärin eingestellt. Später wurde sie die leitende Organisatorin der Pariser Zweigstelle der Jugendgruppe Aliyah, einer zionistischen Organisation, die junge Emigranten auf ein Leben in Palästina vorbereitete.

Als Arendt 1941 in die Vereinigten Staaten kam, versuchte sie, über Zeitungsartikel und -kolumnen auf die jüdische Politik Einfluß zu nehmen. Von 1941 bis 1942 setzte sie sich für die Aufstellung einer jüdischen Armee ein, die Seite an Seite mit den alliierten Streitkräften gegen die Nazis kämpfen sollte.[13] Arendts Forderung nach einer jüdischen Armee, die die Juden befähigen sollte, sich dem Kampf gegen Hitler »als ein europäisches Volk« anzuschließen, brachte zwei Anliegen zum Ausdruck: Die Juden sollten sich politisch verteidigen, indem sie für sich selbst kämpften. Sie hoffte außerdem, mit einem solchen Handeln werde sich das jüdische Volk aus der seit langem bestehenden, gewohnheitsmäßigen Abhängigkeit von Königen, Höflingen, Philanthropen oder prosemitischen Staatsmännern befreien. Die Abhängigkeit vom guten Willen nichtjüdischer Mitmenschen war für das Leben in der Diaspora charakteristisch gewesen. Der Kampf für die eigenen Rechte als ein Volk würde es den Juden ermöglichen, als unabhängige und gleiche Teilnehmer in den öffentlichen Raum der Politik einzutreten. Überdies hegte Arendt die Hoffnung, daß es in Europa nach der Niederlage des nationalsozialistischen Deutschlands Platz geben werde, um eine jüdische Heimstätte als Teil einer Föderation europäischer Völker einzurichten. Dieser Standpunkt brachte Arendt in einen offenen Konflikt mit zwei Hauptströmungen der damals vertretenen jüdischen Politik: Einerseits geriet sie mit jenen Kreisen in

Konflikt, die allein in den Anstrengungen der alliierten Streitkräfte die Zukunftshoffnungen des jüdischen Volkes sahen. Andererseits machte sie sich bei den Zionisten unbeliebt, weil sie deren einseitige Ausrichtung auf Palästina und deren Ideologie einer »organischen Volkseinheit« nicht teilte.[14]

Als das Ausmaß der an Juden begangenen Verbrechen und der an ihnen verübte Holocaust deutlich wurden, waren Arendts Hoffnungen auf eine europäische Lösung der Judenfrage zerstört: »Die Gemeinschaft der europäischen Völker zerbrach, als – und weil – sie den Ausschluß und die Verfolgung seines schwächsten Mitgliedes zuließ.«[15] Mit der Gründung des Staates Israel 1948 beteiligte sich Arendt an der Kampagne von Judah Magnes zur Errichtung eines föderierten Staates in Palästina, der auf einer gemeinsamen Regierung basieren, seine Verankerung jedoch in jüdisch-arabischen Gemeinderäten haben sollte. Nach dem Tod von Judah Magnes im selben Jahr hielt Arendt vor einem jüdischen Publikum in Massachusetts eine Ansprache über seine Ziele und seinen persönlichen Einsatz.[16] Sie wurde ausgebuht und zum Schweigen gebracht. Dieses Ereignis entmutigte sie zutiefst. Es zeigte schon beinahe 15 Jahre vor der Auseinandersetzung um das Eichmann-Buch, daß in der jüdischen Politik zu dieser Zeit für Hannah Arendts politische Ansichten kein Platz war. Sie sollte zu einem selbstbewußten Paria innerhalb der jüdischen Gemeinschaft werden.

Im Herbst 1945 veröffentlichte Arendt in der jüdischen Zeitschrift *Menorah* einen längeren Aufsatz mit dem Titel »Der Zionismus aus heutiger Sicht«.[17] Dieser Aufsatz beeindruckt nicht nur wegen seiner politischen Scharfsinnigkeit – Arendt nimmt darin die dilemmatischen Konstellationen vorweg, die die jüdisch-arabischen Beziehungen während des nächsten halben Jahrhunderts zerrütten sollten –, sondern auch wegen der darin zum Ausdruck kommenden Synthese der jüdischen Politik mit Kategorien, die später das reife politische Denken bei Arendt auszeichnen. Arendt äußert sich gleich zu Beginn des Aufsatzes kritisch über einen Beschluß des American Zionist Congress, der im Oktober 1944 in Atlantic City angenommen wurde. Dieser Beschluß erhebt die Forderung nach einem »freien und demokratischen jüdischen Gemeinwesen [... das] ganz Palästina ungeteilt und ungeschmälert umfassen soll«.[18] Die Tatsache, daß die arabischen Einwohner Palästinas nicht erwähnt werden, so stellt Arendt bestürzt fest, lasse darauf schließen, sie seien gezwungen, zwischen freiwilliger Auswanderung und Staatsbürgerschaft zweiter Klasse zu wählen. Sie kommt zu dem Schluß, der mehrheitliche und gemäßigtere Flügel der zionistischen Bewegung unter der Führung von Chaim Weizmann und Ben Gurion habe sich mit diesem Beschluß den Forderungen der von Jabotinsky geführten Extremisten gebeugt.[19] »Damit haben die Zionisten tatsächlich alles getan, um jenen ›tragischen Konflikt‹ entstehen zu lassen, der nur durch das Zerschlagen des Gordischen Knotens beendet werden kann«, schreibt sie (*Zionismus*, S. 9). Unter den historischen Umständen der damaligen Zeit bedeutete das Zerschlagen des Gordischen Knotens die Teilung Palästinas und die Errichtung eines unabhängigen jüdischen Staates.

Arendt hatte politische wie theoretische Gründe, daran zu zweifeln, daß ein jüdischer Staat in Palästina lebensfähig sein könnte. Politisch betrachtet, glaubte sie selbst noch im Jahr 1950, also nach der Anerkennung der Teilung Palästinas durch die Vereinten Nationen und der Errichtung des Staates Israel 1948, daß ein solcher Staat nur dann Bestand haben könne, wenn er die arabische Bevölkerung in seinen Grenzen unterdrücke und gegen seine Nachbarn andauernd Krieg führe. Der Preis, den der neu gegründete Staat Israel zu zahlen haben werde, sei fortwährender Krieg mit den arabischen Ländern und zunehmende Unterdrückung im Innern, sagte sie voraus. Zudem sah sie es als unausweichlich an, daß die jüdische Minderheit in Palästina bei fremden Mächten gegen ihre Nachbarn um Schutz nachsuchen würde (*Zionismus*, S. 10). Die Überzeugung, ein jüdischer Staat könne nur errichtet werden, indem man zwischen den maßgeblichen Mächten vermittele, spiegelte Arendt zufolge eine tiefsitzende Tendenz im europäischen Zionismus wider, als »Makler« der Großmachtinteressen auftreten zu wollen. So wie Theodor Herzl es sich gedacht hatte, konnte man dabei den nicht ausgefüllten Raum und die Risse, die bei diesem Prozeß sichtbar wurden, ausnutzen, um jüdische Ziele zu fördern. (*Zionismus*, S. 40) Arendt bemerkte auch die wachsende Bedeutung der amerikanischen Judenschaft in der zionistischen Weltbewegung und sprach den Interessenkonflikt an, der sich für diese jüdische Gemeinde Amerikas aus »einem vitalen Interesse an Palästina als der Heimat des jüdischen Volkes« und aus ihren Verpflichtungen als amerikanische Staatsbürger ergeben könnte. Damit nahm Arendt ein Szenario vorweg, daß die amerikanische Außenpolitik gegenüber Israel nach 1968 allmählich beherrschen sollte. Es ist hinlänglich bekannt, daß die Sowjetunion 1948 die einzige größere Macht war, die die Errichtung eines unabhängigen jüdischen Staates in Palästina eindeutig unterstützte[20]; während der Suezkrise von 1956 traten Großbritannien und Frankreich, nicht aber die USA, als wichtigere Mächte in der Region auf.[21] Arendt sah die Entwicklung der US-Außenpolitik nach 1968 voraus, wenn sie schreibt:

»Wenn man den palästinensischen Juden in einem gewissen Maße die Wahrnehmung der amerikanischen Interessen in jenem Teil der Welt anvertrauen könnte, dann würde sich tatsächlich der berühmte Ausspruch von Richter Brandeis erfüllen, daß man ein Zionist sein müsse, um ein vollkommener amerikanischer Patriot zu sein. Und warum sollte dieser glückliche Umstand nicht eintreffen?« (S. 53)

Aber Arendt hielt es für unausweichlich, daß ein jüdischer Staat zu seinem Schutz auf eine fremde Supermacht angewiesen sein würde und keinesfalls in den Mittelmeerraum integriert werden konnte, solange der jüdisch-arabische Konflikt in Palästina nicht beigelegt wäre. (*Zionismus*, S. 10f.)

Vieles davon ist heute bereits Geschichte. Die Staatsgründung Israels erfolgte 1948; danach kam es in der Tat 50 Jahre lang zu kriegerischen Auseinandersetzungen mit Israels arabischen Nachbarn und zur Unterdrückung der palästinensisch-arabischen Bevölkerung innerhalb Israels und in den besetzten Gebieten. Die Sowjetunion und die Vereinigten Staaten als Schlüsselakteure in diesem Konflikt wechselten ihre Positionen. Der sowjetische Einfluß auf die arabischen Regime, insbesondere auf die militärischen Ba'ath-Parteien in Syrien und im Irak, verstärkte sich, während sich die amerikanisch-israelische Freundschaft festigte und zu einem unumstößlichen Eckstein der US-Außenpolitik nach 1968 wurde. Arendt sah mit erstaunlicher Klarsicht einige der entscheidenden Fehler voraus, in deren Bannkreis sich die Hauptakteure in dem fraglichen Gebiet bewegen würden. Sie lag aber falsch mit ihrer Beurteilung der Überlebensfähigkeit des Staates Israel, der sich trotz all seiner Probleme als eine mehr oder weniger demokratische Entität behaupten konnte. Auch die immense historische und ethische Bedeutung Israels für Juden in aller Welt hatte sie nicht richtig eingeschätzt.

Zu den historischen Tatsachen, an denen man 1945 nicht vorbei kam, gehörten die große Tragödie, die die europäischen Juden erleiden mußten, und die nahezu vollständige Zerstörung ihrer kollektiven Identität, ihres kollektiven Gedächtnisses und ihrer Kultur. Man könnte deshalb meinen, Arendt hätte die Anstrengungen, eine jüdische Heimat in Palästina aufzubauen, verständnisvoller und realistischer beurteilen müssen. Schließlich ließen die Vereinigten Staaten noch immer keine jüdische Einwanderung in großer Zahl zu; die in Europa verbliebene jüdische Bevölkerung, die Überlebenden und Displaced persons aus Konzentrationslagern brauchten Schutz und Sicherheit, ein Zuhause und eine neue Welt. Tatsächlich unterscheidet Arendt zwischen der Idee einer jüdischen Heimstätte und der Idee eines jüdischen Nationalstaates. Arendts Ansichten zu dieser Frage sind wesentlicher Bestandteil ihrer theoretischen und normativen Ablehnung des Nationalismus und der Idee des Nationalstaates. Ihr Standpunkt läßt sich besser verstehen, wenn man sich diese Unterscheidung zusammen mit ihrer Kritik am Nationalismus vor Augen führt.

Im Mai 1948 schrieb Arendt einen Aufsatz mit dem Titel »Es ist noch nicht zu spät«.[22] Dieser Text schließt mit einer Reihe programmatisch formulierter Ziele, die den Unterschied zwischen der Heimstätte und dem Nationalstaat unmißverständlich deutlich machen. »Das eigentliche Ziel der Juden in Palästina ist der Aufbau einer jüdischen Heimstätte. Dieses Ziel darf niemals der Pseudo-Souveränität eines jüdischen Staates geopfert werden.« (*Zionismus*, S. 105) Die einzige Mindestforderung an jüdische Politik ist die zeitlich und zahlenmäßig begrenzte Einwanderung.[23] Die Unabhängigkeit Palästinas kann Arendt zufolge nur auf der tragfähigen Grundlage jüdisch-arabischer Zusammenarbeit zustande kommen. »Örtliche Selbstverwaltung und gemischte jüdisch-arabische Gemeinderäte in Stadt und Land, in kleinerem Rahmen, aber doch so zahlreich wie möglich, sind die einzigen politischen Maßnahmen, die schließlich zur politischen Emanzipation Palästinas führen können.« (*Zionismus*, S. 106) Arendt konnte sich für eine gerechte und gedeihliche jüdische Heimstätte in Palästina lediglich eine weitreichende lokale Demokratie vorstellen, an der sich Araber und Juden gleichermaßen beteiligen sollten. Eine derartige föderative Staatsstruktur wäre außerdem in eine umfassendere Nationengemeinschaft der Mittelmeerregion einzugliedern.[24]

Diese Vorschläge sind – obwohl historisch gesehen umstritten – aus mehreren Gründen bemerkenswert. Erstens verteidigte Arendt, wie wir in Kapitel 5 sehen werden, bei verschiedenen Anlässen die Rätedemokratie als die vertretbarste Form politischer Partizipation. Arendts Lob für das »ward model« von Jefferson [Bezirksrätesystem, A. d. Ü.] ebenso wie ihre Befürwortung sowohl der revolutionären Räte der Pariser Kommune von

1871 als auch des Matrosenaufstands in Kronstadt bekundeten eine ernste und dauerhafte philosophische Bekräftigung und politische Bewunderung für diese Regierungsform.[25] Interessanterweise kann man feststellen, daß in ihrer intellektuellen Entwicklung die wohl früheste Erwähnung der örtlichen Rätedemokratie im Zusammenhang mit ihren Überlegungen zur jüdisch-arabischen Politik in Palästina auftaucht. Ebenso bemerkenswert ist zweitens Arendts Skepsis gegenüber dem Nationalstaat als einer lebensfähigen Entität und ihr Hinweis auf die »Pseudo-Souveränität« eines jüdischen Staates. Die Kritik am Nationalismus und die Skepsis hinsichtlich der Realisierbarkeit politischer Souveränität von Nationalstaaten gehören zum Kern der gewichtigsten politischen Schlüsse, die Arendt aus der europäischen Katastrophe zog.

Arendt kritisierte den Zionismus Theodor Herzls von Anfang an wegen seiner blinden Übernahme der unausgegorensten Form des europäischen nationalistischen Denkens, zudem wegen seiner Unterstellung, nur die Errichtung eines jüdischen Staates könne dem Antisemitismus ein Ende machen, und wegen seiner eurozentristischen Arroganz, die sich dann äußert, wenn er »nach einem Land ohne Volk für ein Volk ohne Land sucht« (Israel Zangwill).[26] Herzls Version von Zionismus gehörte zu jenen politischen Bewegungen des 19. Jahrhunderts, »die mit Ideologien, Weltanschauungen, Geschichtstheorien einhergingen«. (*Zionismus*, S. 22) Ein Schlüsselelement dieser Ideologie war die These, daß »die Nation ein unvergänglicher Organismus, das Produkt einer unvermeidlichen natürlichen Entfaltung angeborener Qualitäten [ist]; die Völker werden nicht als politische Organisationen, sondern als übermenschliche Persönlichkeiten betrachtet.« (*Zionismus*, S. 47) Für Arendt war diese Art zu denken schon im Ansatz vorpolitisch, weil darin Metaphern, die ins Gebiet des vorpolitischen »Lebens« gehörten, so beispielsweise der Begriff des Organismus, des Familienverbands und der Blutsgemeinschaft, auf die Sphäre der Politik angewandt wurden. Politik ist für Hannah Arendt der Bereich der Pluralität, der Differenz und des Perspektivenwechsels. Die politisch Handelnden sind nicht vereinzelte Entitäten, sondern Pluralitäten. Jedwede Ideologie, die das leugnet, kann das nur auf dem Weg über Unterdrückung und Ungerechtigkeit tun. Alle Nationalismen, der Zionismus nicht ausgenommen, sind potentiell repressiv, weil sie Grundbegriffe der Einheit und Gleichartigkeit in die politische Sphäre einbringen, die nur zu Unterdrückung von Differenz und Andersartigkeit führen können.

Arendt unterscheidet die großartige französische Idee der »Volkssouveränität« von »nationalistischen Ansprüchen auf autarke Existenz«. (*Zionismus*, S. 47 f.) Die Volkssouveränität bezieht sich auf die demokratische Selbstorganisation und auf den politischen Willen einer Gruppe von Menschen – sie können derselben Nationalität angehören oder auch nicht –, sich selbst als ein Staatswesen zu konstituieren, das sich selbst verwaltet und selbst gesetzgeberisch tätig ist. Durch solche Akte der Souveränität wird eine Nation geschaffen. Dies geschieht allerdings in Gestalt eines selbstgesetzgebend und selbstverwaltend auftretenden Kollektivs, als eine Nation von Bürgern im Gegensatz zu einer Nation, die auf der ethnischen Zugehörigkeit beruht. Arendt ringt mit der Unterscheidung zwischen »ethnos« und »demos«. Der »demos« meint die Nation als eine selbstverwaltende demokratische Körperschaft der Bürger, die ethnisch homogen sein können, aber nicht sein müssen, während der »ethnos« die Nation als eine Entität faßt, die ethnisch, sprachlich und religiös homogen ist. Der Konflikt zwischen dem »ethnos« und dem »demos« wurde in der politischen Geschichte Europas seit der Französischen Revolution ausgetragen, und zwar zum Nachteil der Idee vom »demos«, des souveränen Volkes.[27] Arendt war nicht bereit, eine Bewegung im jüdischen Volk zu unterstützen, die diese Fehler europäischer Nationalismen der Vergangenheit wiederholen würde.

Arendt kritisiert den Nationalismus auch deshalb, weil er sich politisch überlebt habe. Hier kommt sie zu einer paradoxen Feststellung: Denn »was den Nationalismus betrifft, so wurde er erst zu einem wirklichen Übel und mit Erbitterung verfochten, seit offenbar wurde, daß dieses einstmals großartige, revolutionäre Prinzip der nationalen Organisation der Völker nicht mehr imstande war, innerhalb der nationalen Grenzen die wahre Souveränität des Volkes zu gewährleisten bzw. über diese Grenzen hinweg ein gerechtes Verhältnis zwischen verschiedenen Völkern herzustellen«. (*Zionismus*, S. 23)

Das Ende des österreichisch-ungarischen und des Osmanischen Reiches nach dem ersten Weltkrieg hatte für Arendt ebensosehr die Tragik wie die Untauglichkeit des »Nationalitätensystems« vorgeführt. Die »Nachfolgestaaten«, die diese multinationalen Reiche ablösten, schufen nur noch mehr »staatenlose Völker«, die von den nationalistischen Mehrheiten in ihren Heimatländern entnaturalisiert wurden. Politische Absurditäten wie der Begriff eines »Staatsvolkes« als Gegensatz zu den nationalen Minderheiten waren in dem Chaos, das auf den Zusammenbruch der europäischen Ordnung folgte, ebenfalls nicht ungewöhnlich. Die politische und moralische Absurdität, die darin besteht, aus multinationalen Gesellschaften ethnisch homogene Nationalstaaten machen zu wollen, ist das Thema einer hervorragenden Diskussion in *Elemente und Ursprünge totaler Herrschaft*.[28] Arendts Beobachtung, daß der Nationalismus gerade dann virulent wird, wenn er sich schon als nicht mehr gangbar erweist, ist in diesem Zusammenhang zu verstehen. Arendt, die sich die Schwächen des Nationensystems in Mittel- und Osteuropa vor Augen geführt hatte, sah im Herzlianischen Zionismus ein Rezept zur Wiederholung dieser Torheiten in Palästina. Nimmt man die eurozentristische Überheblichkeit hinzu, sich Palästina als ein »Land ohne Volk« vorzustellen, so als ob die Araber in Palästina nicht existierten, dann ist klar, warum Arendt im Herzlianischen Zionismus die Anleitung für eine Katastrophe erblickte.

Arendts Kritik an Herzls Zionismus verband sich auch mit ihrer Kritik an der fortschrittsfeindlichen und antidemokratischen Politik einer von oben herab anweisenden Führungsstruktur, die Herzls Vision beinhaltete.[29] So beschreibt sie die verschiedenen Strömungen, die zusammen den Zionismus bildeten, und äußert dabei die Einschätzung:

»In deutlichem Gegensatz zu ihren östlichen Genossen waren diese westlichen Zionisten ganz und gar keine Revolutionäre; weder kritisierten sie noch empörten sie sich gegen die gesellschaftlichen und politischen Verhältnisse ihrer Zeit; sie wollten im Gegenteil nur die gleichen Bedingungen für ihr eigenes Volk schaffen.«[30]

Arendt bewunderte den sozialrevolutionären Eifer der »östlichen Genossen« unter den Zionisten, vornehmlich der Juden aus Polen und Rußland, die von der deutschen Jugendbewegung ebenso inspiriert waren wie von den Ideen zionistischer revolutionärer Denker wie zum Beispiel Ber Borochov.[31] Diese revolutionären Zionisten suchten eine geistige und moralische Erneuerung des jüdischen Volkes im *Yishuv* (der jüdischen Ansiedlung in Palästina). Ihr Ziel war es, eine neue jüdische Gemeinschaft hervorzubringen, die von den Entstellungen, Neurosen und Perversionen frei war, die das Leben als unterdrücktes und verstreutes Volk in der Diaspora mit sich brachte. In ihrem Aufsatz von 1944 ist Arendt dieser Bewegung gegenüber deutlich skeptisch eingestellt, auch wenn sie ihr mehr Respekt zollt als dem Herzlianischen Zionismus. Ihre Bewunderung für diese Bewegung drückt sich in ihrem Urteil aus, daß es ihnen gelungen sei, »einen neuen Typus des Juden, ja sogar eine neue Art von Aristokratie zu schaffen, die ihre eigenen neu begründeten Werte hat: eine wahrhafte Verachtung gegenüber materiellem Reichtum, Ausbeutung und bürgerlichem Leben; eine einmalige Verknüpfung von Kultur und Arbeit; eine unnachsichtige Durchsetzung sozialer Gerechtigkeit innerhalb ihres kleinen Kreises und einen liebevollen Stolz auf den fruchtbaren Boden, das Werk ihrer eigenen Hände, bei einer erstaunlichen völligen Abwesenheit jedes Verlangens nach persönlichem Besitz«. (*Zionismus*, S. 18)

Ihre Skepsis gegenüber dieser Bewegung gründet sich auf das mangelnde Interesse der Pioniere an der Realpolitik, auf deren Unfähigkeit, sich neue und unverbrauchte Lösungen für den jüdisch-arabischen Konflikt vorzustellen, und auf deren hartnäckige Weigerung, arabische Arbeitskraft in Anspruch zu nehmen. Diese Entscheidung, keine arabische Arbeitskraft in den Siedlungen zu beschäftigen, sollte ursprünglich die Ausbeutung der ansässigen Bevölkerung verhindern und das »Volk der Bibel« lehren, Bauern und Arbeiter zu werden. Tatsächlich verschärfte sie jedoch die wirtschaftlichen Unterschiede zwischen den beiden Volksgruppen und verhinderte außerdem, daß höhere Standards in der Landwirtschaft und technologisches Know-how von den jüdischen Siedlern und arabischen Bauern geteilt wurden. Arendt meint im Hinblick auf diese Pioniere: »In einem gewissen Sinne waren sie ja für das politische Leben zu anständig.«[32]

In den Überlegungen, die Arendt über die Pioniere der Kibbuz-Bewegung anstellt, schwingt Kritik mit, die wir aus ihrem Kommentar zu Rahel Varnhagen und deren Kreis schon kennen: Mangel an realistischem politischen Urteil über die Welt, romantische Innerlichkeit, die sich mehr darauf verlegt, die Seele und den kleinen Freundeskreis zu retten als die Welt ringsum. Dieser Realitätsmangel in Verbindung mit einer Neigung zu messianischen Anwandlungen, gaben der jüdischen Geschichte bis zur Katastrophe des Holocaust ihre eigentümlich »weltfremde« Prägung.[33] Arendt erwähnt in diesem Zusammenhang die messianische Bewegung des Sabbatai Zvi im 16. Jahrhundert und deren unrühmliches Ende – Zvi trat angesichts der »force majeure« des osmanischen Sultans zum Islam über. Den Zusammenbruch dieser Bewegung sieht sie als katastrophal an: »Von da an war der Gedanke an ein jüdisches Staatsgebilde erloschen und das Volk zog sich von der öffentlichen Bühne der Geschichte zurück.«[34] Es waren allerdings nicht allein die großen Kriege Europas und der Holocaust, die das jüdische Volk auf »die öffentliche Bühne der Geschichte« zurückbringen sollten. Arendt jedenfalls erblickt nach einer unvermuteten dialektischen Wende in der jüdischen Mystik die Quelle für ein volkstümliches Handeln, das sich in den Hoffnungen auf Erlösung der Welt und auf Rückkehr nach Zion ausdrückt. Nichtsdestoweniger blieb die Mäßigung des revolutionären Messianismus mit Hilfe einer weltlichen Politik, die sich auf die Grundsätze gleicher Achtung und demokratischer Selbstverwaltung unter Juden und Arabern gründet, die nicht verwirklichte Aufgabe jüdischer Politik in den 1940er Jahren.

Als Hannah Arendt in den 40er Jahren über jüdische Politik nachdachte, war ihr Denken entschieden modern und universalistisch. Sie suchte nach politischen Strukturen, die für einen Teil des jüdischen Volkes eine Heimstätte in Palästina schaffen würden, Strukturen, die die Blindheit des europäischen Nationalismus und die Weltlosigkeit des Diaspora-Judentums nicht wiederholen würden. Ihr war es wichtig, die politische Form für eine jüdische Heimstätte zu finden, die den europäischen Konflikt zwischen der »Nation« und dem »modernen Staat« überwindet. Wie sie später in *Elemente und Ursprünge totaler Herrschaft* herausarbeitete, machten zwar die nach der amerikanischen und der Französischen Revolution gegründeten modernen Staaten die Anerkennung des Individuums in seiner Eigenschaft, als Person Trägerin von Rechten zu sein, zur Grundlage ihrer Legitimität. Doch offenbarten nationalistische Entwicklungen insbesondere in Europa, daß das Recht darauf, eine Person zu sein, nur insofern Schutz genoß, als man einer bestimmten Nation angehörte.

»Die Paradoxie, die von Anfang an in dem Begriff der unveräußerbaren Menschenrechte lag, war, daß dieses Recht mit einem ›Menschen überhaupt‹ rechnete, den es nirgends gab [...] So vermengte sich die ganze Frage der Menschenrechte von vornherein unentwirrbar mit der Frage der nationalen Emanzipation und des Selbstbestimmungsrechts der Völker. Nur die emanzipierte Souveränität des Volkswillens, und zwar des Willens des eigenen Volkes, schien imstande, die Menschenrechte zu verwirklichen.« (TH, S. 454 f.)

Arendt blieb eine Vertreterin der politischen Moderne, insofern sie für die Einlösung dieses Grundprinzips der politischen Moderne plädierte, d.h. für die Anerkennung des Rechts, Rechte zu haben, allein aufgrund der Angehörigkeit zur Gattung Mensch. Auch die politische Bewegung des jüdischen Volks zur Errichtung einer Heimstätte dürfe dieses Prinzip der politischen Moderne nicht außer Kraft setzen.

Wenn wir Arendts Schriften über jüdische Politik analysieren, können wir erkennen, wie sehr sie von diesem Geschehen erfaßt wurde und wie leidenschaftlich sie über politische Fragen des 20. Jahrhunderts nachdachte, die nicht bloß Juden, sondern auch andere Völker betrafen. Wir finden viele Themen, die mit ihrem späteren, gereiften politischen Denken voll und ganz in Einklang stehen – so ihr vorausschauendes, hartnäckiges Festhalten an der Notwendigkeit, eine politische Lösung für den israelisch-palästinensischen Konflikt zu finden, ihre Kritik am Nationalismus, ihr Plädoyer für lokale, durch föderale Strukturen geschützte Demokratien, ihre Einsicht, daß es nicht ausreicht, die eigene Seele zu retten, wenn die Welt ringsum in Schutt und Asche fällt, und ihre Suche nach einem weltlichen und gerechten öffentlichen Raum für die Juden. Die Themen des Perspektivenwechsels und der grundsätzlichen Pluralität des Politischen, die Kultivierung von »Weltlichkeit« als einer Qualität des politischen Urteilens und Handelns sowie der Glaube an die politische Fähigkeit gewöhnlicher Leute, ihr Schicksal zu bestimmen, sind Eckpunkte für Arendts Suche nach einer Wiedergewinnung der öffentlichen Welt im 20. Jahrhundert. Ich habe Arendts wenig bekannte Aufsätze zum Zionismus und zur jüdischen Politik mit Bedacht hervorgehoben, um das wirkliche Ausmaß ihrer Verpflichtung auf die politische Moderne und den Universalismus offenzulegen und um auf einige unbekanntere Quellen für die Begriffe der Welt, der Weltlichkeit und der Öffentlichkeit in ihrem Denken aufmerksam zu machen.

Als Hannah Arendt 1933 Deutschland verließ und nach Paris übersiedelte, war sie nicht nur eine junge Jüdin, die ins Räderwerk der Geschichte geriet, sondern sie war auch eine Schülerin der klassischen deutschen Philosophie gewesen. Jede Darstellung ihres Denkens, die die prägende Erfahrung mit der deutschen Philosophie ebenso wie die mit der jüdischen Politik nicht ausdrücklich behandelt, wäre unangemessen. Denn sowohl die deutsche »Existenzphilosophie« der 20er Jahre, und insbesondere das Denken Martin Heideggers, als auch die politischen Erfahrungen einer deutsch-jüdischen Intellektuellen sind die entscheidenden Quellen ihrer Philosophie. Gerade die Spannung zwischen diesen beiden Denk- und Wertetraditionen und der fortwährende Versuch, deren Erbe erneut zu verhandeln, verleihen Hannah Arendts politischer Theorie ihren Schwung.

»Was ist Existenz-Philosophie?«

Arendt veröffentlichte 1946 in *Partisan Review* einen Aufsatz mit dem Titel »Was ist Existenz-Philosophie?«[35] Dieser Aufsatz ist einer unter anderen, in denen sie versucht, einem amerikanischen Publikum die wichtigsten Grundsätze und das Vermächtnis europäischer, besonders jedoch klassischer deutscher Philosophie nahezubringen.[36] Sie hatte etwas Scheu, sich wieder an die Philosophie heranzuwagen, nachdem sie jahrelang über Politik, Kultur und Geschichte geschrieben hatte. In einem Brief an Karl Jaspers gesteht sie, daß es sie auch nervös mache, diesen

Aufsatz ihrem früheren Lehrer zu schicken.[37] Als breit angelegter und in weiten Teilen erläuternder Text analysiert diese Arbeit die geschichtlichen und kulturellen Wurzeln der Existenzphilosophie. Arendt versteht unter diesem Ausdruck jene Strömungen in der deutschen Philosophie, die, ausgehend von Kant, die Identität von Denken und Sein prinzipiell verneinen. In Kants Erkenntnistheorie werden die Begriffe unseres Verstandes, z.B. Ursache und Substanz, grundlegend unterschieden von den Sinneseindrücken, die unseren Sinnesorganen entspringen und die Kant das »Material unserer Anschauungen« nennt. Obwohl ich diese Flasche Wein zum Beispiel nur als einen Bordeaux 1989 identifizieren kann, weil ich von Begriffen wie dem der Substanz Gebrauch mache, die es mir erlauben, ein ganz bestimmtes Objekt in Raum und Zeit als diese Flasche Wein zu bezeichnen, kann der Gebrauch solcher Begriffe wie »Bordeaux 1989« den Geschmack dieses Weins auf meinem Gaumen keinesfalls ersetzen. Das »daß« unseres Begriffsapparats kann das »was« unserer Sinneswahrnehmungen niemals erklären. Trotz aller Anstrengungen Hegels, die antike Einheit von Denken und Sein wiederherzustellen, hält sich die moderne Philosophie der nach-hegelianischen Zeit wieder an Kant und geht größtenteils davon aus, daß eine Synthese und Wiederherstellung der Einheit von Denken und Sein scheitern muß.

»Die Einheit von Denken und Sein hatte zur Voraussetzung die prästabilisierte Koinzidenz von Essentia und Existentia, daß nämlich alles Denkbare auch existiere und alles Existente auch schon seiner Erkennbarkeit wegen vernünftig sein müsse. Diese Einheit wurde von Kant, dem eigentlichen, wenn auch gleichsam heimlichen Urheber der neueren Philosophie – der gleichzeitig bis heute ihr heimlicher König geblieben ist –, zertrümmert.«[38]

Arendt sieht in Kant den »heimlichen Urheber der neueren Philosophie«, und zwar nicht bloß deshalb, weil er den unauflöslichen Gegensatz von Denken und Sein, Begriff und Anschauung geltend machte, sondern weil er dadurch auch den Menschen selbst einer Reihe von Dualismen und Antagonismen unterwarf. Da die Menschen Geschöpfe des Denkens und der Materie sind, verfügen sie erkenntnistheoretisch ausgedrückt sowohl über Begriffe als auch über Sinneseindrücke, die Kant »Anschauungen« nennt. Als Körper in Raum und Zeit sind sie wie alle Materie den Bewegungsgesetzen der Naturwissenschaften unterworfen: Sie werden von den Naturkräften auf eine Art und Weise bestimmt, die ihnen unerfindlich und unverständlich ist. Sie sind aber auch vernunftbegabte Geschöpfe, die ihre Handlungen auf der Grundlage von Prinzipien bestimmen können, die ganz allein sie selbst formulieren. Menschen sind freie Wesen, insofern sie ihre Handlungen in der Übereinstimmung mit allgemeinen Prinzipien bestimmen, die sie selbst ausgesprochen haben. Als materielle Körper und als Geschöpfe in Raum und Zeit sind sie jedoch den Naturkräften unterworfen.

»Der in sich freie Mensch ist hoffnungslos dem ihm fremden Naturablauf, einem ihm konträren, seine Freiheit zerstörenden Schicksal ausgeliefert [...] Kant, als er den Menschen zum Herrn und Maßstab des Menschen machte, hat ihn gleichzeitig zum Sklaven des Seins erniedrigt. Gegen diese Entwürdigung hat jeder der neueren Philosophen seit Schelling protestiert.«[39]

Arendt deckt nun für das »moderne Gefühl der Unheimlichkeit der Welt« (S. 7) die Quellen auf, soweit diese in der modernen Philosophie Ausdruck finden. Damit ist sie in diesem Aufsatz zu einem Thema zurückgekehrt, das ihre Varnhagen-Biographie ebenso beherrscht hatte wie ihre Überlegungen zur jüdischen Politik. Dem modernen Menschen ist »die Heimat in der Welt« (S. 7) abhanden gekommen, denn nach Kant ist er verunsichert, was die Fähigkeit der Vernunft angeht, ihre Grenzen zu überschreiten; er ist eingekeilt zwischen der Welt der Kausalität und Naturgesetze einerseits und der Welt der Freiheit und Rationalität andererseits. Arendt fährt fort:

»Wie immer man soziologisch oder psychologisch diese Unheimlichkeit interpretieren mag, ihr philosophischer Grund ist der, daß der Funktionszusammenhang der Welt, in welchen auch ich selbst noch mit einbegriffen bin, zwar immer rechtfertigen und erklären kann, daß es z.B. Tische oder Stühle überhaupt gibt, niemals aber mir wird begreiflich machen können, warum dieser Tisch ist. Und es ist die Existenz dieses Tisches, unabhängig von Tischen überhaupt, woran der philosophische Schreck entsteht.«[40]

Mit einer der schönsten sprachlichen Wendungen, die mir in der Philosophiegeschichte des 20. Jahrhunderts bekannt sind, interpretiert Arendt die Phänomenologie Husserls als den Versuch, »aus der unheimlich gewordenen Welt wieder eine Heimat herauszuzaubern« (S. 9).

Leitmotive im frühen politischen und auch philosophischen Denken bei Arendt sind der Begriff der »Welt« und der gegenteilige Begriff der »Weltlosigkeit«. Dabei ist ihr Denken weder von erkenntnistheoretischen Problemen, wie sie durch Kants Dualismen erzeugt wurden, noch von Hegels fehlgeschlagener Synthese von Sein und Denken beherrscht. Auch Husserls Versuch, die Welt wieder zu verzaubern, indem man die intentionalen Strukturen des Bewußtseins analysiert und dadurch Zugang zu den »Sachen selbst« erlangt, hat sie nicht sonderlich interessiert. Ebensowenig hatten es ihr die neokantianischen Entwicklungen in der Logik und Philosophie der Wissenschaft, wie die von Heinrich Rickert[41] und Max Weber[42] begründeten Richtungen, in denen Arendts eigener philosophischer Lehrer, Karl Jaspers, geschult war, angetan. Es waren vielmehr die moralischen, politischen und kulturellen Dimensionen der »Heimatlosigkeit des Menschen in der Welt« (S. 20), die sie faszinierten.

Die Philosophie nach Kant bot den Dualismen und Dichotomien der menschlichen Existenz die Stirn, indem sie sich auf eine Seite des Dilemmas schlug. Entweder akzeptierte sie das Schicksal und die geschichtlichen Kräfte als Bestimmungsfaktoren des menschlichen Handelns, wie im Falle der Hegelschen

Geschichtsphilosophie und ihrer Marxschen Umgestaltung, oder sie hielt sich bei der Unergründlichkeit, der endgültigen Absurdität und Kontingenz menschlicher Existenz auf. Wenn der menschlichen Vernunft Grenzen gesetzt sind, wenn der Mensch den Naturkräften stets unentrinnbar unterworfen ist, wenn Freiheit ein »Faktum der Vernunft« ist (Kant), für das kein weiterer rationaler Beweis gegeben werden kann, dann kommt das Individuum nicht umhin, vor jene »Grenzsituationen« gestellt zu werden, in denen sich die Antinomien der menschlichen Existenz äußerst eindringlich offenbaren. Arendt erläutert diese Situationen folgendermaßen:

»Tod als Garant des principium individuationis, weil der Tod als das Allerallgemeinste mich gleichzeitig unausweichlich ganz allein trifft. Zufall als Garant der Realität als nur gegebener, welche mich gerade durch ihre Unberechenbarkeit und Unauflösbarkeit in Denkbares überwältigt und überzeugt. Schuld als die Kategorie alles menschlichen Handelns, das nicht an der Welt, sondern an sich selbst scheitert, sofern ich immer Verantwortungen auf mich nehme, die ich nicht übersehen kann, und durch die Entscheidungen selbst immer schon gezwungen werde, anderes zu vernachlässigen. Schuld wird damit zugleich die Art und Weise, auf die ich selbst real werde, in die Realität nämlich mich verstricke.«[43]

Die Themen Tod, Zufall und Schuld beherrschen die Existenzphilosophie nach Kant und Hegel. Sie gehören zum Kern der Philosophien von Sören Kierkegaard, Friedrich Nietzsche, Karl Jaspers, Jean-Paul Sartre und Martin Heidegger. Bei der nachfolgenden Entwicklung des Existenzialismus aus der Existenzphilosophie ist es dann nicht bloß das Vertrauen der menschlichen Vernunft, bei den Dingen dieser Welt beheimatet zu sein, das verlorengeht, sondern – und das ist viel bedeutender – der Verlust trifft die gemeinsame menschliche Welt, die Welt menschlicher Angelegenheiten, Handlungen und Geschichten. Das Individuum der Existenzphilosophie ist das Selbst. Arendt hält fest: »Das Selbst hat sich als Gewissen an die Stelle der Menschheit gesetzt.« (S. 38)

Eine zentrale These meiner Interpretation von Hannah Arendt ist, daß die Wiedergewinnung der öffentlichen Welt der Politik für ihr Denken nicht nur ein politisches, sondern auch ein philosophisches Projekt darstellte. Arendt selbst genauso wie ihre Interpreten haben es versäumt, der philosophischen Bedeutung ihrer Suche nach einer Wiedergewinnung der öffentlichen Welt Beachtung zu schenken. Arendt war zwar keine Erkenntnistheoretikerin und an Fragen der Erkenntnistheorie nicht einmal interessiert, doch als sie die Existenzphilosophie schließlich ablehnte und den Heideggerschen »Welt«-Begriff umgestaltete, setzte sie das »Mitsein-in-der-Welt« oder die Bedingtheit der menschlichen Pluralität wieder ins Zentrum unserer Erfahrung von Weltlichkeit ein. Die Entdeckung menschlicher Pluralität als einer fundamentalen Existenzbedingung ist Arendts wahre Antwort auf die Existenzphilosophie, in der sie geschult war, und ihre Antwort auf deren eindrucksvollsten Vertreter, Martin Heidegger. Die Entdeckung der menschlichen Pluralität wird Arendt in die Lage versetzen, an den Begriffen des menschlichen Handelns und der menschlichen Identität sowie schließlich auch an der Kategorie der »Welt« grundlegende Änderungen vorzunehmen.

Der Begriff der »Welt« in Martin Heideggers *Sein und Zeit*

Hannah Arendt kam 1924 nach Marburg, um Philosophie zu studieren. Sie studierte dann bei Martin Heidegger sowie bei Nicolai Hartmann und Rudolf Bultmann.[44] Während des Wintersemesters 1923/24 entwickelte Heidegger Themen und Vorlesungen, die später den Kern zu *Sein und Zeit* bilden sollten. Arendt besuchte diese Seminare und Vorlesungen über

Aristoteles' Vorstellung von »aletheia« (Wahrheit) und Platons *Sophistes.* Im Jahr 1925 war sie nicht nur Heideggers Schülerin, sondern auch seine Geliebte. Sie verließ Marburg im Herbst 1925, um bei Husserl zu studieren, und kehrte nicht dorthin zurück. Statt dessen ging sie nach Heidelberg, um bei Jaspers zu promovieren.

Um nachvollziehen zu können, inwieweit Hannah Arendt der Philosophie Heideggers verpflichtet war, greife ich ein Stichwort aus ihrer Vorlesung von 1954 auf, die den Titel »Concern With Politics in Recent European Philosophical Thought« trägt.[45] In einer Anmerkung, die der ersten Textfassung angefügt ist, schreibt Arendt: »Es ist so gut wie unmöglich, von den Gedanken Heideggers, die politisch von Bedeutung sein könnten, eine klare Vorstellung zu vermitteln, ohne von seinem Begriff und seiner Analyse der ›Welt‹ eine ausgefeilte Darstellung zu geben.«[46] Arendt glaubte, Heidegger habe mit seiner grundlegenden Analyse des Menschseins unter dem Gesichtspunkt eines »In-der-Welt-seins« eine beispiellose Möglichkeit für Philosophen geschaffen, den politischen Bereich zum Gegenstand des Denkens zu machen. Gleichzeitig drückte Heidegger jedoch durch seine phänomenologische Erklärung dessen, was das In-der-Welt-sein ausmacht, »die alten Vorurteile des Philosophen gegen die Politik als solche« aus,[47] behauptete Arendt. Wie haben wir den Anspruch zu verstehen, daß Heideggers Begriff der Welt den philosophischen Zugang zu den Phänomenen des Politischen eröffnet, aber auch versperrt?

Es ist allgemein bekannt, daß Heidegger die Auffassung vertrat, daß Menschen die einzigen Wesen auf der Erde sind, für die die Frage nach dem Sein konstitutive Bedeutung besitzt. Die ursprünglichste Bedingtheit, das heißt, nicht die im empirischen Sinne zeitlich erste, sondern im phänomenologischen Sinne grundlegendste und sich auf alles erstreckende Bedingtheit, ist das Dasein in einer bestimmten Position in Raum und Zeit. Aber wie ist dieses Dasein zu charakterisieren? Heideggers Antwort darauf lautet, daß das Individuum immer schon in-der-Welt ist, in einer Umwelt, die aus der alltäglichen Sorge um etwas gebildet wird. »Weil zu Dasein wesenhaft das In-der-Welt-sein gehört, ist sein Sein zur Welt wesenhaft Besorgen.«[48] Die Welt ist die Gesamtheit aller Zusammenhänge, in denen die Dinge und Angelegenheiten um einen herum besorgt werden; sie ist die Um-welt, in der man sich mit Hilfe von Zeichen zurechtfindet, die für selbstverständlich gehalten werden, zurechtfindet durch Verweisungen, die als bekannt vorausgesetzt werden, und durch Vertrauen in die Art, wie die Dinge in der Welt, insbesondere aber Zeug und Geräte, funktionieren. Das sind die ersten Elemente der Daseinsanalytik des In-der-Welt-seins, wie sie uns in den Eingangskapiteln von *Sein und Zeit* dargelegt werden.

Es ist schwer einzusehen, warum diese abstrakten Kategorien des besorgenden In-der-Welt-seins irgendeine Beziehung zum politischen Bereich haben sollten, und darüber hinaus noch, warum sie einen philosophischen Zugang zum Politischen ermöglichen sollten. Eigentlicher Gegenstand der Kritik in diesen frühen Analysen von *Sein und Zeit* ist die gesamte erkenntnistheoretische Tradition von Descartes bis Kant.[49] In der erkenntnistheoretischen Tradition wird die Seinsweise des Ich auf die des Wissenden (des erkenntnistheoretischen Subjekts) reduziert, während die Seinsweise der Welt gemäß den Kategorien der »Dinghaftigkeit« abgehandelt wird. Eine »res cogitans« sieht sich einer »res extensa« gegenüber. Es wird davon ausgegangen, daß die ursprüngliche Weise des In-der-Welt-seins der Vorgang des Erkennens ist, durch den zwei verschiedenartige Substanzen miteinander interagieren.[50] Heidegger, der dieses kognitive Modell durch das Modell des besorgenden In-der-Welt-seins ersetzt, erschließt damit einem Großteil der Philosophie des 20. Jahrhunderts neue Wege.[51]

So abstrakt Heideggers Kategorien auch sind, die Daseinsanalytik, die unter dem Gesichtspunkt eines besorgenden In-der-Welt-seins ausgeführt wird, erlaubt Heidegger den Zugang zu den »Phänomenen«. Er kann die Erscheinungen zum Vorschein kommen lassen oder in ihrer Alltäglichkeit aufscheinen lassen. Nicht nur Hannah Arendt, sondern auch so unterschiedliche Denker wie Herbert Marcuse und Günther Anders verspürten zu dieser Zeit die unverfälschte phänomenologische und anschauliche Kraft, die von diesen scheinbar abstrakten und leeren Kategorien ausging, die *Sein und Zeit* einführte.[52]

Arendt bewahrte sich zeitlebens Bewunderung und Hochachtung für diesen Aspekt des Heideggerschen Denkens, für seine Fähigkeit, die Phänomene durchscheinen zu lassen. Dennoch glaubte Arendt, daß Heidegger es gerade in der Untersuchung weiterer Bestimmungen für die Analyse der Kategorie »Welt« versäumt hat, seine besten Einsichten zu beherzigen. Das ist auch der besagte Weg zum Politischen, der zugleich eröffnet und versperrt wird. Die hierfür entscheidende These ist einfach:

»Auf dem Grunde dieses mithaften In-der-Welt-seins ist die Welt je schon immer die, die ich mit den Anderen teile. Die Welt des Daseins ist Mitwelt. Das In-Sein ist Mitsein mit Anderen. Das innerweltliche Ansichsein dieser ist Mitdasein.«[53]

Für Hannah Arendt war eben dies Heideggers grundlegende Erkenntnis. Bei Heidegger wird das Mitsein zu einer konstitutiven Dimension des Daseins in der Welt: Die Welt ist nie nur eine Umwelt, sie ist immer auch eine Mitwelt. In der von Arendt erst später verwendeten Begrifflichkeit ist die Welt stets eine mit anderen geteilte Welt, weil »Pluralität« die grundlegende menschliche Bedingtheit ist, das heißt, weil Menschen mit anderen einen Raum bewohnen, dem gegenüber sie sich gleichen und von dem sie sich unterscheiden. Pluralität drückt sich Hannah Arendt zufolge im Sprechen aus: »Sprechen wiederum entspricht der [mit der Geburt] vorgegebenen absoluten Verschiedenheit, es realisiert die spezifisch menschliche Pluralität, die darin besteht, daß Wesen von einzigartiger Verschiedenheit sich von Anfang bis Ende immer in einer Umgebung von ihresgleichen befinden.«[54] Genau das ist aber der Schritt, den Heidegger nicht macht. Obwohl die Welt immer eine mit anderen geteilte Welt ist und obwohl das Mitsein eine Grundverfassung des Daseins ist, ist die authentischste Form des Daseins (das ist diejenige Bedingtheit, durch die sich der Sinn des Menschseins offenbart) nicht etwa das Mitsein, sondern das Sein zum Tode, das Bewußtsein von Vergänglichkeit und Endlichkeit. Die Formen des Mitseins sind inauthentisch; sie verkörpern die Verfallenheit des Daseins an das Gerede der Alltagswelt und sein Verschwinden in der Erfahrung des anonymen »Man«. All das verdichtet sich in den bekannten Sätzen Heideggers:

»Abständigkeit, Durchschnittlichkeit, Einebnung konstituieren als Seinsweisen des Man das, was wir als ›die Öffentlichkeit‹ kennen. Sie regelt zunächst alle Welt- und Daseinsauslegung und behält in allem Recht. Und das nicht auf Grund eines ausgezeichneten und primären Seinsverhältnisses zu den ›Dingen‹, nicht weil sie über eine ausdrücklich zugeeignete Durchsichtigkeit des Daseins verfügt, sondern auf Grund des Nichteingehens ›auf die Sachen‹, weil sie unempfindlich ist gegen alle Unterschiede des Niveaus und der Echtheit. Die Öffentlichkeit verdunkelt alles und gibt das so Verdeckte als das Bekannte und jedem Zugängliche aus.«[55]

Im Laufe ihrer langen und hartnäckigen Auseinandersetzung mit Heideggers Denken und Politik[56], bot Arendt zwei verschiedene Lesarten dieses Abschnitts an. In ihrem zuerst entstandenen Aufsatz »Was ist Existenz-Philosophie?« von 1946 interpretierte sie solche und ähnliche Textstellen, in denen Heidegger jedwede Form menschlicher Pluralität auf eine Form inauthentischer Existenz verkürzte, als die intrinsischen Quellen seiner Sympathie für den Nationalsozialismus. Arendt sagt daher vom Dasein:

»Der wesentlichste Charakter dieses Selbst ist seine absolute Selbstischkeit, seine radikale Abtrennung von allen, die seinesgleichen sind [...] Das Selbst hat sich als Gewissen an die Stelle der Menschheit gesetzt und das Selbstsein an die Stelle des Menschseins./ Heidegger hat dann später in Vorlesungen versucht, seinen isolierten Selbsten in mythologisierenden Unbegriffen wie Volk und Erde wieder eine gemeinsame Grundlage nachträglich unterzuschieben. Es ist evident, daß derartige Konzeptionen nur aus Philosophie heraus und in irgendeinen naturalistischen Aberglauben hineinführen können. Wenn es nicht zum Begriff des Menschen gehört, daß er mit anderen, die seinesgleichen sind, die Erde zusammen bewohnt, bleibt nur eine mechanische Versöhnung, in der den atomisierten Selbsten eine ihrem Begriff wesentlich heterogene Grundlage gegeben wird. Dies kann nur dazu dienen, die nur sich wollenden Selbste in einem Überselbst zu organisieren, um die in der Entschlossenheit ergriffene grundsätzliche Schuld irgendwie in die Praxis überzuleiten.«[57]

Fast anderthalb Jahrzehnte später, im Jahr 1969, taucht eine andere Interpretation der Beziehung zwischen Heideggers Philosophie und seiner Politik auf. Wie sich in dem Vortrag »Concern With Politics in Recent European Philosophical Thought«[58] bereits angekündigt hatte, vertritt diese Lesart die Ansicht, daß eine Darstellung des Mitseins, die unter dem Aspekt der Erfahrung vereinsamter Individuen in einer Massengesellschaft formuliert wird, eine Verachtung gegenüber der Politik widerspiegele, die in der philosophischen Tradition des Westens gleichsam eingewurzelt sei. Arendt zieht in einer Fußnote, die Heidegger zweifellos schmeichelt, auch wenn sie ihn zu verurteilen scheint, einen Vergleich zwischen seinen Sympathien für den Nationalsozialismus, seinem Parteibeitritt und seinem Verhalten als Rektor der Freiburger Universität einerseits und Platons Sympathien für die Tyrannen Siziliens andererseits. Abgestimmt auf den feierlichen Anlaß, für den der Text verfaßt wurde – eine Festschrift zu Heideggers 80. Geburtstag –, schließt Arendt mit den Sätzen:

»Wir, die wir die Denker ehren wollen, wenn auch unser

Wohnsitz mitten in der Welt liegt, können schwerlich umhin, es auffallend und vielleicht ärgerlich zu finden, daß Plato wie Heidegger, als sie sich auf die menschlichen Angelegenheiten einließen, ihre Zuflucht zu Tyrannen und Führern nahmen. Dies dürfte nicht nur den jeweiligen Zeitumständen und noch weniger einem vorgeformten Charakter, sondern eher dem geschuldet sein, was die Franzosen eine ›déformation professionelle‹ nennen [...] Denn der Sturm, der durch das Denken Heideggers zieht – wie der, welcher uns nach Jahrtausenden noch aus dem Werk Platos entgegenweht –, stammt nicht aus dem Jahrhundert.«[59]

Arendt verzieh Heidegger seinen Fehler. Man kann sagen, daß sie ihn sogar rationalisierte, indem sie ihn in so hehre Begriffe kleidete. Doch die Kritik von 1946, die eine innere Verbindung und nicht bloß zufällige Beziehung zwischen den Kategorien der Heideggerschen Fundamentalontologie und der Erfahrung des politischen Autoritarismus herstellt, schürft tiefer. Arendt formuliert darin eine Erkenntnis, die auch für ihre Analyse des Totalitarismus entscheidend ist. Daß nämlich die soziale Atomisierung, der Zusammenbruch ziviler, politischer und kultureller Vereinigungen und die Einsamkeit der atomisierten Massen diese für autoritäre und totalitäre Bewegungen empfänglich macht. Es handelt sich hierbei um notwendige, wenngleich nicht hinreichende Bedingungen für das Aufkommen totalitärer Regime. Heideggers »Dasein« kann deshalb einem Führer verfallen, oder genauer gesagt dem Parteivorstand, weil die atomisierte Existenz in einer Massengesellschaft, das Verschwinden sozialer Netze und Vereinigungen, in die das Individuum eingebunden war, dem Selbst die grundlegenden Attribute der Weltlichkeit nimmt.

Die Weltlosigkeit dieser Erfahrung geht auf mehrere Faktoren zurück: Die Welt wird von unseren gemeinsamen und geteilten Erfahrungen in ihr gestiftet; wir können in dem Maße in der Welt sein, in dem wir stillschweigend darauf vertrauen, daß die

Orientierungen, denen wir folgen, mehr oder weniger die sind, denen auch die anderen folgen. Diese Normalität der Welt ist der Hintergrund, vor dem die Pluralität der Perspektiven, die das Politische ausmachen, sichtbar werden kann. Die Politik erfordert eine Gemeinsamkeit des Hintergrunds und die Anerkennung der Pluralität und Perspektivität des Urteils jener, die diese Gemeinsamkeit des Hintergrunds teilen. Erst vor und in Abhebung von einem derartigen Hintergrund kann sich politisches Handeln entfalten. Das politische Handeln, ein aufeinander abgestimmtes Handeln, setzt bürgerliche und politische Gleichheit ebenso voraus wie den Ausdruck des Neuen und Beispiellosen, den Ausdruck desjenigen Moments, der den Handelnden von allen anderen unterscheidet. Eine solche Erfahrung der Welt bedeutet, daß die Individuen einen »öffentlichen Bereich« miteinander teilen, einen Raum der Erscheinungen in der Welt, der sich aus dem Zusammenspiel von Gemeinsamkeit und Perspektivität, von Gleichheit und Verschiedenheit ergibt.

Heidegger machte zwar dadurch, daß er die Weltlichkeit des Daseins als eine Form des Mitseins analysierte, die Erfahrung menschlicher Pluralität zu einer Konstituente der Bedingtheit des Menschen. Doch anstatt zur Erhellung menschlicher Pluralität beizutragen, bezeugten die fundamentalen Kategorien seiner Existentialanalyse lediglich die fortschreitende Atomisierung, Vereinsamung und zunehmende Weltlosigkeit des Individuums in der Weimarer Republik der 20er Jahre. Zumindest auf einer ihrer Interpretationsschienen der Ontologie Heideggers teilte Arendt das Urteil anderer Schüler von Heidegger wie zum Beispiel Herbert Marcuse, der in *Sein und Zeit* nicht die fundamentalen und geschichts-transzendierenden Kategorien sah, sondern eine implizite Kultursoziologie Weimars und die Vorahnung einer Welt, die aus den Fugen gerät.[60]

1 Hannah Arendt wurde verhaftet und acht Tage lang von der Polizei festgehalten, weil sie in der Preußischen Staatsbibliothek Material über den Umfang antisemitischer Maßnahmen und Vorfälle in nichtstaatlichen Organisationen, Berufsverbänden und Fachkreisen sammelte. Sie kümmerte sich um diese Arbeit, weil ihr Freund Kurt Blumenfeld sie darum gebeten hatte. Blumenfeld wiederum bearbeitete dieses Material, um es auf dem 18. Zionistenkongreß vorzustellen. Weitere Einzelheiten der näheren Umstände von Arendts Verhaftung schildert Elisabeth Young-Bruehl, *Hannah Arendt Leben, Werk und Zeit*, üb. von Hans Günter Holl, Frankfurt am Main 1986, S. 163f. Siehe auch Anm. 3 zu Kurt Blumenfeld.

2 *Hannah Arendt/Karl Jaspers, Briefwechsel 1926–1969*, hg. von Lotte Köhler u. Hans Saner, München, Neuausgabe 1993, S. 59, Brief Nr. 31 vom 28.11.1945.

3 Siehe dazu Young-Bruehls Ausführungen über Kurt Blumenfeld und über Hannah Arendts erste Begegnung mit ihm bei einer Veranstaltung des zionistischen Studentenvereins an der Universität Heidelberg im Jahr 1926, in: *Hannah Arendt. Leben, Werk und Zeit*, S. 119f. Vor 1933, so Young-Bruehl, war Arendt von Blumenfelds Analyse der Schwierigkeit einer jüdischen Antwort auf den Antisemitismus beeindruckt. Aber die Auswanderung nach Palästina oder ein ausschließliches Engagement für die Wiedergeburt einer jüdischen Nation im *Yishuv* waren niemals Teil ihres Lebensplans (S. 123). Vgl. Hannah Arendt/Kurt Blumenfeld, *Die Korrespondenz. »... in keinem Besitz verwurzelt«*, hg. von Ingeborg Nordmann und Iris Pilling, Hamburg 1995.

4 In ihrem Brief an Karl Jaspers vom 7. September 1952 schreibt Arendt in Erinnerung an diesen Lebensabschnitt und an das Buch über Rahel Varnhagen: »Es ist geschrieben aus der zionistischen Kritik an der Assimilation heraus, die ich mir zu eigen machte und die ich auch heute noch für wesentlich berechtigt halte [...] Ich war von Hause aus einfach naiv; die sogenannte Judenfrage fand ich langweilig. Die Augen in dieser Hinsicht hat mir Kurt Blumenfeld geöffnet, der dann ein naher Freund wurde und es heute noch ist.« *AJB*, Brief Nr. 135 vom 7. September 1952, S. 233f.

5 Arendt, *Rahel Varnhagen. Lebensgeschichte einer deutschen Jüdin aus der Romantik*, München [9]1992, S. 201.

6 Ebenda, S. 210f.

7 Hannah Arendt, »Gedanken zu Lessing: Von der Menschlichkeit in finsteren Zeiten«, in: *Menschen in finsteren Zeiten*, hg. von Ursula Ludz, München [2]1989, S. 33.

8 Arendt, »Walter Benjamin«, in: *Menschen in finsteren Zeiten*, S. 220f.

9 Moritz Goldstein, »Deutsch-Jüdischer Parnass«, zitiert nach *Menschen in finsteren Zeiten*, S. 221.

10 Siehe Hannah Arendt, *The Jew as Pariah. Jewish Identity and Politics in the Modern Age*, hg. und eingeleitet von Ron Feldman, New York 1978. Zu Bernard Lazare siehe *Job's Dungheap. Essays on Jewish Nationalism and Social Revolution*, mit einem Porträt Bernard Lazares von Charles Peguy und einem Vorwort von Hannah Arendt, New York 1948, S. 65, S. 84–86. Lazare schreibt im Ton eines messianischen Nationalismus, der dem intellektuelleren Prosastil von Arendt eigentlich völlig fremd ist: »Wenn es den Juden nicht gäbe als Ventil für den Zorn der Ausgeplünderten und damit als Retter der mit Weihwasser besprengten Tresore, er müßte ganz gewiß erfunden werden. Er ist ein Paria, und Emanzipation hin oder her als Sündenbock für die christlichen Nationen wird er immer nützlich sein. Als ein so Geächteter muß er sich verteidigen, aus Verpflichtung gegenüber seinem eigenen Sein. Denn jedes menschliche Geschöpf muß wissen, wie es sich gegen Unterdrückung wehren und sein Recht auf ganzheitliche Entwicklung, seine Freiheit zu sein und *es selbst zu sein*, erhalten kann.« (S. 85, Herv. i. O.)

11 Arendt, »Gedanken zu Lessing: Von der Menschlichkeit in finsteren Zeiten«, in: *Menschen in finsteren Zeiten*, S. 34.

12 Ebenda, S. 34.

13 Arendt äußerte diese Ansicht in mehreren Artikeln, die zwischen 1941 und 1942 für die in Jiddisch erscheinende Tageszeitung *Der Aufbau* geschrieben wurden; siehe »Die jüdische Armee: Der Beginn einer jüdischen Politik«, in: *Aufbau* vom 14. November 1941, S. 1 f.; »Die ›sogenannte jüdische Armee‹«, in: *Aufbau* vom 2. Mai 1942, S. 20; »Von der Armee zur Brigade«, in: *Aufbau* vom 6. Oktober 1944, S. 15 f. Wie Young-Bruehl schildert, geriet Arendt durch diese Forderung nach einer jüdischen Armee vorübergehend in sonderbare Gesellschaft. Denn zu dieser Zeit gab es auch ein Komitee für eine jüdische Armee mit Sitz in New York, das von drei palästinensischen Juden der extremistischen *Revisionist Party* und deren Führer Vladimir Ze'ev Jabotinsky gegründet worden war. Als sich Arendt und Joseph Maier, ihr Kollege beim *Aufbau*, darüber klar wurden, daß das Komitee für eine jüdische Armee eine revisionistische Front war, bildeten sie eine eigene Gruppe. Die jungjüdische Gruppe traf sich von März bis Juni 1942 in New York. In einem Artikel vom 6. März 1942 nannte Arendt die Revisionisten, unter deren Mitgliedern auch Menachem Begin und Yitzhack Shamir waren, »jüdische Faschisten«. Siehe Young-Bruehl, *Hannah Arendt. Leben, Werk und Zeit*, S. 255–257; Siehe auch Jeffrey Isaacs interessante Diskussion in: *Arendt, Camus, and Modern Rebellion*, New Haven, Conn. 1992, S. 206–216.

14 Martin Bubers Aufsatz über »Nationalismus« ist hier ein interessanter Fall. Buber versucht, zwischen legitimen und illegitimen Formen des Nationalismus und zwischen chauvinistischen und gerechtfertigten Begriffen von ei-

nem »Volk« zu unterscheiden. Viele seiner Formulierungen tragen aber dennoch die Spuren eines bestimmten romantischen Organizismus. Nehmen wir zum Beispiel diese Äußerungen: »[...] als Völker konstituieren, das heißt in einer neuen, organischen, aus den natürlichen Formungen des Volkslebens sich aufbauenden Ordnung [...]«, »Aber immer entsteht das Volk als Schicksalseinheit [...] Diese neue ›geprägte Form‹, die in der Reihe folgender Geschichte ›lebend sich entwickelt‹, erhält sich durch die von nun ab herrschende Bluteinheit [...]« Martin Buber, »Nationalismus« (Sept. 1921), in: ders., *Ein Land und zwei Völker. Zur jüdisch-arabischen Frage*, hg. von Paul R. Mendes-Flohr, Frankfurt am Main 1993, S. 74 und S. 76.

15 Arendt, »Wir Flüchtlinge«, in: Hannah Arendt, *Zur Zeit. Politische Essays*, Berlin 1986, S. 21. (Erstmals 1943 als »We Refugees«, in: *Menorah Journal*; wieder in: *The Jew as Pariah*, S. 55–67.)

16 Zu weiteren Einzelheiten siehe Young-Bruehl, *Hannah Arendt. Leben, Werk und Zeit*, S. 329 f.

17 In der wissenschaftlichen Literatur gibt es abweichende Angaben zum genauen Veröffentlichungszeitpunkt. Young-Bruehl führt den August 1945 auf, Feldman gibt den Oktober 1944 an, richtig ist die Erstveröffentlichung von »Zionism Reconsidered«, in: *Menorah Journal* 32, Nr. 2/Oktober-Dezember 1945, S. 162–196; auf deutsch: »Zionismus aus heutiger Sicht«, in: Hannah Arendt, *Die Krise des Zionismus. Essays & Kommentare 2*, hg. von Eike Geisel und Klaus Bittermann, üb. von Eike Geisel, mit einem Nachwort von Henryk Broder, Berlin 1989 (im Text zitiert als *Zionismus*).

18 Arendt, *Die Krise des Zionismus*, S. 7.

19 Vladimir Ze'ev Jabotinsky (1880–1940) verfaßte die Grundsätze seines Revisionismus, nachdem er im Jahr 1923 aus dem geschäftsführenden Ausschuß des zionistischen Rates ausgeschieden war. Seiner Ansicht nach bedurfte nicht der Zionismus einer Erneuerung, sondern dessen damalige Politik. »Jabotinsky und seine Anhänger waren Maximalisten, sie forderten nicht nur Palästina für die Juden, sondern die ›allmähliche Umwandlung Palästinas (einschließlich Transjordaniens) in ein souveränes Gemeinwesen unter den Auspizien einer etablierten jüdischen Mehrheit‹.« Siehe Walter Laqueur, *Der Weg zum Staat Israel. Geschichte des Zionismus*, Wien 1975, S. 366. Laqueur berichtet auch, daß nach 1932 unter Jabotinskys Anhängern die Stimmen zunehmend lauter wurden, die mit dem deutschen und italienischen Faschismus (natürlich ohne dessen Antisemitismus) sympathisierten. Er überschreibt diese spezielle Diskussion mit »Jüdischer Faschismus?«, S. 380–84.

20 Siehe Laqueur, *Der Weg zum Staat Israel.* Laqueur stellt fest, daß die amerikanische Unterstützung für die zionistische Sache oft zweideutig war. »Zur Überraschung der Zionisten nahm die Sowjetunion eine wesentlich positi-

vere Haltung ein« (S. 600). Großbritannien, die arabischen Länder (erwartungsgemäß), die meisten asiatischen Länder und das amerikanische Außenministerium waren allesamt gegen den Teilungsplan von 1947 (S. 603). Schließlich kam es doch so, und »am 9. Oktober 1947 gab Präsident Truman widerstrebend seine Zustimmung zum Teilungsplan« (S. 604).

21 »Es bestand allgemeine Einigkeit, daß jede Operation [gegen Nasser] Ende Oktober durchgeführt werden sollte [...] daß gegen Ende der amerikanischen Wahlkampagne einmarschiert werden sollte. Die Teilnehmer gingen davon aus, daß Eisenhower nicht gegen Israel vorgehen und so kurz vor dem Wahltag jüdische Wählerstimmen aufs Spiel setzen würde. Die Vertreter Israels, Frankreichs und Großbritanniens trafen sich geheim in Frankreich.« Charles Smith, *Palestine and the Arab-Israeli Conflict*, New York 1988, S. 173.

22 Auf engl.: »To Save the Jewish Homeland: There is Still Time«, in: *The Jew as Pariah*, S. 178–192 (erstmals in: *Commentary* 5, Mai 1948, S. 398–406); auf deutsch: »Es ist noch nicht zu spät«, in: *Die Krise des Zionismus*, S. 83–106.

23 *Die Krise des Zionismus*, S. 106. [Arendt spricht vom »irreducible minimum«, A. d. Ü.]

24 Die Idee einer Konföderation der Mittelmeeranrainer, der »Mediterranean peoples«, wird von Arendt in »Zionismus aus heutiger Sicht« mehrfach ausgesprochen. Ebenda, S. 104.

25 In *Über die Revolution* schreibt Arendt: »Sowohl Jeffersons Plan wie die französischen revolutionären Gesellschaften antizipierten mit einer geradezu unheimlich anmutenden Genauigkeit jene Räte und Sowjets, die von nun an in jeder echten Revolution des neunzehnten und zwanzigsten Jahrhunderts auftauchen sollten. Immer wieder erschienen sie auf der Bildfläche des Geschehens als die spontan gebildeten Volksorgane, und sie entstanden nicht nur außerhalb aller Parteien, sie kamen den Parteien und Parteiführern jedesmal wieder gänzlich unerwartet.« (S. 319 f.) Arendt war wohl ein bißchen zu optimistisch, wenn sie die unter der arabischen Bevölkerung Palästinas herrschenden quasi-feudalen Autoritätsstrukturen übersah und wenn sie in den weitverbreiteten Ortsräten Keime der Demokratie erblickte.

26 Dieser Satz wird Israel Zangwill in der Form »das Land ohne Volk – für das Volk ohne Land« zugeschrieben, in: Amos Elon, *The Israelis. Founders and Sons*, New York 1971, S. 149. Das eigentliche Israel-Zangwill-Zitat lautet: »Palästina ist ein heruntergekommenes Land und die Juden ein gebrochenes Volk. Aber bei beiden ist eine Wiederherstellung nicht ausgeschlossen. Palästina braucht ein Volk; Israel braucht ein Land.«, in: Israel Zangwill, »Zion, Whence Cometh My Help?« (Juli 1903), in: *Speeches, Articles, and Letters of Israel Zangwill*, hg. von Maurice Simon und mit einem Vorwort von

Edith Aryton Zangwill, London 1937, S. 80; Arendt umschreibt dies mit: »ein Volk ohne Land müßte also in ein Land ohne Volk entkommen«, in: »Der Judenstaat: Fünfzig Jahre danach oder: Wohin hat die Politik Herzls geführt?«, in: *Die Krise des Zionismus*, S. 73.

27 Hannah Arendt diskutiert dieses Thema in dem Kapitel »Der Niedergang des Nationalstaates und das Ende der Menschenrechte«, in: *Elemente und Ursprünge totaler Herrschaft*, S. 422 ff. Siehe auch den Abschnitt »Der Imperialismus und das Ende der ›Menschenrechte‹« im dritten Kapitel dieses Buchs.

28 Siehe Arendt, *Elemente und Ursprünge totaler Herrschaft*, S. 366–452.

29 Siehe ihren Aufsatz »Herzl and Lazare« (Juli 1942), wieder abgedruckt in: *The Jew as Pariah*, S. 125–131.

30 Arendt, *Die Krise des Zionismus*, S. 31.

31 Ber Borochov (1881–1917) wurde in der Ukraine geboren. Er war in der sozialdemokratischen Partei aktiv gewesen, wurde aber als »zionistischer Abweichler« aus der Partei ausgeschlossen. Fortan widmete er sein Leben der Entwicklung eines marxistisch-zionistischen Denkens. Er stellte eine Theorie über die Sozialstruktur des jüdischen Volkes auf, wonach diese als eine umgekehrte Pyramide zu sehen sei, weil Kapitalisten und Bankiers vor dem Proletariat rangierten. Zu den geistigen Aufgaben der Erneuerung, die der jüdische Staat zu leisten hätte, gehöre die Schaffung eines jüdischen Proletariats und das Zurechtrücken der Pyramide. Er reiste nach 1907 als Parteifunktionär für Poale Zion (Arbeiter Zions) durch ganz Europa, und nach dem Ausbruch des Ersten Weltkriegs schloß seine Tätigkeit auch eine Reise in die Vereinigten Staaten ein. Nach der Kerensky-Revolution kehrte er nach Rußland zurück und starb schließlich in Kiew. Siehe Arthur Herzberg (Hg.), *The Zionist Reader. A Historical Analysis and Reader*, New York 1959, S. 353.

32 *Die Krise des Zionismus*, S. 19. Auch diese Situation stellt sich aufgrund der historischen Tatsachen inzwischen anders dar. Selbst wenn die Kibbuzim im Hinblick auf den palästinensisch-israelischen Konflikt im allgemeinen politisch gemäßigt waren und für eine friedliche Lösung eingetreten sind, dienten sie nach der Staatsgründung in der israelischen Armee und bildeten in dieser Eigenschaft oftmals eine militärische Eliteeinheit. Manche der führenden Politiker im Israel der Nachkriegszeit, wie Moshe Dayan beispielsweise, kamen aus der Kibbuz-Bewegung. Dayan wurde in Degania, Israels erstem Kibbuz, geboren.

33 Siehe Arendts Aufsatz »Jewish History, Revised« (März 1948), wieder abgedruckt in *The Jew as Pariah*, S. 96–105. Hierbei handelt es sich eigentlich um eine Rezension des Buchs von Gershom Scholem, *Major Trends in Jewish Mysticism*, New York 1946.

34 Ebenda, S. 105.

35 Hannah Arendt, *Was ist Existenz-Philosophie?*, Frankfurt am Main 1990. (Früher in: H. Arendt, *Sechs Essays*, Heidelberg1948.) Erstveröffentlichung als »What Is Existenz Philosophy?«, in: *Partisan Review* 18, Nr. 1/1946, S. 35–56.

36 Siehe auch die Texte »French Existentialism« und »Concern With Politics in Recent European Philosophical Thought«, beide wieder in: *Arendt: Essays in Understanding 1930–1954*, hg. von Jerome Kohn, New York 1994, S. 188–194 und S. 428–447.

37 Als Arendt Jaspers diesen Artikel schickt, sagt sie, ihre alte »Kinderangst« habe sie wieder gepackt; Brief Nr. 36 vom 22. April 1946, *AJB*, S. 73. »Weil mir doch heute noch, nach all den Jahren, unsere Studentenangst ›Schüler‹ zu sein noch so in den Knochen oder besser in der Erinnerung steckt«, schreibt sie in einem der nachfolgenden Briefe; Brief Nr. 42 vom 9. Juli 1946, *AJB*, S. 83.

38 *Was ist Existenz-Philosophie?*, S. 14.

39 Ebenda, S. 19.

40 Ebenda, S. 8.

41 Heinrich Rickert (1863–1936) lehrte von 1891 bis 1916 an der Universität Freiburg und wechselte 1916 als Nachfolger für Wilhelm Windelband an die Universität Heidelberg. Er gehörte zur Schule des südwestdeutschen Neukantianismus. In der Hoffnung, zu einer »Einheit von Wirklichkeit und Werten« zu gelangen, erforschte er die logischen und erkenntnistheoretischen Grundlagen der Naturwissenschaften und historischen Disziplinen. Er lehnte die von seinem Vorgänger Wilhelm Windelband vorgeschlagene Trennung der naturwissenschaftlichen von den historischen Disziplinen ab, und vertrat statt dessen die These, daß alle Wirklichkeit geschichtlich verfaßt sei.

42 Max Weber (1864–1920) war zu Beginn des 20. Jahrhunderts der bedeutendste Soziologe in Deutschland. Von 1894 bis 1897 war er zunächst in Freiburg, dann in Heidelberg Professor für Ökonomie. Ein schwerer Nervenzusammenbruch zwang ihn zwar zur vorzeitigen Emeritierung, doch lebte er weiterhin als Privatdozent in Heidelberg. Seine Frau und er unterhielten einen der bekanntesten Intellektuellenkreise der Zeit, der als »Max-Weber-Kreis« bezeichnet wurde. Karl Jaspers stand Max Weber sehr nahe, und mehrere enge Freunde von Hannah Arendt, darunter auch Benno G.L. von Wiese, verkehrten im Max-Weber-Kreis. Karl Jaspers war insbesondere von Max Webers Theorie der Konstruktion von »Idealtypen« zur Erklärung sozialen Handelns stark beeinflußt.

43 *Was ist Existenz-Philosophie?*, S. 26f.

44 Siehe Young-Bruehl, *Hannah Arendt. Leben, Werk und Zeit*, S. 90.

45 Siehe Hannah Arendt, »Concern With Politics in Recent European Philosophical Thought«, in: *Arendt: Essays in Understanding*, S. 428 ff.

46 Ebenda, S. 446.

47 Ebenda.

48 Martin Heidegger, *Sein und Zeit* (1927), Tübingen [13]1976, S. 57.

49 Heidegger, *Sein und Zeit*, S. 89 ff.

50 Heidegger, *Sein und Zeit*, S. 90 ff.

51 Die pragmatistische Tradition John Deweys geht von einer ähnlichen Einsicht wie der von Heidegger aus. Sie löst die Vorrangigkeit der Kognition ab und deckt auf, wie jedes »Wissen – daß« auf ein »Wissen – wie« gegründet ist. Dem Pragmatismus und dem Existenzialismus liegt ebenso wie der Daseinsanalytik die Ablehnung des cartesisch-kantianischen Paradigmas als Ausgangspunkt zugrunde.

52 Herbert Marcuse betreffend siehe Herbert Marcuse/Frederick Olafson, »Heidegger's Politics: An Interview«, *Graduate Faculty Philosophy Journal* 6, Nr. 1/1977, S. 28 ff.; Günther (Stern) Anders, »Wenn ich verzweifelt bin, was geht's mich an?«, in: Mathias Greffrath (Hg.), *Die Zerstörung einer Zukunft. Gespräche mit emigrierten Sozialwissenschaftlern*, Hamburg 1979, S. 22 ff.

53 Heidegger, *Sein und Zeit*, S. 118.

54 Hannah Arendt, *Vita activa*, S. 167.

55 Heidegger, *Sein und Zeit*, S. 127.

56 Ich bin nicht der Meinung wie Richard Wolin, daß »Arendt nie einen ernstgemeinten Versuch unternahm, mit dem Dilemma von Heideggers politischem Engagement ins reine zu kommen. Sie war eher geneigt, Heideggers Nazismus in der Art eines Charakterfehlers zu deuten, statt als etwas, was mit seiner Philosophie an sich zu tun hat.« In: Karl Löwith, *Martin Heidegger and European Nihilism*, S. 9.

57 Hannah Arendt, *Was ist Existenz-Philosophie?*, S. 37 f.

58 Hannah Arendt, »Concern With Politics in Recent European Philosophical Thought« (1954), in: *Arendt. Essays in Understanding*, S. 428 ff.

59 Hannah Arendt, »Martin Heidegger ist achtzig Jahre alt«, in: *Menschen in finsteren Zeiten*, S. 183 f. Erstdruck in: *Merkur* 23, Nr. 10/Oktober 1969, S. 893–902.

60 Marcuse/Olafson, »Heidegger's Politics: An Interview«, S. 32 f.

III. DER VERFALL DER ÖFFENTLICHKEIT UND DER AUFSTIEG DES TOTALITARISMUS

Mit *Elemente und Ursprünge totaler Herrschaft* schrieb Hannah Arendt das Werk, in dem sie das Erbe der deutschen Existenzphilosophie und die Problematik der politischen Katastrophen des 20. Jahrhunderts zu einer entscheidenden Synthese zusammenführte. In dieser Arbeit zeigt sich auch Martin Heideggers nachhaltiger Einfluß auf Arendt am deutlichsten. Ironischerweise wird hier das Denken eines Philosophen, der vom Nationalsozialismus vereinnahmt worden war, zum stillschweigend vorausgesetzten Rahmen dafür, »die Last unserer Zeit« zu analysieren, wie auch der Titel des Werks bei seiner Erstveröffentlichung in England hieß.[1] Durch ihre Analyse der moralischen und politischen Katastrophen, von denen die Menschheit in der ersten Hälfte des 20. Jahrhunderts erschüttert wurde, und durch ihre Diagnose des »Totalitarismus« als eine neue politische Herrschaftsform in der Menschheitsgeschichte, gelang Arendt in dieser Arbeit eine beispiellose Synthese von Philosophie und Politik. Die Ereignisse dieses Jahrhunderts bewirkten, daß die Zustände der »Heimatlosigkeit« und »Weltlosigkeit«, die sie zuvor schon ins Zentrum ihrer Darstellung der Existenzphilosophie gestellt hatte, zur realen Lebenssituation von Millionen und aber Millionen Menschen wurden. Die Existenzphilosophie war nicht nur ein Vorbote zukünftigen Geschehens, sondern, mit der Person Martin Heideggers, auch in die Menschheitskatastrophe verwickelt. Das ganze Drama des Einflusses von Martin Heidegger auf Hannah Arendt läßt sich erst ermessen, wenn die Elemente ihrer Totalitarismustheorie offengelegt sind.

Trotz aller Mängel ist *Elemente und Ursprünge totaler Herrschaft* ohne Frage nach wie vor ein bedeutendes und meisterhaftes Werk. Vom Standpunkt anerkannter fachlicher Methodologien aus gesehen, entzieht es sich der klaren Einordnung, da es eine Menge Regeln verletzt; es ist übersystematisiert und interpretiert zu stark, so daß es i.e.S. nicht als historische Darstellung angesehen werden kann; es tritt zu anekdotenhaft und begriffsgeschichtlich auf, um als Sozialwissenschaft gelten zu können; und obwohl es die Lebendigkeit und das stilistische Gespür einer Arbeit des politischen Journalismus besitzt, ist es zu philosophisch, um einem breiteren Publikum zugänglich zu sein. Darüber hinaus ist auf den ersten Blick nicht auszumachen, was zwischen dem ersten Teil über den Antisemitismus, dem zweiten Teil über den Imperialismus und dem letzten Teil über den Totalitarismus die Einheit stiften soll. Daher vertrat einer der ersten Rezensenten dieses Buchs, der politische Philosoph Eric Voegelin, die Meinung, das Buch sei »grob chronologisch« aufgebaut und es sei »ein Versuch, heutige Phänomene verständlich zu machen, indem deren Ursprünge bis ins 18. Jahrhundert zurückverfolgt werden und auf diese Weise ein Zeitrahmen hergestellt wird, in welchem sich das Wesen des Totalitarismus zur Gänze entfaltete«.[2] Zweifellos ist es den seltsamen Verzerrungen des hermeneutischen Blickwinkels Voegelins geschuldet, wenn er Arendts Thesen geschichtsphilosophisch interpretiert. Nichtsdestoweniger ist seine Frage nach der übergreifenden Einheit des Werks, die einen der seltenen Versuche einer methodologischen Selbstklärung bei Arendt hervorrief, berechtigt.

Rätsel der Methodologie und Geschichtsschreibung in Arendts *Elemente und Ursprünge totaler Herrschaft*

Hannah Arendt beschäftigte sich nicht mit methodologischen Überlegungen, und bei den wenigen Anlässen, bei denen sie ihre eigene Arbeit charakterisierte, trug sie eher zu noch größerer Unklarheit bei. So beispielsweise im Falle ihrer verschiedenen Vorworte zu *Elemente und Ursprünge totaler Herrschaft*, wo sie zwischen »Begreifen« und »das Beispiellose mit Beispielen [zu] vergleichen«[3] sowie zwischen der »totalen Herrschaft« und »ihren Elementen und Ursprüngen« unterschied.[4] Der Ausdruck »Ursprünge« des Totalitarismus ist eigentlich eine Fehlbenennung für dieses Werk, das Arendt anfänglich »Die Last unserer Zeit« nennen wollte. Wichtiger ist jedoch, daß es Arendt nicht darum ging, irgendeine zwangsläufige Kontinuität von Vergangenheit und Gegenwart herzustellen, die uns zwingen würde, das, was geschieht, so zu sehen, als habe es zu geschehen. Sie verwahrt sich gegen diese Falle im Geschichtsverständnis und vertritt die Auffassung, die Zukunft sei radikal unterbestimmt.[5] Mehr noch, sie behauptet, wenn man die Gegenwart in eine zwangsläufige Kontinuität mit der Vergangenheit stelle, werde dies dazu führen, daß man die Neuartigkeit dessen, was sich ereignet hat, nicht mehr erkennt. Sie gebraucht die Schlüsselbegriffe »Konfiguration« und »Kristallisationsform der Elemente«, um ihre Methode in *Elemente und Ursprünge totaler Herrschaft* zu beschreiben. Arendt sucht nach den »Elementen« totaler Herrschaft, denn sobald diese Strömungen des Denkens, diese politischen Ereignisse und Anschauungen, Vorfälle und Institutionen von der »geschichtlichen Einbildung«[6] in der Gegenwart zusammengezogen werden, enthüllen sie für uns eine vollkommen andere Bedeutung als sie im ursprünglichen Kontext hatten. Die Elemente fügen sich in der Gegenwart zu einem neuen Ganzen zusammen. Arendt erläutert das in einer Sprache, die Anklänge an Walter Benjamins Einleitung zum *Ursprung des deutschen Trauerspiels* hat:[7]

»Das Buch handelt deshalb nicht wirklich von den ›Ursprüngen‹ des Totalitarismus – wie der Titel unglücklicherweise behauptet –, sondern gibt eine historische Darstellung der ›Elemente‹, die sich zur Form des Totalitarismus ›kristallisieren‹. Dieser Darstellung folgt eine Analyse der ›elementaren Strukturen‹ der totalitären Bewegungen und Herrschaft selbst. Die elementare Struktur des Totalitarismus bildet die verborgene Struktur des Buches, während die sichtbare Einheit von einigen grundlegenden Begriffen gestiftet wird, die das Ganze wie rote Fäden durchziehen.«[8]

Wenn die Einheit des Werks so interpretiert wird, wie Arendt selbst es sich gedacht hatte, darf man nicht mit dem ersten Teil über die Einstellungen der Aufklärung zur Natur des Menschen und über die gesellschaftliche Stellung der Hofjuden anfangen, sondern muß mit dem Kapitel »Totale Herrschaft« über die Ausrottung und Konzentrationslager beginnen. Dieses Kapitel bildete in der Ausgabe von 1951 das Schlußkapitel, das den nicht überzeugenden »Schlußbemerkungen« vorausging (in der Ausgabe von 1966 erweiterte Arendt diese Bemerkungen zum Kapitel »Ideologie und Terror: eine neue Staatsform«). Das Kapitel »Totale Herrschaft« ist nicht etwa deswegen wichtig, weil es neues empirisches Material in die Diskussion einbringt – das tut es nicht –, sondern wegen Arendts These, daß die Konzentrationslager »das richtunggebende Gesellschaftsideal für die totale Herrschaft überhaupt« sind oder auch daß »diese Lager die eigentliche zentrale Institution des totalen Macht- und Organisationsapparats« ausmachen.[9] Die Lager offenbaren elementare Wahrheiten über die totalitäre Machtausübung und über die Struktur totalitärer Ideologie, sie bringen aber auch diejenigen moralischen, politischen und psychologischen Voraussetzungen der abendländischen Tradition ans Licht, die für immer zerstört sein sollten, sobald die Lager errichtet waren und Teil der Menschheitsgeschichte wurden.

Arendt geht es darum, deutlich zu machen, daß die Lager in

den totalitären Regimen keinem »utilitaristischen« Zweck dienten und daher nicht funktionalistisch erklärt werden können[10]: Sie wurden weder dazu gebraucht, die Opposition einzuschüchtern und zu unterwerfen, noch »um der möglichen Arbeitsleistung willen«.[11] Die Lager sind mit dem Leben experimentierende Laboratorien, die zeigen, daß »schlechthin alles möglich ist« (S. 676), daß Menschen eine Welt erschaffen und bewohnen können, in der die Unterscheidungen zwischen Leben und Tod, Wahrheit und Falschheit, Scheinbarem und Wirklichkeit, Körper und Seele und sogar zwischen Opfer und Henker andauernd außer Kraft gesetzt werden. Dieses ganz und gar erfundene Universum spiegelt den ideologischen Antrieb totalitärer Regime wider, ein Bedeutungsuniversum zu schaffen, das in sich völlig stimmig ist, eigenartigerweise aber auch der Realität entbehrt und gegen die Prüfung durch sie immun ist.

Als kristalline Struktur, in deren hellen Brennpunkten die totalitäre Herrschaftsform offenkundig wird, zeigen die Lager, daß der Mensch als Rechtsperson vernichtet, daß seine moralische Persönlichkeit zerstört und daß schließlich die Individualität des Selbst liquidiert werden mußte. Arendts Analyse ist darauf angelegt zu zeigen, inwiefern es in der politischen und moralischen Kultur der europäischen Menschheitsgeschichte während der vorausgegangenen zwei Jahrhunderte bestimmte Elemente gegeben hatte, die rückblickend – und allein im Rückblick – als Vorboten einer neuen Form politischer Macht in der Geschichte gesehen werden können.

Gegenstand der Geschichte, die Arendt im Abschnitt »Imperialismus« erzählt, ist der Tod des juristischen Subjekts oder der Person in ihrer Eigenschaft als Rechtssubjekt. Arendt stellt die Paradoxien des Nationalstaates und die Hinfälligkeit des allgemeinen Glaubens an die Menschenrechte in den imperialistischen Nationen dar. Sie erzählt vom Zusammenbruch moralischer Maßstäbe des Westens in der Konfrontation mit Afrika, wie im Falle der Kolonisierung Südafrikas durch die Buren. Diese Erfahrungen beweisen, daß bloßes Menschsein den juristischen Status eines Rechtssubjekts keineswegs garantiert. Als die Minderheitenschutzverträge am Ende des Ersten Weltkriegs Millionen Heimatloser, Staatenloser und Vertriebener schaffen, ist der Tod des juristischen Subjekts besiegelt und zum historischen Testament geworden. Das Rechtssubjekt wird statt dessen zu einem »überflüssigen« Menschen.

Die Vernichtung der moralischen Persönlichkeit im Menschen geht mit dem Tod des juristischen Subjekts einher. Die spezifisch moderne Form des antisemitischen Vorurteils spielt eine besondere Rolle in diesem Prozeß. Bei einem solchen Antisemitismus erfolgt die Zurechnung moralischer Schuld und Verantwortung auf eine Weise, die sich den traditionellen moralischen Kategorien widersetzt. Der traditionelle Antijudaismus der christlichen Lehre und des praktizierten Christentums hatte den Juden die Schuld für ein Verbrechen gegeben, das sie an Gottes Sohn verübten. Verbrechen sind etwas, was entweder durch Konversion, durch Buße oder durch Bezichtigung der Glaubensbrüder gesühnt werden kann. Der moderne Antisemitismus, der zum Durchbruch kommt, als die Juden allmählich in großer Zahl in die »Gesellschaft« drängen, ohne daß sie voll und ganz deren Mitglieder werden, ist jedoch moralisch viel hinterhältiger. Die aufgeklärte Meinung distanziert sich von den traditionellen Vorstellungen des Mordes an Gottes Sohn. Allerdings wird das Judentum nun zu einem undefinierbaren »Wesen«, zu einer Kondition, die andersartig und unleugbar zugleich ist. Das Jüdischsein wird ein »Laster«. Während ein Verbrechen eine Tat ist, ist ein Laster eine Bedingtheit, eine geistige Bereitschaft, ein Charakterzug. Seine Umwandlung ist viel schwerer zu bewerkstelligen, weil es weniger leicht dingfest zu machen ist. Die Figur des Juden wird immer mehr mit Kräften und Mächten in Zusammenhang gebracht, die wenig oder keine Beziehung zu einem empirischen Individuum aufweisen. Daher hört das Individuum auf, ein moralisch zurechenbares Selbst zu sein, und wird statt dessen zu einem »Exemplar« der Gattung Jude.[12]

Das dritte Element in der kristallinen Struktur des Totalitarismus ist, wie die nachträgliche Analyse der Vernichtungslager zutage fördert, das Verschwinden des autonomen Individuums. Diese Entwicklung beginnt mit dem Aufstieg des Mobs und der allgemeiner verbreiteten Bedingtheit der Weltlosigkeit als Folge von Krieg, politischer Aufstände und Massenarbeitslosigkeit. Für Arendt ist der Mob ein geschichtlicher Akteur, der neu auf der politischen Bühne erscheint und »le peuple«, das Volk, ersetzt. Der Mob ist ein Vorläufer der einsamen Massen des Totalitarismus. Er setzt sich aus dem »Abfall« der bürgerlichen Gesellschaft zusammen, aus denjenigen Individuen, die aus den Rissen des sozialen Systems herausfallen, die zu keiner bestimmten sozialen Klasse mehr gehören, denen sich kein bestimmtes Gewerbe oder keine bestimmte Arbeit zuordnen läßt. Kurzum, es sind Menschen, die vom wirtschaftlichen und sozialen Wandel, den Industrialisierung, Verstädterung und Kommerzialisierung bewirkt haben, »überflüssig« gemacht wurden. Sie sind »weltlos«, insofern sie einen festen Bezugsraum, eine stabile Identität und Erwartungen, die sie mit anderen teilen, verloren haben. Da sie keine bestimmte soziale Perspektive haben, aus der sie die Welt sehen, sind sie für ideologische Manipulation besonders offen: Sie können alles und jedes glauben, weil ihnen die eindeutige Perspektive fehlt, die daran gebunden ist, daß man einen bestimmten Platz in der Welt hat. Ihre Bedingtheit ist die der Einsamkeit. Die Zerstörung des Individuums in den Konzentrationslagern mit den Methoden der Folter, der Terrorisierung und der Verhaltensmanipulation zeigt nur, daß eine Menschheit, die weltlos, heimatlos und überflüssig geworden ist, auch ganz und gar auslöschbar ist. Arendt faßt dies mit den Sätzen zusammen:

»Verlassenheit, der gewöhnliche Boden des Terrors, der Wesenskern totalitärer Herrschaft [...] ist sehr eng mit Entwurzelung und Überflüssigkeit verknüpft, die seit dem Beginn der industriellen Revolution die Geißel moderner Massen gewesen sind. Mit dem Aufstieg des Imperialismus gegen Ende des letzten Jahrhunderts und dem Zusammenbruch politischer Institutionen und sozialer Traditionen in unserer Zeit haben sie sich verschärft. Entwurzelt zu sein bedeutet, keinen Platz in der Welt zu haben, weder von anderen anerkannt noch verbürgt zu sein; überflüssig zu sein heißt, überhaupt nicht zur Welt zu gehören.«[13]

Selbst wenn es möglich ist, Arendts Arbeit in Ansehung des Prinzips einer »kristallinen Struktur« oder der »Elemente einer Konfiguration« als eine Einheit zu interpretieren, wäre noch immer zu fragen: Weshalb verfiel Arendt auf eine solche Methode der indirekten Ausführung, und weshalb wandte sie bei ihrer Darstellung des Totalitarismus eine noch weniger durchschaubare Erklärungsmethode an? Handelt es sich dabei nur um ein weiteres Beispiel für die eigenwillige und zuweilen befremdliche Natur ihres politischen Denkens? Bis heute hat sich das Interesse an Arendts Absichten und Methodologie in *Elemente und Ursprünge totaler Herrschaft* vornehmlich auf folgendes konzentriert: auf den Totalitarismusbegriff[14], auf den Nutzen oder ein mögliches Veralten dieses Begriffs für die »vergleichende Faschismusforschung« und für das Verständnis innerer Funktionsweisen von totalitären politischen Bewegungen[15], auf die Fragwürdigkeit, Nazismus und Stalinismus als totalitäre Regime derselben Art zu behandeln, und auf die Unausgewogenheit ihres Erklärungsaufwandes im Fall der beiden Regime.[16] Der letzte Punkt ist es wert, eingehender betrachtet zu werden. Denn besonders im Zuge des Kalten Krieges machte die Totalitarismusforschung selbst eine Veränderung durch. Sie wurde durch die Arbeit von Carl Friedrich und Zbigniew Brzezinski »operationalisiert«, um positivistischen Auffassungen in der Sozialwissenschaft zu genügen. Infolge dieser Arbeit wurde der Totalitarismusbegriff allmählich fast gleichbedeutend mit Gesellschaften sowjetischen

Typs.[17] Ganz abgesehen davon, welche Verdienste dieser Begriff haben mag, wenn es darum geht, uns die Gesellschaften des letzteren Typs verständlich zu machen[18], steht zweifelsfrei fest, daß Arendts historische Darstellung dem Klärungsbedarf über den Stalinismus und den Nazismus nicht im gleichen Umfang und nicht auf dieselbe Weise nachgekommen ist.

Während es plausibel ist zu behaupten, daß zwischen den Erfahrungen des Imperialismus, des Antisemitismus und dem späteren Triumph des Nationalsozialismus eine gewisse innere Verbindung besteht, spielen diese zwei Phänomene, nämlich der Imperialismus und der moderne Antisemitismus, für das Aufkommen des Stalinismus nicht dieselbe prägend-hermeneutische Rolle. Arendt behandelt zwar den Pangermanismus und den Panslavismus des 19. Jahrhunderts als Subkategorien eines »kontinentalen Imperialismus«. Die Erörterung ist aber viel zu flüchtig durchgeführt. So bleiben die Folgen der panslavistischen Bewegung für zukünftige Entwicklungen in der Sowjetunion weitgehend ungeklärt. Arendt kann nicht wirklich nachweisen, daß der Erste Weltkrieg und die russische Revolution Verwerfungen im sozialen Gefüge der russischen Gesellschaft erzeugten, die in gleicher Weise zur Herausbildung einer »Massengesellschaft« führten, wie es die Kriegserfahrung verschärft durch Inflation und Wirtschaftskrise speziell in Deutschland tat. Der stalinistischen Herrschaft gingen die Massengesellschaft und die Abschaffung herkömmlicher Klassen ironischerweise nicht voraus, vielmehr waren sie deren Konsequenzen. Erst Stalins Krieg gegen die Bauernschaft zerstörte letzten Endes das Gefüge der traditionellen Gesellschaft auf dem Lande.[19] Schließlich nährt das Fehlen eines rassisch begründeten Antisemitismus als Kernstück stalinistischer Ideologie noch mehr Zweifel daran, ob die Entwicklungen, die Arendt in den ersten beiden Teilen von *Elemente und Ursprünge totaler Herrschaft* in großen Zügen beschreibt, ebensogut »kristalline Elemente« des Nationalsozialismus wie des Stalinismus sein können (Stalin hat sich des Antisemitismus zwar gezielt bedient, wie der Prozeß gegen die jüdischen Ärzte in der sogenannten Ärzteverschwörung beweist, aber man kann nicht behaupten, er habe im Zentrum der stalinistischen Weltanschauung gestanden).[20]

Vielleicht kann uns eine Analogie in die Lage versetzen, Arendts Absichten besser zu verstehen. Alexis de Tocqueville hatte in *Über die Demokratie in Amerika* mit Emphase geäußert: »Eine völlig neue Welt bedarf einer neuen politischen Wisssenschaft.«[21] Denn ohne sie »tappt der Geist im dunkeln« und ist unfähig, der Gegenwart Sinn abzugewinnen. Tocqueville schrieb *Über die Demokratie in Amerika*, weil er im Leben der nordamerikanischen Gesellschaft Tendenzen beobachtet hatte, von denen er glaubte, sie seien für die Entwicklungstrends moderner Gesellschaften insgesamt beispielhaft, so z.B. zunehmende soziale Gleichheit, die Tyrannei der Mehrheit und die Ausbreitung des Individualismus. Die politischen Institutionen und Trends im Amerika des 19. Jahrhunderts waren allerdings nicht allein exemplarisch, sondern auch einmalig, oder besser gesagt, indem man sich ihre Einmaligkeit genauestens vor Augen führte – nämlich Demokratie, die als eine soziale Bedingung der Gleichheit mehr ist als schlicht eine politische Regierungsform –, ließ sich erfassen, was an ihnen so überaus exemplarisch war: die Tendenz moderner Gesellschaften zur »Gleichheit der Lebensbedingungen« und zu sozialer Nivellierung. Und ebenso wie Tocquevilles *Über die Demokratie in Amerika* ist Arendts Abhandlung von dem Wunsch beseelt, das Neue zu begreifen und sich dem noch nicht Dagewesenen zu stellen.[22] Für Hannah Arendt war Alexis de Tocquevilles Analyse des Zustands der Demokratie in Amerika weitaus mehr als ein methodologisches Vorbild. Arendt machte sich bei der Formulierung ihres Totalitarismusbegriffs genau diejenigen Aspekte der Tocquevilleschen Analyse zu eigen, die von zivilen Assoziationen handeln. Gerade dieser Tocquevillesche Theoriestrang in *Elemente und Ursprünge totaler Herrschaft* sorgt aber dafür, daß Arendts Arbeit – anders als Heideggers phänomenologische Ontologie der Verlassenheit – für eine Analyse zeitgenössischer Verhältnisse auch heute noch fruchtbar sein kann.

Arendts Totalitarismustheorie in ihren empirisch-analytischen Aspekten

Arendts Phänomenologie des Totalitarismus, die von den Begriffen »Einsamkeit« und »Weltlosigkeit« beeinflußt wurde, ist Heideggers *Sein und Zeit* sowohl in ihrer kategorialen Struktur als auch in den speziellen phänomenologischen Beschreibungen verpflichtet. Was jedoch den eigentlichen Vorzug der Totalitarismusdarstellung bei Arendt ausmacht, ist gerade ihre Abkehr von einer fundamentalistischen existentiellen Ontologie und ihre Fähigkeit, geschichtliche, soziologische und kulturelle Phänomene in den Blick zu nehmen, anstatt sich in metaphysischen Abstraktionen zu verlieren. Arendt blieb zeit ihres Lebens eine Art Phänomenologin, eine Phänomenologin allerdings, die die Welt der Erscheinungen in der Weise ernstnahm, wie sie sich in der bescheidenen Alltäglichkeit menschlicher Geschichte darbietet. Meiner Ansicht nach ist das, was von Arendts Theorie des Totalitarismus auch heute noch Bestand hat, nicht die existentielle Psychologie oder Phänomenologie der Einsamkeit, sondern die politische Soziologie der Öffentlichkeit und freier gesellschaftlicher Assoziationen und Verbände.

Zur Ausarbeitung dieses Punkts möchte ich zunächst einige Aspekte der Analyse von Assoziationen oder freien Zusammenschlüssen in Erinnerung rufen, die Alexis de Tocqueville in *Über die Demokratie in Amerika* dargelegt hat. Tocqueville schreibt den nicht-politischen, bürgerlichen Vereinigungen im demokratischen Leben Amerikas mehrere Funktionen zu. Solche Vereinigungen dienen vor allem als Bollwerke gegen die Tyrannei der

Mehrheit, indem sie gleichgesinnten Individuen gestatten, im Verein zusammenzukommen, um ihre Interessen zu verteidigen, ihre Ziele zu fördern und ihre Gesichtspunkte deutlich zu machen. Auf dieser Ebene betrachtet, läßt das Leben in freien Organisationen Vielfalt zu und sorgt dafür, daß die um sich greifenden Kräfte des Konformismus, der Nivellierung und Homogenität in ihre Schranken gewiesen werden. »In keinem Lande sind die Gruppenbildungen nötiger als da, wo die Gesellschaftsordnung demokratisch ist, wenn man die Tyrannei der Parteien oder die Willkürherrschaft des Fürsten verhindern will. In Nationen mit einer Aristokratie bilden die Körperschaften zweiter Ordnung natürliche Vereinigungen, die dem Mißbrauch der Macht Einhalt gebieten«, schreibt Tocqueville, und er fährt fort:

»In Ländern, wo solche Vereinigungen nicht bestehen, sehe ich, wenn die Bürger nicht künstlich und augenblicklich etwas Ähnliches schaffen können, keinen Damm mehr gegen jegliche Art von Tyrannei, und ein großes Volk kann durch eine Handvoll Parteileute oder durch einen einzigen Mann ungestraft unterdrückt werden.«[23]

Aristokratische und feudale Gesellschaften sind durch eine gesellschaftliche Gliederung in streng hierarchisch organisierte soziale Klassen, Stände und Rangordnungen charakterisiert, was die Individuen in ganz bestimmte zugewiesene Kontexte einbindet und die Ausübung alles erfassender politischer Kontrolle erschwert. Die Despotie des Ancien régime ist genau deshalb kein Totalitarismus, weil die Despotie zwar versucht, die Machtausübung einer einzigen Quelle zu unterstellen, die eigentliche Identität alternativer gesellschaftlicher Machtzentren jedoch nicht zerstört. Der Totalitarismus ist im Gegensatz dazu wie ein »eisernes Band«, denn ihm geht es darum, die Gesellschaft zu einem monolithischen Block zusammenzupressen, indem er alle unabhängigen Machtquellen und Räume des Zusammenlebens beseitigt (TH, S. 714). Der Totalitarismus versucht nicht nur, die freien Zusammenschlüsse an sich auszumerzen, sondern er will schon von vornherein die Fähigkeit unterdrücken, politische Vereinigungen zu bilden. Hannah Arendt konnte sich auf Überlegungen von Tocqueville stützen, die im zweiten Band von *Über die Demokratie in Amerika* enthalten sind, als sie ihre Einsichten formulierte.

In diesem zweiten Band, der dreizehn Jahre nach dem ersten entstand, macht Tocquevilles Theorie der Assoziationen eine bemerkenswerte Veränderung durch. Während bürgerliche, religiöse und kulturelle Vereinigungen im ersten Band als wichtige Bollwerke gegen »jegliche Art von Tyrannei« gewürdigt werden, wird Tocqueville im zweiten Band auf eine Entwicklung aufmerksam, die er als eine Form der Tyrannei charakterisiert, die noch heimtückischer sei als die Tyrannei der Mehrheit. Gemeint ist der Individualismus, ein »überlegendes und friedfertiges Gefühl, das jeden Bürger drängt, sich von der Masse der Mitmenschen fernzuhalten und sich mit seiner Familie und seinen Freunden abzusondern«.[24] Wenn sich die soziale Gleichheit weiter verbreitet, die Lebensformen in wachsendem Maße homogenisiert werden und die Kräfte der kapitalistischen Marktwirtschaft herrschen, wird auch der Individualismus zunehmen. Die Demokratie, bemerkt Tocqueville, wirft jeden »ständig auf sich allein zurück und droht ihn schließlich ganz und gar in der Einsamkeit seines eigenen Herzens einzuschließen«.[25] Die Freiheit der Vereinigung, das heißt die Freiheit, mit den Mitmenschen zusammenzukommen, um eine dem gemeinsamen Zweck dienende Organisation zu bilden, wirkt einer solchen Isolierung und »der Einsamkeit des eigenen Herzens«, die der übergroße Individualismus hervorruft, entgegen.

»Sobald man die gemeinschaftlichen Angelegenheiten gemeinsam behandelt, bemerkt jeder, daß er von seinen Mitmenschen nicht so unabhängig ist, wie er zuerst dachte, und daß er, um ihre Unterstützung zu erlangen, ihnen oft beistehen muß [...] Wenn die Öffentlichkeit regiert, gibt es niemanden, der den Wert des öffentlichen Wohlwollens nicht empfände und der es nicht für sich zu gewinnen trachtete, indem er die Achtung und Liebe derer an sich zieht, in deren Mitte er leben muß [...] Etliche Leidenschaften, die die Herzen erstarren machen und sie entzweien, müssen sich alsdann in den Grund der Seele verkriechen und dort verbergen. Der Hochmut verhüllt sich, die Verachtung wagt sich nicht hervor. Die Selbstsucht hat Angst vor sich selber.«[26]

Die Freiheit der Vereinigung und die Gewohnheit, sich zusammenzuschließen, zwingen die Individuen, aus ihrer Egozentrik herauszugehen und sich um das kollektiv Gute zu kümmern, und sie bringen, wie Tocqueville poetisch sagt, jene »Leidenschaften, die die Herzen erstarren machen und sie entzweien«, zum Schmelzen. Arendt lernte von Tocqueville, daß es politische Freiheit und demokratisches Leben nicht geben würde, wenn die Individuen ihre Vereinigungs- und Versammlungsfreiheit »in der Form des Redens und Handelns« nicht wahrnehmen dürften. Wenngleich das frei organisierte Leben unter den Bedingungen des demokratischen Individualismus verkümmern und seine Bedeutung verlieren kann, kann es niemals völlig untergehen, solange nur ein gewisses Quentchen politischer Freiheit gewährleistet ist. Der Totalitarismus hingegen hat es darauf abgesehen, nicht den Individualismus, sondern die Individualität als solche zu beseitigen. Er versucht nicht nur, die freien Vereinigungen zu zerstören, sondern kerkert alle in die »Leidenschaften, die die Herzen erstarren machen« ein. Bei ihren Überlegungen zur Einsamkeit der Masse unter totalitären Regimen, konnte Arendt von diesen Tocquevilleschen Erkenntnissen Gebrauch machen. Dadurch entfernte sie sich von der existentiellen Phänomenologie der Einsamkeit, die sie bei Heidegger gelernt hatte, und näherte sich einer mehr empirisch gestützten politischen Soziologie der Vereinigungen und Verbände.

Hannah Arendt wandte sich ganz entschieden gegen das verhängnisvolle Argument, die totalitäre Herrschaft sei entweder eine unvermeidliche oder sogar zwangsläufige Folge der westlichen Kultur, Vernunft oder Moderne. Sie hörte nicht auf, die radikale Kontingenz des geschichtlichen Augenblicks zu betonen, die zu einem Zusammentreffen von Elementen führte, das in den Menschheitskatastrophen des 20. Jahrhunderts endete. Auf eine Weise, die uns heute vielleicht naiv erscheint, bestand sie darauf, daß »es zu Stalins Machtergreifung und der Umwandlung der Einparteiendiktatur in ein System totaler Herrschaft eine klare Alternative gab: nämlich die Fortsetzung der NEP-Politik, wie sie von Lenin eingeschlagen worden war«.[27] Arendt lastete der revolutionären Tradition Europas keine Verwicklung in die Entstehung des Totalitarismus an. Tatsächlich entspringen ihr Insistieren auf der radikalen Zufälligkeit historischer Konstellationen und ihre Betonung, es »hätte auch anders sein können«, einer moralischen Verpflichtung. Die politisch forschende Theoretikerin, die von vergangenen Taten erzählt, empfindet diese Verpflichtung gegenüber der oder dem politisch Handelnden, der stets dem ungewissen Moment zwischen Vergangenheit und Zukunft verhaftet ist, nämlich der Gegenwart angehört. Das »es hätte auch anders sein können« ist ein hypothetischer Imperativ, der das Handeln derer leitet, die dieses »anders« in der Zukunft verwirklicht sehen möchten.

Doch selbst dann, wenn sie geschichtlich kontingent ist, ist die totalitäre Herrschaft nur unter den Voraussetzungen der Massenindustrialisierung und modernen Technik möglich. Die von den totalitären Regimen praktizierten Methoden der sozialen Kontrolle, Propaganda, Überwachung und Ausrottung erfordern die technischen Möglichkeiten der Moderne. Dieser Aspekt des Totalitarismus und insbesondere die technologische Routinisierung des Massenmords sind in den letzten Jahren von den Historikern, die auf dem Gebiet des Nationalsozialismus arbeiten, breit erforscht und dokumentiert worden.[28] Was Arendts Totalitarismusverständnis von den technologischer orientierten Ansätzen unterscheidet, ist ihre entschieden institutionelle Methodologie, und ich möchte sogar sagen, ihre an zivilen Assoziationen orientierte Herangehensweise. So schreibt sie beispielsweise:

»Ungeachtet einer bestimmten nationalen Tradition oder einer besonderen geistigen Quelle ihrer Ideologie wandelten totalitäre Regierungen stets Klassen in Massen um, verdrängten das Parteiensystem nicht durch die Einparteienherrschaft, sondern durch eine Massenbewegung, verlagerten das Machtzentrum von der Armee zur Polizei und betrieben eine Außenpolitik, die sich offen auf die Weltherrschaft richtete.« (OT, S. 460)

Die Herrschaftsmethoden, mit denen diese Ziele erreicht werden, sind der unterschiedslose Gebrauch des Terrors und die Entwicklung einer totalisierenden Ideologie.

In diesem Zusammenhang ist es hilfreich, analytisch zwischen totalitären Regierungsformen, totalitären Bewegungen und der Totalisierung der Gesellschaft durch den totalitären Staat zu unterscheiden. Totalitäre Bewegungen sind diejenigen sozialen Kräfte, mit deren Hilfe totalitäre Regierungen Klassen zerstören und Massen erzeugen sowie Gesetzlosigkeit und Terror zu einem allgemeinen Dauerzustand erheben. Der totalitäre Staat drängt auf eine totale Beherrschung der Gesellschaft. Arendt vergleicht die verfassungsgemäße Regierung mit einem Raum, in dem das Recht gleich Einfriedungen zwischen den Gebäuden errichtet ist und wo man sich auf einem Gelände bewegt, auf dem man sich auskennt; demgegenüber ist die Tyrannei wie eine Wüste. Unter den Verhältnissen der Tyrannei bewegt man sich in einem unbekannten, weiten und offenen Raum, wo einem der Wille des Tyrannen gelegentlich widerfährt, so wie der Sandsturm den Reisenden in der Wüste ereilt. Der Totalitarismus hat keine räumliche Topologie: Er ist wie ein eisernes Band, das die Menschen immer stärker zusammenpreßt, bis sie zu einem Menschen verschweißt worden sind. (TH, S. 723) Die Absicht einer totalitären Regierung besteht darin, die Gesellschaft soweit umzuwandeln, daß sie die Funktion eines derartigen eisernen Bandes erfüllt.

Meiner Meinung nach kommt Hannah Arendts politische Soziologie, die auf der zentralen Rolle der Öffentlichkeit aufbaut, erst dann richtig zur Geltung, wenn man die Prozesse sozialer, politischer, militärischer, wirtschaftlicher und technologischer Herrschaft untersucht, mit deren Hilfe totalitäre Regierungen die Totalisierung der Gesellschaft erreichen. Arendts politische Soziologie der öffentlichen Sphäre ziviler Assoziationen ist weniger relevant, wenn man die Dynamik totalitärer Bewegungen in ihrem Entstehungsprozeß erklären will, sie wird jedoch dann wichtig, wenn man die Routinisierung totalitärer politischer Herrschaft verstehen will. Denn mit der Zerstörung der alten Ordnung müssen auch die sozialen Kräfte des Totalitarismus selbst unter Kontrolle gebracht werden, wenn es dem Regime gelingen soll, seine Macht zu konsolidieren. Die Spannung zwischen den zweckgemäßen Erfordernissen, nämlich der sozialen Mobilisierung zur Zerstörung des Alten einerseits und der Herstellung von Ordnung zur Etablierung des Neuen andererseits, äußert sich unter dem Totalitarismus als ein Zusammenstoß von Partei und Bewegung. Historische Fälle, in denen sich die Partei gegen dieselbe Bewegung wandte, durch die sie einst möglich wurde, sind gut dokumentiert.[29] Sobald die Partei ihre Macht gefestigt hat, muß sie allerdings mit den Anforderungen fertig werden, die eine Routinisierung der Politik an sie stellt. Und unter den Bedingungen einer solchen routinemäßig ausgeübten Herrschaft beginnt die Gesellschaft, oder was immer von ihr übrig blieb, sich gegen die Partei zu behaupten. Die totale Kontrolle, das von allen totalitären Bewegungen angestrebte Ziel, ist unter Bedingungen des Krieges und andauernder Mobilisierung leichter zu erlangen. Unter den Voraussetzungen routinisierter Macht und bei Abwesenheit von Krieg oder kriegsähnlicher sozialer Mobilmachung fangen die gesellschaftlichen Kräfte an, sich gegen den Staat durchzusetzen. Die Selbstorganisation der Gesellschaft stellt deshalb für jedes totalitäre Regime eine Bedrohung dar und ist ein starkes Indiz für den bereits erreichten Grad des Abbaus totaler Herrschaft.[30]

Agnes Heller nahm ihren provozierenden Text »Imaginary Preface to the 1984 Edition of Hannah Arendt's ›The Origins of Totalitarianism‹« zum Anlaß, sich kritisch über eine Beobachtung zu äußern, die Arendt 1966 im Vorwort des dritten Teils von *Elemente und Ursprünge totaler Herrschaft* machte: »Daß man die Sowjetunion im strengen Sinn des Wortes nicht mehr totalitär nennen kann, zeigt natürlich am deutlichsten das erstaunlich rasche und üppige Wiederaufblühen der Künste in den letzten zehn Jahren.«[31] Heller behauptet, Arendt habe sich geirrt und zieht den Schluß, daß »abermals fast zwei Jahrzehnte ins Land gegangen sind, seit diese Aussage zu Papier gebracht worden ist, und der Totalitarismus ist höchst lebendig geblieben, ja, er hat sogar an Boden gewonnen«.[32] Nach dem spektakulären Zusammenbruch des Kommunismus in Osteuropa und der Sowjetunion Ende der 80er Jahre müssen wir feststellen, daß Heller sich irrte und Hannah Arendt recht hatte, als sie bereits 1966 einen Prozeß des »Abbaus der totalen Herrschaft« für die Sowjetunion voraussagte.[33]

Es wäre sicherlich mehr als töricht, den Zusammenbruch der Gesellschaften sowjetischen Stils dem »Wiederaufblühen der Künste« zuzuschreiben. Arendt wollte mit dieser Beobachtung jedoch auf die Entwicklung gemeinsamer Räume – alternativer oder subalterner Öffentlichkeiten[34] – in den Lücken dieser Gesellschaften aufmerksam machen, da sie von einer Lockerung der totalitären Herrschaft und der erneuten Behauptung selbstorganisierender Kraft der Zivilgesellschaft zeugen. Arendt führt auch den öffentlichen Schauprozeß der Dissidenten Sinjawski und Daniel als Beleg für eine langsame, aber spürbare Umwandlung der totalitären Herrschaft an.[35] Wir wissen heute, daß die Herausbildung oppositioneller oder alternativer öffentlicher Räume in den Lücken der totalitären Gesellschaften innerhalb der Sowjetunion weit weniger fortgeschritten war als in anderen osteuropäischen Ländern wie z.B. Polen, der früheren Tschechoslowakei und Ungarn.[36] Man sollte allerdings auch nicht unterschätzen, welche Auswirkung der Afghanistan-Krieg insbesondere auf die Sowjetunion hatte, indem er die Disziplin in der Armee untergrub, eine Demoralisierung der Elite bewirkte und die Anfänge einer Antikriegsbewegung auslöste (der Afghanistan-Krieg scheint das Vietnam der UdSSR gewesen zu sein). Zu den Faktoren, die an der Umgestaltung des sowjetischen Totalitarismus beteiligt sind, werden zweifellos noch weitere hinzugezählt werden müssen. So das verschärfte atomare Wettrüsten in den 80er Jahren und die Weltmarktanbindung, die möglicherweise Einfluß darauf nahm, daß die sowjetische Kontrolle über die Volkswirtschaften der Satellitenstaaten im östlichen Mitteleuropa und über Dritte-Welt-Klienten des sowjetischen Imperiums, z.B. Syrien und Irak im mittleren Osten, gelockert wurde. Ich will damit sagen, daß die politische Soziologie alternativer öffentlicher Räume nicht mehr als ein Element in einem umfassenderen Erklärungsrahmen für den Abbau totaler Herrschaft ausmachen kann, der innere wie äußere Faktoren miteinander zu verbinden hätte. Dennoch verfügt die politische Soziologie alternativer Öffentlichkeiten und ziviler Assoziationen, die sich aus Hannah Arendts Totalitarismustheorie ableiten läßt, über eine empirisch-analytische Kraft, die uns befähigt, die Voraussetzungen der Umgestaltung totalitärer Gesellschaften neu zu durchdenken. Aufgrund dieser Betrachtungen ergibt sich folgende Hypothese: Die totale Herrschaft kann die Herausbildung unabhängiger und alternativer Öffentlichkeiten in ihrer Mitte nicht dulden und wird sie verhindern. Eine totalitäre Gesellschaft ändert bereits dann ihren Charakter, wenn die Sozialbeziehungen, die eine alternative »Öffentlichkeit« begründen, hinsichtlich ihrer Anzahl, ihrer Häufigkeit, ihres Geltungsbereichs und ihrer Intensität einen Zuwachs verzeichnen können.

Arendts diagnostische Begriffe der Einsamkeit und Weltlosigkeit, die sie als Kennzeichen des Totalitarismus in ihrer Zeit ansah, lösen sich an diesem Punkt aus ihrer Verankerung in Martin Heideggers Fundamentalontologie. Aus der Sicht einer politischen Soziologie der Assoziationen oder freier Zusammenschlüsse interpretiert, dienen diese Begriffe dazu, unsere Aufmerksamkeit auf ein Modell zu lenken, in dem die alternativen oder subalternen Öffentlichkeiten wichtige Indikatoren für Prozesse sind, die den Abbau des Totalitarismus betreiben. In diesem Licht besehen, läßt sich sagen, daß Arendts Totalitarismustheorie die derzeit anwachsende Spezialliteratur über die Bildung von Zivilgesellschaften in Systemen, die den Übergang von autoritärer oder totalitärer Herrschaft zur Demokratie vollziehen[37], vorweggenommen hat. Denn eine Vielzahl öffentlicher Räume ist überall das *Sinequanon* einer unabhängigen und starken Zivilgesellschaft als Bestandteil demokratischer Kultur.

Der Imperialismus und das Ende der »Menschenrechte«

Im Hinblick auf Hannah Arendts Erklärung des Totalitarismus und ihre Verwendung ein und desselben Begriffs, um sowohl das nationalsozialistische Deutschland als auch das stalinistische Rußland zu charakterisieren, bleiben methodologische wie historische Fragen offen. Doch diese Unschlüssigkeiten sind gering, verglichen mit der großen Ratlosigkeit, die den heutigen Leser höchstwahrscheinlich befällt, wenn er Teil II über den »Imperialismus« aus *Elemente und Ursprünge totaler Herrschaft* vor sich hat. Von Arendt-Forschern lange vernachlässigt[38], ist diese kurze Abhandlung eine der besten Analysen des Phänomens des europäischen Imperialismus in der Zeitspanne vom Ende des 19. Jahrhunderts bis zum Ende des ersten Weltkriegs. Arendts Unterscheidung zwischen einem überseeischen und einem kontinentalen Imperialismus, ihre Erörterung der britischen Herrschaft in Indien, der französischen Eroberung Algeriens, des Burenkriegs in Südafrika, der verschiedenen kulturellen Stränge und nationalen Traditionen, die zur Ausbildung des »Rassismus« beitragen, sowie ihr bewegendes letztes Kapitel über das Ende der »Menschenrechte« sind Beispiele für eine glänzende Synthese von historisch gestützten empirischen Einsichten mit philosophischer Tiefe. Aber welchen Platz genaugenommen können diese Diskussionen nun in einer Analyse des Totalitarismus beanspruchen? Während zwischen den Elementen des europäischen Antisemitismus, der im ersten Teil analysiert wird, und dem dritten Teil über den Totalitarismus eine klare historische Beziehung besteht, ist es sehr schwer, zwischen den Phänomenen, die unter der Überschrift Imperialismus abgehandelt werden, und den politischen Problemen des Totalitarismus irgendwelche ursächlichen und/oder historischen Verbindungsglieder auszumachen.

Zu bedenken ist, daß der britische Imperialismus, der Arendt als Musterfall dient, um an ihm einige ihrer Schlüsselbegriffe für die Analyse des Imperialismus im allgemeinen zu gewinnen[39], nicht in den Totalitarismus mündete. Tatsächlich waren und blieben Frankreich und Großbritannien, deren Eroberungen von Ägypten, Algerien und Indien von Arendt als paradigmatische imperialistische Unternehmen betrachtet wurden, demokratische Nationen – die französische Kapitulation vor der nationalsozialistischen Herrschaft während der Vichy-Regierung ausgenommen. Pangermanismus und Panslawismus, die sich bei den deutschsprachigen und bei den slawischen Völkern entwickelten, waren sicher Bewegungen, die ihre Spuren in den totalitären Regimen des Nationalsozialismus und Stalinismus hinterließen. Die nationalsozialistischen Theorien rassischer Überlegenheit verdankten aber der Pseudowissenschaftlichkeit des britischen Sozialdarwinismus im Grunde genommen ebensoviel, wenn nicht sogar mehr als den metaphysischen Theorien eines tribalistischen Nationalismus, der unter den Pangermanisten mit ihrer Betonung der »göttlichen Abstammung« eines Volkes weit verbreitet war.[40] Damit sind nur ein paar Hinsichten genannt, denen zufolge die Erörterung des Imperialismus, so ausgezeichnet sie auch sein mag, theoretisch wenig Sinn macht, wenn sie so aufgefaßt wird, als biete sie eine Ursachenhypothese für die Genese oder die Gründe des Totalitarismus an. Wie also wäre diese Imperialismus-Diskussion sonst zu interpretieren?

Ich schlage zwei Thesen vor: a) Im Mittelpunkt von Arendts Überlegungen stehen die Dilemmata der modernen Nationalstaaten und deren geschichtlich erwiesene Unfähigkeit, die »universellen Menschenrechte« zu verteidigen; die totalitären Bewegungen haben aus diesem Versagen die Lehren für sich gezogen[41]; b) am Rande dieser Analyse findet sich die nicht vollständig erwiesene, eher intuitive Erkenntnis, daß die Begegnung mit »nicht-europäischen anderen« im Zuge imperialistischer Eroberungen moralische und psychische Muster des Rassismus im Vorbewußten und Unbewußten europäischer Siedler erzeugte, die schließlich aus Übersee in die Heimatländer zurückgetragen wurden. Wie Arendt fast zwanzig Jahre später in ihren Äußerungen zum Vietnamkrieg und zur Watergate-Affäre bemerken sollte, kehren die Hühner früher oder später in ihren Stall zurück.[42] Das will heißen, der Imperialismus in anderen Ländern hinterläßt auch zu Hause, auf der Psyche der Nation unauslöschliche Male. Der andere ist nicht außerhalb unserer selbst, er befindet sich nicht in einem anderen Land; durch die Erfahrungen mit der imperialen Herrschaft und mit dem Rassismus neigen wir dazu, uns den anderen im Innern, in unserer Mitte zu schaffen.

Der Imperialismus und die Dilemmata moderner Nationalstaaten

»Man hat den Imperialismus vielfach als das letzte Stadium des Kapitalismus bezeichnet; er ist jedenfalls das erste (und vielleicht zugleich auch das letzte) Stadium der politischen Herrschaft der Bourgeoisie gewesen.« (TH, S. 240). Arendt verwendet hier eine prägnante Formel, deren historische Bedeutung niemandem entgangen sein wird, der mit den Imperialismus-Diskussionen in den sozialistischen Arbeiterbewegungen um die Jahrhundertwende vertraut ist. Sie bezieht sich unmißverständlich auf Lenins Text *Der Imperialismus, das höchste Stadium des Kapitalismus.*[43] In ihrer Polemik gegen Lenin unterscheidet Arendt zwischen dem Kapitalismus als einem Wirtschaftssystem, der Bourgeoisie als einer sozialen Klasse und dem Nationalstaat als einem politischen Gebilde. Die Überzeugungskraft ihrer Unterscheidungen läßt sich nur vor dem Hintergrund der Debatten um den Imperialismus verstehen, mit denen sie zweifellos vollkommen vertraut war.[44] In den 20er Jahren hatten sowohl marxistische wie nicht-marxistische Nationalökonomen im großen und ganzen akzeptiert, daß der Kapitalismus auf die Existenz einer »nichtkapitalistischen Welt« angewiesen ist, um seinen Wachstumsprozeß, seine Expansion und Kapitalakkumulation fortsetzen zu können. Diese Angewiesenheit konnte anhand verschiedener Wirtschaftsfaktoren erklärt werden, so z.B. durch überschüssige Kapitalanhäufung und Ungleichverteilung des nationalen Reichtums. Sie nötigen die kapitalistischen Nationen, nach neuen Unternehmungen für Investitionen und Anlagen zu suchen. Man konnte das Bedürfnis nach imperialistischer Expansion aber auch so wie Lenin als Resultat einer Überproduktion sehen, die eine kapitalistische Wirtschaft dem Zwang aussetzt, neue Märkte zu erschließen. Außerdem konnte man die imperialistische Expansion mit der Suche nach neuen Rohstoffquellen erklären. Arendt ist bereit, all diese Erklärungen als Faktoren für den Expansionsdrang der kapitalistischen Ökonomie gelten zu lassen. Sie ergreift jedoch Partei für Rosa Luxemburg gegen Lenin, wenn es um die strukturelle Dynamik dieser Expansion geht. Rosa Luxemburg hatte die Auffassung vertreten, daß der Kapitalismus als Wirtschaftssystem von einer nichtkapitalistischen und im Grunde genommen von einer vorkapitalistischen Umgebung abhängig sei, und das nicht nur in seinem höchsten Stadium, sondern von Beginn an.

»Der Kapitalismus kommt zur Welt und entwickelt sich historisch in einem nichtkapitalistischen sozialen Milieu. In den westeuropäischen Ländern umgibt ihn zuerst das feudale Milieu, aus dessen Schoß er hervorgeht – die Fronwirtschaft auf dem platten Lande, das Zunfthandwerk in der Stadt –, dann, nach Abstreifung des Feudalismus, ein vorwiegend bäuerlich-handwerksmäßiges Milieu, also einfache Warenproduktion in der Landwirtschaft wie im Gewerbe. Außerdem umgibt den europäischen Kapitalismus ein gewaltiges Terrain außereuropäischer Kulturen, welches die ganze Skala von Entwicklungsstufen [...] darbietet. Mitten in diesem Milieu arbeitet sich der Prozeß der Kapitalakkumulation vorwärts [...] Der Kapitalismus bedarf zu seiner Existenz und Fortentwicklung nichtkapitalistischer Produktionsformen als seiner Umgebung [...] Er braucht nichtkapitalistische soziale Schichten als Absatzmarkt für seinen Mehrwert, als Bezugsquellen seiner Produktionsmittel und als Reservoirs der Arbeitskräfte für sein Lohnsystem.«[45]

Arendt stimmt dieser These, die sie als »Rosa Luxemburgs außerordentliche Einsicht in die politische Struktur des Imperialismus« bezeichnet (OT, S. 148), grundsätzlich zu. Des weiteren ist sie mit Luxemburg darin einig, daß die kapitalistische Produktionsweise »von Anbeginn auf die gesamte Erde bezogen« gewesen ist (TH, S. 254). Auf der politischen und kulturellen Ebene erfordert die weltumspannende expansionistische Wirtschaftsdynamik des modernen Kapitalismus, daß die Konfrontation des »Westens mit seinen anderen« als ein struktureller Aspekt der Entwicklung des modernen Kapitalismus westlicher Prägung gesehen werden muß – und nicht bloß als eine äußerliche Notwendigkeit des Systems, die durch zufällige Faktoren wie Überproduktion, Suche nach Rohstoffen und Investitionsmöglichkeiten in einer späteren Phase entsteht. In ihrem später entstandenen Aufsatz über Rosa Luxemburg sagt Arendt dazu:

»Mit anderen Worten, Marx' ursprüngliche Akkumulation des Kapitals war nicht, wie die Erbsünde, ein Einzelereignis, ein einmaliger Akt der Expropriation durch die entstehende Bourgeoisie, der einen Prozeß der Akkumulation auslöst, der dann ›mit eiserner Notwendigkeit‹ das ihm innewohnende Gesetz bis zum endgültigen Zusammenbruch erfüllen muß. Im Gegenteil, die Expropriation muß immer wieder von neuem wiederholt werden, um das System in Gang zu halten.«[46]

Arendts grundsätzliche Übereinstimmung mit Rosa Luxemburg, oder genauer ausgedrückt, Rosa Luxemburgs tiefreichender Einfluß auf Hannah Arendt[47], verhalf Arendt unzweifelhaft dazu, die schwerwiegendsten Entwicklungen der modernen Welt, so den Aufstieg von Kapitalismus, Imperialismus und Totalitarismus im Westen, in einem globalen Zusammenhang zu sehen. Leider haben einige neuere Interpreten Hannah Arendt allein vor dem Hintergrund der Rassenbeziehungen zwischen Schwarzen und Weißen in den USA beurteilt. Sie haben die Tragweite von Arendts Erörterungen aller Formen des europäischen Imperialismus – einschließlich des britischen, französischen, deutschen, holländischen und russischen Imperialismus – als wesentlich für die Ausbildung eines europäischen Rassismus ganz und gar übersehen.[48]

Arendts Analyse des Imperialismus unterscheidet sich jedoch von derjenigen Rosa Luxemburgs in einer grundlegenden Hinsicht: Arendts dreifache Unterscheidung zwischen dem Kapitalismus als einem sozioökonomischen Gebilde, der Bourgeoisie als einer sozialen Klasse und dem Nationalstaat als einem modernen Gemeinwesen bewahrt sie vor dem Reduktionismus eines Großteils marxistischer Theorie, die den Staat allein als den Sachwalter der Interessen einer Kapitalistenklasse ansieht. Ganz im Gegensatz dazu ergibt sich für Arendt die politische Bedeutung des Imperialismus aus dem »Kampf des Nationalstaates gegen ihn, der von vornherein verloren war« (TH, S. 231). Der moderne Nationalstaat, der im Anschluß an die Britische (1648 und 1688), Amerikanische (1776) und Französische Revolution (1789) errichtet wurde, war von Anfang an auf drei potentiell widersprüchliche Prinzipien gegründet: die universellen Menschen- und Bürgerrechte, die Zustimmung der Regierten und die Souveränität der Nation. Arendt zufolge widersprechen der Drang nach immer ausgedehnteren Ländereien, Märkten und Gütern ebenso wie das Streben nach Herrschaft über immer entferntere Völker und Erdteile dem politischen Prinzip der Zustimmung. Denn die Zustimmung ist von dem mehr oder minder stabilen Gebilde einer öffentlichen Sphäre des Redens und Handelns, die den Menschen gemeinsam ist, abhängig. Die Prinzipien des Wachstums um des Wachstums willen oder der Akkumulation zur Vermehrung des Kapitals dagegen stoßen immer an die Grenzen der Zustimmung, indem sie ihrer eigenen Logik gehorchen. »Der unbegrenzte Prozeß der Kapitalakkumulation bedarf zu seiner Sicherstellung einer ›unbegrenzten Macht‹, nämlich eines Prozesses von Machtakkumulation, der durch nichts begrenzt werden darf außer durch die jeweiligen Bedürfnisse der Kapitalakkumulation« (TH, S. 248). Die Bourgeoisie sehnt sich nach einer Machtform, die den Staat in ein Instrument verwandelt, das dazu da ist, ihr Interesse am immer größer werdenden Wachstum zu schützen. Der Imperialismus ist die Versuchung, den Beschränkungen der Zustimmung zu entgehen und die Rechenschaftspflichtigkeit der Macht aufzuheben, was sehr oft auf Kosten der Bevölkerung der Länder verwirklicht wird, die beherrscht werden. Der Imperialismus lehrt uns, daß Macht und Zustimmung entkoppelt sein können und daß dies im modernen Staat eine dauernd gegebene Möglichkeit ist. Arendt gibt Edmund Burke recht, daß den »Brechern aller Gesetze« in Indien, und ganz besonders Lord Hastings, auch in ihrem Rechtsgehorsam zu Hause nicht vertraut werden kann.[49]

Die Darlegung der vielschichtigen Beziehungen zwischen dem Prinzip »der Menschenrechte« und den Paradoxien des Nationalstaats hat sich Hannah Arendt auch im vorletzten Kapitel des Teils über den Imperialismus zur Aufgabe gemacht. Dieses Kapitel erforscht die begrifflichen Widersprüche zwischen dem Prinzip der universellen Rechte des Menschen und dem Prinzip der nationalen Souveränität mit viel größerer Klarheit als Arendts frühere Betrachtungen über kapitalistisches Wachstum und demokratische Zustimmung. Es veranschaulicht auch Arendts Suche nach bestimmten »kristallinen Strukturen« (siehe dazu den ersten Abschnitt dieses Kapitels) in der Kultur und Politik des 20. Jahrhunderts, die als antizipatorische Elemente für jene komplexe Konfiguration von Ereignissen, Trends und Entwicklungen gelten können, die den Totalitarismus auszeichnet. Denn das Hauptthema dieses Kapitels ist nicht die Gesetzlosigkeit der Kolonialverwaltungen in den Provinzen ihrer Reiche und ihr Versuch, die Machtausübung von den Einschränkungen der Zustimmungsabhängigkeit zu befreien. Das Kapitel handelt vielmehr von der Zerstörung des europäischen Systems der Nationalstaaten am Ende des Ersten Weltkriegs.

»Die modernen Voraussetzungen der Macht, die die nationale Souveränität mit Ausnahme der riesigen Staaten zum Gespött werden lassen, der Aufstieg des Imperialismus und die Panbewegungen untergruben die Stabilität des europäischen Systems der Nationalstaaten von außen. Keiner dieser Faktoren entstammte jedoch unmittelbar der Tradition und der Institutionen der Nationalstaaten selbst. Deren innerer Zerfall setzte erst nach dem Ersten Weltkrieg ein, und zwar mit dem Auftreten von Minderheiten, die durch die Friedensverträge erzeugt wurden, und mit einer ständig zunehmenden Flüchtlingsbewegung als Folge von Revolutionen.« (OT, S. 270)

Mit dem Zerfall des Deutschen Reichs und Österreich-Ungarns sowie etwas entfernter auch des Osmanischen Reichs schufen die Friedensverträge von 1919 und 1920 für viele Völker, die sie »das Staatsvolk« nannten, einen einzelnen Staat, z.B. für die Tschechen in der damaligen Tschechoslowakei und die Serben in Jugoslawien, wobei unterstellt wurde, im ersten Fall seien die Slowaken und im zweiten Fall die Kroaten und Slowenen lediglich zweitrangige Gruppierungen oder Nationalitäten.

Außerdem wurde eine dritte Gruppe von Nationalitäten zur offiziellen Minderheit erklärt, so beispielsweise die Juden in allen neu geschaffenen Nationalstaaten im östlichen Mitteleuropa oder die Griechen in der modernen Türkei. Die Friedensverträge, die am Ende des Ersten Weltkriegs abgeschlossen wurden, trieben die Kollision zwischen dem Prinzip der Achtung für die universellen Menschenrechte einerseits und dem Prinzip der nationalen Souveränität andererseits auf die Spitze. Alle waren überzeugt, beobachtet Arendt, daß

»Freiheit ohne nationales Selbstbestimmungsrecht und volle Souveränität nicht möglich sei, und fühlten sich daher nicht nur in ihren nationalen Aspirationen getäuscht, sondern um das, was sie für Menschenrechte hielten, betrogen. Und für dieses Gefühl konnten sie sich auf nichts Geringeres als die Französische Revolution berufen, welche die Tradition des Nationalstaates eigentlich begründet hat, und zwar mit der Gleichsetzung von nationaler Souveränität und Genuß der Menschenrechte.« (TH, S. 430)

Minderheiten hatte es auch vorher gegeben, doch die Akzeptanz, daß Millionen Menschen außerhalb üblicher Rechtsnormen leben würden und auf den Schutz durch eine internationale Körperschaft angewiesen sein würden, damit ihre elementaren Menschenrechte garantiert sind, implizierte auch, daß nur Angehörige einer bestimmten nationalen Gruppe Staatsbürger sein konnten. Der moderne Staat wurde dadurch von einer Institution, die der Herrschaft des Rechts und dem Schutz der Menschenrechte aller ihrer Bürger dient, in ein Instrument umgewandelt, das allein dem nationalen Interesse förderlich ist. Die hieraus folgende Schaffung staatenloser Völker, d.h. von Menschengruppen, die durch ihre jeweiligen Nationalstaaten abgelehnt wurden, und die massive Denaturalisierung anderer Gruppen von Individuen, die von ihren Gastländern als »Fremde« eingestuft wurden, waren lediglich juristische Schritte, die den Nationalstaat zunehmend in ein Instrument verwandelten, das den Bedürfnissen und Interessen allein einer Menschengruppe diente. So kam es, schreibt Arendt,

»daß der Mensch sich kaum als ein von allen Autoritäten gelöstes und aus allen Bindungen herausgelöstes, völlig isoliertes Wesen etabliert hatte, das seine ihm eigentümliche Würde, die neue Menschenwürde, nur in sich selbst vorfand, ohne jeden Bezug zu einer anderen, höheren und umgreifenden Ordnung, als er aus dieser Isolierung auch schon wieder verschwand und sich in das Glied eines Volkes verwandelte [...] Die Paradoxie, die von Anfang an in dem Begriff der unveräußerbaren Menschenrechte lag, war, daß dieses Recht mit einem ›Menschen überhaupt‹ rechnete, den es nirgends gab, da ja selbst die Wilden in irgendeiner Form menschlicher Gemeinschaft leben [...] So vermengte sich die ganze Frage der Menschenrechte von vornherein unentwirrbar mit der Frage der nationalen Emanzipation und des Selbstbestimmungsrechtes der Völker. Nur die emanzipierte Souveränität des Volkswillens, und zwar des Willens des eigenen Volkes, schien imstande, die Menschenrechte zu verwirklichen [...] Was diese Verquickung der Menschenrechte mit der im Nationalstaat verwirklichten Volkssouveränität eigentlich bedeutete, stellte sich erst heraus, als immer mehr Menschen und immer mehr Volksgruppen erschienen, deren elementaren Rechte als Menschen wie als Völker im Herzen Europas so wenig gesichert waren, als hätte sie ein widriges Schicksal plötzlich in die Wildnis des afrikanischen Erdteils verschlagen.« (TH, S. 454 f.)

Arendts Worte haben sich als prophetisch erwiesen: Das nächste halbe Jahrhundert, das nach Abfassung dieser Sätze verstrich, hat die Flüchtlingsfrage zu einem weltweiten Problem werden lassen. Nicht nur im Osten Mitteleuropas, sondern in Afrika, Asien und dem Mittleren Osten werden immer neue Menschengruppen – die Hutus und die Tutsis, die Kambodschaner, die Vietnamesen und die Kurden – in den Teufelskreis aus Staatenlosigkeit, Minderheitenstatus und oftmals der Vernichtung und Ausrottung hineingezogen. Arendts Gedankengänge sind, wie sie selbst feststellt, »ironisch« oder auch »bitter« und bestätigen fast Edmund Burkes Kritik an der Erklärung der Menschenrechte durch die Französische Revolution (S. 466). Lassen wir für einen Augenblick die schwer zu beantwortende politische Frage beiseite, wie die Menschenrechte im Weltmaßstab geschützt werden können, und fragen wir Arendt, was sie denn letztlich als philosophische, begriffliche Erwiderung auf Edmund Burke anzubieten hat. Läßt sich denn die gesamte Kategorie der »Menschenrechte« oder in Arendts scharfsinniger Ausdrucksweise »das Recht, Rechte zu haben« (S. 462), überhaupt verteidigen? »Haben« Menschen auf dieselbe Weise Rechte, wie sie von sich sagen können, sie haben Körperteile? Welche philosophischen Annahmen bilden die Grundlage unserer Verteidigung, wenn wir darauf bestehen, daß wir alle Menschen als Wesen behandeln müssen, die das Recht beanspruchen können, Rechte zu haben? Begründen wir eine derartige Achtung für die universellen Menschenrechte mit der Natur, mit der Geschichte oder mit der menschlichen Vernunft? In Arendts Text suchen wir vergeblich nach Antworten auf diese Fragen. Da sie uns eine philosophische Auseinandersetzung mit der Rechtfertigung von Menschenrechten vorenthält, insoweit sie ihre eigene geniale Formulierung vom »Recht, Rechte zu haben«, nicht weiter begründet, läßt uns Arendt auch hinsichtlich der normativen Grundlagen ihrer eigenen politischen Philosophie im ungewissen. Ich werde in den Schlußkapiteln noch einmal auf diese Fragen zurückkommen und die Grenzen des politischen Denkens bei Arendt genauer untersuchen.

»Gleichheit ist nicht gegeben, und als Gleiche nur sind wir das Produkt menschlichen Handelns,« bemerkt Arendt. »Gleiche werden wir als Glieder einer Gruppe, in der wir uns kraft unserer eigenen Entscheidung gleiche Rechte gegenseitig garantieren.« (TH, S. 468) »Unser politisches Leben beruht auf der Annahme, daß wir durch Organisation Gleichheit herstellen können, weil der Mensch zusammen mit seinesgleichen und nur mit seinesgleichen in einer gemeinsamen Welt handeln, eine gemeinsame Welt errichten und verändern kann.« (OT, S. 301) Politische Gleichheit wird stets vor einem Hintergrund der Differenz geschaffen, den Arendt »den dunklen Hintergrund des rätselhaft Gegebenen« nennt. (TH, S. 469) Bislang haben wir diese Dialektik von Gleichheit und Differenz soweit untersucht, als sie bei der Entstehung der modernen Zivilgesellschaft faßbar wird, und zwar insbesondere im Hinblick auf die jüdische Identität in der modernen Welt. Was aber, von globalem Ausmaß, das europäische Bewußtsein für immer veränderte und Europa mit der beunruhigendsten Erfahrung rassischer Differenz konfrontierte, war der »scramble for Africa«. Die europäische Kolonisierung Afrikas führte zu einem Bruch zwischen den weißen Völkern Europas und den schwarzen Völkern. Dieser Bruch zeugt von der andauernden Zerbrechlichkeit eines Gemeinwesens, von dem Gleichheit allein innerhalb der eigenen Mauern garantiert werden kann.

Der »scramble for Africa« und das Elend des Rassismus

Arendt stellt fest, daß das Rassendenken in Europa von verschiedenen geistigen und politischen Strömungen herrührte und keineswegs auf die Schwarz-weiß-Einteilung beschränkt war. Sie hebt drei Hauptströmungen hervor: den aristokratischen Rassismus des Grafen Arthur de Gobineau, der 1853 seinen *Essai sur l'inégalité des Races Humaines* veröffentlicht hatte (TH, S. 285 ff.); im politischen Denken Großbritanniens ausgehend von Edmund Burke die Kritik an den »Menschenrechten« im Gegensatz zu den »Rechten des Engländers« (TH, S. 292 ff.), die aber im späten 19. Jahrhundert pseudowissenschaftlichen Theorien des Sozialdarwinismus weichen mußte (ebd.). Arendt untersucht außerdem, wie der deutsche Nationalismus, der sich nach der

Niederlage der alten preußischen Armee gegen Napoleon im Jahr 1807 gebildet hatte und zunächst als eine patriotische Bewegung gegen die Franzosen auftrat, sich schließlich zum Pangermanismus und zum Glauben an das einzigartige Schicksal der deutschen Nation entwickelte. Diese Varianten des Rassendenkens sind weitgehend Reaktionsformen auf die von der Französischen Revolution verkündeten Ideale der universellen Gleichheit, der Menschenrechte und der Brüderlichkeit der Menschen. Sowohl Graf de Gobineau wie auch Edmund Burke ging es darum, die Argumente der Französischen Revolution für Egalität zunichte zu machen, da sie das Ancien régime in Europa wiederherstellen wollten. Sie strebten mehr eine »Rassenaristokratie« als eine »Bürgernation« (TH, S. 285 ff.) an. Was diese intereuropäischen Formen des Rassendenkens dann in eine Konfrontation zwischen Menschengruppen umschlagen ließ, deren Unterschiede unterstelltermaßen »biologische« anstatt »kulturelle« Gründe hatten, war der »scramble for Africa«. Im Kampf um die Vorherrschaft in Afrika machte der Europäer eine Grenzerfahrung, er stieß nämlich auf die Grenzen seiner eigenen Umgangsformen und Zivilisation.

Hannah Arendt verwendet Joseph Conrads bekannte Erzählung *Herz der Finsternis*, um diese Erfahrung zu strukturieren und zu untersuchen.[50] Conrad behandelt in dieser Geschichte die Regression eines deutschen Ingenieurs, der von seiner Firma mit der Aufsicht eines technischen Projekts in irgendeiner nicht näher bestimmten zentralafrikanischen Nation betraut wurde. Herr Kurtz wird mit der Fremdartigkeit und Unvertrautheit des afrikanischen Stammeslebens konfrontiert und gerät allmählich in einen tranceähnlichen Zustand. Er ist unfähig, sich »der Verlockung des Primitiven« zu entziehen. Schließlich verlieren sich alle Grenzen, die ihn von den Eingeborenen trennen, er schläft mit Eingeborenen und läßt sich zu ihrem König erklären. Conrads Geschichte dient Arendt als Kunstgriff, um der Bedrohung nachzuspüren, die diese Begegnung mit dem »anderen« im Herzen Afrikas für die Grenzen europäischer Identität und Zivilisation darstellt. An Conrads Titel für seine Erzählung fällt auf, daß er zweideutig ist: Das »Herz der Finsternis« (*The Heart of Darkness*) kann sich auf das Herz des dunklen Kontinents beziehen, auf das innerste, geheime Wesen Afrikas; es kann aber auch auf das Finstere in Kurtz selbst verweisen, das er auf seiner Reise von Europa nach Afrika entdeckt, während er immer tiefer in seine Psyche, in die Nacht seiner Erinnerung zurücksinkt. Arendt kommentiert einschlägige Schilderungen bei Conrad folgendermaßen:

»Diese schemenhafte Welt erwies sich als eine unübertreffbare Kulisse für diejenigen, die der Zivilisation und damit der Wirklichkeit und Verantwortlichkeit ihrer eigenen Welt entronnen waren. Inmitten einer dem Menschen durchaus feindselig gegenüberstehenden Natur und unter einer erbarmungslosen Sonne waren sie auf Wesen gestoßen, die weder Vergangenheit noch Zukunft, weder Ziele noch Leistungen kannten und ihnen daher genauso unverständlich blieben wie die Insassen eines Irrenhauses. ›Wer hätte sagen können, ob diese prähistorischen Menschen uns verfluchten oder anbeteten oder willkommen hießen? Wir waren vom Verständnis unserer Umgebung abgeschnitten; wir glitten an ihr vorbei wie Gespenster, verwundert und heimlich erschrocken, wie gesunde Menschen es sein mögen im Treiben eines Irrenhauses. Wir konnten nicht mehr verstehen, weil wir zu entfernt dem allen waren, wir konnten uns nicht mehr erinnern, weil wir in die Nacht frühester Zeiten verschlagen waren, jener Zeiträume, die vergangen sind und uns kaum eine Spur und gar keine Erinnerung hinterlassen haben. Die Erde schien unirdisch ... und die Menschen ... nein, sie waren nicht unmenschlich. Und dies war das schlimmste von allem, dieser Verdacht, daß auch sie menschliche Wesen waren. Es überkam einen langsam. Sie heulten und sprangen und drehten sich und schnitten fürchterliche Grimassen; aber das Erregende war gerade der Gedanke an ihre menschliche Natur, die gleiche

Natur wie die unsrige, der Gedanke an unsere entfernte Verwandtschaft mit diesem wilden, lärmenden, brünstigen Treiben.‹« (TH, S. 315 f., Zitat aus Herz der Finsternis)

Was Arendt interessiert, ist eben diese Mischung aus Anziehung und Abstoßung, Verwandtschaft und Feindseligkeit, die die europäischen Glücksritter, die in Afrika auf der Suche nach Gold und Reichtümern waren, ebenso wie die burischen Siedler für die Eingeborenen empfanden. Conrad läßt die Figur Kurtz die Menschlichkeit bekräftigen, die die Eingeborenen mit den Europäern gemein haben, indem er von dessen Reisen in Afrika als Reisen »in die Nacht frühester Zeiten« spricht. Die Lebensweise der Eingeborenen wird demnach zu einer ständigen Versuchung, der Versuchung des Rückfalls in einen Zustand, in dem alles möglich ist, und ein beschränkter Ingenieur aus Europa kann sich in den Augen der gläubigen Eingeborenen zu einem Gott erheben.

Arendt bedient sich der Erzählung Conrads und seiner Figur Kurtz, um diese Problematik zu vertiefen, ist aber in ihrer Absicht mißverstanden worden. Anne Norton argumentiert beispielsweise: »Wenn Arendt von den Afrikanern sagt, ›sie hatten keine menschliche Welt geschaffen‹, sagt sie das mit ihrer eigenen Stimme. Wenn Arendt den Afrikanern Geschichte und Politik abspricht, tut sie das mit ihrer eigenen Stimme. Selbst wenn Arendt diese Worte mit einer anderen Stimme geschrieben und sie als ihren eigenen Gefühlen fremd gekennzeichnet hätte, hätte man noch Grund genug, ihre Ansichten von rassischer Differenz und deren Bedeutung für ihre politische Theorie fragwürdig zu finden. Arendt versetzte sich selbst in das Denken und die Lage des Buren hinein. Sie versuchte nicht, sich in Denken und Lage des Afrikaners hineinzuversetzen. Arendt lieh ihre Stimme dem Buren. Sie ließ den Afrikaner stumm.«[51]

Nortons abschätzige Lesart wird schon durch die historischen und sozialen Unterscheidungen widerlegt, die Arendt macht: Erstens ist »Afrika« als solches, als eine Gesamtheit gesehen, eine historisch irreführende Kategorie. Diese ist entweder das Produkt von rassistischen Diskursen der Weißen, die ganz Afrika unterschiedslos vereinheitlichen, oder aber das Produkt der politischen Rhetorik von Panafrikanisten. Arendts Weigerung, von Afrika »en bloc« zu sprechen, ist kein Versuch, Afrika zu tilgen, wie Norton behauptet. Sie ergibt sich vielmehr aus einer politischen Theorie, die politische Unterscheidungen ernster nimmt als kulturell unhinterfragte, bloß beschwichtigende politische Gesten. Die jüngsten Debatten unter afroamerikanischen Wissenschaftlern über »Essentialismus« und »Konstruktivismus« im Rassen-Diskurs zeigen sehr gut, daß die Erzeugung fiktiver Entitäten wie »Afrika« stets im Namen der geschichtlichen und kulturellen Besonderheit und der ungleichartigen Erfahrungen mit dem Rassismus stark in Zweifel gezogen werden muß. Denn diesen Erfahrungen sind ja die Menschen, die verschiedenen sozialen Klassen, verschiedenen Geschlechtern, Religionen und Ethnien angehören, ganz unterschiedlich ausgesetzt. Arendt hatte einen Sinn für diese Differenzen.[52] Zweitens hält Arendt, eben weil sie weder den Diskurs der weißen Überlegenheitslehre noch den des Panafrikanismus teilt, die arabischen Länder wie Ägypten, Tunesien, Algerien und Marokko in Nordafrika, das Kap der Guten Hoffnung und Südafrika und zudem Zentralafrika auseinander (TH, S. 310ff.). Norton entgehen diese Unterscheidungen völlig, und sie faßt Arendts Charakterisierung der verborgensten Völker und Stämme Zentralafrikas, wie sie von europäischen Siedlern, Glückssuchern und Gaunern erlebt wurden, als Beschreibungen auf, die Arendt mit eigener Stimme so ausdrückt. Drittens stellt sich die Frage, warum Arendt in der Tat versuchte, das Denken des Buren zu analysieren und »den Afrikaner stumm ließ«. Die Antwort lautet einfach, daß Arendt den »scramble for Africa« von einem Standpunkt aus untersuchte, der dessen Einfluß auf die Pervertierung europäischer Moral, Verhaltensweisen und Sitten erkennbar werden ließ. Ihr lag daran herauszufinden, auf welche Weise die Erfahrungen der Gesetzlosigkeit, des zivilisatorischen Rückfalls und der Identitätsbedrohung durch ein Anderssein allesamt vom »dunklen Kontinent« heimkehren, um das Herz der Finsternis ins Innere Europas zu verpflanzen. Da ihr Hauptthema der europäische Rassismus ist und die Erforschung des Bündnisses zwischen dem Kapitalismus und Teilen des verdrängten und entwurzelten europäischen Mobs, der nach Afrika strömte, um sein Glück zu machen, ist es vollkommen verständlich, daß ihr methodologischer Schwerpunkt eher auf der einen als auf der anderen Perspektive liegt. Norton übersieht, daß es moralisch wie politisch von Bedeutung ist, die Verbindungen zwischen dem Aufkommen des Totalitarismus in Europa und dem »scramble for Africa« zu untersuchen. Arendts herausragende Einsicht war ja, daß zwischen den Erfahrungen auf dem dunklen Kontinent und dem Herz der Finsternis in Europa eine ursächliche Verbindung bestand. Aber die Schwäche ihrer Diskussion ist gleich zu Anfang benannt worden: Sie übersetzte diese Einsicht nicht in eine kausale oder entstehungsgeschichtliche Erklärung für den Aufstieg des europäischen Totalitarismus. Wir müssen uns mit ihrer Methode zufriedengeben, »kristalline Strukturen« zu untersuchen, anstatt einen kausalen Nexus aufzudecken. An diesem Punkt kann eine tiefer schürfende Untersuchung der methodologischen Überlegungen, die Arendt bei der Abfassung von *Elemente und Ursprünge totaler Herrschaft* anstellte, zur Aufklärung so mancher Irritation beitragen.

Die Politik der Erinnerung und die moralischen Implikationen der Geschichtsschreibung

Während für Alexis de Tocqueville eine neue Wirklichkeit eine neue Wissenschaft erforderlich machte, damit sie begriffen werden konnte und ihr ein Sinn zu entnehmen war, erforderte der

Totalitarismus für Hannah Arendt nicht so sehr eine neue Wissenschaft als eine neue »Erzählung«. Selbst wenn Arendt glaubte, es könne so etwas wie eine »Wissenschaft« der Politik geben, konnte der Totalitarismus nicht wirklich Gegenstand einer »Politikwissenschaft« sein, denn der Totalitarismus bedeutete das Ende von Politik und die Universalisierung von Herrschaft. Statt dessen benötigte man eine Erzählung, die dem ziellos umherschweifenden Geist neue Orientierung bot, denn nur eine solche Neuorientierung konnte die Vergangenheit so zurückgewinnen, daß sich darauf die Zukunft bauen ließ. Die Theoretikerin des Totalitarismus hatte es als Erzählerin vom Totalitarismus mit einer moralischen und politischen Aufgabe zu tun. Etwas zugespitzter ausgedrückt, in Arendts Behandlung des Totalitarismus sind einige Begriffsverwirrungen deshalb zustande gekommen, weil sie ein starkes Bewußtsein davon hatte, daß die Existenz von Auschwitz in der westlichen Zivilisation ein vollkommen neues und undenkbares Geschehen darstellte: Wollte man dessen Geschichte erzählen, mußte man als erstes die moralischen und politischen Dimensionen der Geschichtsschreibung des Totalitarismus überdenken. Obwohl die »Politisierung der Erinnerung« Teil der von Arendt beklagten Traditionszerstörung im 20. Jahrhundert war, standen die »Politik der Erinnerung« und die »Moral der Geschichtsschreibung« bei ihrer Analyse des Totalitarismus nicht weniger im Mittelpunkt als in ihren späteren Überlegungen zu Eichmann in Jerusalem.

Meine These ist, daß die Geschichtsschreibung des Totalitarismus Arendt vor äußerst schwierige methodologische Dilemmata mit normativen Dimensionen stellte[53] und daß Arendt, während sie über diese Dilemmata nachdachte, eine Auffassung von politischer Theorie als »Geschichten erzählen« entwickelte. Die Aufgabe dieser Art von politischer Theorie besteht darin, sich mit »Übungen« im Denken zu befassen, bei denen unter den Trümmern der Geschichte gegraben wird, um jene »Perlen« vergangener Erfahrung mit ihren sedimentierten und verborgenen Bedeutungen wiederzufinden, aus denen sich eine Geschichte (story) herauslesen läßt, die dem Geist hilft, sich auf die Zukunft zu orientieren.

Das Schreiben über den Totalitarismus, besonders aber über die Ausrottung und die Konzentrationslager, die sie als die beispielloseste Form menschenmöglicher Herrschaft ansah, barg für Hannah Arendt tiefgreifende Dilemmata der Geschichtsschreibung. Diese dilemmatischen Fragen können zu vier Problemstellungen zusammengezogen werden: Erstens Historisierung und Errettung, zweitens der Gebrauch der Empathie, der Einbildungskraft und der historischen Urteilskraft, drittens die Fallstricke des Denkens in Analogien und viertens die moralische Resonanz der narrativen Sprache.

Historisierung und Errettung. Jegliche »Geschichtsschreibung ist notwendigerweise Errettung und häufig Rechtfertigung«.[54] Die Geschichtsschreibung entspringt dem Wunsch der Menschen, die Vergessenheit und das Nichts zu überwinden. Es ist der Versuch, etwas zu retten, was angesichts der Zerbrechlichkeit menschlicher Angelegenheiten und der Unausweichlichkeit des Todes »eben mehr ist als Gedenken«. Von dieser griechischen und sogar homerischen Geschichtsauffassung herkommend, war das erste Dilemma, in dem sich Arendt mit der Geschichtsschreibung des Totalitarismus befand, der Impuls zu zerstören, anstatt zu bewahren. »Mein erstes Problem bestand also darin, wie ich als Historikerin über etwas – den Totalitarismus – schreiben sollte, was ich nicht erhalten wollte, sondern wo ich mich im Gegenteil zur Zerstörung animiert fühlte.«[55]

Die Struktur der traditionellen historischen Erzählung, die nun einmal in einer chronologischen Reihenfolge und in der Logik des zeitlichen Vorhergehens und Nachfolgens abgefaßt ist, dient der »Bewahrung« dessen, was geschah, indem der Eindruck vermittelt wird, es sei unvermeidlich, notwendig, plausibel, verständlich, und kurz gesagt, rechtfertigbar gewesen. Nichts erschien Arendt verabscheuungswürdiger als das Diktum: »Die Weltgeschichte ist das Weltgericht«. Ihre Antwort auf dieses Dilemma war dieselbe, die Walter Benjamin gefunden hatte, nämlich die Kette der narrativen Kontinuität aufzubrechen, die Chronologie als natürliche Struktur der Erzählung zu zerstören, das Bruchstückhafte, die historischen Sackgassen, Fehlschläge und Brüche zu betonen. Diese Methode der fragmentarischen Geschichtsschreibung wird nicht nur dem Gedächtnis der Toten gerecht, indem sie die historisch relevante Geschichte (story) unter dem Aspekt ihrer gescheiterten Hoffnungen und Bestrebungen erzählt. Sie ist vielmehr auch ein Weg, »die Vergangenheit zu bewahren«, ohne sich von ihr versklaven zu lassen und insbesondere, ohne sich Argumenten einer »geschichtlichen Notwendigkeit« zu beugen, von denen die eigene moralische und politische Einbildungskraft erdrückt wird. Arendt stolperte über dieses Dilemma der Geschichtsschreibung, als sie über den Totalitarismus nachdachte. Die Methode, Geschichte wider die traditionellen Grundregeln der historischen Erzählung zu schreiben, muß aber ihre umstrittene Darstellung des Handelns der Judenräte im Eichmann-Buch unzweifelhaft ebenso angeleitet haben wie ihre Darstellung der Französischen und Amerikanischen Revolution in *Über die Revolution.*

Empathie, Einbildungskraft und historisches Urteil. Arendt war der Meinung, es gebe eine besondere Beziehung zwischen dem Verstehen von Geschichte und dem, was Kant Einbildungskraft genannt hatte.[56] Beides waren Übungen im reproduktiven Vorstellen; in diesem wie in jenem Fall hatte man aus den verfügbaren Evidenzen wieder einen neuen Begriff, eine neue Erzählung, eine neue Perspektive zu schaffen. Denn historisches Verstehen konnte niemals die bloße *Reproduktion* des Standpunkts früherer historischer Akteure sein. Würde man vorgeben, historisches Verstehen käme einer vollständigen Empathie gleich, wäre das ein Handeln wider besseres Wissen, das dazu diente, den Standpunkt des Erzählers oder der Historikerin zu verschleiern. Arendt unterschied peinlich genau zwischen »Urteilskraft« und »Empathie«.[57] Das historische Erzählen verlangt nicht weniger als das moralische Handeln, sich auf Akte des Urteilens einzulassen, denn Verstehen ist eine Form des Urteilens – gewiß nicht im juristischen oder moralistischen Sinne der Äußerung einer wertenden Sichtweise, doch im Sinne der Neuschöpfung einer geteilten Wirklichkeit vom Standpunkt aller Beteiligten und Betroffenen aus. Das historische Urteil offenbarte die perspektivische Natur der gemeinsamen sozialen Welt, indem es deren Pluralität in narrativer Form zur Darstellung brachte. Bei einer solchen darstellenden Erzählung war die Fähigkeit gefragt, »den Standpunkt des anderen einzunehmen«, was nicht bedeutet, Empathie oder sogar Sympathie für den anderen aufzubringen, sondern die Welt so neuzuschaffen, wie sie in den Augen anderer erscheint.

Ein Historiker kann seine Aufgabe demnach nur erfüllen, insoweit sich seine Einbildungskraft bei der Neuschöpfung der pluralen und perspektivischen Qualität der miteinander geteilten Welt nicht auf einen dieser Gesichtspunkte beschränkt. Arendt zog hier einen scharfen Trennstrich zwischen der Urteilspraxis des Geschichtswissenschaftlers auf der einen Seite und den moralischen Dilemmata des Objektivismus und Relativismus auf der anderen. Die Verpflichtung, eine jede Perspektive in narrativer Form darzustellen, mag als das Äquivalent zum Blick Gottes auf das Universum erscheinen. Sie könnte die Illusion einer totalen Objektivität nähren. Für die Perspektivenvielfalt gilt aber auch: je pluralistischer und zersplitterter die soziale und historische Realität erscheint, desto eher kann man die Überzeugung gewinnen, daß ein von allen geteiltes Recht oder Unrecht überhaupt nicht existiert und daß alle unsere Moralbegriffe nichts als Nebelwände für unsere Perspektiven und Präferenzen sind. Eine Konsequenz, die Nietzsche, dessen perspektivistische Erkenntnistheorie Arendt sicherlich inspirierte, nicht gescheut hatte zu ziehen.[58]

So wie für die Moral lehnte es Arendt auch für die Geschichtsschreibung ab, sich mit diesen Problemen anhand von Positionen zu befassen, die nach Erstbegründungen suchen. Sie hielt hartnäckig daran fest, daß die Kultivierung des historischen und des moralischen Urteils eben genau darauf hinausliefe: auf die Fähigkeit, feine Unterscheidungen zu machen und die plurale Natur der miteinander geteilten humanen Welt darzustellen, indem man den Standpunkt anderer neuschöpft.[59] Manchen kritischen Interpreten zufolge zeichnete sich Arendt in dieser Kunst der Darstellung so stark aus, daß sie erfolgreicher darin war, das Denken der Antisemiten als das der Juden zu erfassen oder das Denken der weißen burischen Siedler als das der afrikanischen Bevölkerung einzufangen.[60]

Die Fallstricke des Denkens in Analogien. Eine von Arendts Hauptstreitigkeiten mit den Sozialwissenschaften ihrer Zeit bestand darin, daß das herrschende positivistische Paradigma zu geschichtslosen Denkweisen und zu einer voreiligen Begeisterung für Analogien und Verallgemeinerungen führte. Weil man meinte, die wissenschaftliche Methode habe induktiv zu sein und habe auch in der Sozialwissenschaft immer mehr Fälle desselben Gesetzes zusammenzutragen, suchte man nach dem verallgemeinerbaren und kulturübergreifenden »Ähnlichen«, was oftmals bei banalen Generalisierungen endete.[61] Für Arendt war mit diesem Ansatz nicht bloß ein methodologisches, sondern auch ein moralisches und politisches Problem verbunden. Denn diese Methode trübte den Sinn für das, was neu und beispiellos war, und verfehlte daher die Aufgabe, angesichts des noch nie Dagewesenen moralisch zu denken. Politisch gesehen, lähmte diese Methode außerdem die Fähigkeit zum Widerstand, weil sie den Eindruck erweckte, alles sei möglich und zulässig.[62]

In der ersten Ausgabe von *Elemente und Ursprünge totaler Herrschaft* hatte Arendt die Kategorie des »radikal Bösen« verwendet, um zu beschreiben, was in den Todeslagern geschehen war. Später nahm sie, größtenteils infolge ihrer Analyse Eichmanns, von dieser Position Abstand zugunsten des Ausdrucks von der »Banalität des Bösen«. Ihre Biographin Elisabeth Young-Bruehl berichtet, daß dieser Wechsel für Arendt eine »Cura posterior« war.[63] Die Kur bedeutete jedoch weder Vergeben noch Vergessen (Arendt bestand immer darauf, daß Eichmann für seine Taten verurteilt werden mußte – die Frage war nur, nach welchen Prinzipien und gemäß welcher Rechtfertigung).[64] Arendt warf mit diesem vielfach verleumdeten und mißverstandenen Ausdruck lediglich eine Frage auf, die bis heute unbeantwortet geblieben ist: Wie konnten sich »gewöhnliche«, beschränkte, ganz alltägliche Menschen, die weder besonders schlecht, korrupt oder verdorben sind, an beispiellosen Greueltaten beteiligen oder ihre Einwilligung dazu geben?[65] Ein besserer Ausdruck als die »Banalität des Bösen« wäre vielleicht die »Routinisierung des Bösen« oder dessen »Veralltäglichung« gewesen. Das Denken in Analogien beherrscht die Logik des Alltags, wo wir uns an vertrauten und eingeführten Mustern und Regeln orientieren. Aus diesem Grund wirkt das analogische Denken routinisierend und normalisierend und macht uns das Unvertraute vertraut. Es verstärkt dadurch das »Normale«, die »Alltags«-Qualität des Nichthinnehmbaren, des noch nie Dagewesenen und des Ungeheuerlichen.

Die moralische Resonanz der narrativen Sprache. Arendts erste Kritiker lobten ihr Buch als leidenschaftlich und beschuldigten es der Sentimentalität.[66] Sie selbst erwiderte darauf, sie hätte sich bei ihrer Analyse des Totalitarismus sehr bewußt von »der Tradition des ›sine ira et studio‹« verabschiedet, denn wenn man über den Totalitarismus schreibe und keine moralische Empörung ausdrücke oder nicht versuche, sie im Leser hervorzurufen, würde das einer moralischen Komplizenschaft entsprechen. »Die Konzentrationslager sine ira [leidenschaftslos] zu beschreiben heißt nicht, ›objektiv‹ zu sein, sondern sie zu billigen. Eine solche Billigung läßt sich nicht durch eine Verurteilung ändern, die der Autor möglicherweise pflichtgemäß hinzufügt, die aber der Beschreibung selbst äußerlich bleibt.«[67] Die moralische Resonanz der Sprache wohnt nicht nur oder nicht einmal in erster Linie den ausdrücklichen Werturteilen inne, die ein Autor über einen Gegenstand fällt; eine solche Resonanz muß vielmehr ein Aspekt der beschreibenden Erzählung selbst sein. Die Sprache, in der erzählt wird, muß der moralischen Qualität des erzählten Gegenstands angemessen sein. Natürlich macht die Fähigkeit, erzählen zu können, einen Theoretiker zu einem Geschichtenerzähler, und die Sprache des wahren Geschichtenerzählers zu finden ist nicht gerade das Merkmal eines jeden Theoretikers.

Die Theoretikerin als Geschichtenerzählerin

Vielleicht erscheint es uns nun weniger verwunderlich, daß eine der häufigsten Antworten, die Arendt gibt, wenn sie gefragt wird, was sie tut, »Geschichten erzählen« lautet.[68] Auch für Arendts politische und philosophische Analysen ist die Berufung des Theoretikers zum »Geschichtenerzähler« der einheitsstiftende rote Faden – von *Elemente und Ursprünge totaler Herrschaft* über ihre Gedanken zur Französischen und Amerikanischen Revolution bis zu ihrer Theorie des öffentlichen Raums und ihren Schlußworten im ersten Band *Vom Leben des Geistes*, »Das Denken«.

»Ich bin eindeutig denen beigetreten, die jetzt schon einige Zeit versuchen, die Metaphysik und die Philosophie mit allen ihren Kategorien, wie wir sie seit ihren Anfängen in Griechenland bis auf den heutigen Tag kennen, zu demontieren. Eine solche Demontage ist nur möglich, wenn man davon ausgeht, daß der Faden der Tradition gerissen sei und wir ihn nicht erneuern können. Historisch gesehen, ist eigentlich die Tausende von Jahren alte römische Dreieinigkeit von Religion, Amtsmacht und Tradition zusammengebrochen. Der Verlust dieser Dreieinigkeit zerstört nicht die Vergangenheit [...] Verlorengegangen ist die Kontinuität der Vergangenheit [...] Man hat dann immer noch die Vergangenheit, aber eine zerstückelte Vergangenheit, die ihre Bewertungsgewißheit verloren hat.«[69]

Eine Vergangenheit, die Autorität über uns beansprucht, weil sie die Art und Weise verkörpert, wie die Dinge getan wurden, ist die »Tradition«. Arendt unterscheidet zwischen der »Revolte« des 19. Jahrhunderts gegen die Autorität der Tradition und dem »Bruch« des 20. Jahrhunderts mit der Tradition.[70] Die Revolte des 19. Jahrhunderts ist nur dann verständlich, wenn man annimmt, daß die Vergangenheit, von der man sich befreien will, noch präsent genug ist, so daß der Versuch, sich ihrer zu entledigen, auch wirklich Sinn macht. Die Ereignisse des 20. Jahrhunderts haben jedoch zwischen Vergangenheit und Zukunft eine »Kluft« von solchem Ausmaß geschaffen, daß die Vergangenheit zwar noch präsent, aber zerstückelt ist und nicht mehr als eine zusammenhängende Erzählung wiedergegeben werden kann. Unter diesen Bedingungen müssen wir die Kluft zwischen Vergangenheit und Zukunft in jeder Generation von neuem durchdenken; wir müssen unsere eigenen heuristischen Prinzipien entwickeln und wir müssen »den Pfad des Denkens neu entdecken und mühsam bahnen«.[71]

Diese Wiedergewinnung der Vergangenheit muß erfolgen, und sie kann nur außerhalb des Rahmens der etablierten Tradition erfolgen, weil die Tradition den Sinn der Vergangenheit nicht länger offen zu erkennen gibt. Kein Gefühl für die Vergangenheit zu haben heißt aber, das eigene Selbst, die Identität, zu verlieren, denn wer wir sind, enthüllt sich in den Erzählungen, mit denen wir uns selbst und unsere mit anderen geteilte Welt darstellen. Die Narrativität ist für unsere Identität konstitutiv. Menschliche Handlungen werden stets nach Maßgaben wie »der so und so hat das und das getan« bestimmt. Anders als Dinge und natürliche Gegenstände leben Handlungen nur in der Erzählung derer, die sie vollziehen, und in der Erzählung derer, die sie verstehen, interpretieren und sich an sie erinnern. Diese narrative Struktur des Handelns bestimmt auch die Identität des Selbst. Das menschliche Selbst läßt sich im Gegensatz zu Dingen und Gegenständen nicht anhand dessen identifizieren, was es ist, sondern nur dadurch, wer man ist. Das Selbst ist der Protagonist einer Geschichte, die wir erzählen, aber es ist nicht notwendig deren Autor oder Verfasser (VA, S. 175 f.). Die narrative Struktur des Handelns und der menschlichen Identität bedeutet, daß die unablässige Nacherzählung der Vergangenheit, die andauernde Wiedereingliederung der Vergangenheit in die Geschichte (story) der Gegenwart, ihre ständige Neubewertung, Neueinschätzung und Neuordnung ontologische Bedingungen für die Art von Wesen bilden, die wir sind. Wenn das Dasein ein zeitliches ist, dann ist die Erzählung die Modalität, in welcher Zeit erfahren wird. Die Vergangenheit lebt selbst dann in uns, wenn der Faden der Tradition zerrissen ist, wenn die Vergangenheit nicht mehr maßgeblich ist, weil sie einfach vorbei ist; selbst dann können wir es nicht vermeiden, uns in ein Verhältnis zu ihr zu setzen. Wer wir zu einem beliebigen Zeitpunkt sind, definiert sich nach der Erzählung, die Vergangenheit und Gegenwart eint.

Das Erzählen, oder um Arendts Ausdruck zu gebrauchen, das Geschichtenerzählen, ist also eine elementare menschliche Tätigkeit. Demnach besteht ein Kontinuum zwischen dem Versuch der Theoretikerin, die Vergangenheit zu verstehen, und dem Bedürfnis der handelnden Person, die Vergangenheit als Teil einer stimmigen und zusammenhängenden Lebensgeschichte zu interpretieren. Aber was leitet die Tätigkeit des »Geschichtenerzählers«, wenn die Tradition aufgehört hat, orientierend zu wirken? Was strukturiert das Erzählen, wenn die kollektiven Formen des Gedächtnisses zusammengebrochen sind, ausgelöscht oder so stark entstellt wurden, daß sie nicht wiederzuerkennen sind? Arendt greift auf Shakespeare zurück, um die Tätigkeit des Geschichtenerzählers zu erläutern. Sie zitiert ein paar Zeilen, die, wie sie meint, »besser und knapper sagen«, als sie selbst es könnte, was man beim Versuch tut, aus einer zerstückelten Vergangenheit Bedeutung herauszulesen:

»Fünf Faden tief liegt Vater dein: Sein Gebein wird zu Korallen;
Perlen sind die Augen sein: Nichts an ihm, das soll verfallen,
Das nicht wandelt Meeres Hut in ein reich' und seltnes Gut.«
(Der Sturm, Akt I, Szene 2)[72]

Nach dem »Sturm« ist der Theoretiker als Geschichtenerzähler wie ein Perlentaucher, der die Erinnerung an den Toten »in ein reich' und seltnes Gut« überführt. Arendt zitiert diese Textstelle zum ersten Mal in ihrem Aufsatz über Walter Benjamin von 1968. Dort heißt es:

»Walter Benjamin wußte, daß Traditionsbruch und Autoritätsverlust irreparabel waren, und zog daraus den Schluß, neue Wege für den Umgang mit der Vergangenheit zu suchen. In diesem Umgang wurde er ein Meister, als er entdeckte, daß an die Stelle der Tradierbarkeit der Vergangenheit ihre Zitierbarkeit getreten war, an die Stelle ihrer Autorität die gespenstische Kraft, sich stückweise in der Gegenwart anzusiedeln und ihr den falschen Frieden der gedankenlosen Selbstzufriedenheit zu rauben.«[73]

Arendt verwandte dieselben Zeilen von Shakespeare, um Benjamins Bemühungen und auch ihre eigenen Bestrebungen im historischen Erinnern zu charakterisieren, und verriet dadurch den bedeutenden Einfluß, den Benjamins philosophische Betrachtungen »Über den Begriff der Geschichte« auf ihre eigenen Ansichten zum historischen Erzählen ausübten.[74] Arendt selbst ersetzte die Überlieferbarkeit der Vergangenheit natürlich nicht durch ihre Zitierbarkeit, aber Zitate wurden auch für sie interessante Bruchstücke, archäologische Raritäten, deren Bedeutung »fünf Faden tief« lag. Um diese Perlen, »die Augen sein«, zu finden, mußte man tief in die ursprüngliche Bedeutung der Phänomene eintauchen, die von den abgelagerten Schichten historischer Interpretation überdeckt sind. Sobald man diese Perlen an die Oberfläche bringt, kann man die Gegenwart aufrütteln und ihr den »falschen Frieden« rauben.

In Arendts Aufsatz über Benjamin geht mit der Gestalt des Perlentauchers die des Sammlers einher: »Die Figur des Sammlers, ihrer Herkunft nach so altertümlich wie die des Flaneurs, kann in Benjamin so eminent moderne Züge annehmen, weil die Geschichte selbst, nämlich der im Anfang dieses Jahrhunderts vollzogene Traditionsbruch, ihm diese Arbeit des Zerstörens bereits abgenommen hat, und er sich gleichsam nur zu bükken braucht, um sich seine kostbaren Bruchstücke aus dem Trümmerhaufen des Vergangenen herauszulesen.«[75]

Arendt war sich darüber im klaren, daß sie die Dichtung bewußt überging, wenn sie die Tätigkeit des Geschichtenerzählers mit der des Perlentauchers und des Sammlers verglich. Obwohl sie Benjamin dafür lobt, daß er ein Dichter ist, gibt es letzten Endes keine Verwandtschaft zwischen dem Dichter, der im poetischen Vortrag die Stadt verewigen und Taten, die von menschlicher Größe zeugen, vor dem Vergessen retten will, und dem modernen Geschichtenerzähler, der ohne eine genau benennbare menschliche Stadt auskommt. Der Verlust der Vaterstadt war, wie Brecht wußte, nicht gleich der Verlust eines Orts oder einer Umgebung;[76] die Stadt steht symbolisch für Heimat, Tradition und von Generation zu Generation überlieferte Erinnerung. Wenn der Verlust der Stadt die Quellen der Poesie auszutrocknen drohte, stand es der Geschichtenerzählerin, so wie dem Perlentaucher und dem Sammler, nach wie vor frei, unter dem Schutt nach Perlen zu graben, um sie an die Oberfläche zu bringen.

Arendts Darstellung vom »Aufstieg des Gesellschaftlichen« und vom Niedergang des öffentlichen Raums der Politik unter den Voraussetzungen der Moderne muß noch einmal im Licht dieser Methodologie der »fragmentarischen Geschichtsschreibung« oder des »Geschichtenerzählens« gelesen werden. Damit kehren wir zu einem Thema zurück, das bereits am Ende der Diskussion über Rahel Varnhagen in Kapitel 1 angesprochen worden ist: In Arendts Arbeit findet sich eine alternative Archäologie der Moderne. Diese alternative Archäologie der Moderne hat sowohl inhaltliche als auch methodologische Dimensionen. Ich hatte in Kapitel 1 angefangen, einige inhaltliche Fragen zu untersuchen, die Arendts Analyse mit sich bringt, so beispielsweise die Bedeutung des Gesellschaftlichen. Dieses Kapitel hat nun in die methodologischen Aspekte der fragmentarischen Geschichtsschreibung eingeführt, die keine Übung in nostalgischer Verfallsgeschichte ist, sondern ein Versuch, die in Sprachschichten und Begriffssedimenten abgelagerte Menschheitsgeschichte zu durchdenken. Wir müssen lernen, die Momente des Bruchs, der Verschiebung und Verwerfung in der Geschichte zu erkennen. In solchen Momenten legt die Sprache Zeugnis ab von den wirklich tiefgreifenden Umwälzungen, die im Leben der Menschen stattfinden. Eine derartige Begriffsgeschichte ist ein Erinnern im Sinne eines kreativen Neudurchdenkens, das verlorengegangene Potentiale der Vergangenheit freisetzt.

»Die Geschichte der Revolution [...] könnte in Form einer Parabel geschrieben werden: als Erzählung von einem uralten Schatz, der unter den unterschiedlichsten Umständen jäh, unerwartet zum Vorschein kommt und unter anderen mysteriösen Bedingungen wieder verschwindet, als wenn er eine Fata Morgana sei.«[77]

Arendts Denken ist jedoch nicht immer frei von Aspekten einer »Ursprungsphilosophie«, die einen Urzustand im phänomenologischen Sinne des Wortes, das heißt als privilegierten Zustand, postuliert. Im Gegensatz zum Bruch, zur Verschiebung und Verwerfung betont diese Auffassung die Kontinuität zwischen Ursprung und Gegenwart und ist bestrebt, das verlorengegangene und verborgene Wesen der Phänomene an ihrem

Ursprung freizulegen. In Arendts Denken sind somit zwei Stränge zu finden: Der eine entspricht der Methode fragmentarischer Geschichtsschreibung und wurde von Walter Benjamin inspiriert; der andere ist von der Phänomenologie Husserls und Heideggers inspiriert und begreift das Gedächtnis als die mimetische Erinnerung an die verlorenen Ursprünge der Phänomene, wie sie in manchen elementar menschlichen Erfahrungen enthalten ist. Übereinstimmend damit, gibt es in *Vita activa* eine Fülle von Hinweisen, die an »die ursprüngliche Bedeutung der Politik« oder an die »verlorene« Unterscheidung zwischen dem »Privaten« und dem »Öffentlichen« erinnern (VA, S. 27ff., S. 64ff.). Der Text, in dem der philosophische Kampf zwischen diesen beiden Methoden ausgetragen wird und in dem Hannah Arendt nochmals zum Denken Martin Heideggers zurückkehrt, ist *Vita activa*.

1 Siehe Hannah Arendt, *The Burden of Our Times*, London 1951.

2 Siehe Eric Voegelin, Rezension von *The Origins of Totalitarianism*, in: *Review of Politics* 15/Januar 1953, S. 69.

3 Arendt, Vorwort vom Juli 1967 zu *Elemente und Ursprünge totaler Herrschaft*, aus dem Englischen von der Verfasserin, München [4]1995, S. 22.

4 Ebenda, S. 23.

5 Arendts These, daß die Zukunft radikal unterbestimmt sei und niemals auf der Basis der Vergangenheit vorhergesagt werden könne, wurzelt in ihrer ontologischen Analyse der menschlichen »Spontaneität«. Das ist die Fähigkeit, das Neue und Unerwartete zu initiieren, und entspricht der menschlichen Tatsache der Geburt. Genauso wie jede Geburt eine neue Lebensgeschichte bedeutet, die bei der Geburt nicht vorhersagbar ist, so kann die menschliche Handlungsfähigkeit stets das Neue und Unerwartete hervorrufen (siehe *Vita activa*, S. 239–243). Diese Fähigkeit zur Spontaneität ist ganz wesentlich für das politische Leben, denn die Gründung der »civitas« geht auf einen solchen Akt der Spontaneität zurück, so wie der weitere Fortbestand des politischen Gemeinwesens von der Koordinierung menschlicher Tätigkeiten abhängig ist. Der Totalitarismus zielt darauf ab, diese Fähigkeit zum Neubeginn zu zerstören und auf diese Weise politisches Leben unmöglich zu machen.
Arendt untersucht nicht, wie diese These der Spontaneität menschlichen Handelns mit der Perspektive der Sozialwissenschaften zusammenhängt, die unser Verständnis des Handlungsablaufs erweitert, während sie unseren Sinn für dessen Spontaneität verringert, da sie sich auf die ermöglichenden und vorgängigen Bedingungen des Handelns konzentriert. Arendt hätte wahrscheinlich geltend gemacht, daß die Sozialwissenschaft nur insofern möglich ist, als Menschen nicht »handeln«, sondern »sich verhalten«, das heißt, insofern sie sozial etablierte Verhaltensmuster wiederholen. Alasdair MacIntyre gibt eine interessantere Erklärung, weshalb eine Sozialwissenschaft mit nomologischen und prognostischen Kompetenzen unmöglich ist, wobei er diese These auf den narrativen Charakter des Handelns statt auf dessen Spontaneität stützt: Alasdair MacIntyre, *Der Verlust der Tugend. Zur moralischen Krise der Gegenwart*, Frankfurt am Main 1995.

6 Merleau-Ponty verwendete den Ausdruck »geschichtliche Einbildung«, als er Max Webers Untersuchung der protestantischen Ethik und des Geists des Kapitalismus interpretierte; siehe Maurice Merleau-Ponty, *Les Aventures de la Dialectique*, Paris 1955, S. 29; dt. *Die Abenteuer der Dialektik*, üb. von Alfred Schmidt, Frankfurt am Main 1974, S. 23.

7 Siehe Walter Benjamin, *Ursprung des deutschen Trauerspiels*, hg. von R. Tiedemann, Frankfurt am Main 1982. Dazu auch Susan Buck Morss' Untersuchung der Begriffe »Konfiguration« und »Kristallisation der Elemente« als

methodologische Kategorien der Arbeit von Benjamin, in: *The Origin of Negative Dialectics: Theodor W. Adorno, Walter Benjamin and the Frankfurt Institute*, New York 1977, S. 96–111.

8 Hannah Arendt, »A Reply«, Austausch mit Eric Voegelin über dessen Besprechung von *The Origins of Totalitarianism*, in: *Review of Politics* 15/Januar 1953, S. 78. Siehe Anmerkung A im Anhang zu Benjamins »Über den Begriff der Geschichte« (der Text wurde von Arendt im Englischen ediert): »Der Historismus begnügt sich damit, einen Kausalnexus von verschiedenen Momenten der Geschichte zu etablieren. Aber kein Tatbestand ist als Ursache eben darum bereits ein historischer. Er ward das, posthum, durch Begebenheiten, die durch Jahrtausende von ihm getrennt sein mögen. Der Historiker, der davon ausgeht, hört auf, sich die Abfolge von Begebenheiten durch die Finger laufen zu lassen wie einen Rosenkranz. Er erfaßt die Konstellation, in die seine eigene Epoche mit einer ganz bestimmten früheren getreten ist. Er begründet so einen Begriff der Gegenwart als der ›Jetztzeit‹, in welcher Splitter der messianischen eingesprengt sind.« *Illuminationen*, Frankfurt am Main [4]1985, S. 261.

9 Arendt, *Elemente und Ursprünge totaler Herrschaft*, S. 677.

10 Roland W. Schindler gibt eine sehr informative und ausgewogene Darstellung von Arendts Thesen, was das Wesen des nationalsozialistischen Regimes und insbesondere dessen Politik zur Ausrottung der Juden angeht. Er richtet sein Augenmerk auch darauf, wie diese Thesen im Zusammenhang heutiger Historikerdebatten über diese Thematik mittlerweile gesehen werden. Arendts Theorie nimmt zwischen »funktionalistischen« Erklärungsmustern einerseits und »intentionalistischen« Ansätzen andererseits eine Mittelposition ein. Erstere schreiben der auf die Juden zielenden Ausrottungspolitik im Dritten Reich eine gewisse Zweck-Mittel-Rationalität zu, letztere meinen, daß diese Poltik nicht utilitaristischen Zwecken diente, vielmehr folgte sie aus der unerbittlichen ideologischen Logik der nationalsozialistischen Weltanschauung. Nach Arendt diente der Begriff eines »objektiven Feindes« nicht einem wirtschaftlichen Zweck, sondern verstärkte das politische Vorhaben totaler Herrschaft und Dominanz, die das Naziregime anstrebte. Roland W. Schindler, »Hannah Arendt und die Historiker-Kontroverse um die ›Rationalität‹ der Judenvernichtung«, in: *Dialektik*, Hamburg 1994, S. 146–160; und ders., *Geglückte Zeit – gestundete Zeit. Hannah Arendts Kritik der Moderne*, Frankfurt am Main 1995.

11 Arendt, *Elemente und Ursprünge totaler Herrschaft*, S. 684. Siehe auch Arendts Rezension »The History of the Great Crime« zu Leon Poliakov, *Breviary of Hate. The Third Reich and the Jews*, in: *Commentary*, 13. März 1952, S. 304.

12 Für Arendts Erklärung des modernen Antisemitismus spielt die historisch-institutionelle Rolle der Juden in der modernen bürgerlichen Gesellschaft

eine wichtige Rolle. Dennoch ist daran zu erinnern, daß die Besonderheiten des modernen Antisemitismus nicht einfach durch die Identifikation der Juden mit der Zirkulations- und Tauschsphäre, mit Geld und Macht allgemein erklärt werden können. Diese Gleichsetzungen ergeben nur deshalb einen Sinn, weil sich die »aufgeklärte« Gesellschaft von der Figur des Juden als Mörder des Gottessohnes getrennt hat und diese Figur durch das Bild vom Juden als dem potentiellen Träger eines nicht aufzulösenden, unverbesserlichen »Lasters«, nämlich der »Tatsache« des Jüdischseins als solcher ersetzt hat. Der moderne Antisemitismus sieht im Jüdischsein nicht eine Tätigkeit, sondern eine Bedingtheit, eine Form der gegebenen Identität. Aus diesem Grund ist er viel heimtückischer. Er verlangt, daß diese Identität geändert wird oder die Tatsache beseitigt wird. Zweifellos wurden die Juden in der modernen europäischen Gesellschaft durch ihre leichte Erkennbarkeit zum Gegenstand von Ressentiments – von den Bankiers, die die absolutistischen Könige finanzierten, über die assimilierte Bourgeoisie, die ihre Verbindungen, die sie unter dem alten Regime aufgebaut hatte, dazu nutzte, um in der neuen kapitalistischen Wirtschaft Handelsbeziehungen fortzusetzen, bis zu den Juden, die, wie das Geld selbst, die einzige wahrhaft übereuropäische Gemeinschaft zu bilden schienen; die Juden blieben zwar Angehörige des Nationalstaats, aber in ihren historischen Bindungen, Familienbeziehungen, ihrer Sprachbeherrschung usw. waren sie übernational.

13 Hannah Arendt, *The Origins of Totalitarianism*, New York 1966, S. 475. [Die dt. Ausgabe *Elemente und Ursprünge totaler Herrschaft* ist nicht in jedem Falle identisch mit der engl. Ausgabe. Einige Zitate, wie dieses z.B., sind daher unmittelbar nach der engl. Fassung übersetzt. A. d. Ü.]

14 Siehe Manfred Funke (Hg.), *Totalitarismus. Ein Studien-Reader zur Herrschaftsanalyse moderner Diktaturen*, Düsseldorf 1978.

15 Siehe Hans Mommsen, »The Concept of Totalitarian Dictatorship Versus the Comparative Theory of Fascism«, in: Ernest A. Menze (Hg.), *Totalitarianism Reconsidered*, Port Washington, N.Y. 1981, S. 146–167.

16 Siehe Karl Buchheim, »Totalitarismus. Zu Hannah Arendts Buch ›Elemente und Ursprünge totaler Herrschaft‹«, in: Adalbert Reif (Hg.), *Hannah Arendt. Materialien zu ihrem Werk*, Wien 1979, S. 211 ff.

17 Siehe Carl Friedrich/ Zbigniew K. Brzezinski, *Totalitarian Dictatorship and Autocracy*, 2. überarbeitete Auflage, Cambridge, Mass. 1965. Darin bes. das Vorwort zur ersten Auflage, S. xi-xiii.

18 Interessanterweise haben osteuropäische Intellektuelle und Dissidenten dieses Konzept in den letzten Jahren wiederbelebt (Heller, Feher, Havel). Siehe insbes. F. Feher/A. Heller, *Eastern Left, Western Left: Totalitarianism, Freedom and Democracy*, Cambridge, UK 1986.

19 Siehe Robert C. Tucker, »Between Lenin and Stalin. A Cultural Analysis«, in: *Praxis International* 6, Nr. 4/1987, S. 470 ff.; und Alvin Gouldner, »Stalinism. A Study of Internal Colonialism«, in: *Telos* Nr. 34/Winter 1977–1978, S. 5–48.

20 Diese historischen und empirischen Probleme der Arendtschen Interpretation des Totalitarismus können die Größe des Werks dennoch nicht schmälern. Bernhard Crick hat z. B. argumentiert, »wenn das Buch unausgewogen erscheint, weil es Deutschland zuviel Platz einräumt, ist das vielleicht ein Fehler; dies als einen dicken Fehler zu betrachten, hieße aber, die gesamte Absicht und Strategie des Buches mißzuverstehen. Es wäre ungefähr so, als hätte man begriffen, daß Tocquevilles *Über die Demokratie in Amerika* etwas über die europäischen Zivilisationen des Westens im ganzen aussagen soll, und als sage man daraufhin, er hätte Frankreich und England gleich viel und ausführlich Platz geben sollen.« Bernard Crick, »On Rereading *The Origins of Totalitarianism*«, in: *Social Research* 44/Frühjahr 1977, S. 113–114; wieder in: Adalbert Reif (Hg.), *Hannah Arendt. Materialien zu ihrem Werk*, S. 224. Ich persönlich bin weniger zuversichtlich, daß diese intelligente Verteidigung von Arendts Strategie ausreicht, um die Probleme mit ihrer parallel angelegten Behandlung von Nationalsozialismus und Stalinismus ausräumen zu können. Was an Bernard Cricks Beobachtung wichtiger ist – und was mehr Licht in die Rätsel von Arendts Totalitarismusanalyse bringen könnte, ist die Affinität zwischen Alexis de Tocquevilles *Über die Demokratie in Amerika* und Arendts *Elemente und Ursprünge totaler Herrschaft*.

21 Tocqueville, *Über die Demokratie in Amerika*, beide Teile in einem Band, üb. von Hans Zbinden, München 1976, S. 9.

22 Arendt, *The Origins of Totalitarianism*, Vorwort zur ersten Auflage, Sommer 1950, S. viii.

23 Tocqueville, *Über die Demokratie in Amerika*, S. 220 f.

24 Ebenda, S. 585.

25 Ebenda, S. 587.

26 Ebenda, S. 590 f.

27 Arendt, *Elemente und Ursprünge totaler Herrschaft*, S. 484.

28 Siehe Hans Mommsens Einleitung zur deutschen Ausgabe von *Eichmann in Jerusalem. Ein Bericht von der Banalität des Bösen*, München 1986, S. i-xxxvii.

29 Arendt, *Elemente und Ursprünge totaler Herrschaft*, S. 500 ff.

30 Siehe Andras Bozoki/Miklos Sukósd, »Civil Society and Populism in East European Democratic Transitions«, in: *Praxis International* 13, Nr. 3/1993, S. 224–242; H. Gordon Skilling/Paul Wilson (Hg.), *Civic Freedom in Central Europe. Voices From Czechoslovakia*, New York 1991.

31 Agnes Heller, »An Imaginary Preface to the 1984 Edition of Hannah Arendt's *The Origins of Totalitarianism*«, in: Reiner Schürmann (Hg.), *The*

Public Realm. Essays on Discursive Types in Political Philosophy, New York 1989, S. 254. Siehe Arendt, *Elemente und Ursprünge totaler Herrschaft*, S. 490.

32 Heller, »An Imaginary Preface«, S. 254.

33 Arendt, *Elemente und Ursprünge totaler Herrschaft*, Vorwort zu Teil III vom Juni 1966, S. 487–491.

34 Diesen Ausdruck entlehne ich Nancy Fraser, die ihn benutzt, um die Herausbildung vielfältiger Öffentlichkeiten unter den Rahmenbedingungen spätkapitalistischer, demokratischer Gesellschaften zu beschreiben. Siehe Nancy Fraser, »Rethinking the Public Sphere. A Contribution to the Critique of Actually Existing Democracy«, in: Craig Calhoun (Hg.), *Habermas and the Public Sphere*, Cambridge 1992, S. 109–143.

35 Arendt, *Elemente und Ursprünge totaler Herrschaft*, S. 490f.

36 Siehe Andrew Arato, »Civil Society Against the State. Poland 1980–1981«, in: *Telos* 47/Frühjahr 1981, S. 23–47; »Empire vs. Civil Society. Poland 1981–1982«, in: *Telos* 50/Winter 1981–1982, S. 19–48; und »Revolution, Civil Society and Democracy«, in: *Praxis International* 10, Nr. 1–2/1990, S. 24–38.

37 Siehe insbes. Jean Cohen/Andrew Arato, *Civil Society and Political Theory*, Cambridge 1992.

38 Eine Ausnahme bildet George Kateb, in: *Hannah Arendt. Politics, Conscience, Evil*, Totowa, N.J. 1984, S. 60ff.; siehe auch Anne Norton, »Heart of Darkness. Africa and African Americans in the Writings of Hannah Arendt«, in: Bonnie Honig (Hg.), *Feminist Interpretations of Hannah Arendt*, Philadelphia 1995, S. 247–263; Norma Claire Moruzzi, »Re-placing the Margin: (Non)representations of Colonialism in Hannah Arendt's *The Origins of Totalitarianism*«, in: *Tulsa Studies in Women's Literature* 10, Nr. 1/1991, S. 109–120.

39 Arendt zitiert die folgenden Zahlen: »Im Namen dieses Prinzips hat die europäische Menschheit sich in wenigen Jahrzehnten über die ganze Erde ›ausgedehnt‹, hat der britische Kolonialbesitz sich in zwanzig Jahren um 4½ Millionen Quadratmeilen mit 66 Millionen Einwohnern, der französische um 3½ Millionen mit 26 Millionen Eingeborenen, der deutsche um eine Million Quadratmeilen und 13 Millionen Menschen [...] vergrößert.« *Elemente und Ursprünge totaler Herrschaft*, S. 218f. (Arendt folgt hier Carlton J.H. Hayes, *A Generation of Materialism*, New York 1941, S. 237.) Siehe TH, S. 223ff. zur vergleichenden Erörterung der Anstrengungen, die Großbritannien und Frankreich beim Aufbau ihrer Kolonialreiche unternahmen.

40 Arendt bemerkt: »Im Eifer des Kampfes gegen den Nazismus hat man oft gemeint, der Rassebegriff sei eine Art deutsche Erfindung. Wenn das richtig wäre, so hätte ›deutsches Denken‹ (was immer man sich darunter vorstellen mag) lange vor den Nazis und ihrem verhängnisvollen Versuch der Welteroberung große Teile der geistigen Welt des Abendlandes entschei-

dend bestimmt [...] Historisch gesprochen liegen die Ursprünge des Rassebegriffs im Anfang des achtzehnten Jahrhunderts; im neunzehnten finden wir ihn voll ausgebildet nahezu gleichzeitig in allen nationalstaatlich organisierten Ländern Europas; um die Jahrhundertwende wird er dann zu der eigentlichen Ideologie aller imperialistischen Politik.« *Elemente und Ursprünge totaler Herrschaft*, S. 267

41 Das markanteste Beispiel für diese Verbindung ist die Hitler zugeschriebene Äußerung »Wer erinnert sich heute an die Armenier?« (in einer Rede vom 22. August 1939 vor Militärbefehlshabern). Das Massaker am armenischen Volk im Osmanischen Reich ist ein Beispiel für die Hinfälligkeit der »Menschenrechte«. Es ist aber auch die Veranschaulichung eines Falles, in dem Kriege und Massaker, die scheinbar an der Peripherie vor sich gehen, früher oder später ihren Weg in das Zentrum finden. Siehe K.D. Bardakjian, *Hitler and the Armenian Genocide*, Special Report No. 3, Cambridge, Mass. 1985.

42 Hannah Arendt, »Home to roost«, in: *New York Review of Books*, 26. Juni 1975, S. 3–6. [»come home to roost« hat als Wortspiel auch die Bedeutung: »jemandem etwas heimzahlen«, A. d. Ü.]

43 Arendt verweist in *Elemente und Ursprünge totaler Herrschaft*, S. 255, Anm. 38 auf Lenins Text *Der Imperialismus als höchstes Stadium des Kapitalismus*, Zürich 1917.

44 Hannah Arendts Mutter, Martha Arendt, war eine glühende Verehrerin Rosa Luxemburgs und hatte ihre elfjährige Tochter in Königsberg auf Demonstrationen mitgenommen, die den Spartakusbund stärken sollten, dem Rosa Luxemburg mit Karl Liebknecht zusammen vorstand. Hannah Arendts Ehemann, Heinrich Blücher, war Mitglied der Spartakisten und später der KPD. Die Streitigkeiten zwischen den Spartakisten einerseits, russischen Bolschewisten und deutschen Sozialdemokraten andererseits, waren im Hause Arendts gut bekannt. Siehe Elisabeth Young-Bruehl, *Hannah Arendt Leben, Werk und Zeit*, Frankfurt am Main 1986, S. 187ff.

45 Rosa Luxemburg, *Die Akkumulation des Kapitals. Ein Beitrag zur ökonomischen Erklärung des Imperialismus* (1923), Archiv sozialistischer Literatur 1, Frankfurt am Main [4]1970, S. 289.

46 Arendt, *Menschen in finsteren Zeiten*, München [2]1989, S. 56.

47 Siehe Young-Bruehl, *Hannah Arendt. Leben, Werk und Zeit*, S. 406f.

48 Das ist eine Dimension in Arendts Diskussion des Imperialismus, die von Anne Nortons »Heart of Darkness« vollkommen vernachlässigt wird. Die einzige, wirklich merkwürdige Auslassung bei Arendt betrifft die Kolonisierung der Neuen Welt durch das spanische Reich und die Auswirkung, die diese Begegnung mit dem »anderen«, auf die Entwicklung des Bewußtseins im frühmodernen Europa hatte. Zur Erforschung dieser Eroberung siehe

Tzvetan Todorov, *The Conquest of America. The Question of the Other*, New York 1982.

49 Siehe Edmund Burke, *Speeches on the Impeachment of Warren Hastings*, Band 1 und 2, Reprint aus den *Works of Edmund Burke*, Band 8, New Delhi 1987; siehe auch Connor Cruise O'Brien, *The Great Melody. A Thematic Biography and Commented Anthology of Edmund Burke*, Chicago 1992, S. 255–385; siehe auch Arendt, *Elemente und Ursprünge totaler Herrschaft*, S. 228 und S. 305.

50 Joseph Conrad, *Heart of Darkness* (1902), hg. von Robert Kimbrough, New York 1988; dt. *Das Herz der Finsternis*, Frankfurt am Main 1968.

51 Anne Norton, »Heart of Darkness. Africa and African-Americans in the Writings of Hannah Arendt«, S. 253.

52 Vgl. Kwame Anthony Appiah, *In My Father's House. Africa in the Philosophy of Culture*, New York 1992.

53 Diese Dilemmata hinsichtlich der Geschichtsschreibung des Nationalsozialismus und der darin verwickelten moralischen und politischen Fragen wiederholten sich im sogenannten Historikerstreit, der sich in den 80er Jahren in der deutschen Geschichtswissenschaft entspann. Zur Dokumentation siehe: *Historikerstreit. Die Dokumentation der Kontroverse um die Einzigartigkeit der nationalsozialistischen Judenvernichtung*, München 1987. Charles Maier, *The Unmasterable Past. History, Holocaust, and German National Identity*, Cambridge, Mass. 1988.

54 Arendt, »A Reply«, in: *Review of Politics*, S. 77.

55 Ebenda, S. 79.

56 Ebenda. Siehe auch Arendt, »Verstehen und Politik«, in: *Zwischen Vergangenheit und Zukunft. Übungen im politischen Denken* I, S. 110–127.

57 Arendt, »Kultur und Politik«, S. 298–300; siehe auch Seyla Benhabib, »Urteilskraft und die moralischen Grundlagen der Politik im Werk Hannah Arendts«, in: *Zeitschrift für philosophische Forschung* 41, Heft 4/Okt.-Dez. 1987, S. 521–547; überarbeitete englische Fassung: S. Benhabib, »Judgment and the Moral Foundations of Politics in Hannah Arendt's Thought«, in: *Political Theory* 16, Nr. 1/1988, S. 29–51.

58 Wo Arendt Nietzsche in aller Ausführlichkeit diskutiert, behandelt sie ihn vor allem als einen Philosophen des Willens und nicht als einen Erkenntnistheoretiker, *Vom Leben des Geistes*, Band II, *Das Wollen*, München 1979, S. 150–163. Nichtsdestoweniger ist Nietzsches erkenntnistheoretischer Einfluß auf Arendt kaum zu übersehen. Zu Nietzsches Perspektivismus siehe Alexander Nehamas, *Life as Literature*, Cambridge, Mass. 1985.

59 Ich habe einige Dilemmata der Arendtschen Moraltheorie in meinem Aufsatz »Judgment and the Moral Foundations of Politics in Hannah Arendt's Thought« behandelt. Die Verpflichtung, den Standpunkt des anderen einzunehmen, ist Teil einer universalistisch-egalitären Moral, die in der Moral-

philosophie einer stärkeren Rechtfertigung bedarf, als Arendt sie geben wollte. Siehe Kapitel 6 zu dieser Problematik.

60 Siehe Kateb, *Politics, Conscience, Evil*, S. 61–63.

61 Nach Thomas Kuhn erfolgten insbesondere in den Sozialwissenschaften Entwicklungen, in deren Licht sich manche Beobachtungen von Arendt zur Frage der Verallgemeinerung in diesen Wissenschaften als bemerkenswert weitblickend erwiesen haben. Siehe zu dieser Thematik allgemein: Richard J. Bernstein, *The Restructuring of Social and Political Theory*, Philadelphia 1976.

62 Arendt, »A Reply«, in: *Review of Politics*, S. 83.

63 In: Young-Bruehl, *Hannah Arendt. Leben, Werk und Zeit*, S. 452 und S. 513.

64 Siehe den Austausch mit Karl Jaspers zu diesem Punkt in: Hannah Arendt/ Karl Jaspers, *Briefwechsel 1926–1969*, München, Neuausgabe 1993, S. 446ff.

65 Siehe Hans Mommsen, Vorwort zu *Eichmann in Jerusalem. Ein Bericht von der Banalität des Bösen*, München 1986, S. xiv-xviii.

66 Siehe Voegelin, Besprechung von *The Origins of Totalitarianism*, in: *Review of Politics*, S. 71.

67 Arendt, »A Reply«, in: *Review of Politics*, S. 79.

68 Siehe Arendt, *Menschen in finsteren Zeiten*, S. 37; Vorwort zu *Zwischen Vergangenheit und Zukunft*, S. 10. Es gibt einen ausgezeichneten Aufsatz von David Luban, der zu den wenigen Erörterungen in der Sekundärliteratur zählt, die Hannah Arendts Methodologie des Geschichtenerzählens behandeln; siehe D. Luban, »Explaining Dark Times. Hannah Arendt's Theory of Theory«, in: *Social Research* 50, Nr. 1, S. 215–247; siehe auch Young-Bruehl, »Hannah Arendt als Geschichtenerzählerin«, in: *Hannah Arendt. Materialien zu ihrem Werk*, S. 319–327.

69 Arendt, *Vom Leben des Geistes*, Band 1, *Das Denken*, München 1979, S. 207f.

70 Siehe ihre Aufsätze »Was ist Autorität?« und »Freiheit und Politik«, in: *Zwischen Vergangenheit und Zukunft. Übungen im politischen Denken* I, hg. von Ursula Ludz, S. 159–200 und S. 201–226.

71 Arendt, *Vom Leben des Geistes*, Band 1, *Das Denken*, S. 206.

72 Ebenda, S. 208.

73 Arendt, »Walter Benjamin«, in: *Menschen in finsteren Zeiten*, S. 229.

74 Siehe M. P. d'Entrèves, *The Political Philosophy of Hannah Arendt*, London 1994, S. 28–34. Hier findet sich eine der wenigen Erörterungen, die diese Verbindung zwischen Arendt und Walter Benjamin thematisiert.

75 Arendt, »Walter Benjamin«, in: *Menschen in finsteren Zeiten*, S. 236.

76 In ihrem Aufsatz über Brecht zitiert Arendt aus dem Gedicht »Vom armen B. B.«: »Wir sind gesessen ein leichtes Geschlechte/ In Häusern, die für unzerstörbare galten/ (So haben wir gebaut die langen Gehäuse des Eilands Manhattan/ Und die dünnen Antennen, die das Atlantische Meer unterhal-

ten)./ Von diesen Städten wird bleiben: der durch sie hindurchging, der Wind!/ Fröhlich machet das Haus den Esser: er leert es./ Wir wissen, daß wir Vorläufige sind/ Und nach uns wird kommen: nichts Nennenswertes.« Arendt, »Bertolt Brecht«, in: *Menschen in finsteren Zeiten*, S. 255 f. Siehe ebenfalls B. Brecht, »Vom armen B.B.«, in: *Gedichte 1918–1929*, Frankfurt am Main 1960, S. 147–149.

77 Arendt, *Zwischen Vergangenheit und Zukunft. Übungen im politischen Denken* I, hg. von Ursula Ludz, München 1994, S. 8.

IV. DER DIALOG MIT MARTIN HEIDEGGER: ARENDTS ONTOLOGIE DER *VITA ACTIVA*

In einem Brief an Karl Jaspers vom 1. November 1961 schrieb Hannah Arendt: »Heidegger – ja, das ist eine höchst ärgerliche Geschichte [...] diese offene Feindseligkeit, die eigentlich noch niemals vorgekommen ist. Meine Erklärung – wenn man einmal die Möglichkeit irgendeiner Klatscherei außer acht läßt – ist, daß ich ihm zum ersten Mal im vorigen Winter eines meiner Bücher habe zukommen lasse, und zwar die *Vita activa.* Ich weiß, daß es ihm unerträglich ist, daß mein Name in der Öffentlichkeit erscheint, daß ich Bücher schreibe etc. Ich habe ihm gegenüber mein Leben lang gleichsam geschwindelt, immer so getan, als ob all dies nicht existiere und als ob ich sozusagen nicht bis drei zählen kann, es sei denn in der Interpretation seiner eigenen Sachen; da war es ihm immer sehr willkommen, wenn sich herausstellte, daß ich bis drei und manchmal sogar bis vier zählen konnte. Nun war mir das Schwindeln plötzlich zu langweilig geworden, und ich habe eins auf die Nase gekriegt. Ich war einen Augenblick lang sehr wütend, bin es aber gar nicht mehr. Bin eher der Meinung, daß ich es irgendwie verdient habe – nämlich sowohl für Geschwindelthaben wie für plötzliches Aufhören mit dem Spiel.«[1]

Das persönliche Drama, das sich mit diesen wenigen Worten abzeichnet, ist gleichzeitig faszinierend und irritierend. Die Geschichte von Martin Heidegger und Hannah Arendt fasziniert, weil das Leben und die persönliche Beziehung dieser beiden Denker einer Parabel für das 20. Jahrhundert gleicht. Man ist von der Geschichte einer jungen deutschen Jüdin gefesselt, die in den Jahren 1924/25 in Marburg Philosophie studiert, sich in den brillanten jungen Dozenten der Philosophie verliebt und eine Affäre mit ihm hat. Es fasziniert, daß sie 1933 als Flüchtling in Paris für eine zionistische Organisation zur Übersiedlung von Kindern nach Palästina arbeitet, während er, wenn auch nur kurz, Rektor der Universität Freiburg wird, der dafür verantwortlich ist, die Universität gemäß den Forderungen der nationalsozialistischen Partei »gleichzuschalten«. Man ist fasziniert von Gleichmut und Großmut, mit denen Arendt Heidegger seinen »Fehler« vergab, und von ihren fortwährenden, gequälten Versuchen, für Heideggers politisches Fehlverhalten eine metaphysische Rechtfertigung zu finden.[2]

Die Beziehung von Martin Heidegger und Hannah Arendt irritiert aber auch. Trotz ihrer ausgeprägten geistigen Unabhängigkeit und ihres unerschütterlichen Stolzes demütigte sich Hannah Arendt in Heideggers Gegenwart.[3] Seinem Blick entsprechend nahm sie sich sogar als eine Intellektuelle zurück und nährte im Grunde genommen ein durch und durch narzißtisches männliches Ego, indem sie nur allzu weiblich ihre eigene intellektuelle Stärke hintansetzte – jedenfalls bis zu dem Tag, als sie ihm ein Exemplar ihres Buches *Vita activa oder Vom tätigen Leben*, der deutschen Übersetzung von *The Human Condition*, schickte. »Das tätige Leben« ist der richtigere Titel für diese Arbeit, denn wie Arendt selbst feststellte, hatte sie zwischen dem tätigen Leben und dem Leben des Geistes unterscheiden wollen. *The Human Condition* – die Bedingtheit des Menschen – ist deshalb ein etwas irreführender Titel. Der so betitelte Band stellt eigentlich nur einen Teilaspekt dieser Bedingtheit dar, nämlich das tätige Leben im Gegensatz zum Leben des Geistes.[4]

Wie läßt sich Heideggers frostiges Schweigen über die philosophische Arbeit von Arendt interpretieren? Psychologische Erklärungen wie männlicher Narzißmus, Kleinlichkeit des Charakters, Neid und Eifersucht mögen alle zutreffen, und in Berichten von Zeitzeugen über Heideggers Persönlichkeit werden sie durchaus bestätigt.[5] Sie erklären aber nicht die philosophische

Bedeutung von Heideggers Schweigen. Mit ihrer Arbeit *Vita activa* fand Arendt ihre eigene philosophische Stimme.[6] Wie sie im anfangs zitierten Brief an Jaspers sagt, war sie nicht mehr einfach nur die Interpretin der Arbeit von Heidegger, die in seiner Arithmetik »bis drei und manchmal sogar bis vier zählen« konnte. Arendt hatte nunmehr ihre eigenen Gleichungen aufzustellen und zu lösen. Heidegger schwieg meines Erachtens, weil er erkannte, wie seine ehemalige Schülerin die für seine Fundamentalontologie grundlegenden Prämissen untergraben hatte; und sie hatte das in einem Rahmen getan, der dennoch die deutlichen Spuren seines Denkens trug. Ich denke, das war für ihn unerträglich und brachte ihn zum Schweigen.

Die Pluralität, die Welt und der Solipsismus der Heideggerschen Ontologie

Ich habe bereits Arendts Behauptung erörtert (siehe Kapitel 2, »Der Begriff der ›Welt‹ in Martin Heideggers *Sein und Zeit*«), wonach es so gut wie unmöglich ist, »von Heideggers politischen Gedanken eine klare Vorstellung zu vermitteln, ohne eine ausgefeilte Darstellung von seinem Begriff und seiner Analyse der ›Welt‹ zu geben«.[7] Obwohl Heidegger die menschliche Pluralität für die menschliche Bedingtheit konstitutiv machte, indem er das In-der-Welt-sein des Daseins als eine Form des Mitseins analysierte, verunglimpften die grundlegenden Kategorien seiner existenzialen Analytik das menschliche Zusammensein gleichwohl als eine Form des Seins mit dem »Man«, statt die menschliche Pluralität zu erhellen. In ihrem Aufsatz »Was ist Existenzphilosophie?« von 1946 legt Arendt nahe, das Fehlen der Pluralität oder des Mitseins als eine konstitutive Dimension in Heideggers Philosophie sei der Grund dafür, daß diese Philosophie eine »mechanische Versöhnung [...] atomisierter Selbste«

in einem »Überselbst« zuläßt, das sie ins Handeln hinüberleitet.[8] Das Fehlen eines philosophischen Theorems der Intersubjektivität oder der Konstitution von Subjekten reicht aber sicherlich nicht aus, einen Denker zu verleiten, für den Nationalsozialismus einzutreten. Man kann viele Gegenbeispiele dazu anführen: Die meisten Mitglieder des Wiener Kreises, darunter Rudolf Carnap, Alfred Tarski und Moritz Schlick, waren methodologische Individualisten und so auch Karl Popper. Eher ließe sich Gegenteiliges behaupten, wie im Falle Poppers, denn Popper stellte eine deduktive Verbindung her – fälschlicherweise, denke ich – zwischen Gemeinschaftsdenken und Intersubjektivität und dem Eintreten für den Nationalsozialismus.[9] Was Arendt wirklich meint, ist nicht, daß Heideggers Fundamentalontologie ihn dahin brachte, für den Nationalsozialismus einzutreten. Sie möchte vielmehr sagen, daß Heideggers Unfähigkeit, die menschliche Bedingtheit der Pluralität zu artikulieren, bei ihm dazu führte, daß er eine Vorstellung äußerst isolierter Selbstheit entwickelte, von deren Standpunkt aus eine ebenso radikale Auflösung in ein »Ganzes«, in eine politische Massenbewegung, plausibel erscheinen würde.[10] Wenn wir eine Lektion aus Arendts Totalitarismustheorie beherzigen, können wir sagen, daß die radikale Isolierung des Individuums dieses dafür anfällig macht, von Kollektiven vereinnahmt zu werden, die fälschlicherweise Solidarität und Kameradschaft versprechen. Heideggers Unfähigkeit, die Bedingtheit der Pluralität zu artikulieren, machte ihn für die Versprechungen falscher Solidarität in einer autoritären Bewegung empfänglich.

Wenn Heidegger einen Begriff vom In-der-Welt-sein des Daseins entwickelt hatte, der die moderne erkenntnistheoretische Tradition revolutionierte, warum konnte er dann nicht den Schritt machen, der vom »In-der-Welt-sein-mit« zur menschlichen Pluralität führt? Die Antwort besteht darin, daß in Heideggers Denken ein Begriff für Handeln als Interaktion fehlt. Die fundamentalen Kategorien der existenzialen Analytik in *Sein und*

Zeit befassen sich mit Tätigkeiten, die in erster Linie auf die Manipulation von Objekten verweisen, auf das Herbeiführen von Zuständen in der Welt. Bei den Kategorien des Zuhandenseins und des Vorhandenseins geht es jeweils um Arten der Tätigkeit, durch die ein Individuum einen Zustand in der Welt herbeiführt, wie z.B. ein Haus bauen, einen Garten bepflanzen oder eine Mahlzeit zubereiten; oder man fertigt etwas an, z.B. ein Gefäß oder einen Tisch. Heidegger geht es darum, die Art und Weise zu analysieren, wie sich nicht nur die Welt der Dinge und Objekte, sondern auch der gesamte Hintergrund an Voraussetzungen und Bezügen, die mit ihnen einhergehen, dem Dasein gegenwärtig machen. In diesem Rahmen gibt es keine Kategorien, mit denen sich Handlungen denken lassen, die Großzügigkeit oder Gier, Freundschaft oder Verrat, Liebe oder Feindschaft zum Ausdruck bringen.

Das sorgende In-der-Welt-sein mit anderen – Fürsorge – ist in seiner authentischsten Form ein Sorgen für andere, insofern sie zum Tode sind, insofern sie endliche Geschöpfe sind, die der Zeitlichkeit unterliegen. Schuld, Entschlossenheit, das Sein zum Tode sind »Existentialia« – existenziale Bedingungen –, die das Dasein an die fundamentalen Gegebenheiten seiner Bedingtheit erinnern, nämlich an eine Temporalität der Endlichkeit. Das Dasein ist in eine Welt der Faktizität »geworfen«, eine Welt der menschlichen Verhältnisse, Netzwerke und Zusammenhänge, die ihm vorausgehen und in die es eingelassen ist. Nur die Entschlossenheit, aus der faktischen Alltäglichkeit heraus und zu sich selbst, zur Besinnung und damit zur Selbstheit zu finden, kann das Dasein befähigen, das eigentliche Ganzsein zu erlangen. Dieses Ergreifen des Seinssinns setzt den Entwurf zum Tode voraus, die Möglichkeit, in einem Akt der Entschlossenheit das eigene Sein-zum-Tode zu wählen. »Hat das In-der-Welt-sein eine höhere Instanz seines Seinkönnens als seinen Tod?«[11]

Solche Textstellen über die Ontologie des Todes als die authentischste Seinsform des Daseins verraten, daß Heideggers

Werk eine Sensibilität aufweist, die von verschiedenen kulturellen und geistigen Traditionen herrührt. Wie Thomas Rentsch in seiner scharfsinnigen Einführung in Heideggers Leben und Werk schrieb, entwickelt Heidegger »eine gottlose Theologie«.[12] Die theologischen Motive des Christentums, die Verfallenheit der Menschen an eine uneigentliche Welt, die kreatürliche Endlichkeit der menschlichen Existenz, die zu einem Leben in »Sorge« bestimmt ist, und schließlich der Gedanke der eigenen grundsätzlichen Endlichkeit sind alle vorhanden. Sobald wir mit dem Tod konfrontiert sind, erkennen wir im Augustinischen Sinne, daß wir nicht der Grund unseres Seins sind. Da Heideggers Theologie »gottlos« ist, führt dieses Erkennen jedoch nicht zu einem weiteren Akt demütiger Bescheidenheit. Außerdem kennt das Heideggersche Denken ein existenzialistisches Ethos: Das Wissen um die Grundlosigkeit des eigenen Seins wird dadurch in eine herausfordernde, mutige Handlung umgesetzt, daß man sein Schicksal wählt und sich den Kräften überantwortet, die einen anrufen. Die »gottlose Theologie« des Martin Heidegger wird somit zur Ideologie des männlichen Kriegers. Wie Rentsch erläutert, ist zu dem Zeitpunkt, als *Sein und Zeit* veröffentlicht wird (1927), »der Weltkrieg [...] nur einige Jahre her: Klingt nicht im Existenzideal des ›Vorlaufens in den Tod‹ und in die ›äußerste Möglichkeit der Selbstaufgabe‹ das Heldenbild soldatischer Existenz nach und mit [...] Ist es nicht das Existenzideal des todesmutigen Frontkämpfers [...] das Existenzideal der männlichen Haltung eines Offiziers [...]?«[13]

Die beherrschenden philosophischen Kategorien in *Sein und Zeit*, in denen das Tätigsein gedacht wird, sind entweder Kategorien für instrumentelle Tätigkeiten in Form des Anfertigens oder Herbeiführens von etwas in der Welt; oder es sind Kategorien, die einen Existentialismus des Todes, der Schuld, Entschlossenheit und Verfallenheit offenbaren. Der bemerkenswerteste Aspekt der letzteren Kategorien ist ihr vollständiger methodologischer Solipsismus: Sie hängen mit keinem anderen als einem selbst zusammen. Es sind nicht die, die mich betrauern, und die, die ich zurücklasse, um die es geht, sondern daß ich, dieses einzelne Individuum, sterben muß. Das ist ebenso gewiß wie unwiderleglich wahr; aber selbst der Tod ist ein sozialer Vorgang und eine soziale Tatsache. Mein Tod betrifft außer mich selbst noch andere Menschen, er wird betrauert, erinnert, beklagt oder bejubelt, mit Trauer oder mit Schadenfreude aufgenommen – je nachdem, wie der Fall liegt. Auch soziale Identitäten können berührt sein: Dieser Tod kann das Ende einer Dynastie oder einer Familie bedeuten; er kann den Tod eines einzigen Kindes und Erben bedeuten; er kann den Beginn eines neuen politischen Zeitalters signalisieren, wie ihn der Tod eines Diktators normalerweise ankündigt. Solche Beschreibungen der menschlichen Situationen und Beziehungen, die einen Tod beliebig fortsetzbar als soziale Tatsache charakterisieren, ließen sich noch vervielfachen. Für Heidegger hingegen sind Kategorien wie das Sein-zum-Tode, Schuld und Entschlossenheit als »Existentialien« Formen des »Sich-zu-sich-Verhaltens«. Nicht nur der existentielle, sondern auch der methodologische Solipsismus von *Sein und Zeit* verhindert ein intersubjektivistisches Konzept von Handeln als Interaktion, als ein »Miteinander-Agieren«, wie Arendt sagt. Aus Heideggers Perspektive ist die menschliche Bedingtheit der Pluralität, des In-der-Welt-seins-mit-anderen in Form des Sprechens und Handelns, eine Bedingtheit der Faktizität, in die man geworfen wird und in der man sich verliert.

In *Vita activa* rückt Hannah Arendt das alltägliche In-der-Welt-sein mit anderen als Grundbedingung des Menschseins wieder ins Bewußtsein. Selbst eine flüchtige Betrachtung der grundlegenden Kategorien dieser Arbeit, wie z.B. die Kategorien der Natalität, der Pluralität und des Handelns, zeigt, wie sehr diese Begrifflichkeit den Kategorien von Heideggers *Sein und Zeit* entgegengesetzt ist. Das Sein-zum-Tode wird durch die Natalität ersetzt, das isolierte Dasein wird von einer Bedingtheit der Pluralität abgelöst, und anstelle des instrumentellen Handelns taucht eine neue Kategorie menschlicher Tätigkeit auf: das Handeln, verstanden als Sprechen und Tun. Das alltägliche In-der-Welt-sein ist nicht mehr die Bedingtheit der Uneigentlichkeit, in die das Dasein geworfen ist, sondern wird nun statt dessen zum »Erscheinungsraum«, in den wir als handelnde und sprechende Wesen eingefügt sind und in dem wir enthüllen, wer wir sind und wozu wir fähig sind. Will man die Bedeutung von Arendts Umarbeitung der Heideggerschen Ontologie voll und ganz erfassen, dann muß man Heideggers Aristoteles-Interpretation in den Jahren 1923 bis 1925 detailliert untersuchen. Im Gegensatz zu Heidegger fand Arendt im »praxis«-Begriff von Aristoteles den Schlüssel zu einer Neubeurteilung des menschlichen Handelns als Interaktion, die sich im Erscheinungsraum entfaltet.

Das Handeln, das Erzählen und das Bezugsgewebe der Geschichten

Einige der grundlegenden Kategorien der politischen Philosophie von Hannah Arendt, wie die der Natalität, Pluralität, Weltlichkeit und des öffentlichen Bereichs, hätten ohne Heideggers Analyse der Bedingtheit des Daseins als eines In-der-Welt-seins-mit-anderen nicht formuliert werden können. Denn meist sind sie »in Opposition« zu Heidegger gedacht worden. Arendt hat indessen auch eine grundlegende Umgestaltung der Heideggerschen Ontologie vorgenommen. Rufen wir uns einige Schlüsselelemente ihrer Erörterung in *Vita activa* in Erinnerung. Arbeiten, Herstellen und Handeln entsprechen »jeweils einer der Grundbedingungen, unter denen dem Geschlecht der Menschen das Leben auf der Erde gegeben ist« (VA, S. 14). Die Arbeit ist eine Tätigkeit, die der biologische Rhythmus des menschlichen Körpers selbst erzwingt: das Leben muß erneuert, erhalten, genährt werden. Arbeit ist eine Tätigkeit, die darauf ausgerichtet ist, die ständige Sorge um den Körper und um die Umgebung, in der sich der Körper befindet, unter gleich welchen sozialen Bedingungen aufrechtzuerhalten. Die Beschaffung der täglichen Nahrung, das Sauberhalten und Pflegen des Körpers und des von den Menschen bewohnten Raums, die Sorge um die uns alltäglich umgebenden Dinge, um die Welt der Gegenstände, die die Menschen brauchen und die dem Verschleiß ausgesetzt sind – all das gehört unter die Kategorie der Arbeit.

Dem Herstellen entspricht das »Widernatürliche eines von der Natur abhängigen Wesens« (VA, S. 14). Das Herstellen ist diejenige Tätigkeit, die eine zweite Natur von Dingen schafft – Gebäude, Strukturen, Häuser, Denkmale, kulturelle Artefakte. Die herstellende Tätigkeit erschafft die Welt im Heideggerschen Sinne des Wortes. Durch das Herstellen entsteht eine Welt mehr oder weniger dauerhafter Objekte, in der sich das menschliche Leben entfaltet. An dieser Welt der Objekte orientieren sich die Menschen bei ihren täglichen Verrichtungen; gleichzeitig sorgen die Objekte für eine gewisse Beständigkeit und Dauerhaftigkeit, die sich über Generationen hinweg durchhält. Wir könnten sagen, sie sind ein materieller Speicher für das Gedächtnis. Ein Beispiel mag erläutern, was Arendt damit meint: Wenn wir antike Bauten, Denkmäler und Stätten besuchen, versuchen wir, uns in die Welt derer hineinzuversetzen, die in diesen Gebäuden gelebt haben und die darin tätig waren. Daß diese Dinge die Zeiten überdauert haben, daß sie mehr oder minder zufällig erhalten geblieben sind, erlaubt uns, eine kontinuierliche Verbindung zu früheren Generationen herzustellen.[14] Die Welt zu verstehen, die diese vergangenen Generationen bewohnt haben, bedeutet, über die Verweisungszusammenhänge, die Muster des Alltagsgebrauchs, das Was und Wofür ihrer Tätigkeiten Bescheid zu wissen. Warum bauten sie die Turmspitzen dieser Burg so hoch? Warum waren die Wohnräume von den Eßbereichen auf diese

Weise getrennt? Warum waren die Decken so niedrig? Ist dieser Gegenstand ein Instrument oder ein Dekorationsstück? In welches Tätigkeitsfeld gehört er? Indem wir diese Welt der Dinge, der Artefakte, Bauten und natürlich der Kulturschöpfungen kennenlernen, kommen wir uns über Welten hinweg näher.

»Die Objektivität der Welt – ihr Objekt- und Ding-Charakter – und die menschliche Bedingtheit ergänzen einander und sind aufeinander eingespielt; weil menschliche Existenz bedingt ist, bedarf sie der Dinge, und die Dinge wären ein Haufen zusammenhangloser Gegenstände, eine Nicht-Welt, wenn nicht jedes Ding für sich und alle zusammen menschliche Existenz bedingen würden.« (VA, S. 16)

Das Handeln ist die einzige Tätigkeit, die sich direkt zwischen den Menschen vollzieht, und sie entspricht der menschlichen Bedingtheit der Pluralität. Die Pluralität bringt sowohl Gleichartigkeit als auch Verschiedenheit mit sich. Wären Menschen nicht gleich, dann könnten sie einander nicht verstehen; wären sie nicht verschiedenartig, dann bräuchten sie weder das Sprechen noch das Handeln, um sich voneinander zu unterscheiden (VA, S. 164f.). Sprechend und handelnd unterscheiden sich die Menschen voneinander; sie werden die Urheber von »Worten und Taten«. Die Menschen »erscheinen« einander oder offenbaren sich einander durch Worte und Taten.

»Dies aktive In-Erscheinung-Treten eines grundsätzlich einzigartigen Wesens beruht, im Unterschied von dem Erscheinen des Menschen in der Welt durch Geburt, auf einer Initiative, die er selbst ergreift [...] kein Mensch kann des Sprechens und des Handelns ganz und gar entraten, und dies wiederum trifft auf keine andere Tätigkeit der Vita activa zu. Die Arbeit mag noch so charakteristisch für den menschlichen Stoffwechsel mit der Natur sein, das besagt nicht, daß jeder Mensch auch arbeiten müßte; er kann sehr gut andere zwingen, für ihn zu arbeiten, ohne daß seinem Menschsein darum Abbruch geschähe. Und genau das Gleiche gilt für das Herstellen [...] Ein Leben ohne alles Sprechen und Handeln andererseits – und dies wäre im Ernst die einzige Lebensweise, die auf den Schein und die Eitelkeit der Welt im biblischen Sinne des Wortes verzichtet hätte – wäre buchstäblich kein Leben mehr, sondern ein in die Länge eines Menschenlebens gezogenes Sterben.« (VA, S. 165)

Das Handeln entspricht der menschlichen Bedingtheit der »Natalität« – daß wir in eine Welt »geboren« oder, wie Heidegger sagt, »geworfen« werden, die unserer Existenz vorausgeht und in der allein wir werden, wer wir sind. Das Handeln ist wie eine zweite Geburt (VA, S. 165), »der Antrieb [dazu] scheint vielmehr in dem Anfang selbst zu liegen, der mit unserer Geburt in die Welt kam, und dem wir dadurch entsprechen, daß wir selbst aus eigener Initiative etwas Neues anfangen« (VA, S. 166). Die Geburt des menschlichen Säuglings hat nicht nur eine biologische, sondern auch eine psychisch-soziale Dimension. Das Kleinkind wird ein Selbst, indem es in der menschlichen Gemeinschaft, in die es hineingeboren ist, zu sprechen und zu handeln lernt. Durch diesen Prozeß wird das Kleinkind auch zu einem Individuum, d.h. zu einem einzigartigen Initiator gerade dieser Worte und Taten, der Träger dieser einen Lebensgeschichte. Diese Bedingung ist ein sozial universeller Sachverhalt: Im Gegensatz zu einer bloß zufälligen Ansammlung von Primaten kann keine menschliche Gemeinschaft über die Zeit hinweg existieren, ohne ihren Nachkommen die Sprache und die Handlungen beizubringen, die für ihre Lebensweise charakteristisch sind. Der entscheidende Punkt hierbei ist, daß jedes Kind, wenn es sprechen und handeln lernt, auch zum Initiator neuer Taten und neuer Worte wird. Eine Sprache zu erlernen heißt, die Fähigkeit zu beherrschen, eine unbegrenzte Anzahl wohlgeformter Sätze in dieser Sprache formulieren zu können. Wenn man weiß, wie man als ein Hopi-Indianer, als ein Grieche des Altertums oder als ein moderner Amerikaner handelt, dann weiß man ebenfalls – mehr oder minder –, wie man sowohl das anfängt, was seitens der Gesellschaft von einem erwartet wird, als auch das, was für dieses

Individuum neu oder kennzeichnend ist. Sozialisation und Individuation sind zwei Seiten derselben Medaille.

»Handelnd und sprechend offenbaren die Menschen jeweils, wer sie sind, zeigen aktiv die personale Einzigartigkeit ihres Wesens, treten gleichsam auf die Bühne der Welt [...] Im Unterschied zu dem, was einer ist, im Unterschied zu den Eigenschaften, Gaben, Talenten, Defekten, die wir besitzen und daher so weit zum mindesten in der Hand und unter Kontrolle haben, daß es uns freisteht, sie zu zeigen oder zu verbergen, ist das eigentlich personale Wer jemand jeweilig ist, unserer Kontrolle darum entzogen, weil es sich unwillkürlich in allem mitoffenbart, das wir sagen oder tun.« (VA, S. 169)

Durch Sprechen und Handeln, mit Worten und Taten, schalten sich die Menschen »in eine Welt der Erscheinungen« ein. Mensch sein heißt, anderen in der Welt zu erscheinen, von ihnen wahrgenommen zu werden, sich mit ihnen zu verständigen. Für die Menschen sind Sein und Erscheinen ein und dasselbe; es gibt kein Wesen des Menschen, das hinter oder jenseits der Erscheinungen verborgen wäre. Das Leben des Menschen ist Leben, das sich in der menschlichen Welt der Erscheinungen entfaltet. Das bedeutet, daß jegliche Zwei-Welten-Metaphysik, die die menschliche Bedingtheit im Licht eines Prinzips sehen will, das der Welt als Erscheinung vorhergeht, sie begründet oder ihr vorausliegt, die wesentliche menschliche Bedingtheit des Handelns verfehlt. Im Gegensatz dazu, ein bloßer Körper zu sein, bedeutet als ein Mensch lebendig zu sein, mit anderen in Raum und Zeit zu handeln und zu sprechen. Sein heißt anwesend sein, heißt sichtbar werden, bedeutet, in Erscheinung zu treten. Wie Sergio Belardinelli bemerkt, ist Arendts Lehre vom Raum der Erscheinungen unverkennbar in Anlehnung an Heideggers Lehre der Erschlossenheit entstanden. »Mit Heideggers Terminologie könnten wir sagen, daß die existenzial-ontologische Struktur des Menschen derart ist, daß es ›in der Weise ist, sein Da zu sein.‹«[15]

Allerdings zeigen auch genau jene Textstellen, an denen Heidegger die Geworfenheit des Daseins in die Welt oder dessen Verfallenheit an die Welt erörtert, daß seine und Arendts Akzentsetzungen bei diesem Phänomen grundverschieden sind. Heidegger schreibt bezeichnenderweise:

»Das Dasein ist von ihm selbst als eigentlichem Selbstseinkönnen zunächst immer schon abgefallen und an die ›Welt‹ verfallen. Die Verfallenheit an die ›Welt‹ meint das Aufgehen im Miteinandersein, sofern dieses durch Gerede, Neugier und Zweideutigkeit geführt wird.« (*Sein und Zeit*, S. 175)

Diese Erfahrung eines Aufgehens im In-der-Welt-sein entspricht der »Uneigentlichkeit«. Heidegger bemerkt dazu, daß die Uneigentlichkeit hier nicht eine Negation des Seins des Daseins bedeutet, sondern »gerade ein ausgezeichnetes In-der-Welt-sein ausmacht, das von der ›Welt‹ und dem Mitdasein Anderer im Man völlig benommen ist«. (*Sein und Zeit*, S. 176)

Die philosophische Bedeutung, die der Welt der Erscheinungen von Arendt und von Heidegger beigemessen wurde, könnte unterschiedlicher nicht sein. Heideggers Sprache verunglimpft diesen Bereich. Entgegen aller anderslautender Beteuerungen, tragen Ausdrücke wie Verfallenheit, Geworfenheit, Uneigentlichkeit, Gerede und das Man, die unverkennbaren Konnotationen einer christlichen Theologie, die die Welt als den Bereich gefallener Sünder ansieht, die dazu verurteilt sind, mit der Endlichkeit, der Ungewißheit, dem Zufall und dem Tod zu leben. Wir fühlen uns auch an Platons Höhlengleichnis erinnert: Diejenigen, die in die weltliche Erscheinung der Objekte und menschlichen Angelegenheiten verstrickt sind, gleichen denen, die die Schatten an der Höhlenwand betrachten, ohne imstande zu sein, zur Quelle des wahren Lichts hinaufzusteigen. Die Welt, der Erscheinungsraum, in dem sich das Sein erschließt, ist für Heidegger von Grund auf zweideutig. Die platonisch-christliche Geringschätzung und Entwertung dieser Welt verrät sich durch seine Begrifflichkeit, wenn sie auch zuweilen seinen philosophischen Absichten widerspricht.

Bei Arendt steht die Sache anders. Sie bemerkte sehr deutlich die tiefgreifende strukturelle Ähnlichkeit, die Heidegger in dieser Hinsicht mit Platon teilte, und ihre Empfänglichkeit für die Weltlichkeit der Welt ist eher homerisch und nietzscheanisch als christlich. Arendt hat die Interaktion als die Tiefenstruktur des menschlichen Handelns erschlossen und wertet daher das auf, was Heidegger entwertet. Der Raum der Erscheinungen wird von ihr genau deshalb ontologisch aufgewertet, weil Menschen nur mit anderen handeln und sprechen können und nur soweit sie diesen anderen erscheinen. Man kann in Einsamkeit leben und in Einsamkeit denken, aber ohne die Anwesenheit anderer kann man weder großzügig noch geizig, mutig oder feige, freundlich oder verletzend sein. Derartige Handlungen können nur als mutig, feige, geizig und so fort bestimmt werden, insofern wir und andere sie als »solche und solche« und nicht als »so und so« interpretieren. Die philosophische These dabei ist, daß Handlungen nur durch eine Erzählung identifiziert werden können, die den anderen und uns selbst mitgeteilt worden ist. Die »Washeit« einer Handlung verlangt zumindest die Feststellung des Täters, seiner oder ihrer Absichten, der Beschaffenheit der Handlung sowie des Zusammenhangs, in den diese verwoben ist. Diese Merkmale der Handlung können jedoch nur auf narrativem Wege bestimmt werden, über die Geschichten, die wir erzählen, über die Erzählungen, die wir für das Wer, das Was, das Warum, das Wie und das Wofür konstruieren. Handeln erschließt sich im Sprechen.

Zu den elementaren Beiträgen, die Arendt zur Philosophiegeschichte des 20. Jahrhunderts leistete, gehört die These, daß der menschliche Raum der Erscheinungen vom »Bezugsgewebe menschlicher Angelegenheiten und [der] in ihm dargestellten Geschichten« gebildet wird. Sprechen und Handeln geht zwischen Menschen vor sich, und »fast alles Handeln und Reden betrifft diesen Zwischenraum« (VA, S. 173). Dieses Zwischen schließt zwar die Welt der Dinge ein, hat jedoch zusätzlich eine ungreifbare Dimension,

»da es nicht aus Dinghaftem besteht und sich in keiner Weise verdinglichen oder objektivieren läßt; Handeln und Sprechen sind Vorgänge, die von sich aus keine greifbaren Resultate und Endprodukte hinterlassen. Aber dies Zwischen ist in seiner Ungreifbarkeit nicht weniger wirklich als die Dingwelt unserer sichtbaren Umgebung. Wir nennen diese Wirklichkeit das Bezugsgewebe menschlicher Angelegenheiten, wobei die Metapher des Gewebes versucht, der physischen Ungreifbarkeit des Phänomens gerecht zu werden.« (VA, S. 173)

Die Metapher des »Gewebes« weist auf die Verknüpfungen, Netzwerke und Zusammenhänge menschlicher Beziehungen hin, die wie unsichtbare, hauchdünne, gesponnene Fäden den »Horizont« menschlicher Angelegenheiten ausmachen. In der Phänomenologie spielt der Ausdruck Horizont auf die allgegenwärtigen, aber niemals ganz durchsichtigen Voraussetzungen, Zusammenhänge und referentiellen Vernetzungen an, die wir immer auch für selbstverständlich halten müssen als In-der-Welt-Seiende. Der Horizont ist stets vorhanden und weicht bis ins Unendliche zurück; wir konzentrieren unsere Aufmerksamkeit zu einem beliebigen Zeitpunkt nur auf irgendeinen Aspekt dieses Horizonts, irgendeinen Ausschnitt daraus, und dieser Teil wird uns dann gegenwärtig und erschließt sich uns.

Für Hannah Arendt bildet das »Bezugsgewebe« menschlicher Beziehungen und der darin dargestellten Geschichten den Horizont menschlicher Angelegenheiten im phänomenologischen Sinne. Jede sprechende und handelnde Person findet einen solchen Horizont vor als den stets schon gegebenen Hintergrund, vor dem sich ihr Leben entfaltet. Vielleicht ist hier ein Beispiel hilfreich: Denken wir nur einmal daran, wie Mitglieder einer Familie, längst bevor ein Kind geboren wird, ein »Gewebe« aus Geschichten und Beziehungen schaffen, worin dieses Kind eingebunden werden wird. Die Mutter wünscht sich vielleicht einen Sohn, der zu dem großen Pianisten werden wird, der sie nicht wurde, weil sie eine Familie gründete oder weil sie nicht begabt oder diszipliniert genug war. Der Vater will vielleicht eine Tochter, die im Alter für ihn sorgt; das Kind im Haus wünscht möglicherweise, daß es ein neues Geschwisterkind niemals geben wird. Wir alle beginnen unser Leben eingefügt in einen Rahmen von Erzählungen und Geschichten und eingewirkt in ein Bezugsgewebe, das vor uns gesponnen wurde – ein Gewebe, Erzählungen und Geschichten, die uns begleiten werden und gegen die wir uns in den meisten Fällen behaupten werden müssen.

Aus diesem unaufhörlich und unerschöpflich verschlungenen Horizont menschlicher Angelegenheiten ergeben sich gewisse Konsequenzen: Erstens gehört zum Handeln immer eine unumgängliche Trennung zwischen Absicht und Folge. Unsere Handlungen stehen durchweg der Deutung und Fehldeutung anderer offen, aber das ist es nicht allein, denn auch »weil dies Bezugsgewebe mit den zahllosen, einander widerstrebenden Absichten und Zwecken, die in ihm zur Geltung kommen, immer schon da war [...] kann der Handelnde so gut wie niemals die Ziele, die ihm ursprünglich vorschwebten, in Reinheit verwirklichen« (VA, S. 174). Zweitens ist das Handeln durch die Geschichten, die es »mit der gleichen Selbstverständlichkeit [hervorbringt], mit der das Herstellen Dinge und Gegenstände produziert«, in dieses Medium einbezogen (VA, S. 174). Handlungen werden von ihren Tätern, von den Zuschauern und auch von denjenigen, die die Handlungsfolgen erleiden, durch verschiedene narrative Berichte bestimmt. Auf diese Weise werden sie Teil des »Bezugsgewebes« menschlicher Angelegenheiten. »Ich glaubte, ich sei großzügig«, sage ich, »während du dachtest, ich sei herrisch und überfürsorglich.« »Das ist Verrat«, sagen einige, »nein, das ist wahrer Patriotismus«, erwidern andere. Solcherart ist das Bezugsgewebe der Erzählungen, in dem sich die Angelegenheiten der Menschen entfalten. Auch wenn wir alle Handelnde sind, ist keiner von uns Autor oder Verfasser seiner oder ihrer eigenen Lebensgeschichte. »Obwohl also erzählbare Geschichten die eigentlichen ›Produkte‹ des Handelns und Sprechens sind, und wiewohl der Geschichtscharakter dieser ›Produkte‹ dem geschuldet ist, daß handelnd und sprechend die Menschen sich als Personen enthüllen [...] mangelt der Geschichte selbst gleichsam ihr Verfasser. Jemand hat sie begonnen, hat sie handelnd dargestellt und erlitten, aber niemand hat sie ersonnen.« (VA, S. 175)

Arendt erblickte in der Zerbrechlichkeit, in den komplizierten Verwicklungen und in der Unvorhersagbarkeit der menschlichen Angelegenheiten die Quellen für eine Geringschätzung, die die Philosophen diesem Bereich entgegenbringen, und letzten Endes auch den Grund, warum die philosophische Tradition von Platon bis Marx wiederholt »tun« durch »machen« ersetzt hat. In einer Textstelle, die ebensogut für Heidegger gilt, schrieb Arendt:

»So besteht Platon gerade in seiner politischen Philosophie darauf, daß die aus dem Handeln [...] entstandenen Angelegenheiten zwischen den Menschen [...] nicht wert seien, ernst genommen zu werden, daß das Tun und Treiben der Menschen untereinander vielmehr einem Puppenspiel gleiche, in dem die Drähte von unsichtbarer Hand gezogen werden, vielleicht von der Hand eines Gottes, der sich mit Menschen wie mit Marionetten die Zeit vertreibt.« (VA, S. 176)

Aristoteles, Arendt und Heidegger

Im Gegensatz zu Platons Verachtung und dessen schließlicher Abwendung von der Welt menschlicher Angelegenheiten sah Arendt in Aristoteles' Unterscheidung zwischen »poiesis« und »praxis«, zwischen Hervorbringen und Tun, die philosophische Ausbildung eines Begriffs von Handlungen als Taten und Worte. Eine prinzipielle Art, wie Aristoteles zwischen »Hervorbringen« und »Handeln« unterscheidet, ist die Analyse des Telos einer jeden Tätigkeitsform. »Was sich so und anders verhalten kann, ist teils Gegenstand des Hervorbringens, teils Gegenstand des Handelns. Handeln und Hervorbringen sind voneinander verschieden [...] Demnach ist auch das mit Vernunft verbundene handelnde Verhalten von dem mit Vernunft verbundenen hervorbringenden Verhalten verschieden.«[16] Während Ziel und Zweck, das Telos, des Hervorbringens in der produzierten Sache liegen, ist im Falle der Praxis der Zweck der Tätigkeit das Tun selbst, die Qualität der Tat. Das Tun kann vom Täter nicht in der Weise getrennt werden, in der das hervorgebrachte Ding vom Hervorbringenden getrennt werden kann; denn der Täter und die Tat sind eins; das Tun ist die Enthüllung dessen, wer man ist. Das höchste Ziel des Handelns sind gute und edle Taten, da diese für eine Lebenszeit einheitsstiftend wirken. Bei Aristoteles heißt es:

»Denn jeder Hervorbringende tut dies zu einem bestimmten Zwecke, und sein Werk ist nicht Zweck an sich, sondern für etwas und von etwas. Das Handeln ist dagegen Zweck an sich. Denn das rechte Verhalten ist ein Ziel, und das Streben geht darauf.«[17]

Wichtiger als diese teleologische Analyse ist jedoch die Auffassung von Praxis als einer ausgezeichneten Form menschlicher Aktualität, der »energeia«, und eigentlich sogar als der höchsten Tätigkeitsform für Menschen qua Menschsein. Arendt zitiert Aristoteles, wenn sie sagt, das Wirklichkeitsgefühl entstehe nur dort, »wo die Wirklichkeit der Welt durch die Gegenwart einer Mitwelt garantiert ist, in der eine und dieselbe Welt in den verschiedensten Perspektiven erscheint. Denn nur ›was allen als glaub- und meinungswürdig erscheint, nennen wir Sein‹ [...] und was immer sein mag, ohne sich in solchem Erscheinen für alle zur Geltung zu bringen, kommt und geht wie ein Traum, bleibt realitätslos, wenn es uns auch inniger und ausschließlicher zu eigen sein mag als irgendein öffentlich Sichtbares.« (VA, S. 192f.)

»Was allen als glaub- und meinungswürdig erscheint, nennen

wir Sein.« Heidegger machte sich den Seinsbegriff von Aristoteles durch seine eigene Lehre von der Wahrheit als Erschlossenheit – »aletheia« – zu eigen und interpretierte ihn entsprechend: Was ist, muß in Erscheinung treten, muß sich enthüllen. Das Sein, so behauptete er, sei eine Form, Präsenz zu offenbaren, oder sei die Form einer bestimmten Art von Aktualität, die er Bewegtheit nannte. Ein Manuskript Heideggers aus dem Jahr 1922, das 1989 erstmals veröffentlicht wurde, trägt den Titel »Phänomenologische Interpretationen zu Aristoteles (Anzeige der hermeneutischen Situation)«. Dieser Text – von Hans-Georg Gadamer als »Heideggers ›theologische‹ Jugendschrift« bezeichnet[18] – erhellt auf sehr gedrängtem Raum die erneute Aneignung von Aristoteles, die Heidegger zu dieser Zeit unternahm, und die ihre unauslöschlichen Spuren nicht nur bei Hannah Arendt, sondern ebenso bei Herbert Marcuse[19], Leo Strauss und bei anderen hinterließ.[20]

Heidegger ist sich in diesem Manuskript der Neuartigkeit und Radikalität seines Herangehens an die Philosophiegeschichte voll bewußt. Ein solches Herangehen besagt, »radikal verstehen, was jeweilen eine bestimmte vergangene philosophische Forschung in ihrer Situation und für diese in ihre Grundbekümmerung stellte; verstehen, das heißt nicht lediglich zur konstatierenden Kenntnis nehmen, sondern das Verstandene im Sinne der eigensten Situation und für diese ursprünglich wiederholen«.[21]

Heidegger läßt diesen methodologischen Einsichten eine Reihe von Vorschlägen folgen, die eindeutig erkennen lassen, daß er sich auf dem Weg zu *Sein und Zeit* befindet. »Der Gegenstand der philosophischen Forschung ist das menschliche Dasein als von ihr befragt auf seinen Seinscharakter.« (S. 238) »Das faktische Leben hat den Seinscharakter, daß es an sich selbst schwer trägt.« (Ebd.) »Der Grundsinn der faktischen Lebensbewegtheit ist das Sorgen (curare).« (S. 240) »Die Welt artikuliert sich nach den möglichen Sorgensrichtungen als Umwelt, Mitwelt und Selbstwelt.« (Ebd.) Die Lehre von der Verfallenheit des Daseins an das gewöhnliche Leben (S. 242), von der einebnenden und verbergenden Beschaffenheit der durchschnittlichen Anliegen des Alltagslebens (S. 243) und die Verachtung für das »Man« (S. 243) finden sich bereits alle in diesem frühen Manuskript.

Es ist schwer einzusehen, wie oder warum es diese faszinierenden phänomenologischen Streifzüge erforderlich machen, daß »gerade Aristoteles in das Thema der Untersuchung gestellt ist« (S. 248). Heidegger beantwortet diese selbst gestellte Frage folgendermaßen: »Zugleich aber gewinnt Aristoteles in seiner *Physik* einen prinzipiellen neuen Grundansatz, aus dem seine Ontologie und Logik erwachsen [...] Das zentrale Phänomen, dessen Explikation Thema der *Physik* ist, wird das Seiende im Wie seines Bewegtseins.« (S. 251) Heidegger unternimmt später eine genaue Lektüre von drei Textteilen aus den Werken des Aristoteles: Buch VI der *Nikomachischen Ethik*, der *Metaphysik* alpha und der *Physik* alpha und beta.

Auch im Mittelpunkt der Vorlesungen über Platons Dialog *Sophistes*, die Heidegger im Wintersemester 1924/25 an der Universität Marburg hielt und die auch von Hannah Arendt besucht wurden, steht eine äußerst gründliche Lektüre von Buch VI der *Nikomachischen Ethik*.[22] In diesem Abschnitt der *Nikomachischen Ethik* erörtert Aristoteles die verschiedenen Formen des Wissens, insoweit diese den verschiedenen Formen des Seins entsprechen. Er unterscheidet wissenschaftliche Erkenntnis (episteme) von praktischer Klugheit (phronesis) und vom Wissen, das in das Herstellen einbezogen ist (techne), zudem von philosophischer Weisheit (sophia) und vom intuitiven Verstand (nous). Es ist kaum daran zu zweifeln, daß Hannah Arendt die philosophische Bedeutung der Unterscheidung zwischen »praxis« (Handeln) und »poiesis« (Herstellen), sowie zwischen »phronesis« (praktischer Klugheit) und »techne« (zum Herstellen gehörendes Wissen) als den entsprechenden dianoëtischen Tugenden durch Heideggers Vorlesungen klar geworden ist.

Was jedoch, wie Gadamer ebenfalls bemerkt[23], in diesen Texten zu Aristoteles fehlt, ist irgendeine spezielle Gewichtung oder eingehendere Untersuchung der Aristotelischen praktischen Philosophie, d.h. der Tugendlehre als einer Lebenspraxis, die nur in der politischen Gemeinschaft von Gleichen und Freunden verwirklicht werden kann. Einem derart geschärften Aristoteles-Leser wie Heidegger es war, konnte diese enge Verbindung zwischen der ethischen Lehre vom guten Leben und der politischen Lehre von der »politeia« als derjenigen Herrschaftsform, die den Menschen die weitreichendsten Gelegenheiten einräumte, sich in der Praxis einzusetzen, nicht verborgen geblieben sein. Heidegger konzentrierte sich jedoch nicht auf die Lehre von der gerechten Polis und dem guten Leben; er verlegte sich statt dessen auf den *Sophistes* und auf die charakteristische Platonische Unterscheidung zwischen dem Leben in Unwahrheit einerseits, wie es von den Sophisten in der politischen Gemeinschaft gelebt wurde, und der Wahrheitssuche durch den Philosophen andererseits, die von der Polis wegführt. Heidegger ignorierte die grundlegenden Lehren der Aristotelischen Ethik und Politik ebenso wie die zentrale Bedeutung, die der Praxis als dem Tun gerechter und edler Taten im Leben der Menschen zukommt.

Wir können nur darüber spekulieren, worauf Heidegger hinauswollte. Zweifellos sah Heidegger in den Jahren 1924 und 1925 nirgendwo Zeichen einer authentischen politischen Praxis; er bestand darauf, daß die philosophische Wahrheit jenseits des menschlichen Handlungsgeschehens in der Stadt liege. Vielleicht paßte es mehr zu seinem quasi-theologischen Temperament, sich dem Chaos der Weimarer Republik zu verschließen und sich Platons *Sophistes* zuzuwenden, um dann eine philosophische Weisheit in jenen Rückzugsakten aus der »gefallenen« Welt oder in den Augenblicken der Besinnung über die Zufälligkeit, Vergeblichkeit und Vergänglichkeit menschlicher Angelegenheiten zu suchen. Hätte Heidegger die Abkehr vom Politischen, die offenbar seine Aristoteles-Lektüre in dieser Zeit charakterisierte, mehrere Jahre später, nämlich 1933, abermals vollzogen, dann hätte ein Großteil der Philosophie des 20. Jahrhunderts einen anderen Verlauf nehmen können. Heideggers Vernachlässigung von entscheidenden Zügen der Ethik und Politik in Aristoteles' Lehre war zweifellos und wie immer man es interpretieren mag, ein entscheidendes Versäumnis, das auch der Aufmerksamkeit seiner besten Studenten wie Hannah Arendt und Herbert Marcuse nicht entging, die auf ihre je eigene Art fortfuhren, den fehlenden Begriff von »Praxis« wieder mit Leben zu füllen. Während Arendt Aristoteles wieder las, um die ontologischen Merkmale ethischen und politischen Handelns aufzudecken, und auf diese Weise zur Vorstellung eines »Bezugsgewebes« menschlicher Angelegenheiten gelangte, deutete Marcuse den Praxis-Begriff von Aristoteles in marxistischen Begriffen als welterschaffende und geschichtsträchtige arbeitende Tätigkeit.[24] Man kann eine philosophische Lehre oder Interpretation rückblickend in Hinsicht auf die Tiefe der Ausdeutungen und das Ausmaß kreativer Mißverständnisse beurteilen, zu denen sie Anlaß gegeben hat. In diesem Fall steht außer Frage, daß Heideggers phänomenologische Aneignung des Aristoteles eines der bedeutsamsten Kapitel in der Philosophiegeschichte des 20. Jahrhunderts bleibt.

In den vorangehenden Kapiteln dieser Arbeit ging es darum, die existentiellen Wurzeln von Arendts Denken zu analysieren und die für ihre Philosophie prägenden intellektuellen Strömungen zu dokumentieren, nämlich zum einen die Suche nach einer politischen Heimstätte für das jüdische Volk und zum anderen die deutsche »Existenzphilosophie« der 20er Jahre, und hier insbesondere das Denken Martin Heideggers. Heideggers Deutung von Platon und Aristoteles in seinen Vorlesungen der Jahre 1924 und 1925 hinterließ unauslöschliche Spuren in Arendts Denken, was sie selbst nur allzu bereitwillig zugab. In bezug auf *Vita activa* schrieb sie an Heidegger:

»Du wirst sehen [...] daß das Buch keine Widmung trägt.

Wäre es zwischen uns je mit rechten Dingen zugegangen [...] so hätte ich Dich gefragt, ob ich es Dir widmen darf; es ist unmittelbar aus den ersten Marburger Tagen entstanden und schuldet Dir in jeder Hinsicht so ziemlich alles.«[25]

Die großen Spannungen in den systematischen Überlegungen, die Arendt zu Politik und Gesellschaft anstellte, und die ungelösten Widersprüche in manchen ihrer Formulierungen können auf dieses zweifache geistig-intellektuelle Erbe zurückgeführt werden. Etwas stilisiert ausgedrückt, läßt sich sagen: Während Hannah Arendt, die staatenlose und verfolgte Jüdin, philosophisch und politisch Vertreterin der Moderne ist, ist Arendt, die Schülerin Martin Heideggers, die antimodernistisch eingestellte, gräkophile Theoretikerin der Polis und einer originären Erfahrung von Praxis.

Dieser Dualität intellektueller Orientierungen entsprechen systematische Zweideutigkeiten, die auch vor ihren Schlüsselbegriffen nicht haltmachen, so beispielsweise beim Begriff des Handelns und der Öffentlichkeit. Die Ermittlung solcher Spannungen und Widersprüche im Werk eines Denkers kann sowohl überaus erhellend als auch äußerst unbefriedigend sein. Arendt selbst glaubte nicht mehr daran, daß es wünschenswert oder auch nur möglich sei, die Welt in einer geschlossenen »philosophischen Weltanschauung« zusammenzufügen. Für sie wurde die politische Philosophie zu einer Methode des Erzählens, um »aus der Vergangenheit Sinn herauszulesen«, zu einer Übung darin, Unterscheidungen zu machen, die uns befähigen, die Bedeutung unserer Zeit und unserer Handlungen zu durchdenken, zu »bedenken, was wir tun«.[26] Ein Denken, das keine Spannungen und Widersprüche aufweist, wäre Arendt sicherlich nicht bloß oberflächlich vorgekommen, es wäre für sie auch den zu bewältigenden Aufgaben nicht gewachsen gewesen. Nichtsdestoweniger ist die Feststellung solcher Dualismen vom Standpunkt der Leserin und Interpretin aus gesehen stets von dem Drang begleitet, Prinzipien zu finden, mit deren Hilfe sich diese

Dualismen anhand einer noch umfassenderen Interpretation oder einer abgerundeteren Darstellung des Korpus als eines Ganzen überwinden ließen. Ein leitender Grundsatz jedweder interpretativen Aufgabe ist schließlich, zu fragen, ob solche Spannungen und Dualismen nicht in ein größeres Ganzes aufgehoben oder vermittels einer anderen Interpretationsstrategie als der bisher verfolgten, miteinander in Einklang gebracht werden können.

Meine These ist, daß die Größe der politischen Philosophie von Arendt und deren ungebrochen aktuelle Bedeutung eben genau in ihren umstrittenen Unterscheidungen und in den Spannungen zu suchen sind, die sie in der westlichen Tradition des politischen Denkens ausfindig macht. Einige Dualismen ihres Denkens entspringen den Dualismen der Tradition, in der sie sich selbst verortet; denn die räumliche Dimension des Denkens befindet sich »zwischen Vergangenheit und Zukunft«, sie ist in der Gegenwart angesiedelt. Andere Dualismen sind von ihr selbst erzeugt. Im verbleibenden Teil dieser Arbeit wird es mir darum gehen, die Dualismen und Unterscheidungen im politischen Denken von Hannah Arendt zu untersuchen. Ich möchte sie allerdings nicht verflachen, indem ich sie unter einen umfassenderen interpretativen Schirm bringe. Vielmehr werde ich sie in Zweifel ziehen, in Frage stellen und anfechten, um uns naheliegende politische Phänomene möglicherweise erhellen zu können.

1 Hannah Arendt – Karl Jaspers, *Briefwechsel 1929–1967*, München 1993, Brief Nr. 297, S. 494.

2 Das Verhältnis zwischen der Philosophie und der Politik Heideggers, seine Verbindung zur Nationalsozialistischen Partei und Bewegung, sein Gebaren als Rektor an der Universität Freiburg 1933, die näheren Umstände seines Rücktritts und das Vorgehen der Entnazifizierungs-Kommission gegen ihn nach dem Krieg wurden von Hugo Ott dargestellt, in: *Martin Heidegger. Unterwegs zu seiner Biographie*, Frankfurt am Main 1988. Der überragenden Studie von Ott ging die Publikation von Victor Farías voraus: *Heidegger und der Nationalsozialismus*, üb. von Klaus Laermann, mit einem Vorwort von Jürgen Habermas, Frankfurt am Main 1989 (frz. *Heidegger et le Nazisme. Morale et politique*, 1987). Thomas Sheehan, »Heidegger and the Nazis«, in: *New York Review of Books* 15/Juni 1988, S. 38–47, bleibt eine der besten Darstellungen der aufgeworfenen, komplizierten Fragen. Zum Verhältnis zwischen Philosophie und Politik im Denken Heideggers ganz allgemein siehe auch Richard Wolin, *Seinspolitik. Das politische Denken Martin Heideggers*, üb. von Rainer Forst, Wien 1991; und Tom Rockmore, *On Heidegger's Nazism and Philosophy*, Berkeley 1992; siehe des weiteren Otto Pöggeler, *Der Denkweg Martin Heideggers*, Neske 1963; und Alexander Schwan, *Politische Philosophie im Denken Heideggers*, Opladen 1965; Richard Wolin, *The Heidegger Controversy: A Critical Reader*, New York 1991, enthält einige der einschlägigen Texte und Artikel zur sogenannten Heidegger-Kontroverse.

Über Heideggers Unfähigkeit, seinen »Fehler« einzugestehen und eine öffentliche Entschuldigung gegenüber seinen früheren jüdischen Studenten und Kollegen auszusprechen, siehe Ott, *Martin Heidegger*, S. 33 ff., S. 162 ff. Vgl. auch Jürgen Habermas, »Martin Heidegger – Werk und Weltanschauung«, in: *Texte und Kontexte*, Frankfurt am Main 1991, und seinen Kommentar: »Mit Hilfe einer Operation, die man ›Abstraktion durch Verwesentlichung‹ nennen könnte, gelingt so die Entkoppelung der Seinsgeschichte vom politisch-historischen Geschehen [...] Heidegger behandelt das Thema des Humanismus zu einem Zeitpunkt, als die Bilder des Grauens, die sich den eintreffenden Alliierten in Auschwitz und anderswo dargeboten hatten, bis ins letzte deutsche Dorf gedrungen waren. Hätte die Rede vom ›wesenhaften Geschehen‹ überhaupt einen bestimmten Sinn gehabt, so hätte das singuläre Geschehen der Judenvernichtung die Aufmerksamkeit des Philosophen (wenn schon nicht des beteiligten Zeitgenossen) auf sich ziehen müssen. Aber Heidegger hält sich wie stets im Allgemeinen auf. Ihm geht es darum, daß der Mensch ›der Nachbar des Seins‹ ist – nicht der Nachbar des Menschen.« S. 71 f.

3 In Anbetracht des Umstands, daß die Korrespondenz zwischen Martin Heidegger und Hannah Arendt der wissenschaftlichen Öffentlichkeit nach

wie vor unzugänglich ist, muß gegenwärtig noch vieles, was über die persönliche Beziehung dieser beiden gesagt werden kann, vorläufig bleiben. Elzbieta Ettinger stützte sich in ihrem Buch auf das Quellenmaterial, das sich im Arendt Literary Trust befindet, siehe *Hannah Arendt – Martin Heidegger. Eine Geschichte*, München 1995; und Rüdiger Safranski, *Ein Meister aus Deutschland. Heidegger und seine Zeit*, München 1994. Der Artikel von Brigitte Seebacher-Brandt, »Der aufgehobene Zweifel: Hannah Arendt und Martin Heidegger«, in: *Frankfurter Allgemeine Zeitung* vom 6. Feburar 1993, Nr. 31, ›Bilder und Zeiten‹, brachte vorab Exzerpte aus dem Buch von Ettinger. Von Martin Heidegger wird gemeinhin berichtet, daß er Hannah Arendt als die »Leidenschaft seines Lebens« bezeichnet hat und daß ihre Affäre im Februar 1925 in Marburg begann. (Elisabeth Young-Bruehl zitiert aus einem Brief von Arendt an Hilde Fränkel vom 10. Februar 1950, der sich in Arendts Papieren in der Library of Congress befindet; Elisabeth Young-Bruehl, *Hannah Arendt. Leben, Werk und Zeit*, Frankfurt am Main 1986.) Er war 35 Jahre alt, sie 18. Sie war Philosophiestudentin, er ein verheirateter Mann mit zwei Kindern. Nach einem Jahr erschien ihm ihre Beziehung zu riskant und ihr vielleicht zu hoffnungslos. Sie wechselte nach Heidelberg, um dort bei Karl Jaspers Philosophie zu studieren. Aber das war nicht schon das Ende der Geschichte. Nachdem Heidegger ihre Anschrift von einem ihrer Kommilitonen in Erfahrung gebracht hatte, schrieb ihr Heidegger und arrangierte gelegentlich Treffen, wobei er allein das Wo und Wann entschied. *Sein und Zeit* erschien 1927, und Heidegger bekam 1928 seine Professur in Freiburg. Hannah Arendt schreibt am 22. August 1928 folgenden Brief an Martin Heidegger: »Der Weg, den Du mir zeigtest [...] ist länger und schwerer, als ich dachte. Er verlangt ein ganzes langes Leben [...] Ich hätte mein Recht zum Leben verloren, wenn ich meine Liebe zu Dir verlieren würde [...]« Arendt beendet den Brief, ohne ihn zu unterschreiben und schließt mit dem Satz: »Und wenn Gott es gibt, werd ich Dich besser lieben nach dem Tod.« (Siehe Ettinger, *Hannah Arendt – Martin Heidegger*, S. 35 f.) Arendt suchte Heidegger nach dem Krieg auf, und sie sahen sich bei Arendts regelmäßigen Europareisen auch weiterhin. Mittlerweile waren Frau Heidegger und ebenso Heinrich Blücher, Arendts Ehemann, auf der Bildfläche erschienen. Ihre Beziehung hatte sich anscheinend in eine Freundschaft verwandelt, und Arendt blieb Heidegger »treu« bis zum Ende, selbst bei den Gelegenheiten, bei denen sein Verhalten weniger freundlich und großmütig war, so beispielsweise, als er ein Exemplar von *Vita activa* erhielt.

4 Siehe Hannah Arendt, Einleitung zu *Vom Leben des Geistes*, Band I, *Das Denken*, München 1979, S. 16.

5 Der aussagekräftigste Hinweis auf Heideggers Charakter ist sein Betragen

in der Freundschaft zu Husserl. Husserl nahm Heidegger ab 1917 unter seine Fittiche, förderte ihn in Universitätskreisen und sorgte dafür, daß Heidegger seinen Lehrstuhl für Philosophie an der Universität Freiburg erhielt. *Sein und Zeit* wiederum trägt Heideggers Widmung vom 8. April 1926: »Edmund Husserl in Verehrung und Freundschaft zugeeignet.« Doch am 6. April 1933, noch bevor das Reichsgesetz zur Wiederherstellung des Berufsbeamtentums rechtswirksam wurde, erging in Baden ein Reichskommissar-Erlaß, wonach alle Landesbeamten ›nicht-arischer‹ Abstammung, gleichgültig welcher Religionszugehörigkeit, vom Amt zu beurlauben waren – einschließlich derer, die wie Husserl im Ruhestand lebten und zum Protestantismus konvertiert waren. Dieser Spezialerlaß wurde am 28. April 1933 durch das besagte Reichsgesetz für ungültig erklärt, doch Husserls Sohn Gerhart verlor seine Stellung an der rechtswissenschaftlichen Fakultät der Universität Kiel und wurde nicht wieder eingesetzt. Heidegger trat am 1. Mai 1933 der NSDAP bei, obwohl er von diesen Bestimmungen wußte. Malvine Husserl erhielt am 2. Mai 1933 einen Brief von Elfriede Heidegger, Heideggers Ehefrau, in dem diese andeutete, sie sei bestürzt zu lesen, daß ihr Sohn beurlaubt worden sei, und in dem sie die Hoffnung ausdrückte, daß es nur eine vorübergehende Maßnahme sei, die Arbeit eines übereifrigen Bürokraten. Denn »die Familie Husserl habe sich ja im Ersten Weltkrieg zum deutschen Volke bekannt«. (So von H. Ott nach Zeugnissen rekonstruiert, *Martin Heidegger*, S. 170.)
Nachdem auf dem Nürnberger Reichsparteitag am 13. September 1935 ein neues Reichsbürgergesetz beschlossen worden war, wurde Husserl mit Ablauf des Kalenderjahres '35 an der Universität Freiburg zur »Unperson«. Ab 1936 erschien Husserls Name nicht mehr im Verzeichnis der Universitätsfakultät, und anläßlich seines Todes im April 1938 gab es keinerlei Gedenken seitens der Universität. Heidegger hatte während dieser Jahre den Kontakt zu Husserl abgebrochen. Er schrieb auch nach dem Tod ihres Mannes nicht an Malvine Husserl und zeigte generell große Undankbarkeit und Kleinlichkeit gegenüber jemandem, der ihm sehr geholfen hatte.
Hannah Arendts Kenntnisse von dem Geschehen waren unmittelbar nach Kriegsende unvollständig und ungenau wie bei vielen anderen auch. In ihrem Artikel »What Is Existenz Philosophy?« von 1946 wiederholte sie das Gerücht, Heidegger habe seinem Freund und Mentor verboten, seinen Fuß in die Fakultät Freiburg zu setzen, weil er Jude sei. Siehe Arendt, »What Is Existenz Philosophy?«, in: *Partisan Review* 8, Nr. 1/1946, S. 46. Karl Jaspers korrigierte Arendts Behauptung in einem Brief an sie vom 9. Juni 1946, nachdem sie ihm ein Exemplar des Artikels geschickt hatte. »Die Anmerkung über Heidegger ist im Tatsächlichen nicht exakt. Ich vermute, daß es sich in bezug auf Husserl um den Brief handelt, den damals jeder Rektor

an die vom Regime Ausgeschlossenen schreiben mußte […] Substantiell ist natürlich wahr, was Sie berichten, nur die Richtigkeit der Schilderung des äußerlichen Vorganges könnte nicht ganz exakt sein.« Arendt/Jaspers, *Briefwechsel* 1926–1969, Brief Nr. 40, S. 79. Siehe auch Otts recht ausführliche Schilderung des Verhältnisses von Heidegger und Husserl, in: *Martin Heidegger*, S. 167–179.

6 Die bis heute ausführlichste und philosophisch scharfsinnigste Analyse von Arendt und Heidegger wurde von Jacques Taminiaux vorgelegt, in: *La Fille de Thrace et le penseur professionnel. Arendt et Heidegger*, Paris 1992. Was die Umarbeitung der Heideggerschen Ontologie angeht, die Arendt in *Vita activa* vornahm, bin ich mit Taminiaux ganz einer Meinung. Der einzige wesentliche Unterschied in unseren Beurteilungen dieser Umarbeitung besteht in meiner Gewichtung der »narrativen Struktur menschlicher Handlung« gegenüber seiner stärkeren Betonung der Frage der Pluralität. Siehe *La Fille de Thrace*, S. 56ff.

7 Arendt, »Concern With Politics in Recent European Philosophical Thought«, in: Jerome Kohn (Hg.), *Hannah Arendt. Essays in Understanding 1930–1954*, New York 1994, S. 446.

8 Arendt, »Was ist Existenzphilosophie?«, in: *Was ist Existenz-Philosophie?*, Frankfurt am Main 1990, S. 38.

9 Siehe Karl Popper, *Die offene Gesellschaft und ihre Feinde*, Band 2, *Falsche Propheten. Hegel, Marx und die Folgen*, Tübingen, 7. rev. und erw. Auflage 1992.

10 Karl Jaspers dachte bereits 1949 über das Verhältnis zwischen Philosophie und Politik in Heideggers Denken nach. Er schreibt: »Hat Heideggers leidenschaftliches Bekenntnis zum N.S. eine philosophische Bedeutung oder nicht?/ Ist es bloßer Irrtum, eine Schwäche, ein Verführtsein durch Macht- und Wirkungschancen?/ oder liegt hier ein tiefzeigendes Symptom, eine sachliche Gehörigkeit für diese Philosophie? Dazu:/ 1. Die Grundhaltung des Diktatorischen, Verkündenden – ohne Dogma doch Gehorsam fordernd – Intoleranz 2. Die Blindheit im Realen […] 3. Geschichtsphilosophische Absolutismen […] 4. Ablehnung des N.S. seit 1934 (wegen eigenem Versagen in den Augen der N.S. und Beiseitegeschobensein) – noch 1937 für Hitlergruß der Studenten – entschieden erst gegen Kriegsende […] Die durchgehende Zweideutigkeit – die Unoffenheit, die Unaufrichtigkeit – liegt sie in der ganzen Philosophie?« Karl Jaspers, *Notizen zu Martin Heidegger*, hg. von Hans Saner, München 1978, S. 49f.

11 M. Heidegger, *Sein und Zeit*, Tübingen [13]1976, S. 313, Herv. im Orig.

12 Thomas Rentsch, *Martin Heidegger. Das Sein und der Tod. Eine kritische Einführung*, München 1989, S. 100, S. 149.

13 Rentsch, *Martin Heidegger*, S. 144.

14 Die schönste Veranschaulichung dieses Gedankens von Arendt findet sich

wohl bei Percy B. Shelley in dem Gedicht »Osymandias«: »Einen traf ich, fern aus antikem Land/ Der sprach: Zwei Beine, steinern, riesig, rumpflos/ Stehn in der Wüste ... Nahbei, halb im Sand/ Liegt ein zerbrochnes Antlitz, dessen Runzeln/ Kommandolächeln, kalten Hohn und Lauern/ Erzähln, sein Bildner las die Züge gut/ Die, aufgepreßt auf Totes, überdauern/ Die formende Hand und das Herz, das sie trug:/ Und auf dem Sockel ist dies eingemeißelt:/ ›Ich heiß Osymandias, Königskönig:/ Seht, Mächtige, mein Werk an, und verzweifelt!‹/ Nichts sonst ist übrig. Rings um den Verfall/ Des kolossalen Wracks, glatt, einsam, eben/ Strecken sich Sande grenzenlos und kahl.« Percy Bysshe *Shelley. Ausgewählte Werke. Dichtung und Prosa.* Frankfurt am Main 1990, S. 105.

15 Sergio Belardinelli, »Martin Heidegger und Hannah Arendts Begriff von ›Welt‹ und ›Praxis‹«, in: *Zur philosophischen Aktualität Heideggers*, Band 2, *Im Gespräch der Zeit*, hg. von Dietrich Papenfuss/Otto Pöggeler, Frankfurt am Main 1990, S. 132.

16 Aristoteles, *Nikomachische Ethik*, üb. und hg. von Olof Gigon, München [3]1978, Buch 6, Kap. 3, 1140 a 1–5, S. 184f.

17 Aristoteles, *Nikomachische Ethik*, Buch 6, Kap. 2, 1139 b 1–4, S. 183.

18 Der Text von Heidegger und Hans-Georg Gadamers Einleitung dazu wurden veröffentlicht in: *Dilthey-Jahrbuch für Philosophie und Geschichte der Geisteswissenschaften*, Band 6/1989, hg. von Frithjof Rodi, Göttingen 1989, S. 228–269.

19 Siehe meine Einleitung zu Herbert Marcuses Habilitationsschrift *Hegel's Ontology and the Theory of Historicity*, üb. von Seyla Benhabib, Cambridge 1988, p.ix-xlii (*Hegels Ontologie und die Theorie der Geschichtlichkeit*, Frankfurt am Main 1932).

20 »Diese Interpretation hatte einen solchen Schwung, daß der damalige Zuhörer der entsprechenden Freiburger Vorlesung, Leo Strauss, wie gewiß mancher andere, hingerissen war und überall erzählte, daß nicht nur Werner Jaeger, der doch wahrlich ein großer Aristoteles-Kenner war, sondern daß sogar Max Weber, der gewiß das stärkste wissenschaftliche Temperament auf den damaligen deutschen Kathedern darstellte, dagegen als reine Waisenknaben erschienen.« H.-G. Gadamer, »Heideggers ›theologische‹ Jugendschrift«, S. 232.

21 M. Heidegger, »Phänomenologische Interpretationen zu Aristoteles«, S. 239. Siehe dazu auch Otts Erörterung der akademischen Erwartungen, die sich in den philosophischen Kreisen Marburgs und Freiburgs auf das Aristoteles-Manuskript richteten: Ott, *Martin Heidegger*, S. 121 ff.

22 Diese Vorlesungen wurden publiziert, in: Martin Heidegger, *Gesamtausgabe*, Bd. 19, II, Abteilung: *Vorlesungen 1919–1944*, Frankfurt am Main 1992, S. 8 ff.

23 »Was mir im Ganzen am meisten auffiel, ist das Übergewicht des ontologi-

schen Interesses, das sich auch noch in der gesamten Phronesis-Analyse zeigt, so daß der Begriff des ›Ethos‹ in der Programmschrift überhaupt kaum eigens erwähnt wird. Ethos ist aber gerade das, was nicht Erhellung ist, sondern Gewöhnung.« H.-G. Gadamer, »Heideggers ›theologische‹ Jugendschrift«, S. 233.

24 Die Arbeit *Hegels Ontologie und die Theorie der Geschichtlichkeit* (Frankfurt am Main 1932) belegt Marcuses Anleihen bei Heidegger. Weitere Ausführungen über den Praxis-Begriff bei Marcuse finden sich in meiner Einleitung zu Herbert Marcuses Habilitationsschrift *Hegel's Ontology and the Theory of Historicity*, üb. von Seyla Benhabib, Cambridge 1988, p. ix-xlii.

25 Elzbieta Ettinger, *Hannah Arendt – Martin Heidegger. Eine Geschichte*, üb. von Brigitte Stein, München 1995, S. 121.

26 Siehe Arendt, »Vorwort: Die Lücke zwischen Vergangenheit und Zukunft«, in: *Zwischen Vergangenheit und Zukunft. Übungen im politischen Denken* I, hg. von Ursula Ludz, München 1994, S. 7–19.

V. DIE KUNST, UNTERSCHIEDE ZU MACHEN UND AUFZUHEBEN: MIT ARENDT GEGEN ARENDT

Hannah Arendt glaubte, die Kunst der Unterscheidung habe einen zentralen Stellenwert für den Beruf des politischen Theoretikers in diesem Jahrhundert. Dagegen versuchten viele ihrer späteren Interpreten und selbst diejenigen, die ihrer Arbeit äußerst wohlwollend gegenüberstanden – wie Hanna Pitkin, Jürgen Habermas und Richard Bernstein –, zu zeigen, daß ihre Kunst der Unterscheidung die zu begutachtenden Phänomene eher verunklare statt erhelle.[1] Denken wir an einige wichtige Unterscheidungen bei Arendt, z.B. an die zwischen Arbeiten, Herstellen und Handeln, an die Unterscheidung zwischen Zwang, Macht und Gewalt, an die zwischen dem Gesellschaftlichen, dem Politischen und dem Intimen. Sie alle sind von anderen Wissenschaftlern kritisiert, bestritten und heftig diskutiert worden.[2]

Ich möchte in diesem Kapitel der These nachgehen, daß vieles von dem, was die Interpreten an der Arendtschen Kunst der Unterscheidung so gestört hat, seine Quellen in einer tieferliegenden Dimension ihrer philosophischen Methodologie hat, nämlich in ihrem »phänomenologischen Essentialismus«. Das ist die besonders in *Vita activa* auffallende Überzeugung Arendts, daß jedem Typus menschlicher Aktivität ein gebührender »Platz« zukommt, an dem er ausgeführt werden kann. Arbeit, so behauptet sie, gehöre nicht in den öffentlichen Bereich, hingegen muß das Herstellen, wenn auch häufig in Einsamkeit ausgeführt, seine Ergebnisse öffentlich vorweisen. Nicht eindeutig ist allerdings, ob Handeln ihrer Auffassung gemäß nur im öffentlichen Bereich erfolgen kann oder ob auch die privaten Sphären der Liebe und der Freundschaft ein Handeln erlauben. Arendts phänomenologischer Essentialismus führt bei ihr oftmals dazu, daß sie begriffliche Unterscheidungen mit sozialen Prozessen verschmilzt, ontologische Analysen mit institutionellen und historischen Beschreibungen verquickt. Diese Methode hat den Vorzug, soziale und politische Phänomene in einem ganz anderen Licht zu zeigen; gleichzeitig verwirrt sie uns oft, weil wir nicht wissen, auf welcher Ebene Arendt nun operiert. Diese Verschmelzung der Analyseebenen ist im Falle der beiden wichtigsten Kategorien des Arendtschen Gesamtwerks – Handeln und öffentlicher Raum – am auffallendsten. Wenn wir die Methodologie und die Dichotomien von Arendt in diesem Kapitel kritisieren, kann uns ihre Äußerung über das Denken von Karl Marx als Richtschnur dienen: »Unstimmigkeiten, grobe Widersprüche [...] führen ins eigentliche Zentrum der meisten großen Denker, wo sie zu den aufschlußreichsten Anhaltspunkten für ein Verständnis gehören.« [3]

Die ontologische und die institutionelle Dimension des öffentlichen Raums

In seinem Buch *The Political Philosophy of Hannah Arendt* hat Maurizio Passerin d'Entrèves eine ausgezeichnete Analyse des Dualismus von Arendts Begriffen des Handelns und des öffentlichen Raums erarbeitet:

»Unterschiedliche Beurteilungen der Arendtschen Handlungstheorie lassen sich unter dem Aspekt einer grundsätzlichen Spannung zwischen einem expressiven und einem kommunikativen Handlungsmodell in ihrer Theorie erklären [...] Das kommunikative Handeln ist an gelingender Verständigung orientiert und ist von den Normen der Symmetrie und Wechselseitigkeit gekennzeichnet, die zwischen den als Gleiche anerkannten Subjekten herrschen. Das expressive Handeln andererseits berücksichtigt die Selbstverwirklichung der Person, und die entsprechenden Normen sind Anerkennung und Bestätigung der Einzigartigkeit des Selbst und seiner Fähigkeiten durch andere.«

D'Entrèves führt dies noch genauer aus:

»Insofern Arendts Handlungstheorie auf einer instabilen Verbindung sowohl expressiver wie kommunikativer Modelle (oder Handlungstypen) beruht, ist klar, daß ihre Darstellung von Politik je nach Betonung des einen oder des anderen Modells schwanken wird. Trifft die Akzentuierung das expressive Handlungsmodell, wird Politik als das Vollbringen edler Taten durch herausragende einzelne betrachtet; sobald aber die Betonung auf dem kommunikativen Modell liegt, wird Politik umgekehrt als ein kollektiver Prozeß der Befreiung und Entscheidungsfindung gesehen, der sich auf Gleichheit und Solidarität gründet.«[4]

Mit diesen zwei Handlungsmodellen korrelieren zwei Politikmodelle: Beim ersten handelt es sich um ein agonales oder heroisches Modell von Politik, bestimmbar als das Bestreben einer republikanischen Elite in den Stadtstaaten, »große und denkwürdige Taten zu vollbringen«; beim zweiten Modell handelt es sich um die Art von demokratischer oder organisationsbildender Politik, für die sich jeder gewöhnliche Bürger einsetzen kann, ob er nun große moralische Kompetenzen besitzt oder auch nicht, der aber die Fähigkeit des politischen Urteilens und der politischen Initiative im Prozeß der Selbstorganisation erwirbt.[5]

D'Entrèves wiederum stützt sich bei dieser Analyse auf die Diskussion der Handlungstypen in Jürgen Habermas' *Theorie des kommunikativen Handelns*, wie sie in meinem früheren Buch *Critique, Norm, and Utopia* im Grundriß dargestellt wurde.[6] Die Anleihen von Habermas bei Hannah Arendt und seine Umgestaltung ihrer Philosophie des Öffentlichen werden im sechsten Kapitel noch ausführlicher untersucht. An dieser Stelle möchte ich gleichwohl schon begründen, warum der Ausdruck »kommunikatives Handeln« nicht so recht imstande ist, die begrifflichen Probleme einzufangen, die Arendt, im Gegensatz zu Habermas, im Sinn hatte. Anstatt von »kommunikativem Handeln« zu sprechen, werde ich die Begrifflichkeit des »narrativen Handlungsmodells« verwenden. Denn während das kommunikative Handeln an gelingender Verständigung unter Konversationspartnern orientiert ist, und zwar auf der Grundlage von Geltungsansprüchen, die in Sprechakten erhoben werden[7], ist narratives Handeln in Arendts Theorie ein Handeln, das in ein »Bezugsgewebe menschlicher Angelegenheiten und in ihm dargestellter Geschichten« eingebettet ist. Dieses »Bezugsgewebe menschlicher Angelegenheiten und in ihm dargestellter Geschichten« vereint die konstative und die expressive Dimension von Sprechakten. Sein rationaler Kern kann nicht so eindeutig herausgelöst werden, wie Habermas es gern sähe und wie er es mit seinem Begriff der Geltungsansprüche zu tun versucht. Bei diesem Stand der Diskussion ist es nicht nötig, zwischen den beiden Handlungsmodellen zu vermitteln, vielmehr ist aufzuzeigen, auf welche Weise die Zweideutigkeiten und Dualismen des Arendtschen Handlungsbegriffs mit ihrem phänomenologischen Essentialismus zusammenhängen.

Anstelle die Begrifflichkeit von »expressiv« versus »kommunikativ« zu verwenden, werde ich von dem »agonalen« und dem »narrativen« Handlungsmodell sprechen. Lassen Sie mich einige Gegensätze untersuchen, die mit diesen Modellen typischerweise verknüpft zu sein scheinen: Während das Handeln im agonalen Modell durch Ausdrücke wie »Enthüllung dessen, wer einer ist« und »Manifestwerden des Inneren« beschrieben wird, ist Handeln im narrativen Modell durch das »Erzählen einer Geschichte« und »das Weben eines Gewebes aus Geschichten« charakterisiert. Während das Handeln im ersten Modell ein vorgängiges Wesen, nämlich das »Wer man ist«, zu manifestieren scheint oder offenkundig werden läßt, legt das Handeln im zweiten Modell nahe, daß das »Wer man ist« im Prozeß des Tuns und beim Erzählen der Geschichte entsteht. Während das Handeln im ersten Modell ein Entdeckungsprozeß ist, ist das Handeln im zweiten Modell ein Prozeß des Erfindens. Zeitgemäß ausgedrückt, könnten wir sagen, das erste Handlungsmodell ist essentialistisch, das zweite hingegen konstruktivistisch gedacht.[8]

Die folgende Textstelle fängt diesen Kontrast besonders gut ein: »Diese bleibende Befindlichkeit, welche die Identität der Person ausmacht, enthüllt sich sichtbar, aber doch in spezifischer Ungreifbarkeit im Handeln und Sprechen, während sie greifbar und gewissermaßen handhabbar in der Lebensgeschichte hervortritt [...] Das Wesen einer Person [...] kann überhaupt erst entstehen und zu dauern beginnen, wenn das Leben geschwunden ist und nichts hinterlassen hat als eine Geschichte.« (VA, S. 186) Schauen wir uns nun die folgende Passage näher an, die den narrativen und konstruktivistischen Dimensionen gegenüber den essentialistischen Aspekten der Identität den Vorzug gibt.

»Das Bezugsgewebe menschlicher Angelegenheiten [geht] allem einzelnen Handeln und Sprechen voraus, so daß sowohl die Enthüllung des Neuankömmlings durch das Sprechen wie der Neuanfang, den das Handeln setzt, wie Fäden sind, die in ein bereits vorgewebtes Muster geschlagen werden und das Gewebe so verändern [...] Sind die Fäden erst zu Ende gesponnen, so ergeben sie wieder klar erkennbare Muster bzw. sind als Lebensgeschichten erzählbar. [...] Kein Mensch kann sein Leben ›gestalten‹ oder seine Lebensgeschichte hervorbringen, obwohl ein jeder sie selbst begann, als er sprechend und handelnd sich in die Menschenwelt einschaltete. Obwohl also erzählbare Geschichten die eigentlichen ›Produkte‹ des Handelns und Sprechens sind, und wiewohl der Geschichtscharakter dieser ›Produkte‹ dem geschuldet ist, daß handelnd und sprechend die Menschen sich als Personen enthüllen und so den ›Helden‹ konstituieren, von dem die Geschichte handeln wird, mangelt der Geschichte selbst gleichsam ihr Verfasser. Jemand hat sie begonnen, hat sie handelnd dargestellt und erlitten, aber niemand hat sie ersonnen.« (VA, S. 174f.)

Die Betonung der »bleibenden Befindlichkeit, welche die Identität der Person ausmacht«, in der ersten Textstelle hebt sich sehr deutlich davon ab, was in der zweiten Passage gesagt wird: unsere Handlungen und Worte hätten keine genau feststellbaren Anfänge und Enden, etwa so wie Wellen im Wasser. Es ist nicht nur so, daß wir der Gegenstand der Geschichten anderer sind, sondern durch die Worte und Taten, auf die wir uns im Zusammensein mit anderen einlassen, entdecken wir außerdem, wer wir sind, und lernen uns allmählich selbst kennen.

Diese Spannungen und Schwankungen in Arendts Handlungsbegriff wiederholen sich in ihrem Begriff vom öffentlichen Raum auf genau dieselbe Art. Es ist bislang kaum beachtet worden, daß Arendt den phänomenologischen Begriff des »Erscheinungsraums« und den institutionellen Begriff des »öffentlichen Raums« ineinander fließen läßt.[9] Die zwei oben erörterten Handlungsmodelle entsprechen dieser zusätzlichen Dichotomie, insoweit der agonale Handlungstyp einen öffentlichen Raum voraussetzt, in dem er anderen erscheinen kann und mit anderen geteilt werden kann; das narrative Handeln benötigt zwar ebenfalls einen »Erscheinungsraum«, aber dies muß kein öffentlicher Raum sein, der allen zugänglich ist. Ein Handeln, das ins alltägliche Gewebe der Erzählungen eingesponnen ist, kann in vertraulich-privaten Bereichen ebenso erfolgen. Diese Bereiche sind schon ihrer Natur nach begrenzt und können nicht von allen geteilt werden. Private Freundschaften und Liebe, von der Arendt sagt, sie könne das Licht der Öffentlichkeit schlechterdings nicht überleben[10], bedeuten ein Handeln in diesem zweiten Sinn; ein Handeln im emphatischen griechischen Sinn »des Vollbringens großer und edler Taten« können sie sein, müssen es aber nicht. Das narrative Handeln ist allgegenwärtig, denn es ist der Stoff, aus dem alles soziale Leben der Menschen, jedes Zusammenleben »in Form des Sprechens und Handelns« gemacht ist. Das agonale Handeln hingegen ist episodenhaft und selten. Nicht sehr viele menschliche Handlungen erreichen jene Qualität, »ein Prinzip aufscheinen zu lassen« und »zu verdeutlichen«, die Arendt mit dem agonalem Handeln verbindet. Der »Erscheinungsraum« entspricht der menschlichen Bedingtheit der Pluralität, das heißt, daß wir viele sind und nicht bloß einer. Nur unter ganz bestimmten, angebbaren geschichtlichen und institutionellen Bedingungen nimmt der Erscheinungsraum für den Menschen die Form eines öffentlichen Raums an.

In einem der Eingangsabschnitte von *Vita activa* definiert Hannah Arendt »das Öffentliche« wie folgt:

»Das Wort ›öffentlich‹ bezeichnet zwei eng miteinander verbundene, aber doch keineswegs identische Phänomene: Es bedeutet *erstens*, daß alles, was vor der Allgemeinheit erscheint, für jedermann sichtbar und hörbar ist, wodurch ihm die größtmögliche Öffentlichkeit zukommt. Daß etwas erscheint und von anderen genau wie von uns selbst als solches wahrgenommen werden kann, bedeutet innerhalb der Menschenwelt, daß ihm Wirklichkeit zukommt.« (VA, S. 49) »Der Begriff des Öffentlichen bezeichnet zweitens die Welt selbst, insofern sie das uns Gemeinsame ist und als solches sich von dem unterscheidet, was uns privat zu eigen ist, also dem Ort, den wir unser Privateigentum nennen [...] In der Welt zusammenleben heißt wesentlich, daß eine Welt von Dingen zwischen denen liegt, deren gemeinsamer Wohnort sie ist, und zwar in dem gleichen Sinne, in dem etwa ein Tisch zwischen denen steht, die um ihn herum sitzen [...] Der öffentliche Raum wie die uns gemeinsame Welt versammelt Menschen und verhindert gleichzeitig, daß sie gleichsam über- und ineinanderfallen.« (VA, S. 52)

Die Ursprünge des »Welt«-Begriffs in der Philosophie Martin Heideggers hatte ich bereits untersucht (Kapitel 4). Auch Arendts jugendliche Versuche, Rahel Varnhagens Biographie unter dem Aspekt ihrer Suche nach einer Beheimatung in der Welt aufzubauen, wurden zuvor schon dokumentiert (Kapitel 1). An Arendts Definition vom öffentlichen Raum sehen wir nun, wie der Begriff der »Welt«, der seit den Frühphasen ein

Leitmotiv ihres Denkens bildete, in ihr ausgereiftes Denken integriert wird.

Die zwei phänomenologischen Dimensionen des öffentlichen Bereichs sind (a) dessen Qualität als Raum des Erscheinens und (b) dessen Qualität, eine gemeinsame Welt zu sein. Diese Dimensionen sind phänomenologisch, weil sie unter gleich welchen sozialgeschichtlichen Voraussetzungen und gleich welcher Epoche Aspekte der menschlichen Bedingtheit an sich sind. Menschen »erscheinen« einander auch in Konzentrationslagern, weil Seiendes erscheinen muß – um mit Aristoteles und Heidegger zu sprechen (s. Kapitel 4, Abschnitt »Aristoteles, Arendt und Heidegger«). Aber der Aspekt des öffentlichen Bereichs als einer gemeinsamen Welt besitzt nicht dieselbe Unausweichlichkeit und ist enger an bestimmte sozialgeschichtliche Bedingungen geknüpft. Unter den Bedingungen extremer Schreckensherrschaft, Isolierung, Beherrschung und Gewalt kann die Öffentlichkeit als eine gemeinsame Welt schweren Schaden nehmen. Den einzelnen kann es in zunehmendem Maße schwerer fallen, eine Reihe von Alltagsbezügen, Hintergrundannahmen und Überzeugungen zu teilen. Totalitäre Regime zielen deshalb darauf ab, die Öffentlichkeit als eine gemeinsame Welt der Werthaltungen, Überzeugungen und Orientierungen zu zerstören, obwohl sie den öffentlichen Bereich als einen Erscheinungsraum niemals beseitigen können, ohne dem Leben der Menschen selbst ein Ende zu bereiten.

Tatsächlich gestatten uns die gesellschaftlichen Bedingungen unter dem Totalitarismus jedoch auch, die ontologische und die institutionelle Dimension des öffentlichen Bereichs klarer zu unterscheiden. Unter totalitären Regimen, die den Zyklus von sozialer Bewegung, Revolution und Krieg durchlaufen und die Ausübung politischer Autorität routinisiert haben, wandert die Öffentlichkeit, so paradox das klingen mag, sehr oft in die Privatsphäre ab. Die öffentliche Welt wird nun in Kirchen und Gemeindesitzungen angesiedelt, wird in die Wohnzimmer von Privatleuten, in halböffentliche Treffen von Künstlern und Intellektuellen, in politische Kabaretts verlegt. Zeichen der Freundschaft und der Solidarität im Alltag gewinnen außerordentliche Bedeutung. Eine Generation ausgezeichneter Schriftsteller antitotalitärer Gesinnung wie Václav Havel, György Konrád und Milan Kundera[11] hat eine »Phänomenologie des Lebens unter dem Totalitarismus« zu Papier gebracht, die als interessanter Kontrast zu den Arendtschen Begriffen dienen kann. Die Phänomenologie des Lebens unter dem Totalitarismus, die den Werken dieser Autoren zu entnehmen ist, dokumentiert, auf welche Weise das institutionelle Verschwinden der Öffentlichkeit auch die grundlegenderen Strukturen des menschlichen Lebens in Mitleidenschaft ziehen kann. Im Totalitarismus sind die öffentlichen Plätze mit den hohlen Zeichen der Macht des Regimes übersät, aber eine gemeinsame Welt wird an anderer Stelle wiedererrichtet. Wenn diese anderswo geschaffene gemeinsame Welt auf die Straßen, den Marktplatz, die städtischen Plätze überspringt und somit eine alternative öffentliche Sphäre ausbildet, kommen diese Regime ins Wanken.

Eine Klärung der institutionellen und der ontologischen Dimension des öffentlichen Bereichs bietet Arendt erst viel später in Abschnitt 28 von *Vita activa* an: »Ein Erscheinungsraum entsteht, wo immer Menschen handelnd und sprechend miteinander umgehen; als solcher liegt er vor allen ausdrücklichen Staatsgründungen und Staatsformen, in die er jeweils gestaltet und organisiert wird [...] Er liegt in jeder Ansammlung von Menschen potentiell vor, aber eben nur potentiell.« (VA, S. 193)

Leider ist das, was Arendt über das Öffentliche schrieb, nicht immer so klar gewesen, wie es die obenstehende Definition vermuten läßt, mit dem Ergebnis, daß die Kategorien des Raums, des Erscheinens, der gemeinsamen Welt und des öffentlichen Raums häufig durcheinandergingen. Und genau deshalb, weil diese verschiedenen Dimensionen nicht hinreichend differenziert worden sind, ist der grundlegende Unterschied zwischen dem agonalen und dem narrativen Handlungsmodell nicht beachtet worden.

Jedes Handeln einschließlich des agonalen Handelns ist narrativ verfaßt. Das Was unserer Handlungen und das Wer des Täters werden stets vermittels einer Erzählung bestimmt, dadurch nämlich, daß erzählt wird, was jemand tut und wer jemand ist. Wie ich im vorherigen Kapitel schon deutlich machte, ist dies eine ontologische Dimension menschlichen Handelns. Das Repertoire an Körpergesten und Körperbewegungen sowie der einzelnen Ausdruckstypen im menschlichen Mienenspiel ist jeweils recht begrenzt. Dasselbe Lächeln kann ein Ausdruck von Liebe oder Ironie, für Einverständnis ebenso wie für Verachtung sein; das seitwärts gerichtete Nicken mit dem Kopf kann ja oder nein bedeuten, Zustimmung oder Mißbilligung ausdrücken. Was uns gestattet, diese Gesten und Bewegungen als »so« und »nicht anders« zu interpretieren, sind die in der gemeinsamen soziokulturellen Welt verfügbaren narrativen Codes für Handeln und Interpretation.

Mit diesem phänomenologischen Argument eröffnet sich ein Ausblick, von dem aus gesehen der Gegensatz zwischen dem agonalen und dem narrativen Handlungsmodell überzogen ist.[12] Jegliches Handeln ist narrativ verfaßt, und so manches Handeln kann eine agonale Dimension erreichen. Handeln ist dann agonal, wenn es ein Prinzip oder eine Tugend wie Gerechtigkeit, Großzügigkeit, Weisheit und Freundlichkeit verkörpert oder »aufscheinen« läßt oder wenn es eine Leidenschaft, ein Gefühl, in seiner wesentlichen Form ausdrückt, wie den Zorn des Achill, die Verzweiflung des Königs Lear, Hamlets Unentschlossenheit, Billy Budds stumme Wut oder das anonyme Böse des Holocaust.[13] Ein solches Handeln ist selten, es transzendiert und transfiguriert in vielen Hinsichten die Alltäglichkeit und unser Verständnis von uns selbst. Die vielen kleinen Gesten und Verrichtungen jedoch, die die menschliche Alltäglichkeit ausmachen, erreichen derartige Dimensionen in der Gediegenheit des

Ausdrucks und der Intensität der Leidenschaft normalerweise nicht. Vom Handeln, das im »Bezugsgewebe menschlicher Angelegenheiten und der in ihm dargestellten Geschichten« aufgeht, wird weder in den epischen Texten der Dichter noch in den Annalen der öffentlich-politischen Geschichte berichtet. Solche Handlungen, aus denen sich unsere Lebensgeschichte zusammensetzt, werden gewöhnlich nur von uns Nahestehenden erinnert, mit denen wir die trivialen und minder trivialen Vertraulichkeiten und Wiederholungen des Alltagslebens teilen. Im Alltagsleben ist das Gerede die typische Erzählung vom Handeln.

Nachdem ich auf die Notwendigkeit hingewiesen habe, die phänomenologische und die institutionelle Dimension beim Handlungsbegriff und beim Begriff des öffentlichen Raums jeweils auseinanderzuhalten, möchte ich nun die institutionellen Fragen weiter vertiefen. Unter welchen sozialgeschichtlichen Bedingungen kann man wirklich so scharf zwischen Herstellen, Arbeiten und Handeln unterscheiden, wie Arendt es tat?

Der fortwährende Kampf mit Karl Marx

Der am meisten kritisierte und diskutierte Aspekt an der Arendtschen Theorie menschlicher Tätigkeit ist nicht die narrative Verfaßtheit des Handelns gewesen. Heiß umstritten war vielmehr die Unterscheidung zwischen Arbeiten und Herstellen. Hinter dieser Unterscheidung steht fraglos Arendts andauernder Kampf mit den Ideen von Karl Marx.

Die Nachforschung in den unveröffentlichten Unterlagen von Arendt in der Library of Congress erlaubt uns zu überschauen, in welchem Ausmaß *Vita activa* nicht bloß als ein Dialog mit Martin Heidegger, sondern auch als eine weitergehende Auseinandersetzung mit Karl Marx gedacht war. Eine Reihe unveröffentlichter Manuskripte, darunter eines mit dem Titel »Karl Marx and the Tradition of Western Political Thought«[14], enthüllen, daß Arendt wichtige Argumente ausarbeitete, denen wir später in *Vita activa* wieder begegnen. Wie Margaret Canovan dazu bemerkt hat, bildet diese Auseinandersetzung mit Karl Marx nicht nur den Hintergrund, aus dem *Vita activa* hervorging, sondern sie stellt zudem das fehlende Bindeglied dar zwischen *Elemente und Ursprünge totaler Herrschaft* von 1951 und *Vita activa* von 1958.[15]

Alle Versuche, zwischen Tätigkeitstypen zu unterscheiden, so beispielsweise zwischen Arbeiten, Herstellen und Handeln im Falle von Arendt oder zwischen Arbeit und Interaktion beim frühen Habermas oder auch zwischen kommunikativem, instrumentellem und expressivem Handeln in den späteren Arbeiten von Habermas[16], sind einem gängigen Einwand ausgesetzt: Es wird darauf verwiesen, daß jede komplexe menschliche Tätigkeit, von der Fabrikarbeit über das Bücherschreiben bis hin zum Zubereiten einer Mahlzeit, nicht einfach als Musterfall für einen einzelnen Handlungstyp angesehen werden kann. Fabrikarbeit beispielsweise ist nicht bloß Arbeit oder instrumentelle Tätigkeit: Normalerweise sind vielschichtige Dimensionen der sozialen Interaktion darin einbezogen, die ihrerseits davon abhängen, wie die sozialen Machtverhältnisse unter den einfachen Arbeitern sowie zwischen der Gewerkschaft und der Betriebsleitung beschaffen sind. Die Arbeiter könnten sich z.B. für eine Verlangsamung der Produktion einsetzen, indem sie zehn statt wie vorher fünfzehn Chips pro Stunde zusammenbauen. In diesem Fall wäre ihre Tätigkeit nicht lediglich als instrumentelle Arbeit zu werten, sondern wäre darüber hinaus politische Aktivität. Genauso kann das Schreiben eines Gedichtes in Arendts Sprachgebrauch als ein Fall reinen Herstellens oder in der Ausdrucksweise von Habermas als expressives Handeln erscheinen. Wenn man aber als wöchentlichen Beitrag zu einem Comic-Streifen, den man verachtet, ein Gedicht schreibt, kann diese Tätigkeit – weit davon entfernt, befriedigende Arbeit zu sein – alle Merkmale der Plackerei entfremdeter, industrieller Lohnarbeit tragen. Und schließlich kann die Zubereitung einer Mahlzeit – das typische Beispiel für sich wiederholende, kurzlebige Arbeit, die nach Ansicht von Arendt den Bedürfnissen des Körpers dient – ebensogut ein expressiver Akt eines Gourmet-Chefs wie ein Liebesdienst für zwei oder mehr Personen sein. Wenn menschliche Tätigkeiten als komplexe soziale Beziehungen betrachtet und in den richtigen Kontext eingeordnet werden, kann sich das, was zunächst ein bestimmter Tätigkeitstyp zu sein scheint, doch als ein anderer herausstellen; außerdem kann ein und dieselbe Tätigkeit mehr als einen Handlungstyp veranschaulichen.

Dennoch halte ich Handlungstypologien aus diesem Grund nicht schon für zwecklos oder unnötig. Ganz im Gegenteil, ich pflichte der von Max Weber begründeten Tradition verstehender Sozialwissenschaft bei, wonach das Hauptziel jeder Sozialforschung im Verstehen sozialen Handelns besteht. Dazu bedarf es der grundlegenden Vorleistung, »Idealtypen« oder begriffliche Modelle zu konstruieren, die unsere Forschung anleiten.[17] Natürlich sind die soziale Wirklichkeit und die sozialen Prozesse stets komplexer als unsere Kategorien, aber das ist kein Argument dagegen, Unterscheidungen zu machen. Wir können höchstens an der Scharfsinnigkeit der Unterscheidungen zweifeln, die wir machen, während wir doch zugeben müssen, daß alles Denken gleichzeitig Unterscheiden und Vermitteln bedeutet. Deshalb ist das Argument, die soziale Wirklichkeit sei komplexer, als die Arendtschen Unterscheidungen zwischen Arbeiten, Herstellen und Handeln dies zulassen, nicht auf Anhieb ein Argument gegen diese Kategorien. Ich glaube, daß Hannah Arendt unter anderem dadurch zu einem der nützlichsten und schöpferischsten Kritiker des Marxismus in diesem Jahrhundert wurde, daß sie Herstellen von Arbeiten unterschied und einige Probleme der Marxschen Arbeitsphilosophie mit der ungelösten Romantik seines politischen Denkens insgesamt in Verbindung brachte.

Arendts Kritik an Marx ist im wesentlichen die, daß Marx die Unterscheidung zwischen Herstellen (*work*) und Arbeiten (*labor*) nicht beachtet.[18] Das Herstellen erzeugt einen dauerhaften Lebensraum und eine Umwelt, vermittels deren sich die Menschen die Erde bewohnbar machen. Alles menschliche Leben entfaltet sich in einem solchen Lebensraum und einer solchen Umwelt. Ohne eine Welt mehr oder minder beständiger Gegenstände, Gebäude, Artefakte und Strukturen, die die bloße Lebensspanne eines einzelnen Sterblichen überdauern, würde das menschliche Leben den Schatten in Platons Höhlengleichnis ähneln. Es würde kommen und gehen, ohne irgendeine Spur zu hinterlassen.

Ich denke, Arendt hat recht, wenn sie behauptet, Marx schreibe der Arbeit die weltschaffende Funktion zu, die eigentlich für das Werk charakteristisch sei. Betrachten wir einmal die folgende Passage aus den Manuskripten von 1844, in der Marx die entfremdete Arbeit kritisiert:

»Denn erstens erscheint dem Menschen die Arbeit, die Lebenstätigkeit, das produktive Leben selbst nur als ein Mittel zur Befriedigung eines Bedürfnisses, des Bedürfnisses der Erhaltung der physischen Existenz. Das produktive Leben ist aber das Gattungsleben. Es ist das Leben erzeugende Leben. In der Art der Lebenstätigkeit liegt der ganze Charakter einer Spezies, ihr Gattungscharakter, und die freie bewußte Tätigkeit ist der Gattungscharakter des Menschen.«[19]

Durch Arbeitstätigkeit verwandelt die menschliche Gattung die Natur in eine zweite Natur; es handelt sich dabei um einen dynamischen Prozeß der Selbsttransformation. Arbeit ist für Marx eine Evolutionsmaschine, durch die sich die Spezies im Laufe ihrer Umweltveränderung selbst verändert. Marx übersetzt hier Hegels Entdeckung in der *Phänomenologie des Geistes*, wonach der Geist durch seine Entäußerungen in der Geschichte zu sich selbst kommt und durch sie von sich selbst weiß, in eine philosophisch-anthropologische Sprache.[20] Das Modell ist hier das eines Subjekts, das sich anfänglich einer fremden Welt der Objektivität gegenübersieht, die es nach und nach »humanisiert« oder »sich zu eigen macht«, indem es sie sowohl tätig verändert als auch begrifflich durchdringt. Die Marxsche Definition des wahren Kommunismus hält sich vollkommen getreu an dieses Hegelsche Modell der Überwindung von Entfremdung durch einen Wiederaneignungsvorgang, der die Auflösung des Widerstreits herbeiführt.

»Der Kommunismus als positive Aufhebung des Privateigentums als menschlicher Selbstentfremdung und darum als wirkliche Aneignung des menschlichen Wesens durch und für den Menschen; darum als vollständige, bewußt und innerhalb des ganzen Reichtums der bisherigen Entwicklung gewordene Rückkehr des Menschen für sich als eines gesellschaftlichen, d.h. menschlichen Menschen.«[21]

Indem er den Hegelschen Sprachgebrauch von Subjekt und Objekt, Vergegenständlichung und Entäußerung übernimmt, analysiert Marx die Tätigkeit des Arbeitens ebenso wie die des Herstellens im Grunde genommen auf einer abstrakteren strukturellen Ebene als Hannah Arendt. Für Marx wie für Hegel ist alle menschliche Tätigkeit eine Manifestation der Dynamik anfänglicher Einheit, des Zusammenbruchs dieser Einheit durch Tätigkeit und der Wiederherstellung des Selbst über eine Bewegung der Negation und eine Auflösung des Widerstreitenden, Fremden, anderen und Entfremdeten.[22]

Kurz und knapp gesagt, für die Marxsche Kritik am Kapitalismus ist die Sicht entscheidend, daß die industrielle Lohnarbeit der menschlichen Arbeitstätigkeit diejenigen weltschaffenden Charakteristika nimmt, die das Herstellen besitzt. Marx feierte eigentlich nicht so sehr das Aufkommen des »animal laborans«, des Menschen als arbeitendes Tier, sondern suchte vielmehr in den Tätigkeiten des animal laborans nach der Würde des Homo faber. Die Begriffe der »Entfremdung« und der »entfremdeten Arbeit« sind nur vor diesem Hintergrund der Glorifizierung weltschaffender und weltverändernder Tätigkeit, wie sie sich im Werk manifestiert, verständlich. Der Industriekapitalismus bringt demnach die Menschen um ihre Fähigkeit, diese weltschaffende Tätigkeit durch Arbeit auszudrücken.

Aber ist denn die Unterscheidung zwischen dem Herstellen und dem Arbeiten ein geschichtsübergreifender Aspekt der menschlichen Bedingtheit, wie Arendt uns glaubhaft machen will? Arendt selbst hält fest, daß seit den Anfängen des Industriekapitalismus Herstellen immer mehr den Charakter von Arbeit annimmt. Zuerst verlieren die Tätigkeit des Herstellens ebenso wie die Objekte der Herstellung ihren dauerhaften Charakter und werden von den anonymen Prozessen der Produktion und Konsumtion aufgesogen. Wir können hier an das Werk eines Handwerkers denken, der in einer präkapitalistischen Ökonomie Tontöpfe anfertigt. Die Identität des Individuums, das Können und die Techniken seines Handwerks, die wenigen Produkte seiner Arbeit haben in der gefestigten sozialen Hierarchie der Produktionsverhältnisse in solchen Ökonomien einen festen Platz. Mit dem Aufkommen des Kapitalismus wird der Produktionsprozeß anonymisiert, und die Welt beschleunigt sich: Der Töpfer wird durch die Fabrikarbeiter in den Porzellan- oder Keramikfabriken ersetzt; das Können und die Fertigkeiten werden zunehmend in ein Know-how des anonymen Produktionsprozesses umgesetzt und in die Konstruktionspläne für die Maschinerie und die technische Organisation des Produktionsprozesses aufgenommen; die Stückzahl der je Produktionseinheit erzeugten Töpfe und Teller gewinnt nunmehr allergrößte Wichtigkeit. Vom Standpunkt des einzelnen Arbeiters betrachtet, gibt es tatsächlich nichts Persönliches oder Selbstbejahendes und Selbstbestätigendes in den zahllosen Waren, die sich unter dem Kapitalismus mit wachsender Geschwindigkeit anhäufen. Wenn Marx, wie Arendt selbst auch, diesen Aspekt des Kapitalismus kritisierte, ließ er sich von den Mustern und Paradigmen einer Produktion leiten, die eher für solche Wirtschaftsordnungen charakteristisch sind, die in die Zeit vor dem Industriekapitalismus gehören.[23]

Es ist eine mit dem Industriekapitalismus einsetzende Tendenz der Moderne, daß die Tätigkeiten in zunehmendem Maße die Qualität des Herstellens (work) verlieren und der Arbeit (labor) ähnlich werden. Was bleibt denn dann noch als Arbeit übrig? Ironischerweise ist die einzige Tätigkeitsform, die selbst unter den Voraussetzungen des industriellen und sogar noch des postindustriellen Kapitalismus der Arbeit im Arendtschen Sinne nahekommt, die »Hausarbeit«. Die tägliche Ernährung und Pflege des menschlichen Körpers und die Pflege und Instandhaltung unseres tagtäglich genutzten Wohnraums sind bestimmend für die Hausarbeit. Und in der Tat werden die repetitiven, zyklischen und endlosen Seiten dieser Tätigkeiten vom Rhythmus der Natur, dem unsere Körper unterworfen sind, diktiert sein, solange wir körperliche, bedürftige, schwächliche Geschöpfe sind, die von anderen, gleichartigen Geschöpfen geboren werden und nur für einen begrenzten Zeitraum auf der Erde sind.

Was die heutigen Leser und vor allem Leserinnen an Arendts Erörterung dieser Kategorien in Erstaunen versetzt, ist deren untergründig geschlechtsspezifischer Rollentext und die Tatsache, daß dieser von Arendt selbst völlig »unausgelotet« stehen gelassen wird. Mary Dietz hat diese Beobachtung in ihrem erhellenden Artikel »Hannah Arendt and Feminist Politics« erläutert:

»Das Arbeiten, das Arendt so lebendig eingefangen hat, ist für die feministische Leserin unschwer als das erkennbar, was mit den traditionellen Tätigkeiten von Frauen – dem Gebären von Kindern, der Bewirtschaftung des Haushalts und der Umsorgung der Familie – verbunden ist [...] Die regelmäßig wiederkehrenden, endlos zu wiederholenden Prozesse der Hausarbeit – Säubern, Waschen, Ausbessern, Kochen, Fegen, Wiegen, Pflegen – sind seit jeher weibliche Dienste gewesen und wurden auch als für Frauen passend aufgefaßt und gerechtfertigt [...] Es ist wirklich eigenartig, daß Arendt diesen zentralen Zug der menschlichen Bedingtheit niemals zu einem wesentlichen Bestandteil ihrer politischen Analyse macht.«[24]

Wenn wir die Geschlechtsrolle (gender) als eine Analysekategorie in die Arendtschen Ausführungen hineinnehmen, ergeben sich mehrere Konsequenzen: Wir sehen dann, daß Arbeit im Haushalt, wie sie traditionellerweise mit dem Wirkungsbereich der Frau gleichgesetzt wurde, nicht nur die Hausarbeit einschließt, sondern auch das Aufziehen von Kindern. Diese Tätigkeit hingegen trägt aber eher Merkmale des »Weltschutzes, der Welterhaltung und Weltinstandsetzung«, die Arendt normalerweise mit dem Herstellen verband, anstatt Merkmale der für die Arbeit charakteristischen, regelmäßig auftretenden Lebensnotwendigkeit. Denn beim Aufziehen eines Kindes wird diesem Kind durch jedes Wort und jede Geste, jeden Ton und jede Handlung eine Welt vermittelt. Anfänglich geht es darum, dem Neugeborenen und dem Kleinkind die Welt zu einem Zuhause zu machen; Eltern möchten nicht nur die körperlichen, sondern auch die geistigen und emotionalen Fähigkeiten des Kindes soweit fördern und entwickeln, daß das Kind selbst lernen kann, in der Welt zu Hause zu sein. Eltern bewahren eine Welt und geben sie über die Ausbildung von Gewohnheiten und die moralisch-kognitive, kulturelle und geistige Erziehung an ihre Kinder weiter. Wir lehren das Kind, »wie die Welt ist«; wir lehren das Kind, welche Aspekte der uns umgebenden Welt es wert sind, erhalten und kultiviert zu werden, und was uns in der Welt heimisch sein läßt. Und dieses Werk ist nicht nur ein Herstellen, sondern ein Handeln im emphatischen Arendtschen Sinne einer »Enthüllung der Person im Handeln und Sprechen«. Arendt, der Philosophin der Natalität, war diese Dimension des Großziehens von Kindern und der Erziehung junger Menschen offensichtlich nicht verschlossen. Sie schreibt dazu:

»In dem Kind, das zwischen ihnen [den Liebenden] entstand und ihnen nun gemeinsam ist, meldet sich bereits wieder die Welt; es zeigt an, daß sie in die bestehende Welt ein neues Weltliches einzuschalten im Begriff stehen. Es ist, als kehrten die Liebenden durch das Kind wieder in die Welt zurück, aus der ihre Liebe sie gleichsam vertrieben hatte.« (VA, S. 237f.)

Es ist gewiß kein Zufall, daß der Liebesaffäre mit dem Tod in der westlichen Philosophie die Kategorie der »Natalität« – daß uns ein Kind geboren ist – von einer Frau entgegengesetzt wurde. Ist nicht in Wirklichkeit der Haushalt anstelle der Öffentlichkeit jener Raum, in dem sich das »Bezugsgewebe menschlicher Angelegenheiten und die in ihm dargestellten Geschichten« entfalten und uns von Anfang an umgeben, da wir alle bei der Geburt hineingeworfen werden? Leben wir nicht alle als Kinder im Privatbereich, bevor wir ein öffentliches Dasein führen? Ist das Handeln, das darin besteht, Kinder zu erziehen und gesund großzuziehen, um irgend etwas weniger wichtiger als beispielsweise der Städtebau und die gemeinschaftliche Beratung über das Gute und das Gerechte in einem Gemeinwesen? Wie ihr Aufsatz »Die Krise in der Erziehung« zeigt, ist sich Arendt vollständig im klaren über diese weltschaffende Dimension des Großziehens von Kindern und ihrer Erziehung:

»Weil das Kind gegen die Welt geschützt werden muß, ist sein ihm angestammter Platz die Familie, die im Schutz ihrer vier Wände sich aus der Öffentlichkeit jeden Tag wieder in ihr Privatleben zurückzieht. Diese vier Wände, in denen sich das Familien- und Privatleben der Menschen abspielt, bilden einen Schutz gegen die Welt, und zwar gerade gegen die Öffentlichkeit der Welt.

Die Verantwortung für das Werden des Kindes ist in einem gewissen Sinne eine Verantwortung gegen die Welt: Das Kind bedarf einer besonderen Hütung und Pflege, damit ihm nichts von der Welt her geschieht, was es zerstören könnte. Aber auch die Welt bedarf eines Schutzes, damit sie von dem Ansturm des

Neuen, das auf sie mit jeder neuen Generation einstürmt, nicht überrannt und zerstört werde.«[25]

Wenn sich das so verhält, sind dann nicht die Mauern, die Arendt zwischen dem Öffentlichen und dem Privaten zu errichten versuchte, viel poröser und zerbrechlicher, als sie uns glaubhaft machen will? Wenn die erwachsenen Familienmitglieder aus der Welt draußen heimkehren, wie gut und wie sehr können sie dann die Welt des Herstellens und Arbeitens hinter sich lassen, wenn sie über die Schwelle treten? Wie Arendt sehr wohl wußte, ist die moderne Familie vom Markt nicht unabhängig. Darüber hinaus gibt es noch Fälle, in denen nicht nur die Ökonomie, sondern auch die Politik in den Bereich der Familie und der Bildungseinrichtungen eindringt. Die Forderungen nach Gerechtigkeit und Gleichheit verlangen, daß Verhältnisse der Ungleichheit, des Mißbrauchs und der Unterdrückung, die im familiären und im Erziehungsbereich herrschen können und oftmals tatsächlich herrschen, abgeschafft werden. Wie kann also das empfindliche Gleichgewicht zwischen der Sphäre des Intimen und der öffentlichen Sphäre gewahrt werden? Wie können wir sowohl das Kind fördern als auch die Welt erhalten, obgleich wir um die unvermeidlichen und ja auch nicht immer nachteiligen Wechselwirkungen zwischen Herstellen, Arbeiten und Handeln bzw. um die zwischen der Politik, dem Markt und der Familie wissen?[26] Auch hier müssen wir selbstverständlich mit Arendt gegen Arendt denken.

Ich hatte Hannah Arendts Kritik daran, daß Marx der Arbeit die charakteristischen Eigenschaften des Herstellens zuschreibt, an den Anfang dieses Abschnitts gestellt. Ich beende ihn nun mit der Feststellung, daß unter dem Industriekapitalismus nicht bloß das meiste Herstellen zu Arbeit wird, sondern daß zudem die einzige Tätigkeit, die typische Züge der Arbeit durch die Jahrhunderte beibehält, die Arbeit im Haushalt ist. Doch hier im Haushalt treffen wir auf zwei sehr unterschiedliche Tätigkeitsarten: zum einen auf die tägliche Arbeit des Kochens, Putzens,

Ausbesserns, Aufräumens und Pflegens, zum anderen auf das Gebären und Großziehen von Kindern. Das Großziehen von Kindern und ihre Erziehung wiederum gleichen weniger der Arbeit und eher dem Herstellen eines Werks; außerdem sind diese Tätigkeiten Aspekte der menschlichen Bedingtheit der Natalität, das heißt der Tatsache, daß wir hilflos anderen Menschen, die uns gleichen und von deren Gutwilligkeit und Förderung unser weiteres Dasein abhängt, geboren werden. Handeln, das in ein »Bezugsgewebe menschlicher Angelegenheiten und die in ihm dargestellten Geschichten« eingebunden ist, entfaltet sich in diesem Bereich. Das heißt aber, die Privatsphäre, im Sinne des häuslich-reproduktiven Bereichs des Haushalts, ist ebenso unerläßlich für die Welterhaltung wie der Bereich des Öffentlichen. Ohne die Förderung und den Schutz des Kindes in dieser Sphäre würde die Öffentlichkeit nicht von Individuen bevölkert werden, sondern von Schatten, die kein Selbst hätten.

Es ist keineswegs zufällig oder belanglos, daß uns diese Erörterung von Arendts Kritik an Marx in eine Betrachtung über »gender« und Frauenarbeit hineinführt. Erinnern wir uns an eine Textstelle, die wir im ersten Kapitel zitiert hatten:

»Daß die Neuzeit die Arbeiter und die Frauen in nahezu dem gleichen historischen Augenblick emanzipiert hat, geht nicht nur auf Konto einer größeren Vorurteilslosigkeit, sondern hängt aufs engste damit zusammen, daß die moderne Gesellschaft die mit den Lebensnotwendigkeiten verbundenen Tätigkeiten und Funktionen aus ihrem jahrtausendealten Versteck an das Licht der Öffentlichkeit gebracht hat. Um so charakteristischer für das Wesen dieser Phänomene ist, daß die wenigen Restbestände des auch in unserer Zivilisation unbedingt zu Verbergenden sich auf die nötigenden Notwendigkeiten beziehen, die aus der Natur des Körpers selbst stammen.« (VA, S. 70)

Das klingt so, als würde Arendt die Veränderungen, die die Neuzeit mit sich bringt, bedauern: Die Emanzipation von Arbeitern und Frauen ist eng an die Überzeugung gebunden, daß mit den Lebensnotwendigkeiten verbundene Tätigkeiten und Funktionen nicht mehr verborgen werden müssen. Dennoch bleiben der Körper und dessen Notwendigkeiten nach wie vor in der abgeschirmten Privatsphäre. Auf welche Unterscheidung zwischen dem Gesellschaftlichen und dem Politischen beruft sich Arendt in dieser Textstelle? Und wo verläuft die Trennlinie zwischen dem Öffentlichen und dem Privaten, so wie sie diese hier zieht? Damit sind wir beim systematischen Kern von Arendts politischem Denken und dessen heutiger Bedeutung angelangt. Jede Argumentation, mit der wir für Arendts bleibende Relevanz eintreten, muß irgendeine vertretbare Rekonstruktion ihrer stark umstrittenen Unterscheidungen zwischen dem Gesellschaftlichen und dem Politischen, dem Öffentlichen und dem Privaten anbieten.

Das Gesellschaftliche und das Politische: eine unhaltbare Einteilung

Als Kommentar zu der aus *Vita activa* zitierten Textstelle, in der Arendt die Emanzipation von Arbeitern und Frauen in der Neuzeit thematisiert, schrieb Hanna Pitkin:

»Kann es sein, daß Arendt eine so chauvinistische Lehre vertrat – die die Möglichkeit von Freiheit, eines wahrhaft menschenwürdigen Lebens und sogar der Wirklichkeit allen verweigert bis auf einer Handvoll von Männern, die alle anderen beherrschen und mit Gewalt von Privilegien ausschließen? Und kann es denn sein, daß Arendt die Ausgeschlossenen und Elenden für ihren Zorn, für ihre Verfehlung, die ›Unparteilichkeit von Gerechtigkeit und Recht‹ zu achten, verurteilt, wenn diese in die Geschichte Einzug halten? Gerechtigkeit! Wo waren diese Prinzipien, als jene riesige Mehrheit zu Scham und Elend herabgewürdigt wurde?«[27]

In diesem vernichtenden Kommentar äußert Pitkin die zweithäufigste Reaktion, die heutige feministische Theoretikerinnen angesichts von Arendts Schriften befällt – Ratlosigkeit nämlich. »Aber hieran ist mehr falsch als nur die Ungerechtigkeit. Nach dieser Darstellung, meine ich, kann man nicht einmal die Politik selbst für sinnvoll halten [...] Doch kann das wirklich das sein, was Arendt meint?« wundert sich Pitkin. »Warum sollte sie ihre eigenen Bemühungen, das öffentlich-politische Leben zu retten, derart untergraben?«[28]

Es gibt keine einfache Antwort auf diese Frage. Mein Ziel in den vorangegangenen Kapiteln dieser Arbeit war es, zu zeigen, daß Hannah Arendts Verständnis der modernen Gesellschaft und der kulturellen, wirtschaftlichen und politischen Veränderungen, die durch die Moderne eingeleitet wurden, um vieles komplexer, gehaltvoller und nuancierter ist als das schlichte Modell einer Verfallsgeschichte – der Geschichte, die den Niedergang des öffentlichen Raums von der griechischen Polis bis zu den Bedingungen der modernen Massengesellschaft verzeichnet und *Vita activa* beherrscht. Die Autorin von *Elemente und Ursprünge totaler Herrschaft*, des Abschnitts über den Imperialismus und die Menschenrechte, der historischen Ironien des Zionismus und der Suche nach einer jüdischen Heimat im 20. Jahrhundert war keine Philosophin der Gegenmoderne. Hannah Arendt war zwar widerstrebend, aber nichtsdestoweniger eine ernsthafte Vertreterin der Moderne, die die allgemeine Erklärung der Menschen- und Bürgerrechte feierte; die es als selbstverständlich ansah, daß Frauen die gleichen politischen und bürgerlichen Rechte zugesprochen bekamen wie Männer; die die imperialistischen Unternehmungen in Ägypten, Indien, Südafrika und Palästina anprangerte; die ihre Worte bei der Kritik an der Bourgeoisie und am Kapitalismus oder bei ihrer Verurteilung moderner nationalistischer Bewegungen nicht kleinlich abwog. Außerdem pries Arendt die revolutionäre Tradition, die sie mit einer Fata Morgana verglich, die sich in unerwarteten Augenblicken der Geschichte sehen läßt und wieder verschwindet. Wie sind dann aber diese anspruchsvollen kulturgeschichtlichen Analysen mit den kategorischen Vereinfachungen zusammenzubringen, die uns auf den Seiten von *Vita activa* begegnen? Kehren wir noch einmal zur der Unterscheidung zwischen dem Gesellschaftlichen und dem Politischen zurück.

In Kapitel 1 hatte ich festgestellt, daß Arendt mit dem Begriff »sozial« auf drei verschiedene, gleichwohl zusammenhängende soziale Prozesse Bezug nahm. Erstens bedeutete der Ausdruck »sozial« in Arendts Sprachgebrauch »den Aufstieg von Warentauschbeziehungen in einer kapitalistischen Ökonomie«. Zweitens bezog er sich auf die Massengesellschaft und auf Modelle des Verhaltens, des Handelns und der Mentalität, die für Individuen in einer Massengesellschaft charakteristisch sind. Im dritten und am wenigsten erforschten Sinn bezog sich der Begriff »sozial« auf diejenigen sozialen und kulturellen Prozesse des freien Zusammenschlusses, der Interaktion und der Geselligkeit, die in den Modernisierungsprozessen des Westens beim Übergang vom Ancien régime zur modernen Zivilgesellschaft auftreten. In *Vita activa* sind die erste und die zweite Bedeutung des Sozialen vorherrschend. Wenn nun Arendt das Erlöschen des öffentlich politischen Lebens kritisiert und den »Aufstieg des Gesellschaftlichen« bedauert, kritisiert sie eine Veränderung im öffentlichen Leben, die sowohl von einer kapitalistischen Marktwirtschaft als auch von der schließlich entstehenden Massengesellschaft hervorgerufen wird. Aber ist ihre Kritik lediglich ein Sich-Ergehen in Nostalgie? Gibt es irgendwelche berechtigten Hoffnungen, die Öffentlichkeit unter den bestehenden Voraussetzungen wiederherzustellen? Oder muß Politik in der Welt von heute außerhalb des gesellschaftlichen und des ökonomischen Bereichs angesetzt werden? Und welche Art von Politik könnte das sein?

Ich meine, wenn wir über die Unterschiede zwischen dem »Gesellschaftlichen« und dem »Politischen« etwas Genaueres in

Erfahrung bringen wollen, sollten wir drei Analyseebenen daraufhin durchsuchen. Das Gesellschaftliche und das Politische lassen sich erstens so auffassen, daß sie sich auf verschiedene Inhalte von Gegenstandsbereichen beziehen. Auf einer sehr niedrig anzusetzenden Ebene würden z.B. Fragen der ökonomischen Verteilung sozial genannt werden, und zwar im Arendtschen Sinne des Begriffs, der sowohl den ökonomischen wie auch den richtiggehend sozialen Bereich einschließt, hingegen würden Verfassungsdebatten über Bedeutung, Geltungsbereich und Absicht des Ersten Verfassungszusatzes als politisch bezeichnet werden. Die beiden Bereiche können jedoch auch nach dem Muster von Einstellungen unterschieden werden. Das Gesellschaftliche betrifft »die Form des Zusammenlebens, in der die Abhängigkeit des Menschen von seinesgleichen um des Lebens willen und nichts sonst zu öffentlicher Bedeutung gelangt, und wo infolgedessen die Tätigkeiten, die lediglich der Erhaltung des Lebens dienen, in der Öffentlichkeit nicht nur erscheinen, sondern die Physiognomie des öffentlichen Raumes bestimmen dürfen«. (VA, S. 47) Diese Einstellung würde die Sorge um das wirtschaftliche Überleben umfassen, eine Beschäftigung, die in der Anhäufung und Wahrung von Reichtümern und Verbrauchsgütern bestünde, und die Behandlung anderer als Mittel zum Zweck voraussetzte. Für Arendt sind die imperialistischen Vorstöße der Bourgeoisie und der Ehrgeiz dieser Klasse, den Staat in eine Aktiengesellschaft umzuwandeln, der einzig und allein ihre eigenen Interessen schützt, die lebendigste Veranschaulichung dieser Mentalität. Drittens können das Gesellschaftliche und das Politische auch als Dimensionen einer institutionellen Unterscheidung begriffen werden: Das Gesellschaftliche hätte sich dann auf die Ökonomie und auf die Zivilgesellschaft zu beziehen; wohingegen das Politische auf die Öffentlichkeit, den Staat und seine Institutionen Bezug nehmen würde.

Jede dieser Methoden, die Trennlinie zwischen dem Gesellschaftlichen und dem Politischen zu ziehen, hat ihre Probleme.

Wenn wir annehmen, daß das, was das Gesellschaftliche in Kombination mit dem Ökonomischen vom Politischen unterscheidet, inhaltliche oder für den Gegenstandsbereich spezifische Unterschiede sind, unterschlagen wir dann nicht die Machtverhältnisse, die dem ökonomischen Bereich zugrunde liegen? Denn die Wirtschaft eines Landes umfaßt nicht nur die Verteilung von Gütern, sondern beinhaltet auch komplexe Beziehungen, die den Zugang zu Ressourcen und zu Prozessen der Beschlußfassung regeln. Der Kampf um die Länge des Arbeitstages ist nicht einfach nur ein Lohnkampf. Es ist ein grundsätzlicher Kampf um die Qualität des Zusammenlebens als politische Wesen in einem Staat, und es geht dabei um den Wert, den ein Kollektiv der Arbeitswelt im Verhältnis zur bürgerlichen Geselligkeit oder dem Familienleben beimessen sollte. Diese Fragen können leicht zu politischen Themen werden – und das eben auch in dem emphatischen Arendtschen Sinne von Grundsatzfragen zu unserem Zusammenleben als ein Kollektiv von Bürgern.

Es sieht ganz danach aus, als seien ökonomische, soziale und kulturelle Fragen von sich aus weder einfach von der einen oder der anderen Sorte: Vielleicht beziehen sich das Gesellschaftliche und das Politische vielmehr auf Einstellungen als auf Inhalte von Gegenstandsbereichen. Ich denke, Arendts Unterscheidung wird durch eine solche Verteidigung letzten Endes am besten zu retten sein. Wie realistisch ist jedoch eine solche quasi-aristokratische Trennung von Brot und Politik? Wie weit kann sich ein Politikverständnis in der modernen Welt vom Wohlergehen und Eigeninteresse der Bürger entfernen? Begeht Arendt nicht denselben Fehler wie Engels[29], wenn sie eine Überflußgesellschaft voraussetzt, in der politische Kämpfe um knappe Mittel eines Tages nicht mehr existieren werden und begrenzte Ressourcen nur noch als Verwaltungsprobleme vorkommen?

Wenn schließlich das Politische im institutionellen Sinne bei Arendt mit dem Bereich des Öffentlichen identisch ist, was umfaßt dann diese Öffentlichkeit darüber hinaus, daß Bürger sich »zusammenhandelnd« für das Gemeinwohl einsetzen? Was ist mit dem Staat, der Bürokratie, dem Rechtssystem und den Medien? Ist der Arendtsche Begriff des öffentlichen Raums ausgefeilt und ergiebig genug, um der soziologischen Komplexität und Verschiedenartigkeit moderner Institutionen gerecht zu werden? Ich möchte behaupten, daß die einzig produktive Methode zur Unterscheidung des Gesellschaftlichen vom Politischen, die auch der Kritik standhalten kann, in der Berücksichtigung von Einstellungen liegt. Weder die an Inhalte gebundenen Unterscheidungen noch Arendts Soziologie des Gesellschaftlichen und Politischen sind substantiell genug, um die Last dieser Unterscheidung tragen zu können. Drei kürzere Texte aus Arendts Schriften können uns vielleicht helfen, diese Fragen theoretisch zu durchdringen: (a) Arendts Diskussion der Arbeiterbewegung in *Vita activa*, (b) ihr umstrittener Artikel zur Aufhebung der Rassentrennung an Schulen in Little Rock, Arkansas, (c) und ihre Kritik an der Französischen Revolution in *Über die Revolution*.

Das Vermächtnis der europäischen Arbeiterbewegung

Arendts Thematisierung der »Arbeiterbewegung« in *Vita activa* ist ein Dreh- und Angelpunkt für das Verständnis von vielem, was sie hinsichtlich des gesellschaftlichen, des politischen und des ökonomischen Bereichs behauptet. Arendt stellt zunächst einmal fest, daß die Tätigkeit der Arbeit zwar in Gemeinschaft anderer und nie isoliert ausgeübt wird, aber dennoch keine politische Verbundenheit und keinen Gemeinschaftsgeist erzeugt, wenn solche Formen des Zusammenseins lediglich auf den Produktionsprozeß beschränkt sind. »Der Zug ins Gesellige, der den Tätigkeiten eignet, die aus dem Stoffwechsel des Menschen mit der Natur entspringen, beruht nicht auf Gleichheit, sondern

Gleichartigkeit.« (VA, S. 208) Die Gleichheit, die sich mit dem Bereich des Öffentlichen verbindet, ist eine Gleichheit von Ungleichen und kann deshalb nicht auf der Erfahrung des »animal laborans« aufbauen. Arendt bemerkt, daß die arbeitenden Klassen Europas nicht etwa in ihrer Eigenschaft als »animal laborans« in die Geschichte eintraten, sondern als Vertreter von Menschenmassen, die von der gesellschaftlichen Mitbestimmung ausgeschlossen waren.

Arendts Versuch, für unmöglich zu erklären, daß im Laufe von Interaktionen, die bloß im Arbeitsprozeß erfolgen, Gemeinschaft oder ein Gemeinschaftsgeist ausgebildet wird, entbehrt sowohl anthropologisch als auch historisch gesehen jeder Grundlage. Ihre Belege beziehen sich auf die Sklaverei im antiken Griechenland (VA, S. 210ff.). Die neuere Geschichtsschreibung über die Arbeiterklasse, insbesondere im Anschluß an E.P. Thompsons monumentale Arbeit *Die Entstehung der englischen Arbeiterklasse*, zeigt, daß Kultur, Vereine und Geselligkeit der Arbeiterklasse viel bedeutsamer sind, als Arendt glaubte oder als ihr bekannt war. E.P. Thompson legt beispielsweise dar, daß die Seidenweber-Gesellschaften Organisationen waren, in denen nicht nur geheimes Wissen und handwerkliches Können des Gewerbes weitergegeben wurden, sondern politische Bindungen zustandekamen und Geselligkeit hergestellt wurde.[30] Geselligkeit und Gemeinschaft sind sehr viel enger mit Produktionsprozessen verknüpft, als Arendt sich das vorstellte.

Glücklicherweise hängt das, was an Arendts Erörterung der Arbeiterbewegung von Interesse ist, nicht ausschließlich von ihrem phänomenologischen Essentialismus ab, also von ihrer Überzeugung, jede menschliche Tätigkeit habe ihren gebührenden Ort und könne ihr Wesen auch nur an diesem Ort angemessen offenbaren. Bei ihren Betrachtungen zur europäischen Arbeiterbewegung will Arendt auf eine viel wichtigere Unterscheidung hinaus, nämlich auf eine Unterscheidung zwischen der Arbeiterklasse in der Rolle eines Wirtschaftsteilnehmers und/oder einer wirtschaftlichen Interessengruppe einerseits und der Arbeiterklasse in der Rolle eines politischen Akteurs andererseits. Den Kämpfen der letzteren bringt sie viel Sympathie und Solidarität entgegen, während sie der ersteren, so unvermeidlich sie auch ist, keine politische Konsequenz als solche zutraut. Sie schreibt:

»In der Geschichte der Revolutionen von 1848 bis 1956, dem Jahr der Ungarischen Revolution, hat die europäische Arbeiterklasse eines der glorreichsten und vielleicht das einzige Kapitel geschrieben, das zu einer Hoffnung auf eine erwachende politische Produktivität der abendländischen Völker berechtigt. Dabei muß man sich von der Versuchung freihalten, die politischen und die rein wirtschaftlich-sozialen Forderungen der Arbeiterklasse in einen Topf zu werfen, was naheliegt, weil der Trennungsstrich zwischen politischer Organisation und Gewerkschaftsbildung faktisch niemals klar gezogen wurde. Die Interessenkämpfe der Gewerkschaften haben es schließlich erreicht, daß die Arbeiterklasse in die moderne Gesellschaft eingegliedert und von ihr absorbiert wurde, und sie haben den Arbeitern einen außerordentlichen Zuwachs an ökonomischer Sicherheit, gesellschaftlichem Prestige und politischer Macht innerhalb der Gesellschaft gebracht. Aber die Gewerkschaften waren niemals eigentlich revolutionär; ihr Anliegen war niemals eine wirkliche Transformation der Gesellschaft und der sie repräsentierenden politischen Institutionen, wie auch die Arbeiterparteien zumeist Interessenparteien waren [...] Aber von diesem Hintergrund normaler Interessenpolitik heben sich doch immer wieder jene seltenen, aber historisch entscheidenden Momente ab, wenn im Verlauf einer Revolution sich plötzlich herausstellt, daß dieser Teil des Volkes, unabhängig von allen Parteiprogrammen und festgelegten Weltanschauungen, imstande ist, seine eigenen Vorstellungen von einer demokratischen Staatsform unter modernen Verhältnissen zu produzieren.« (VA, S. 10f.)

Die Regierungsform, auf die sich Arendt bezieht, ist die der »Räte« oder der »Sowjets«, die »Räterepubliken«, die von den arbeitenden Klassen Europas wiederholt errichtet wurden. Diese spontane Regierung der arbeitenden Massen war während der Pariser Kommune von 1871 entstanden, dann wieder nach der Niederlage des deutschen Kaiserreichs am Ende des Ersten Weltkriegs in München und Berlin sowie während der Russischen Revolution im Kronstädter Matrosenaufstand von 1917 erprobt worden. An den Räten zeigte sich, wie sich handelnde und beratende Organe ausbildeten, ohne legislative und exekutive Funktionen auszudifferenzieren. »Die Räte erklären: Wir wollen beteiligt werden, wir wollen debattieren, wir wollen, daß unsere Stimmen öffentlich gehört werden, und wir wollen eine Möglichkeit, den politischen Kurs unseres Landes mitzubestimmen.«[31]

Arendt ist nicht die erste Theoretikerin, die derart scharf zwischen den wirtschaftlichen Interessen der arbeitenden Klassen und ihrem politischen Auftrag unterschied. In seinem bekannten Propagandatext »Was tun?« tadelte W. I. Lenin die arbeitenden Klassen wegen ihrer Gewerkschaftsorientiertheit und argumentierte, es sei dringend geboten, ihnen vermittels einer avantgardistischen Elite von außen zu einem revolutionären Bewußtsein zu verhelfen. Durch diesen Bewußtseinsimport von außen würde die Arbeiterklasse ihre allein auf ökonomische Interessen gerichtete, einseitige Aufmerksamkeit aufgeben und ihren revolutionären Auftrag begreifen.[32]

Georg Lukács machte sich Lenins Lehre in *Geschichte und Klassenbewußtsein* zu eigen und verwandelte sie in die berüchtigte Unterscheidung zwischen »Klasse an sich« und »Klasse für sich«.[33] Lukács vertrat in Anlehnung an Marx und Weber die Ansicht, die Arbeiterklasse leide bei ihren alltäglichen Verrichtungen an einer schwerwiegenden Form der Entfremdung, nämlich einer »Verdinglichung ihres Bewußtseins und ihrer Lebensäußerungen«, einer die Tätigkeiten und die Beziehungen zu den Mitmenschen prägenden Dinghaftigkeit. Interessanterweise verweist Lukács auf der phänomenologischen Ebene auf die gleichen Phänomene der Weltlosigkeit und des Mangels an echter menschlicher Kameradschaft, die auch Arendt für die Bedingtheit des »animal laborans« hält. In dem Szenario bei Lukács wird diese Klasse an sich durch einen Prozeß revolutionärer Praxis und Veränderung zur Klasse für sich, indem sie die gesellschaftlichen Gründe für ihr Elend verstehen lernt und indem sie die Totalität der gesellschaftlichen Verhältnisse, durch die sie in diese Lage geriet, verändert. Die Klasse für sich unterscheidet sich in der Philosophie von Lukács nicht aufgrund einer speziellen Sicht des Ökonomischen von der Klasse an sich, sondern aufgrund der kulturell-sozial-philosophischen Zielsetzung, der kulturellen Entfremdung und sozioökonomischen Verdinglichung ein Ende zu bereiten.

Diese Unterscheidung zwischen der ökonomischen und der politischen Mission der Arbeiterklasse war in den marxistischen Debatten des 20. Jahrhunderts ein Gemeinplatz. Arendt hegte natürlich wenig Sympathie für den politischen Autoritarismus, der sich aus den Avantgarde-Theorien von Lenin und Lukács zwangsläufig ergeben mußte. Hinsichtlich des Streits, den es zwischen Rosa Luxemburg und Lenin gegeben hatte, ergriff Arendt Partei für Rosa Luxemburg[34] und betonte eher die verändernden und politisch bildenden Aspekte des ökonomischen Kampfes: Der Prozeß des Kampfes selbst verwandele das »animal laborans« in den politisch aktiven Staatsbürger einer potentiellen neuen Öffentlichkeit. Im Jahr 1957 konnte Arendt daher schreiben:

»Entscheidend für diese politisch-revolutionäre Rolle der Arbeiterbewegung, die aller Wahrscheinlichkeit nach sich ihrem Ende nähert, ist, daß die spezifisch wirtschaftliche und arbeitende Tätigkeit im Leben der Arbeiter [...] nicht ausschlaggebend war [...] Nur weil die Arbeiterbewegung de facto sich an Menschen qua Menschen, und nicht an ›gesellschaftliche Menschen‹, wandte, vermochte sie eine so große Anziehungskraft außerhalb der Arbeiterklasse auszuüben. Wenn es eine Zeitlang fast so aussehen konnte, als würde es dieser Bewegung glücken, einen neuen öffentlichen Raum zumindest innerhalb der eigenen Reihen zu begründen mit neuen politischen Maßstäben, so lag die Quelle dieser Versuche nicht in der Arbeit – weder in dem Arbeiten selbst noch in der immer utopischen Rebellion gegen die Lebensnotwendigkeit –, sondern in den faktisch bestehenden Ungerechtigkeiten und Verlogenheiten, die im Verlauf der Umwandlung der Klassengesellschaft in eine Massengesellschaft mehr und mehr verschwinden. Denn heutzutage, da ein garantiertes Jahreseinkommen sehr bald an die Stelle des Tages- oder Wochenlohns treten wird, stehen die Arbeiter nicht mehr außerhalb der Gesellschaft.« (VA, S. 213)

Es ist schwer auszumachen, welche Gesellschaft Arendt gemeint haben könnte, wenn sie davon sprach, daß der Tages- oder Wochenlohn bald durch ein »Jahreseinkommen« ersetzt werde. In keiner der kapitalistischen Gesellschaften oder irgendeiner der staatlich gelenkten, gemischten Ökonomien hat sich die Gepflogenheit eines garantierten Jahreseinkommens durchgesetzt. Wenn es um Fragen wirtschaftlicher Verteilung ging, gab sich Arendt entweder technokratisch oder utopisch. Interessant ist immerhin, daß sie den revolutionären Auftrag der Arbeiterklasse darin sah, »einen neuen öffentlichen Raum mit neuen politischen Maßstäben zu begründen«. »Die Arbeiter«, bemerkt sie, hätten zu einer gewissen Zeit »das Volk als Ganzes repräsentiert«, heute seien sie »nicht nur vollberechtigte Bürger, sondern auch bereits auf dem Wege, vollberechtigte Mitglieder der Gesellschaft und damit Jobholders zu werden wie alle anderen auch«. (VA, S. 213)

Trotz ihres etwas seltsam anmutenden Optimismus hinsichtlich der Entwicklung einer zukünftigen Massengesellschaft, die ein jährliches Mindestgehalt garantieren wird, ist Arendt weder völlig im Irrtum noch besonders originell, wenn sie für Europas arbeitende Klassen den Wandel zu zahmen Mitspielern einer sozialdemokratischen Partie vorhersagt, die im keynesianischen und post-keynesianischen kapitalistischen Wohlfahrtsstaat der Nachkriegsära gespielt wird. Viel wichtiger ist ihre Unterscheidung zwischen den ökonomischen und politischen Kämpfen der Arbeiterklasse. Arendt streitet gar nicht ab, daß die arbeitenden Klassen in ihrem Kampf darum, die Heuchelei der Klassengesellschaft zu demaskieren, den wirtschaftlichen Forderungen und den Fragen sozialer Gerechtigkeit Ausdruck geben. Sie tun dies allerdings von einem Standpunkt aus, der »einen neuen öffentlichen Raum mit neuen politischen Maßstäben« begründen kann.

Das ist der entscheidende Punkt. Die Errichtung eines öffentlichen Raums beinhaltet immer einen Anspruch auf Verallgemeinerbarkeit von Forderungen, Bedürfnissen und Interessen, für die man kämpft. Beim Kampf für den Achtstundentag oder gegen die Kinderarbeit oder für eine allgemeine Krankenversicherung kämpft man ebenfalls für Gerechtigkeit, für Interessen, die wir als ein politisches Gemeinwesen teilen. Wir spüren, daß es nicht gerecht ist, wenn eine Gesellschaft, die soviel Überfluß erzeugen kann, Wohlstand nach wie vor auf der Grundlage von Löhnen pro geleistete Arbeitsstunde verteilt; wir vertreten die Meinung, daß es nicht nur ungerecht, sondern auch ausbeuterisch ist, Kinderarbeit zuzulassen; und wir sind der Überzeugung, daß eine allgemeine Krankenversicherung das Recht aller Mitglieder eines politischen Gemeinwesens und nicht das Privileg einiger weniger sein sollte. Der Prozeß des öffentlich-politischen Kampfes überführt die Einstellung eines schmalen Eigeninteresses in ein breiteres öffentliches oder gemeinsames Interesse, und zwar ungeachtet dessen, welche Klasse oder gesellschaftliche Gruppe sich in die Öffentlichkeit begibt, und gleichgültig, wie klassen- oder gruppenspezifisch deren Forderungen ihrer Genese nach sein mögen. Ich denke, darin besteht für Hannah Arendt die grundlegende Unterscheidung zwischen dem »gesellschaftlich-wirtschaftlichen« und dem »politischen« Bereich. Ein Engagement in der Politik bedeutet nicht, ökonomische oder soziale Themen fallen zu lassen, sondern dafür zu kämpfen im Namen von Grundsätzen, Interessen und Wertvorstellungen, die eine verallgemeinerbare Grundlage haben und uns als Mitglieder eines Kollektivs angehen. Für Arendt beinhaltet das Politische die Umwandlung der parteiischen und beschränkten Perspektive einer einzelnen Klasse, einer Gruppe oder eines Individuums in die umfassendere Sicht einer »erweiterten Denkungsart«. Dementsprechend schrieb Hanna Pitkin:

»Wenn wir in die Politik geraten, ist die erste Gesinnung, die Mentalität des Homo faber, für uns bezeichnend; mit unseren Privatinteressen fest im Blick versuchen wir, auf jede erdenkliche Weise, so viel wir können, aus dem System herauszuholen [...] Wir werden durch persönliches Erfordernis, Angst, Ehrgeiz oder Interesse in das öffentliche Leben hineingezogen und sind darin gezwungen, die Macht anderer anzuerkennen und an ihre Maßstäbe zu appellieren, auch wenn wir nur versuchen, sie zu bewegen, unsere Macht und unsere Maßstäbe anzuerkennen [...] Bei diesem Vorgang lernen wir, über die Maßstäbe selbst nachzudenken, über das nachzudenken, was für uns mit der Existenz von Maßstäben, von Gerechtigkeit, mit der Existenz unseres Gemeinwesens, sogar unserer Gegner und Feinde im Gemeinwesen auf dem Spiel steht, so daß wir danach verändert sind. Der Wirtschaftsmensch wird zum Staatsbürger.«[35]

»Nur im öffentlichen Leben können wir als eine Gemeinschaft vereint, die menschliche Fähigkeit ausüben, ›zu bedenken, was wir tun‹, und die Geschichte in unsere Verantwortung nehmen, in der wir alle ständig und unabsichtlich treiben.«[36]

Wenn wir die Implikationen in Pitkins scharfsinnigen Feststellungen weiterentwickeln, können wir folgern, daß das »Politische« für Arendt nicht unbedingt eine gegebene und fest umrissene Anzahl bestimmter Themen definieren muß und auch nicht nur auf ganz bestimmte Institutionen verweisen muß. Was das Politische ausmacht, ist vielmehr eine gewisse Qualität, die das Leben des Sprechens und Handelns auszeichnet, eine bestimmte Qualität des gemeinsamen Redens und Handelns mit anderen, die einem gleichgestellt sind. Diese Qualität ist charakterisiert durch die Bereitschaft, öffentlich Gründe vorzubringen und die Gesichtspunkte und Interessen anderer auch dann in Erwägung zu ziehen, wenn sie den eigenen widersprechen; außerdem ist sie charakterisiert durch den Versuch, die Diktate des Eigeninteresses in ein gemeinsames öffentliches Ziel umzugestalten. Hannah Arendt sollte die erkenntnistheoretischen Grundlagen für diesen Begriff des öffentlichen Lebens und des Politischen erst viel später in ihren postum veröffentlichten Vorlesungen *Das Urteilen: Texte zu Kants Politischer Philosophie* ausarbeiten.[37] Bei einer Gelegenheit allerdings wurde Arendt von ihrer Fähigkeit, Unterscheidungen zu machen, und hier insbesondere von ihrem hartnäckigen Festhalten an einer messerscharfen Trennung zwischen dem »Gesellschaftlichen« und dem »Politischen« ernstlich irregeführt. Anders als ihre Bemerkungen über die europäische Arbeiterbewegung, die eine halbwegs ergiebige und vertretbare Differenzierung zwischen den ökonomischen und politischen Forderungskatalogen und Zielen der arbeitenden Klassen einleiten, waren Arendts Überlegungen zur gerichtlich verfügten Aufhebüng der Rassentrennung an Schulen in Little Rock, Arkansas, eine Anwendung der Unterscheidung zwischen dem Gesellschaftlichen und dem Politischen auf völlig anders geartete Bedingungen und scheiterten daran.

»Little Rock«

Der Aufsatz »Little Rock« wurde 1957 auf Anfrage der Herausgeber von *Commentary* verfaßt, erschien aber erst 1959, als er von *Dissent* veröffentlicht wurde. In der distanzierenden Erklärung seitens der Herausgeber wurde verkündet, der Artikel werde gedruckt, nicht weil er die Meinung der Herausgeber wiedergebe, sondern im Gegenteil, weil sie glaubten, »daß die Meinungsfreiheit sogar für Ansichten gelten muß, die uns vollkommen falsch erscheinen«.[38] Damit wurde bereits der Ton der Entrüstung und Bissigkeit vorweggenommen, mit dem weiße wie schwarze liberale Intellektuelle darauf reagieren sollten. Arendt erörtert in diesem Essay das Programm der Eisenhower-Regierung zur Förderung der Bürgerrechte, insbesondere aber die erzwungene Aufhebung der Rassentrennung an den Schulen. Der Text ist nicht nur eine provozierende Betrachtung über die Rassenbeziehungen von Schwarzen und Weißen in den USA, sondern auch die ausführlichste Anwendung ihrer umstrittenen Unterscheidung zwischen dem Gesellschaftlichen und dem Politischen auf zeitgenössische Bedingungen.

Was Freunde wie Kritiker gleichermaßen verstörte, waren Aussagen wie die folgende: »Der bestürzendste Teil der ganzen Angelegenheit war jedoch die Entscheidung der Bundesregierung, mit der Rassenintegration ausgerechnet in den öffentlichen Schulen zu beginnen. Es war sicherlich nicht allzu viel Vorstellungskraft vonnöten, um zu erkennen, daß hier Kindern – schwarzen und weißen – die Bewältigung eines Problems aufgebürdet wurde, das Erwachsene eingestandenermaßen seit Generationen nicht hatten lösen können.« (LR, S. 102)

Des weiteren: »Werden die Eltern gezwungen, ihre Kinder gegen ihren Willen in eine integrierte Schule zu schicken, dann sind sie der Rechte beraubt, die ihnen in allen freien Gesellschaften eindeutig zustehen – des persönlichen Rechts, über ihre Kinder zu entscheiden, und des gesellschaftlichen Rechts auf freie Vereinigung. Was die Kinder betrifft, so bedeutet erzwungene Integration für sie einen sehr ernsten Konflikt zwischen Zuhause und Schule, zwischen ihrem privaten und ihrem sozialen Leben, doch während solche Konflikte im Erwachsenenleben gang und gäbe sind, kann man von Kindern nicht erwarten, daß sie damit fertig werden, und sollte sie ihnen deshalb nicht aussetzen.« (LR, S. 111)

Zu guter Letzt erklärt Arendt noch: »Die Rassentrennung ist eine gesetzlich erzwungene Diskriminierung, und deshalb kann eine Aufhebung der Rassentrennung nur bedeuten, daß diese diskriminierenden Gesetze abgeschafft werden; weder kann dadurch die Diskriminierung abgeschafft noch gesellschaftliche Gleichheit erzwungen werden, aber es kann und muß dadurch die Gleichheit innerhalb des politischen Gemeinwesens durchgesetzt werden.« (LR, S. 103)

Arendts Besorgtheit um die Rechte der Eltern, über die Bildung ihrer Kinder zu entscheiden, und ihre Befürchtungen, soziales Unrecht werde von Erwachsenen auf dem Rücken von Kindern ausgetragen, speisen sich unmittelbar aus ihrem Wunsch, auch unter den Voraussetzungen einer verstärkten Massengesellschaft irgendeinen Bereich privater Autonomie und Erziehung unangetastet zu erhalten. Die Frage ist trotzdem, ob diese Befürchtungen angesichts der damals herrschenden Verhältnisse zwischen Schwarzen und Weißen und besonders im Hinblick auf die Rassenintegration an den Schulen angebracht sind. Diskriminierung an den Schulen war für Hannah Arendt, die verfolgte Jüdin, nicht unbekannt. Ihre Mutter, Martha Arendt, hatte sie angewiesen, falls einer ihrer Lehrer im Klassenraum antisemitische Äußerungen laut werden ließe, dies stets zu Hause zu berichten. Woraufhin Frau Arendt dann einen ihrer unzähligen Beschwerdebriefe an die Schulbehörde schickte.[39] Am Anfang ihres Artikels erinnert Arendt auch tatsächlich daran, daß sie aus ihrer Position als »Außenstehende« zu dieser Problematik Stellung nimmt. »Ich habe nie im Süden gelebt«, sagt sie da,

»und selbst gelegentliche Reisen in die Südstaaten vermieden, weil diese mich in eine mir persönlich unerträgliche Situation gebracht hätten. Wie die meisten Menschen europäischer Herkunft habe ich Schwierigkeiten, die gängigen Vorurteile von Amerikanern in dieser Region zu verstehen, geschweige denn, sie zu teilen. Da mein Text womöglich gutwillige Leute schokkiert und von übelwollenden Leuten mißbraucht werden könnte, möchte ich gern klarstellen, daß ich es als Jüdin für selbstverständlich halte, daß meine Sympathie der Sache der Neger wie aller unterdrückter oder unterprivilegierter Völker gilt, und es zu schätzen wissen würde, wenn der Leser dies gleichfalls täte.« (LR, S. 96)

Dies ist einer der seltenen Anlässe in Arendts Gesamtwerk, wo sie zur Stützung ihrer Ansichten öffentlich auf die eigene Identität verweist, statt auf Argumente, Überzeugungen und Standpunkte zurückzugreifen. Arendt wußte durch ihre Überlegungen zu Palästina und zum Zionismus sehr wohl, daß einer verfolgten Minderheit anzugehören, keinerlei Gewähr für die Stichhaltigkeit der eigenen Ansichten bietet. Ihr Versuch, sich vom amerikanischen Rassismus zu distanzieren mit der Begründung, »wie den meisten Menschen europäischer Herkunft« falle es ihr schwer, ihn zu verstehen, widerspricht in nahezu peinlicher Weise ihren sonstigen Auffassungen. Die Autorin, die in *Elemente und Ursprünge totaler Herrschaft* über das »Rassendenken vor dem Rassismus« schrieb, wußte natürlich, daß der Rassismus kein ausschließlich amerikanisches Phänomen war; und die Europäer waren davon keineswegs unbefleckt! In einem Augenblick eklatanten Selbstwiderspruchs entlastet sie die Amerikaner vom Übel der Sklaverei und schiebt statt dessen den Europäern die Schuld zu.

»Die Rassenfrage ist das Ergebnis des einen großen Verbrechens in der Geschichte Amerikas und kann nur im politischen und historischen Rahmen der Republik gelöst werden [...] denn die Rassenfrage in der Weltpolitik ist aus dem Kolonialismus und Imperialismus der europäischen Nationen entstanden – d.h. dem einen großen Verbrechen, an dem Amerika niemals teilhatte.« (LR, S. 97)

Diese Bemerkung, die nun den europäischen Imperialismus und Kolonialismus in das »eine große Verbrechen in der Geschichte Amerikas« hineinzieht, ist historisch betrachtet genauso unzureichend wie ihre vorherige Bemerkung, irgendwie teilten die Europäer die rassischen Vorurteile gegen Schwarze nicht. Arendt scheint geneigt, die Schuld entweder der einen oder der anderen Seite zuzuweisen, ohne der Tatsache Beachtung zu schenken, daß der europäische Kolonialismus wesentlicher Bestandteil des Erbes weißer Siedler in Nord- und Südamerika war, als sie den Ureinwohnern der beiden amerikanischen Landmassen begegneten. Auf den Plantagen im Süden der Vereinigten Staaten und bei der Behandlung der schwarzen Sklaven Amerikas wurden dementsprechend Bewußtseinsschemata und Verhaltensmuster reproduziert, die für den europäischen »scramble for Africa« charakteristisch waren. Aber worum geht es dann eigentlich bei diesen persönlichen Distanzierungen und geschichtlich unhaltbaren Verallgemeinerungen?

Urteil und Einsicht unterliegen in diesem Aufsatz unruhigen Schwankungen, die ich erläutern möchte, indem ich eine Metapher zu Hilfe nehme. Arendt besah sich die Erfahrung von Rassenbeziehungen zwischen Schwarzen und Weißen in den Vereinigten Staaten durch eine Brille, deren Gläser für einen anderen Zusammenhang gemacht waren. Dieser Zusammenhang ist der europäische Antisemitismus und die Diskriminierung von Juden. Sie zog eine falsche Analogie zwischen dem Wunsch emanzipierter Juden in Europa, in eine Gesellschaft aufgenommen zu werden, die sie von ihren gesellschaftlichen Eliten und Zentren ausschloß und fernhielt, und dem Wunsch der schwarzen Bevölkerung Amerikas, nicht nur der Diskriminierung, sondern auch der Rassentrennung ein Ende zu bereiten. Wenn Arendt schreibt, »die Rassentrennung ist eine gesetzlich erzwungene Diskriminierung« und die Aufhebung der Rassentrennung könne zwar die Gesetze abschaffen, die die Rassentrennung erzwingen, nicht aber die Diskriminierung beseitigen (S. 103), scheint sie damit sagen zu wollen, was für den selbstbewußten Paria wirklich zähle, sei, daß die Rassentrennung abgeschafft wird, weil sie gegen die Menschenrechte und die Menschenwürde verstößt. Hingegen sei Diskriminierung die im gesellschaftlichem Bereich gültige Währung, und es sei doch nur der soziale Parvenu, dem an sozialer Akzeptanz und Konformität gelegen ist. Die Unterscheidung zwischen dem Paria und dem Parvenu, die für ihre Analyse bestimmter Schemata im europäischen Antisemitismus und jüdischer Reaktionen darauf so erhellend war, läßt sie diesmal im Stich.

In diesem Kontext nun setzt Arendt zu einer ausführlichen Diskussion des »Gesellschaftlichen« an, die sonst in einem Artikel über die Aufhebung der Rassentrennung an den Schulen und über Rassenbeziehungen im Süden eigenartig fehl am Platz erschienen wäre.

»Gesellschaft, das ist jenes sonderbare, irgendwie zwitterhafte Reich zwischen dem Politischen und dem Privaten, in welchem seit dem Beginn der Neuzeit die meisten Menschen den größeren Teil ihres Lebens verbringen [...] In der amerikanischen Gesellschaft schließen sich Menschen nach Beruf, Einkommen oder ethnischer Herkunft zusammen und diskriminieren konkurrierende Gruppierungen, während in Europa Klassenzugehörigkeit, Bildung und Umgangsformen die entsprechenden Faktoren sind [...] Wie dem auch sei, Diskriminierung ist ein ebenso unabdingbares gesellschaftliches Recht wie Gleichheit ein politisches ist. Es geht nicht darum, wie die Diskriminierung abgeschafft werden kann, sondern um die Frage, wie man sie auf den Bereich der Gesellschaft, wo sie legitim ist, beschränkt halten kann; wie man verhindern kann, daß sie auf die politische und persönliche Sphäre übergreift, wo sie sich verheerend auswirkt.« (LR, S. 104f.)

Was versteht Arendt unter »gesellschaftlicher Diskriminierung«? Sie meint ganz offensichtlich das Recht und die Freiheit gleichgesinnter Individuen, sich zusammenzuschließen, zu verständigen und einen gemeinsamen Raum zu schaffen, ohne diesen unterschiedslos für alle zugänglich zu machen. Die gesellschaftliche Diskriminierung erscheint als unausweichliche Kehrseite des Rechts auf freie Vereinigung. Ihre Beispiele umfassen Hotels, Erholungsgebiete und Vergnügungsstätten, von denen einige hypothetisch nur Juden vorbehalten sind (S. 105). Es gibt aber in keiner politischen Ordnung ein unbeschränktes Recht auf freie Vereinigung, und Arendt ist sich darüber völlig klar. Sie stellt auch tatsächlich eine Hierarchie der Rechte auf, nämlich zuerst die unveräußerlichen Menschenrechte auf »Leben, Freiheit und das Streben nach Glück«, wobei letzteres das Recht einschließt, zu heiraten, wen man will. In Verbindung damit glaubt sie, daß Gesetze gegen Mischehen eine weitaus grundsätzlichere Verletzung der Menschenrechte darstellen als die diskriminierenden Gesetze hinsichtlich der Nutzung öffentlicher Einrichtungen, Busse usf. (S. 101). Die allgemeinen Rechte der aktiven Wahl und der Wählbarkeit für ein Amt als politische Grundrechte in einer Demokratie sind den Menschenrechten nachgeordnet. Die Bürgerrechte, nämlich »das Recht, eine integrierte Schule zu besuchen, das Recht, im Bus zu sitzen, wo man will, das Recht, jedes Hotel, jeden Ferienort oder jede Vergnügungsstätte unabhängig von Hautfarbe und Rasse zu betreten«, sind ihrer Ansicht nach drittrangig (S. 102). Die universellen Menschenrechte und politischen Bürgerrechte beschränken diskriminierende Praktiken im gesellschaftlichen Bereich und setzen zugleich dem Recht auf freie Vereinigung Grenzen. Arendt sinnt darüber nach, wie der Gedanke gleicher Bürgerrechte zu einer Neubestimmung der Grenzen zwischen dem Gesellschaftlichen und dem Politischen führen könnte.

Arendt bleibt nachdrücklich dabei, daß es einen Unterschied zwischen Hotels, Ferienorten und weiteren vergnügungs- und freizeitdienlichen Zusammenschlüssen einerseits und Bussen, Eisenbahnen und öffentlichen Einrichtungen andererseits gibt, die Dinge also völlig anders liegen, »wo es um Dienstleistungsbetriebe geht, die, gleichgültig, ob sie sich in Privathand befinden oder Gemeineigentum sind, tatsächlich öffentliche Dienstleistungen erbringen, die jedermann braucht, um seinen Geschäften nachzugehen, und ohne die im Alltag niemand auskommt. Wenn sie auch nicht direkt im politischen Bereich liegen, so gehören solche Dienstleistungen doch eindeutig zur Sphäre der Öffentlichkeit, in der alle Menschen gleich sind.« (S. 106)

Dieses Recht auf Zugang zu öffentlichen Dienstleistungen, die notwendig sind, weil sie »jedermann braucht, um seinen Geschäften nachzugehen, und ohne die im Alltag niemand auskommt«, ist ein merkwürdig zwittriges Argument von ihrer Seite, wenn man ihre strikte Trennung zwischen dem Gesellschaftlichen und dem Politischen bedenkt. Arendt deutet offenbar ein Recht auf Zugang zu öffentlichen Dienstleistungen an, damit ein annehmbares menschliches Leben gesichert ist – eine seltsame Wiederholung von Überlegungen, die sie zum Wohlfahrtsstaat formuliert hatte.[40]

Aber in welcher Weise leistet diese Unterscheidung zwischen freien gesellschaftlichen Zusammenschlüssen und öffentlichen Dienstleistungen, die allen zugänglich sein müssen, eine Neubestimmung des Umfangs von Bürgerrechten? So wie Arendt die öffentliche Dienstleistung im Bereich der Öffentlichkeit auffaßt, ist schwer einzusehen, weshalb sie glauben sollte, daß Schulen mit ihrem öffentlich-politischen Status eher Urlaubsorten statt Bussen, Bahnhöfen oder Kinos gleichen sollten. Schulen sind ganz abgesehen davon, ob sie öffentlich oder privat finanziert werden, in jeder Gesellschaft bedeutende öffentliche Institutionen, weil sie Schauplätze der Sozialisation sind, durch deren Vorgaben die kommenden Generationen einer Gesellschaftsordnung geprägt werden. Schulen sind keine »Dienstleistungsbetriebe«, sie sind Schmelztiegel der Identitätsbildung. Im Sprachgebrauch von Arendt hieße das, den heranwachsenden Generationen wird nicht nur in der Familie eine Welt überliefert, sondern mit vergleichbarer Wichtigkeit auch in den Schulen. Wie können Schulen bestimmte Gruppen nach Rassen trennen und diskriminieren in einem politischen Gemeinwesen, in dem das politische System Grundsätze politischer Gleichheit befürwortet? Als jüdisches Kind, das nach der Emanzipation und Assimilation der Juden in Deutschland aufwuchs, wurde Arendt nicht daran gehindert, öffentliche Schulen zu besuchen. Warum war sie nicht in der Lage zu erkennen, daß die Aufhebung der Rassentrennung an öffentlich finanzierten Schulen dringend geboten war, damit der Gleichheit schwarzer amerikanischer Kinder als Staatsbürgern der Republik Respekt verschafft wurde? Das heißt schwarzen Kindern, die als Staatsbürger ein ebenso großes Anrecht auf öffentliche Ressourcen und Dienstleistungen besaßen wie weiße Kinder. Schulen haben wie viele andere Vereinigungen, die im Sozialbereich existieren – staatsbürgerliche und politische Organisationen, Parteien, religiöse Vereinigungen und dergleichen –, einen Zwitterstatus, denn als formelle Organisationen mit einer Satzung werden sie zu Institutionen auf öffentlichem Gebiet, die mit den Verfassungsgrundsätzen des liberal-demokratischen Staats in Einklang stehen müssen.

So besehen, ist Arendts Versuch, um Erholungs- und Urlaubsorte einen »cordon sanitaire« zu ziehen, genauso unhaltbar. Warum sollte der liberal-demokratische Verfassungsstaat die Gründung einer Einrichtung akzeptieren – selbst dann, wenn sie private Dienstleistungen bereitstellen sollte – und folglich auch deren Entstehung als ein quasi-öffentliches Gebilde dulden, wenn die Satzung und die selbstgegebenen Regeln derartiger Organisationen die elementaren Rechte auf Schutz vor Diskriminierung verletzen? Wenn der Staat solche Institutionen gutheißt, billigt er auch die Legitimität diskriminierender Praktiken. Arendts Beispiel der Ferienorte, die nur Juden vorbehalten sind, unterscheidet sich in seiner diskriminierenden Logik nicht von Country Clubs, Firmen oder Herrenclubs, die keine Schwarzen, Juden, asiatische Amerikaner oder Frauen als Mitglieder zulassen. Eine Unterscheidung zwischen informellen sozialen Praktiken des Zusammenschlusses und der Aufnahme von Gruppenmitgliedern einerseits und formellen Institutionen in der

Öffentlichkeit andererseits hätte Arendt hier weitergeholfen. Zweifellos wird Diskriminierung auf der Ebene von informellen Praktiken, von Denkweisen und Denkgewohnheiten, auf der Ebene des Empfindens und des freien Zusammenschlusses bei allen Formen sozialer Gruppen, Klassen und Rassen in der Gesellschaft auch weiterhin bestehen; ob sich aber formelle Einrichtungen in einem liberal-demokratischen Staat auf dem Wege einer öffentlichen Satzung etablieren können, die jeweils durch die Prozeduren eines ordentlichen Gerichtsverfahrens genehmigt werden müßten, wenn sie auf die Ablehnung staatsbürgerlicher oder auch politischer Gleichheit gegründet sind, ist eine umstrittene Frage. Die Rechte auf Vereinigungsfreiheit und auf freie Rede können noch durch weitere Grundsätze in Frage gestellt werden, wie dies z.B. in den aktuellen Debatten über den Gebrauch verunglimpfender Rede (hate speech) an Schulen und Universitäten oder über die Legalität bzw. Illegalität von Neonazigruppen geschieht. Arendt kann also nicht beides zugleich haben: Politische Gleichheit und gesellschaftliche Diskriminierung können einfach nicht koexistieren. Die gesellschaftliche Diskriminierung ist im Grunde genommen immer nach dem Prinzip politischer Gleichheit anfechtbar. Arendts Formulierung, »Diskriminierung ist ein ebenso unabdingbares gesellschaftliches Recht wie Gleichheit ein politisches ist«, ist in sich instabil. Es verhält sich nicht nur so, daß gewisse Niveaus gesellschaftlicher und ökonomischer Gleichheit unerläßlich sind, damit politische Gleichheit in Anspruch genommen werden kann. Ein Beispiel dafür ist der Zugang zu den wesentlichen Dienstleistungen, um eine annehmbare menschliche Existenz führen zu können, wie oben gesagt wurde. Hinzu kommt, daß bestimmte Formen gesellschaftlicher Diskriminierung mit politischer Gleichheit unvereinbar sind, insofern sie den öffentlichen Ausschluß bestimmter Gruppen oder Menschen aufgrund ihrer Identität formell bekräftigen. Gerade deshalb, weil Gleichheit ein Wert ist, der durch einen politischen Prozeß geschaffen wird, bedarf er in der Tat der ständigen Wachsamkeit, der Neubestimmung, des erneuten Einsatzes und der Ausdehnung in die gesellschaftliche Sphäre. Es ist eine Sache, wen ich zum Abendessen einlade oder mit wem ich meine Ferien verbringe, eine andere Sache aber, in den wichtigen Institutionen einer Gesellschaft wie den Schulen, eine Trennung nach rassischen, ethnischen oder religiösen Kriterien durchzuführen. Die Unterscheidung zwischen dem Gesellschaftlichen und dem Politischen, wie Arendt sie auch in diesem Zusammenhang vornimmt, leistet ihr keinen guten Dienst und bricht bei genauerer Prüfung zusammen.

Bevor ich diese Diskussion abschließe, möchte ich kurz auf die Problematik der Rassenbeziehungen zwischen Schwarzen und Weißen in den Vereinigten Staaten eingehen, soweit Hannah Arendts Artikel sie berührt. Es steht eigentlich außer Frage, daß die Bürgerrechtsbewegung, Martin Luther Kings gesellschaftliche Führungsrolle, die spätere Radikalisierung des schwarzen Amerika, der Ausbruch innerstädtischer Gewalt in den Ghettos und die Gründung der Black Panther Party alles Ereignisse waren, die Hannah Arendt zutiefst beunruhigten und aufwühlten.[41] Sie »zitterte« viele Male um die »Republik« der Vereinigten Staaten von Amerika und erklärte nachdrücklich, daß das »eine große Verbrechen in der Geschichte Amerikas« – das heißt die Versklavung schwarzer Menschen zu Besitz – nur auf der Verfassungsebene wieder gut gemacht werden könne. Mit den schwarzen Amerikanern müsse ein neuer Gesellschaftsvertrag aufgesetzt werden, der sie ausdrücklich zu Angehörigen der Republik machen würde.[42] Bereits am 29. Januar 1946 schrieb sie an Karl Jaspers:

»Der Grundwiderspruch des Landes ist politische Freiheit bei gesellschaftlicher Knechtschaft. Das letztere ist vorläufig nicht absolut herrschend, wie ich schon sagte. Aber es ist gefährlich, weil die Gesellschaft sich ›rassenmäßig‹ organisiert und orientiert [...] Das hängt natürlich mit dem Einwanderungsland zusammen, wird aber auf eine unheilvolle Weise verschärft durch die Negerfrage; d.h. Amerika hat wirklich ein ›Rassen‹problem und nicht nur eine [rassistische] Ideologie.«[43]

Ein paar Zeilen weiter äußert sich Arendt kritisch über eine jüdische Freundin von ihr, die in ihrem Haus zum ersten Mal nicht-jüdische Amerikaner traf.[44] Ihre Äußerungen hierzu signalisieren vielleicht das Problem in ihrer Wahrnehmung dieser Fragen. Arendt dachte bei der »Rassenfrage« nicht ausschließlich an die Beziehungen zwischen Schwarzen und Weißen. Für sie gehörten auch die Beziehungen zwischen Juden und Nichtjuden zu den Rassenfragen. Das Problem der Schwarzen in Amerika schien für sie nur eine unter vielen anderen »rassischen Abgrenzungen« zu sein, die in diesem Land existierten.

Arendt lag ganz richtig damit, wenn sie es vermied, die Kategorie der Rasse allein unter der Maßgabe »schwarz/weiß« zu fixieren, und wenn sie unser Verständnis des Rassismus durch ihre theoretische Behandlung »der vorimperialistischen Entwicklung des Rassebegriffs« vertiefte. Meiner Ansicht nach irrte sie allerdings, wenn sie nicht die allgemein bekannte Tatsache zur Kenntnis nahm, daß es keineswegs der Rassismus als solcher, sondern ein rassisch begründeter Zustand gesellschaftlicher Sklaverei ist, der die Beziehungen zwischen Weißen und Schwarzen in Nordamerika kennzeichnet. Dasselbe gilt für andere Länder der amerikanischen Hemisphäre, wo es die Besitzsklaverei gegeben hatte, z.B. in Brasilien und Kuba.[45] Die rassisch begründete Besitzsklaverei läßt sich auch nicht mit den Bedingungen griechischer Sklaverei im Altertum vergleichen, denn manche griechischen Sklaven waren einmal freie Menschen gewesen. Zwar nicht alle, aber einige von ihnen waren ethnisch Griechen, die aus benachbarten Stadtstaaten stammten, die in kriegerischen Auseinandersetzungen besiegt worden waren. Arendt war nicht aufmerksam genug für Unterschiede zwischen der griechischen Sklaverei und der Versklavung von schwarzen Menschen, die für Angehörige einer minderwertigen

Rasse gehalten, manchmal sogar kaum mehr als menschlich eingestuft wurden.[46]

Es war Ralph Ellison, der auf den schwersten Wahrnehmungsfehler in Arendts Überlegungen zu »Little Rock« hinwies. Er tadelte ihren Ton für deren »olympische Autorität«[47] und lenkte mit dieser Formulierung die Aufmerksamkeit nicht nur auf Arendts über den Sterblichen thronende Distanz zu den Ereignissen, sondern spottete auch über ihre »Gräkophilie«. In einem Interview mit Robert Penn Warren in *Who Speaks for the Negro?* erklärte Ellison:

»Jedenfalls ist auch das ein Teil der Erfahrung des amerikanischen Negers gewesen, und ich glaube, einer der wichtigsten Schlüssel zum Sinn dieser Erfahrung liegt in der Idee, ja, in dem Ideal des Opfers. Hannah Arendts Unvermögen, die Wichtigkeit dieses Ideals unter den Negern der Südstaaten zu begreifen, führte dazu, daß sie sich vergaloppierte, als sie in den Überlegungen zu ›Little Rock‹ den Negereltern vorwarf, im Kampf um die Rassenzusammenführung an den Schulen ihre Kinder auszubeuten. Sie hat aber überhaupt keine Vorstellung davon, was in den Köpfen der Negereltern vor sich geht, wenn sie ihre Kinder durch die Reihen feindseliger Leute schicken [...] Und nach der Anschauung vieler dieser Eltern (die sich wünschen, das Problem gäbe es nicht), wird gerade deshalb von dem Kind erwartet, sich dem Schrecken zu stellen und dabei Angst und Wut zu unterdrücken, weil es Neger *und* Amerikaner ist. Von dem Kind wird also verlangt, die durch die Rassendiskriminierung erzeugten inneren Spannungen auszuhalten, und wenn es Schaden nimmt – dann ist das eben ein weiteres Opfer. Die Forderung ist wirklich hart, aber wenn es diese grundlegende Prüfung nicht besteht, wird sein Leben noch härter werden.«[48]

In einem persönlichen Brief an Ralph Ellison bekannte Arendt, daß sie dieses »Ideal des Opfers« oder das »Element nackter Gewalt, körperlich verspürter Angst in der Situation« nicht verstanden hatte.[49] Es wäre zu wünschen gewesen, Arendt hätte ihre Mitteilung an Ellison öffentlich gemacht. Für ihre Freunde und Gegner wäre es wichtig gewesen zu wissen, was sie selbst durch diesen Meinungsaustausch gelernt hatte und was bei ihrer Beurteilung schwarzer Eltern schief gelaufen war, von denen sie geglaubt hatte, sie seien wie die jüdischen Parvenus einer anderen Zeit und einer anderen Kultur. Da sie das nicht tat, gelang es Arendt nicht, ihre Ansichten von den Beziehungen zwischen Schwarzen und Weißen, mit denen man es bei der Aufhebung der Rassentrennung an den Schulen zu tun hat, in einer der Öffentlichkeit angemessenen Ausdrucksweise deutlich zu machen. Arendt, die als eingewanderte Jüdin der Verfolgung und Vernichtung in Europa entkam, war und blieb der neuen Republik, deren Staatsbürgerin sie geworden war, dankbar. Sie nahm zu ihrem neuen Land und ihrer neuen Heimat eine protektive Haltung ein, wurde jedoch niemals dessen Apologetin. Vielleicht konnte sie aus genau diesem Grund den Standpunkt derjenigen nicht wirklich nachempfinden, die unter Bedingungen unmenschlicher Gewaltanwendung zwangsweise in dieses Land gebracht worden waren, deren Kulturen, Dörfer, Geschichten und Identitäten in Afrika von Sklavenjägern und ihren Gehilfen gewaltsam ausgelöscht worden waren. Arendt versuchte, die Kunst der »erweiterten Denkungsart« zu üben, als sie über die Problematik der zwangsweisen Aufhebung der Rassentrennung an den Schulen nachdachte. Anstatt jedoch den Standpunkt der anderen Beteiligten wirklich einzunehmen, projizierte sie ihre eigene Geschichte und Identität auf die von anderen. Der Aufsatz zu »Little Rock« zeigt nicht bloß das Scheitern der Unterscheidung zwischen dem Gesellschaftlichen und dem Politischen, sondern auch das Fehlschlagen der Kunst, eine »erweiterte Denkungsart« im öffentlichen Bereich zu praktizieren. Eigenartigerweise wurde Arendt in ihrem Leben noch einmal desselben Unvermögens bezichtigt: während der Eichmann-Kontroverse und gegenüber ihrem eigenen Volk.

Arendt wurde schon zu Lebzeiten wegen ihrer Unterscheidung zwischen dem Bereich des Gesellschaftlichen und dem des Politischen mit herber Kritik konfrontiert und in ihren letzten Lebensjahren im Grunde noch verstärkt attackiert. Während einer Konferenz an der Universität von Toronto, die sich ihrem Werk widmete, war es ihre langjährige Freundin Mary McCarthy, die sie unter anderem mit Fragen konfrontierte, die ich in diesem Kapitel erörtert habe. McCarthy bat um folgende Klärungen:

»Ich möchte eine Frage stellen, die mich seit langer, langer Zeit beschäftigt. Sie betrifft die scharfe Unterscheidung, die Hannah Arendt zwischen dem Politischen und dem Sozialen macht. Sichtbar wird sie insbesondere in dem Buch *Über die Revolution*, wo sie zeigt oder zu zeigen versucht, daß das Scheitern der Russischen und der Französischen Revolution auf die Tatsache zurückzuführen war, daß diese Revolutionen sich mit dem Sozialen befaßten und mit dem Leiden – wobei das Gefühl des Mitleidens eine große Rolle spielte. Demgegenüber wäre die Amerikanische Revolution politisch gewesen und endete in der Gründung von etwas. Nun, ich habe mich immer gefragt: Was eigentlich soll jemand auf der öffentlichen Bühne, im öffentlichen Raum noch tun, wenn er sich nicht mit dem Sozialen befaßt? Soll heißen: Was bleibt da noch? [...] Wenn andererseits alle Fragen der Wirtschaft, der menschlichen Wohlfahrt, des ›busing‹ – was immer die soziale Sphäre berührt – von der politischen Bühne ausgeschlossen sind, dann wird es für mich mysteriös. Es bleiben nur noch die Kriege und Reden übrig. Aber die Reden können nicht einfach Reden sein. Sie müssen Reden über etwas sein.«[50]

In ihrer Antwort auf Mary McCarthy räumt Hannah Arendt ein, daß sie sich diese Frage schon selbst gestellt hat und daß die Themen öffentlicher Gespräche und öffentlichen Interesses sich zu allen Zeiten ständig verändern, daß es aber immer Angelegenheiten geben wird, die »es wert sind, in der Öffentlichkeit beredet zu werden«.[51] Von anderen Teilnehmern dieses Gesprächs, so von Richard J. Bernstein, Albrecht Wellmer und C.B. MacPherson, unter Druck gesetzt, wie man denn entscheide, was »es wert ist, in der Öffentlichkeit beredet zu werden«, entgegnet Arendt:

»Es gibt Dinge, bei denen man die richtigen Maßnahmen errechnen kann. Diese Dinge können wirklich administrativ erledigt werden und sind dann nicht mehr Gegenstand öffentlicher Debatten. Die öffentliche Debatte kann nur Dinge behandeln, die wir – wenn wir es negativ formulieren wollen – nicht mit Sicherheit errechnen können [...] Andererseits sind alle die Dinge, die wirklich errechnet werden können – in dem Bereich, den Engels die ›Verwaltung der Sachen‹ nannte –, im allgemeinen soziale Dinge. Daß sie als solche Gegenstand von Debatten sein sollten, scheint mir fauler Zauber zu sein – und eine Plage.«[52]

Das Beispiel, das Arendt dann erörtert, ist das Wohnraumproblem. »Das soziale Problem«, sagt sie, »besteht zweifellos in angemessenen Wohnmöglichkeiten. Aber die Frage, ob solch angemessene Wohnmöglichkeiten im Zeichen der Integration stehen sollen oder nicht, ist mit Sicherheit eine politische Frage.«[53] Aber was macht eine »angemessene Wohnmöglichkeit« aus? Vergegenwärtigen wir uns nur mal die zahllosen Auffassungen von städtischem oder Siedlungsraum, der häuslichen Sphäre, des Wohnviertels, der Stadt, ganz zu schweigen von Fragen nach Berechtigung und Verdienst, die in eine solche Debatte verwickelt wären. Die Frage nach angemessenem Wohnraum und, wie Albrecht Wellmer anmerkt, jedes größere soziale Problem wie Erziehung, Verkehr oder Gesundheitsversorgung sind im Grunde genommen »unvermeidlich politische Probleme«.[54] Arendt gibt daraufhin zu: »Jede solche Frage hat zwei Gesichter. Und das eine sollte nicht diskutiert werden.«[55] Doch die Entscheidung darüber, was nicht diskutiert werden sollte, was den Experten und den Verwaltungsfachleuten überlassen bleiben sollte, ist selbst eine politische Entscheidung. Oder wie Richard Bernstein zu demselben Gespräch bemerkt: »Tatsächlich ist die Frage, ob ein Problem eigentlich sozial (und damit der öffentlichen Debatte nicht wert) oder politisch ist, häufig selbst die zentrale politische Frage.«[56]

Ich sagte oben bereits, daß die einzige Form, in der eine Unterscheidung zwischen dem Gesellschaftlichen und dem Politischen vorgenommen werden kann, die sich auch verteidigen läßt, eine einstellungsbezogene ist. Die Betätigung in der öffentlich-politischen Sphäre beinhaltet die Umformung der parteiischen und beschränkten Perspektive jeder einzelnen Klasse und Gruppe zu einer erweiterten Denkungsart. Was öffentlich-politisch ist, muß sich verteidigen lassen, indem man in der Öffentlichkeit Gründe vorbringt, indem Gesichtspunkte anderer erwogen werden, und muß den Versuch darstellen, die Diktate des Eigeninteresses in ein gemeinsames Ziel der Allgemeinheit umzuwandeln. Arendt hingegen besteht darauf, eine inhalts- oder themengestützte Unterscheidung machen zu wollen, wobei sie darauf hinweist, daß sich die Fragen, die es »wert sind, in der Öffentlichkeit beredet zu werden«, im Laufe der Geschichte ändern, manche Fragen aber gleichwohl »verwaltungsgetragene« Lösungen gestatten und somit aus der öffentlich-politischen Arena entfernt werden können.

Wie Mary McCarthy bemerkt, fiel die Unterscheidung zwischen dem Gesellschaftlichen und dem Politischen besonders in Arendts Werk *Über die Revolution* auf. Darin wurde die Dominanz der »sozialen Frage« in der Französischen und Russischen Revolution für deren politisches Versagen, eine neue Ordnung einzuleiten, verantwortlich gemacht. Ich denke, Arendts Text ist anspruchsvoller, als diese Lesart nahelegt; und obwohl das an den grundsätzlichen Schwierigkeiten hinsichtlich der Unterscheidung zwischen dem Gesellschaftlichen und dem Politischen, die ich in diesem Kapitel diskutiert habe, nichts ändern wird, kann eine kurze Betrachtung ihrer Argumentation immerhin dazu beitragen, Arendts Begriff des Politischen vollständiger zu entwickeln.

Auf den ersten Blick scheint die Argumentation von *Über die Revolution* ein Loblied auf die Amerikanische Revolution und ihre Revolutionäre zu sein, die das Genie verkörperten, eine neue politische Ordnung zu begründen – ein »novus ordo saeclorum«. Im Gegensatz dazu war die Französische Revolution verurteilt, in einer Spirale des Terrors und revolutionärer Kriege zu enden, weil die Volksmassen der Sansculotten, der Entrechteten, Armen, Geknechteten und Verachteten die Bühne der Geschichte betraten. Die »soziale Frage«, die Arendt in diesem Kontext mit der »Tatsache der Armut« gleichsetzt (ÜR, S. 74), erschien auf der Bühne. In ihren recht dramatischen Worten heißt es:

»Mit der Armut in ihrer konkreten Massenhaftigkeit erschien die Notwendigkeit auf dem Schauplatz der Politik; sie entmachtete die Macht des alten Regimes, wie sie die werdende Macht der jungen Republik im Keim erstickte, weil sich herausstellte, daß man die Freiheit der Notwendigkeit opfern mußte.« (ÜR, S. 75)

Auf diese Art gelesen, lassen sich Arendts »Betrachtungen über die Französische Revolution« einer beachtlichen Tradition im politischen Denken europäischer Prägung an die Seite stellen, die mit Edmund Burke beginnt und mit François Furets Abschied vom »revolutionären Ideal« aufhört.[57]

Über die Revolution setzt in der Tat Arendts »phänomenologischen Essentialismus« fort, so daß sich Arendts Darstellung liest, als hätte das, was die eine Revolution verurteilte und die andere rettete, darin bestanden, daß in der Französischen Revolution »les enragés« auf der Bühne der Geschichte auftraten und dies gegen den Ort verstieß, der jeder Bedingtheit und Tätigkeit jeweils gebührt. Armut, die bis dahin als ein privater und individueller Umstand gegolten hatte, wurde zu einer allgemein sichtbaren, öffentlichen Notlage. Scham, Elend und Entbehrung, verbunden mit der Demütigung und Bedürftigkeit des Körpers tauchten somit in der Öffentlichkeit auf. Die Notwendigkeit, die mit der Dringlichkeit der Befriedigung körperlicher Bedürfnisse verbunden ist, betrat die Bühne der Geschichte – Natur überwältigte Kultur.

»In diesem Elendsstrom der Massenarmut verkörperte sich schließlich jenes Element der Unwiderstehlichkeit, das, wie wir sahen, so eng dem ursprünglichen Sinn des Wortes ›Revolution‹ assoziiert war [...] In dem Wunsch, sich von dieser Lebensnotwendigkeit zu emanzipieren und eine, wenn auch immer begrenzte Freiheit zu erobern, hat alle Herrschaft ihre ursprünglichste und ihre legitimste Wurzel. Solange wir denken können, haben Menschen diese Befreiung sich mit Gewalt auf Kosten anderer verschafft, indem sie andere zwangen, einen Teil der Lebenslast für sie zu tragen. Dies ist der eigentliche Sinn der Sklavenwirtschaft; und wenn wir heute sagen können, daß die alte und furchtbare Wahrheit, daß nur Gewalt und Herrschaft über andere wenigstens einigen Menschen die Freiheit verschafft, überholt und nicht mehr gültig ist, so danken wir diesen wirklichen Fortschritt nicht etwa irgendwelchen modernen politischen Ideen oder Ideologien, sondern einzig und allein der modernen Technik. Heute jedenfalls scheint nichts veralteter und überflüssiger, als zu versuchen, die Menschheit durch politische Mittel von Armut zu befreien, ganz abgesehen davon, daß nichts vergeblicher und gefährlicher wäre [...] Die Gewaltsamkeit, mit der die Revolutionen der Neuzeit versuchten, mit der Notwendigkeit nicht nur für wenige, sondern für alle fertigzuwerden, hat nur dazu geführt, daß die Gewalt selbst sich der Notwendigkeit anglich und den politischen Bereich zerstörte – d.h. den einzigen Bereich, in dem Menschen wirklich frei sein können.« (ÜR, S. 145 f.)

Arendts Versuch, auf dem Wege einer ontologischen Abgrenzung zwischen Freiheit und Notwendigkeit das Politische vom Ökonomischen zu trennen, ist, wie ich bereits erläutert habe, zwecklos und unplausibel. Das Reich der Notwendigkeit ist ganz und gar von Machtverhältnissen durchdrungen: Macht über die Verteilung von Arbeit, von Ressourcen, über Autorität usw. Es gibt keine neutrale und unpolitische Organisation des Ökonomischen, alle Ökonomie ist politische Ökonomie. Sogar die Arbeit im Haushalt ist von Machtverhältnissen durchdrungen, die auf geschlechtlichen Normierungen basieren, und ist durch die geschlechtsspezifische Arbeitsteilung in der Familie charakterisiert.

Diese unglückliche ontologische Abgrenzung ergänzt Arendt nun noch mit dem technokratischen Argument. Wirtschaftsfragen und insbesondere Fragen zur Verteilung knapper Ressourcen werden jetzt als Angelegenheiten gesehen, die durch die Technik zu lösen seien. Sie besteht darauf, daß die Technik, nicht die Politik, dem Armutsproblem ein Ende machen könne. Arendt hat nicht ganz unrecht, wenn sie unsere Aufmerksamkeit auf den Zuwachs an menschlicher Produktivität und die ungeheure Güterakkumulation lenkt, die durch das Aufkommen mechanisierter und nunmehr automatisierter Produktionsprozesse ermöglicht wurden. Trotzdem ist es erstaunlich, wie wenig Beachtung sie den Formen des Elends und der Entbehrung schenkt, die diese Produktionsweise in globaler Größenordnung begleitet haben und auch weiterhin begleiten werden. Angesichts einer Weltzivilisation, in der Nationen und Völker auf immer weniger zu rechtfertigenden Stufen der Ungleichheit existieren und sich auf krass auseinanderklaffenden Niveaus des wissenschaftlichen, technischen und produktiven Know-hows befinden, wird Armut um so mehr zu einem politischen Thema. Ich neige dazu, Arendts Satz ins Gegenteil zu verkehren: »Heute jedenfalls scheint nichts dringlicher denn je, als zu versuchen, die Menschheit durch politische Mittel von Armut zu befreien.«

Doch Arendts ontologischer Technokratismus bei der Unterscheidung des Ökonomischen vom Politischen ist nur ein Aspekt ihrer Thesen in bezug auf die Amerikanische und die

Französische Revolution und glücklicherweise kein besonders schwerwiegender. Arendts Darstellung arbeitet vielmehr mit einer Reihe von Unterscheidungen wie der zwischen Befreiung und Freiheit, zwischen sozioökonomischer Veränderung und der Errichtung einer neuen politischen Freiheitsordnung. Auf ihrer fundamentalsten Ebene ist Befreiung die menschliche Emanzipation von Bedingungen der Notwendigkeit, deren Ursprung im Reich der Notwendigkeit zu suchen ist: den Bedürfnissen des Körpers und der Dringlichkeit, sie zu befriedigen. Befreiung bedeutet auch die Fähigkeit, gemäß den persönlichen Wünschen und Sehnsüchten zu wählen und zu handeln. Arendt schreibt, daß »der Freiheitsbegriff, der der Befreiung eigen ist, notwendigerweise nur negativ ist«, weshalb sogar »die Sehnsucht nach Befreiung keineswegs identisch ist mit dem Willen zur Freiheit« (ÜR, S. 35). Freiheit dagegen ist die vom Konsens gestiftete und ausgeübte Macht unter Gleichen; Freiheit kann nur durch konsensgetragene Befreiungsakte und den Entschluß einer Gruppe von Menschen, die einander als Gleiche betrachten, verwirklicht werden. »Daher bedurfte die Freiheit immer eines eigens für sie erstellten Raumes, in dem Menschen zusammenkommen konnten, des Versammlungsplatzes, der Agora, um den die Polis politisch zentriert war.« (ÜR, S. 37)

Moderne Revolutionen hatten zur Zielsetzung, sowohl die Befreiung zu erreichen als auch Freiheit zu gewährleisten. Arendt selbst räumt ein, daß sich diese beiden erstrebten Zustände tatsächlich wechselseitig beeinflussen und nicht durch eine ontologische Grenzziehung auseinanderzuhalten sind:

»Und da Befreitsein, nämlich die Abwesenheit jedes ungesetzlichen Zwanges, der die Bewegungsfreiheit einschränkt, in der Tat die wesentlichste Bedingung der Freiheit selbst ist [...] ist es konkret oft sehr schwer auszumachen, wo das bloße Bestreben, sich von einem lastenden Zwang zu befreien, endet und wo der Wille zur Freiheit als einem positiven Lebensmodus beginnt.« (ÜR, S. 39)

Mit dieser Einsicht in die Wechselwirkung von Befreiung und Freiheit oder vielmehr in die Wechselwirkung sozioökonomischer Bedingungen und politischer Freiheit wird die Arendtsche Erzählung von den zwei Revolutionen doch erheblich komplizierter.

Auch der Amerikanischen Revolution lag die »soziale Frage« durchaus nicht fern. Arendt schreibt, es dränge sich die Frage auf,

»bis zu welchem Grad denn eigentlich der Wohlstand der weißen Bevölkerung auf schwarzer Arbeit und schwarzem Elend beruhte; schließlich kamen in der Mitte des achtzehnten Jahrhunderts auf etwa 1850000 Weiße ungefähr 400000 Negersklaven, und obwohl wir für diese Zeit keine zuverlässigen Statistiken besitzen, dürfen wir getrost annehmen, daß der Prozentsatz völliger Verelendung in diesem Zeitraum in den Ländern, wenn auch nicht in den Großstädten der Alten Welt erheblich niedriger als 22% gewesen sein dürfte. Hieraus kann man nur schließen, daß die Finsternis, in der Sklaven leben, noch um einige Grade schwärzer ist als die Finsternis der Armut und des Elends. Nicht der arme Mann, wie Adams meinte, sondern der schwarze Sklave war schlechterdings ›unsichtbar‹, wurde immer und von allen übersehen.« (ÜR, S. 89f.)

Die Versklavung der Schwarzen in der Neuen Welt wurde also von Arendt keinesfalls übergangen, andererseits wuchs sich diese überzeugende Einsicht auch nicht zu einem größeren Thema ihrer Erzählung von der Amerikanischen Revolution aus. Statt dessen war es der Zusammenstoß von Liberalismus und Republikanismus, der schließlich ihre Erzählung von der Amerikanischen Revolution beherrschte, oder anders gesagt, der Konflikt zwischen dem Streben nach Glück, verstanden als die Suche nach Befriedigung von Privatinteressen, und dem Streben nach dem Glück der Allgemeinheit, verstanden als das Leben in politischer Freiheit und Partizipation, schob sich in den Vordergrund. Hätte Arendt das Problem der Sklaverei ins Zentrum ihrer Darstellung gerückt, hätte sie sehen müssen, daß die Amerikanische Revolution auch ihren Anteil an Gewalt und Terror hatte, als ein Jahrhundert später der von 1861 bis 1865 dauernde Sezessionskrieg ausbrach. Aus dieser Perspektive erscheint der Kontrast zwischen der Zivilisiertheit der Amerikanischen Revolution einerseits und dem Gemetzel und der Gewalt der Französischen Revolution andererseits zweifelhaft, weil wir dagegen vorbringen können, daß sich die Gewalt der Amerikanischen Revolution ein Jahrhundert später im Bürgerkrieg entlud. Weder das Fehlen der sozialen Frage allein noch das Fehlen von Gewalt sind überzeugende Gründe, mit denen sich für die beiden Revolutionen in der erzählten Geschichte ein deutlicher Gegensatz herausarbeiten ließe. Gibt es dann überhaupt einen Kontrast, der deutlich hervorzuheben wäre?

Arendts historiographische Darstellung ist zweifelsohne durch Wissenschaftler wie Gordon Wood für die Amerikanische Revolution und durch Wissenschaftler wie François Furet und Simon Shama für die Französische Revolution längst übertroffen worden. Neuerdings haben Historiker wie Patrice Higonnet und Joyce Appleby außerdem Licht auf die wechselseitige Beeinflussung beider Revolutionen geworfen.[58] Nichtsdestoweniger gibt es Elemente in Arendts Darstellung, die auch der Prüfung durch diese Geschichtsschreibungen späteren Datums standhalten werden. Arendts Hauptinteresse gilt der *Institutionalisierung öffentlicher Freiheit* in den Revolutionen.

Der Auftritt der nach Brot und Gerechtigkeit rufenden Sansculotten auf der Bühne der Revolution ist ein komplizierter sozialer Prozeß und nicht bloß ein Kategorienfehler. Von Arendt wird eine Seite dieses Prozesses allzusehr betont. Ihr liegt daran, ganz gezielt darauf hinzuweisen, wie sich zwischen den Revolutionären der Tugend, wie Robespierre, und *le peuple*, das mit *les misérables* gleichgesetzt wird, ein Bündnis bildete. Mit diesem Bündnis schied Gleichheit als ein politisches Prinzip aus und machte dem Mitleid und Mitgefühl Platz, die Suche nach öffentlicher Freiheit wurde geopfert, um das Glück der Massen zu ermöglichen. Arendts Erzählung befaßt sich, wie die von G.W.F. Hegel, Alexis de Tocqueville und Edmund Burke vor ihr, mit dem Verlust von Freiheit in der Französischen Revolution, mit der Umwandlung der Suche nach Tugend in eine »Herrschaft des Terrors« und der Errichtung einer Revolutions-Diktatur.

Auf unterschiedliche Weise sprechen alle diese Darstellungen dasselbe zentrale Problem an: Was brachte die Revolution dazu, ihre Kinder zu fressen? Oder in Hegels berühmt gewordenen Worten, wie konnte Robespierres »Republik der Tugend« zu einer »Republik des Terrors« werden? Hegel sah den Keim zu dieser Transformation in dem abstrakten und unzutreffenden Freiheitsbegriff der Revolutionäre. Denn danach verstand man Freiheit als die radikale Selbstbestimmung des Willens unter Gesetzen, die er sich selbst gegeben hat.[59] Hegel vertritt dagegen die Meinung, daß diese Formel für Freiheit ebenso leer wie gefährlich ist. Denn was soll den Willen daran hindern, die Gesetzgebung ungerecht und unvernünftig zu gestalten? Und wer kann sagen, worin genau diese Selbstgesetzgebung bestehen soll?

Tocqueville geht in *Der alte Staat und die Revolution* ebenfalls auf das Problem der Freiheit ein.[60] Für ihn vollendet die Revolution lediglich die Logik der Zentralisierungstendenzen des Ancien régime, unter dem der Adel seine traditionellen Freiheiten und seine Vorliebe für politische Selbstverwaltung eingebüßt hatte. Die Auswüchse der Revolution waren von einem gierigen absolutistischen Monarchen vorprogrammiert, der dem Adel seine lokalen Freiheiten genommen und auf diese Weise die Eliten des Landes bereits entpolitisiert hatte, während die Bauern der Abhängigkeit von einer korrupten und schwachen sozialen Klasse der Seigneurs überlassen blieben.

Burke, dessen *Betrachtungen über die Französische Revolution* (1790) den beiden Werken von Hegel und Tocqueville vorausgingen, verband eine philosophische Kritik am Freiheitsbegriff der Revolutionäre mit einer institutionellen Kritik. Für Burke zeigte sich in der Französischen Revolution der Triumph einer abstrakten Philosophie des Naturrechts und der natürlichen Rechte.[61] Da sich die Revolutionäre auf die falsche Auffassung stützten, daß »der Mensch und nicht Menschen« den Staat bevölkerten, sahen sie in den traditionellen Freiheiten und der politischen Ordnung des Ancien régime nichts als ein System korrupter und der Logik entbehrender Privilegien. In ihrer Verachtung für die Tradition, das Lokale und das Besondere gingen sie daran, eine Tabula rasa zu schaffen – ein Staatswesen ganz neu zu errichten. In Anbetracht der Tatsache, daß der Gebrauch der Freiheit immer auf ein empfindliches Gleichgewicht von Rechten und Verantwortlichkeiten, Privilegien und Verpflichtungen angewiesen ist, konnten die französischen Revolutionäre gar nicht anders, als das Wesen der Freiheit zerstören, behauptet Burke.

Arendts Darstellung konzentriert sich ebenso wie diese Klassiker auf das Schicksal und die Institutionalisierung politischer Freiheiten. Sie teilt Hegels und Burkes Kritik an »Naturrechtsdogmen«, ohne deshalb auf deren antidemokratische Entrechtung des Volkes einzuschwenken. Immerhin erlaubt die echte Revolution das »öffentliche Glück«; der tatsächliche Gehalt der öffentlichen Freiheit »ist Beteiligung an öffentlichen Angelegenheiten oder Zulassung zum Bereich des Öffentlichen« (OR, S. 25; nicht in der deutschen Ausgabe). Wie Tocqueville, so akzentuiert auch Arendt die Dynamik sozialer Klassen; ihre Geschichte handelt von der Manipulation der Sansculotten durch die Jakobiner zu deren politischen Zwecken. Gelegentlich deutet sie an, daß dieses Bündnis weniger eine Manipulation als eine ideologische Notwendigkeit war: Die Naturrechtsphilosophie von Robespierre und seine Suche nach der Republik der Tugend mußten das Volk nach dem Bilde des »edlen Wilden« erschaffen. In einer erhellenden Passage schreibt Arendt:

»Geschichtlich gesprochen, wurde diese Leidenschaft des Mitleidens zur treibenden Kraft der Revolutionäre erst, als die Männer der Gironde bewiesen hatten, daß sie weder fähig waren, eine Verfassung zu erlassen noch eine tragfähige republikanische Regierung zu bilden. Zweifellos war der Wendepunkt der Revolution die Machtergreifung der Jacobiner unter Robespierres Führung, aber nicht, weil sie radikaler waren als die Girondisten, sondern weil sie deren Interesse an Staatsformen nicht teilten und sich daher weniger um die Republik, den ›Tempel der Freiheit‹ (Danton), als um das Wohlergehen des Volkes kümmerten bzw. ›ihren Glauben auf die natürliche Unverdorbenheit‹, die ›angeborene Tugend‹ einer Klasse gesetzt hatten statt auf objektive Institutionen und Konstitutionen.« (ÜR, S. 95)

Dieses Bündnis zwischen dem Volk und den Jakobinern führte zur Verdrängung der politischen Vielfalt durch nationale Einheit, es führte zu einer Ideologie der Homogenisierung, wodurch das Volk als Gegenstand des Mitgefühls und der Manipulation zu einer mythischen Instanz wurde, auf die man sich in letzter Konsequenz berief. Das souveräne Volk wurde zu einem Kriterium der Legitimität erhoben; dadurch herrschte Einheit vor Vielfalt und Pluralität, die aber die Haupttugenden des politischen Bereichs ausmachen; bezeichnenderweise wurde »das Wort ›Konsent‹ selbst gerade wegen der ihm inhärenten Nebenbedeutungen von wohlerwogener Wahl und vielfach bedachter Meinung nicht mehr als ädaquat empfunden [...] während das Wort ›Wille‹ an die Erfahrungen gerade darum appellierte, weil es die vielfältigen Prozesse des Meinungsaustausches, des Hörens und Gehörtwerdens, und der daraus sich ergebenden begrenzten Übereinstimmung prinzipiell ausschließt«. (ÜR, S. 96) Die Gleichheit gleicher Bürger wurde nun zur Gleichheit all derer, die guten und reinen Herzens sind. Mitleid und Mitgefühl verdrängten die Achtung als politische Gefühle unter den Revolutionären. Kurz, die »Tugendrepublik« konnte nur errichtet werden, indem man den wahren revolutionären Geist der deliberativen Machtausübung unter Gleichen zerstörte.

Was an Arendts Darstellung fragwürdig bleibt, ist die Dynamik dieser Veränderungen, ob nämlich die vereinheitlichende

Logik der Volkssouveränität, für die sie Rousseau und die Jakobiner haftbar macht, tatsächlich in irgendeiner geschichtlich relevanten Weise mit dem Auftritt des Volkes auf der politischen Bühne zusammenhängt. Arendt bagatellisiert hier wiederum die neuen, vom Volk und für das Volk geschaffenen politischen Räume – die revolutionären Zirkel, die Klubs, die kommunalen Räte und Milizen, die Frauenvereinigungen.[62] Robespierre wandte sich ja durchaus auch gegen das Volk und vernichtete diese Räume. Die Menschen aus dem Volk waren nicht bloß unglücklicher Gegenstand der Manipulation, wie Arendts Beschreibung sie gern hinstellt: Selbst als sie die revolutionäre Bühne betraten, um »Brot zu fordern«, und ihnen »statt dessen Kuchen« verheißen wurde, barg der Prozeß eine Politisierung, d.h. die Herausbildung politischer Organisationen und Vereinigungen, eine »aufkeimende Öffentlichkeit«. Die mit den Frauen befaßte Geschichtsforschung hat diesen Prozeß im Hinblick auf die Hungeraufstände von Frauen in revolutionären Zeiten eindrucksvoll dokumentiert.[63]

Aber ist denn die Behauptung richtig, daß die Amerikanische Revolution von einer solchen Dynamik gänzlich verschont blieb? Schließlich waren die Lehren der Naturrechtstheorien für die amerikanischen Revolutionäre nicht weniger bedeutsam als für die französischen. Sie glaubten ebenfalls an ein Naturrecht und natürliche Rechte sowie an die Einheit des souveränen Volkes (ÜR, S. 232ff.).[64] Sie standen nicht weniger als ihre französischen Pendants vor den »Paradoxien der revolutionären Anfänge«.[65] Das »Bedürfnis nach einem Absoluten« macht sich in der politischen Sphäre in zweierlei Hinsicht bemerkbar. Auf der einen Seite gibt es die Notwendigkeit, das Recht in einer Autoritätsquelle außerhalb des Rechts zu begründen. Man denkt sich die Quelle der Autorität aller von Menschen gemachten Gesetze so, daß sie in einer Instanz jenseits der Gesetze liegt und ihnen dergestalt Legitimität verleiht. Ein sich vollständig selbstbegründendes Recht wäre das Äquivalent zum Willen Gottes im Reich der Menschen: Es würde sowohl Wille wie Legitimität, Kraft und Macht, Vernunft und Handeln zugleich umfassen. In den extremen Formen der Demokratietheorie wird der Wille des souveränen Volkes zur Quelle eines neuen göttlichen Willens, zur Quelle des Despotismus.

Das zweite Bedürfnis, das sich in der Suche nach Absolutheiten im politischen Bereich widerspiegelt, betrifft die Zirkularität des Gründungsakts, der Handlung, die einen Neuanfang setzt. Wenn der Wille des vereinten Volkes die Quelle aller Legitimität ist, woher bezieht dann dieses Volk seine Autorität? Wenn es aber die Verfassung ist, die sich ein vereintes Volk selbst gibt, die das Volk zu einem Staatswesen erklärt und gestaltet, woher leitet sich dann die Autorität der Verfassung ab? Der Gründungsakt führt uns offenbar im Kreis herum: Es heißt, der revolutionäre Wille des Volkes sei der Gründungsakt, der der Verfassung Legitimität verleiht; andererseits wird der Wille des Volkes zum höheren Gesetz des Landes erklärt, weil die Verfassung ihn legitimiert, diese Autorität innezuhaben. Abbé Sièyes' Unterscheidung zwischen der »pouvoir constituant« und der »pouvoir constitué« war ein Versuch, diese Paradoxie des Republikanismus zu lösen. Die »pouvoir constitué« (Verfassungsmacht) muß ihre Autorität von der konstituierenden Macht, der »pouvoir constituant«, ableiten, diese aber könne nichts anderes sein als die Nation bzw. der nationale Wille, »insofern diese allen Regierungen und allen Gesetzen permanent übergeordnet blieben«. (ÜR, S. 211) Die französische Lösung für das Paradox revolutionärer Anfänge war also keine wirkliche Lösung und ließ ein Schlupfloch für eine nicht abreißende Kette von Legitimitätskrisen.

Doch die Lösung kann nicht allein oder gar in erster Linie auf konzeptuellem Wege erfolgen. Das Denken der amerikanischen Revolutionäre war genauso unbestimmt wie das der französischen. Die berühmten Zeilen aus der Präambel der Unabhängigkeitserklärung – »Folgende Wahrheiten erachten wir als selbstverständlich: daß alle Menschen gleich geschaffen sind;

daß sie von ihrem Schöpfer mit gewissen unveräußerlichen Rechten ausgestattet sind; daß dazu Leben, Freiheit und das Streben nach Glück gehören«[66] – sind zweideutig formuliert. Auf der einen Seite gibt es das gegenseitige Einverständnis derjenigen, die auf einen Revolutionskurs gegangen sind, um einander als Gleiche zu achten – »folgende Wahrheiten erachten wir als selbstverständlich«, das heißt: wir, das Volk. Auf der anderen Seite ist die Berufung auf das Selbstverständliche und auf das Gesetz Gottes der Appell an ein Absolutes, das keiner Übereinkunft bedarf. Denn solche Wahrheiten sind auch ohne argumentative Beweisführung und politische Überzeugung zwingend. Für das Zeitalter der Aufklärung, das an die Überzeugungskraft der auf das Naturrecht gegründeten Wahrheiten glaubte, liegt hierin kein Widerspruch. Wie die Fragen der Sklaverei und des Ausschlusses von Frauen und amerikanischer Ureinwohner vom Status einer Rechtsperson gezeigt haben, ist die Berufung auf »selbstverständliche Wahrheiten« in der Politik niemals selbstverständlich. Das Licht der Vernunft erleuchtet nicht alle in gleicher Weise, es sei denn, sie können durch Argumentation und Rede überzeugt werden.

Was es den amerikanischen Revolutionären ermöglichte, eine passable Lösung für das Problem revolutionärer Anfänge zu entwickeln, war nicht die politische Philosophie des Naturrechts und natürlicher Vernunft gewesen. »Das große Verhängnis der Französischen Revolution« (ÜR, S. 214) wurde im amerikanischen Fall nur deshalb vermieden, weil, wie die geschichtlich und gesellschaftlich geregelten Vereinbarungen es wollten, »die Abgeordneten der Länderparlamente und der Volksversammlungen, welche die Länderverfassungen erließen, ihre Befugnisse von einer Unzahl konstituierter Körperschaften erhalten [hatten] – von den Provinzen, Distrikten und ländlichen Bezirken sowie von den Stadt- und Dorfgemeinden. Sie hatten das größte Interesse daran, die Körperschaften nicht zu zerstören, denen sie die eigenen Befugnisse verdankten.« (ÜR, S. 214)

In den historischen Umständen, die zur Erfahrung der dreizehn Kolonien gehörten, sieht Arendt auch eine Reartikulation des Wesens von Macht. Dieser neue Machtbegriff wurde durch die Terminologie des Gesellschaftsvertrags nur mißverständlich ausgedrückt, da dieser sich sowohl auf den Vertrag zwischen Privatpersonen bezog, kraft dessen eine Gesellschaft entstanden sein soll, als auch auf den Vertrag zwischen dem Herrscher und den Regierten bezog, kraft dessen eine legitime politische Autorität begründet wurde (ÜR, S. 220). Für Arendt sind jedoch die Kniffligkeiten der gesellschaftlichen Vertragstheorie weniger wichtig als das Prinzip der Macht, das ihrer Meinung nach dem ersten Vertragsmodell zugrunde liegt.

»In dem auf Wechselseitigkeit beruhenden und Gleichheit voraussetzenden Gesellschaftsvertrag, in dem eine Anzahl von Menschen sich zusammenschließt, um eine Gemeinschaft zu bilden, ist der eigentliche Inhalt des Vertragsakts ein Versprechen und sein Resultat eine cosociation oder societas im römischen Sinn, also ein Bündnis.« (ÜR, S. 220)

Die amerikanischen Revolutionäre stellten sich die Gesellschaft an sich als einen Zusammenschluß von Zusammenschlüssen vor, und indem sie das taten, vermieden sie die Paradoxien revolutionärer Anfänge, weil sie die letzte Autoritätsquelle der Verfassung unausgesprochen ließen und weil sie sich die Kolonialstatuten – königliche Freibriefe und Patente der Kompanien –, die die Errichtung der Kolonialregierungen ursprünglich legalisiert hatten, zu eigen machten und schöpferisch interpretierten.

»Macht wird stabilisiert und in der Existenz gehalten durch die mannigfaltigen Formen des Sich-aneinander-Bindens, durch die Versprechen und Bünde und Verfassungen. Wo immer es Menschen gelingt, die Macht, die sich zwischen ihnen im Verlauf einer bestimmten Unternehmung gebildet hat, intakt zu halten, sind sie bereits im Prozeß des Gründens begriffen; die Verfassungen, Gesetze und Institutionen, die sie dann errichten, sind genau so lange lebensfähig, als die einmal erzeugte Macht lebendigen Handelns in ihnen überdauert. Gerade in der Fähigkeit, Versprechen zu geben und zu halten, offenbart sich die weltbildende Fähigkeit des Menschen. Denn so wie jedes Versprechen und jede Vereinbarung auf die Zukunft zielt, die unabsehbar und unvoraussagbar alles verschlingen würde, wenn der Mensch in sie nicht Absehbares und Voraussagbares werfen könnte, so betrifft ja auch das Gründen und Stiften wie alle anderen weltbildenden Fähigkeiten des Menschen niemals so sehr ihn selbst und seine Gegenwart als seine ›Nachfolger‹ und ›Nachkommen‹. Und so wie es zur Grammatik des Handelns gehört, daß sie die einzige Fähigkeit ist, die menschliche Pluralität voraussetzt, so gehört es zur Syntax der Macht, daß sie das einzige menschliche Attribut ist, das nicht dem Menschen selbst anhaftet, sondern dem weltlichen Zwischenraum eignet, durch den Menschen miteinander verbunden sind und den sie ausdrücklich im Gründungsakt stiften, indem sie von ihrer Versprechenskapazität Gebrauch machen, die im politischen Bereich vielleicht die höchste und bedeutendste aller menschlichen Fähigkeiten ist.« (ÜR, S. 227)

Diese schöne Passage mit ihren lyrischen Anklängen, formuliert eindrucksvoll den normativen Kern der Arendtschen Konzeption des Politischen: Die Erschaffung einer gemeinsamen Welt vermittels der Fähigkeit, Versprechen abzugeben und zu halten, als gemeinsame Welt einer Pluralität von Menschen, die einander gegenseitig respektieren. Nur wenn die Menschen dem Erscheinungsraum, in dem sich alles Handeln und Sprechen entfaltet, eine sichtbare und feste Form geben und Institutionen schaffen, erzeugen sie einen öffentlichen Raum. Aber ist es so offensichtlich, daß diese normative Auffassung nur dann beibehalten werden kann, wenn man, wie Arendt es versucht, das Politische gegen die Fluten des Ökonomischen, des Gesellschaftlichen und sogar des Intimen verteidigt? Einmal angenommen, wir kehren den Richtungspfeil der Einflußnahme um und fragen uns: Was wäre, wenn wir diese Form menschlicher Beziehungen, die auf das gegenseitige Abgeben und Einhalten von Versprechen zwischen Gleichen gegründet ist, auf die Bereiche des Ökonomischen, des Gesellschaftlichen und des Intimen ausdehnten? Wie würde die Politik bei Arendt dann aussehen? Oder wie Jean Cohen und Andrew Arato in ihrer überzeugenden Kritik an den Unzulänglichkeiten von Arendts Auffassung fragen: »Könnte das verschmähte Gebiet des Gesellschaftlichen im Zusammenhang mit Bewegungen, die eine neue öffentliche Sphäre bilden und dadurch zwischen dem Privaten und dem Öffentlichen vermitteln, letztlich zum Schauplatz einer Repolitisierung werden?«[67]

1 Jürgen Habermas, »Hannah Arendts Begriff der Macht« (1976), in: *Politik, Kunst, Religion. Essays über zeitgenössische Philosophen*, Stuttgart 1982; Hanna Fenichel Pitkin, »Justice. On Relating Private and Public«, in: *Politicial Theory* 9, Nr. 3/1981, S. 327–352; Richard J. Bernstein, »Rethinking the Social and the Political«, in: A. J. Bernstein, *Philosophical Profiles*, Philadelphia 1986, S. 238–260.

2 Eine gute Veranschaulichung des zeitgenössischen Trends, Arendtsche Unterscheidungen so lange »zu verrühren und zu vermengen«, bis sie sich vollkommen verflüssigt haben, ist die von Bonnie Honig hg. Aufsatzsammlung: *Feminist Interpretations of Hannah Arendt*, Philadelphia 1995.

3 Hannah Arendt, »Karl Marx and the Tradition of Western Political Thought« (1953), Hannah-Arendt-Papiere in der Library of Congress, ursprünglich in Behälter 64, jetzt in Behälter 71, p. 4. Arendts Syntax in diesem unveröffentlichten Manuskript ist holprig; in *Vita activa* (S. 76 ff.) wird zu Beginn ihrer Erörterung von Karl Marx ein ähnlicher Gedanke ausgedrückt.

4 Maurizio Passerin d'Entrèves, *The Political Philosophy of Hannah Arendt*, London 1994, S. 84 f.

5 Diese Dualismen sind in der Literatur von Peter Fuss und Bikhu Parekh vermerkt worden. Siehe Peter Fuss, »Hannah Arendt's Conception of Political Community«, in: *Idealistic Studies* 3, Nr. 3/1973, wiederabgedruckt in: *Hannah Arendt. The Recovery of the Public World*, hg. von Melvyn A. Hill, New York 1979, S. 157–177; Bhikhu Parekh, *Hannah Arendt and the Search for a New Political Philosophy*, London 1981; Seyla Benhabib, »Models of Public Space. Hannah Arendt, the Liberal Tradition, and Jürgen Habermas«, in: *Habermas and the Public Sphere*, hg. von Craig Calhoun, Cambridge 1992, S. 73–99.

6 Siehe Seyla Benhabib, *Critique, Norm, and Utopia. A Study of the Foundations of Critical Theory*. New York 1986, S. 137–139. [Die deutsche Ausgabe ist im Umfang und im Wortlaut nicht völlig identisch, A. d. Ü.]

7 Jürgen Habermas, *Theorie des kommunikativen Handelns*, Band 1, *Handlungsrationalität und gesellschaftliche Rationalisierung*, Frankfurt am Main 1981, S. 369–452.

8 Eine gute theoretische Darstellung von der Einteilung in »Essentialismus und Konstruktivismus«, insbesondere aber davon, wie diese in der Diskussion über den Begriff »gender« zur Anwendung kommt, gibt Joan W. Scott in »Gender: A Useful Category of Historical Analysis«, in: *Gender and the Politics of History*, New York 1988, S. 28–53; dt. »Gender: Eine nützliche Kategorie der historischen Analyse«, in: *Selbst Bewußt. Frauen in den USA*, hg. und mit einem Vorwort von Nancy Kaiser, Leipzig 1994.

9 Bei der Schilderung der philosophischen Beziehung zwischen Hannah

Arendt und Martin Heidegger fällt Margaret Canovan die Bedeutung der Begriffe »Welt« und »Öffentlichkeit« auf; siehe Margaret Canovan, *Hannah Arendt. A Reinterpretation of Her Political Thought*, London 1992, S. 110ff. Sie unterscheidet aber nicht zwischen dem »Erscheinungsraum« und dem »Bereich des Öffentlichen«, so auch in der folgenden Textstelle: »Obwohl Arendt das ›Öffentliche‹ nicht völlig dem ›Politischen‹ gleichsetzt, neigt sie zu der Annahme, daß die Verbindung zwischen der Herstellung von Öffentlichkeit und der vollständigen Realitätserschließung auch eine Verbindung zwischen Realität und freier Politik sein muß.« (S. 113) Was Canovan in der ersten Hälfte ihrer Aussage das »Öffentliche« nennt, ist die Öffentlichkeit als ein Erscheinungsraum und eine gemeinsame Welt im phänomenologischen Sinne des Wortes. Darum ist es denkbar, daß sogar zwischen »Realität« und »freier Politik« eine Verbindung besteht. Ich betrachte dies als eine Vermischung von Analyseebenen, die bei Arendt angelegt ist und die dann von einer ihrer kompetentesten Interpretinnen tatsächlich vorgenommen wird.

10 Arendt, *Vita activa*, München 1981, S. 51; siehe auch Arendt, »Die Krise in der Erziehung«, in: *Zwischen Vergangenheit und Zukunft. Übungen im politischen Denken* I, hg. von Ursula Ludz, München 1994, S. 267.

11 Siehe Václav Havel, »Von der Macht der Ohnmächtigen« und »Politik und Gewissen«, in: *Versuch, in der Wahrheit zu leben*, Reinbek 1980; György Konrád, *Antipolitik. Mitteleuropäische Meditationen*, üb. von Hans-Henning Paetzke, Frankfurt am Main 1985; und Milan Kundera, *Die unerträgliche Leichtigkeit des Seins*, üb. von Susanna Roth, München 1984.

12 In den letzten Jahren hat es eine neu geweckte Aufmerksamkeit für die »agonalen« Elemente in Arendts Auffassungen vom Handeln gegeben; siehe inbesondere Bonnie Honig, »Arendt, Identity, and Difference«, in: *Political Theory* 16, Nr. 1/1988, S. 77–99; und Dana Villa, »Beyond Good and Evil. Arendt, Nietzsche, and the Aestheticization of Political Action«, in: *Political Theory* 20, Nr. 2/1992, S. 274–309.

13 Arendt thematisiert diesen Begriff eines Handlungsprinzips in ihrem Aufsatz »Freiheit und Politik«, in: *Zwischen Vergangenheit und Zukunft. Übungen im politischen Denken* I, S. 201–226.

14 Hannah Arendt, »Karl Marx and the Tradition of Western Political Thought«, erste und zweite Fassung (1953), Behälter 71 der Hannah-Arendt-Papiere in der Library of Congress. Arendt bewarb sich mit dem Arbeitstitel »Totalitarian Elements of Marxism« um ein Guggenheim-Stipendium, das ihr im Jahr 1952 gewährt wurde. Siehe auch den Aufsatz »Von Hegel zu Marx« in Behälter 79, im Bestand der Library of Congress.

15 Canovan, *A Reinterpretation*, S. 63 ff.

16 Siehe Jürgen Habermas, »Arbeit und Interaktion. Bemerkungen zu Hegels

Jenenser ›Philosophie des Geistes‹«, in: *Technik und Wissenschaft als ›Ideologie‹*, Frankfurt am Main [9]1978, S. 9–47; Habermas, *Theorie des kommunikativen Handelns*, Band 1.

17 Siehe Max Weber, »Der Sinn der ›Wertfreiheit‹ der soziologischen und ökonomischen Wissenschaften«, in: ders., *Gesammelte Aufsätze zur Wissenschaftslehre*, Tübingen [4]1973, S. 489ff.

18 In *Vita activa* schreibt Arendt, wenn das »leider gar nicht utopische Ideal«, das für die Theorien von Marx richtungsweisend ist, ganz verwirklicht wäre, »würde es in der Tat keinen Unterschied mehr zwischen Arbeiten und Herstellen geben. Denn alle Herstellung verwandelt sich in dem Moment in Arbeit, wenn man ihre Produkte nicht mehr als Dinge versteht, die einen weltlich gegenständlichen Bestand haben, sondern als das Resultat der lebendigen Arbeitskraft und als Funktionen des Lebensprozesses.« (S. 82) Aber Marx verkürzte nicht nur das Herstellen auf das Arbeiten, zumindest in seinen Frühschriften bemühte er sich, Arbeit auf den Status des Herstellens zu erhöhen. Arendts kritische Äußerungen über Marx' Verherrlichung von Arbeit finden sich ebenfalls in Hannah Arendt, »Karl Marx and the Tradition of Western Political Thought«, Hannah-Arendt-Papiere in der Library of Congress, Behälter 71, S. 4. Diese Argumentation ist in den Aufsatz »Tradition und die Neuzeit« eingegangen, in: *Zwischen Vergangenheit und Zukunft*, S. 23–53.

19 Karl Marx, Ökonomisch-philosophische Manuskripte aus dem Jahre 1844, in: Karl Marx/Friedrich Engels, *Werke*, Ergänzungsband, Erster Teil, Berlin 1981, S. 516.

20 Dieses Hegelsche Modell entäußernder Tätigkeit und Marx' Anleihen bei diesem Modell habe ich ausführlich behandelt, in: *Kritik, Norm und Utopie. Die normativen Grundlagen der Kritischen Theorie*, üb. von Peter Kohlhaas, Frankfurt am Main 1992, S. 17–39.

21 Karl Marx, Ökonomisch-philosophische Manuskripte aus dem Jahre 1844, S. 536.

22 In *Critique, Norm and Utopia. A Study of the Foundations of Critical Theory*, New York 1986, habe ich argumentiert, daß es einen radikaleren Strang im Denken von Marx gibt, der die menschliche Pluralität, die Intersubjektivität und die grundsätzliche Abhängigkeit der Menschen von anderen ebenso betont wie die Abhängigkeit der Menschen von den sie umgebenden Gegenständen. Ich habe diesen Standpunkt als »sinnliche Endlichkeit« (sensuous finitude) bezeichnet. Wenn diese Aspekte des Marxschen Denkens seinen Hegelianismus beherrscht hätten, wären die Bedingtheit menschlicher Pluralität und die narrative Strukturiertheit von Handlung mit Marx' philosophischer Anthropologie leicht zu vereinbaren gewesen. Einen Ansatz zur Synthese von Arendts Denken und den Erkenntnissen der kritischen

Marxschen Tradition machte ich bereits in *Critique, Norm and Utopia*, S. 58ff., S. 346ff.

23 Eine glänzende Analyse dieser Dimension des Marxschen Denkens bietet André Gorz, *Abschied vom Proletariat. Jenseits des Sozialismus*, üb. von Heinz Abosch, Frankfurt am Main 1980.

24 Mary G. Dietz, »Hannah Arendt and Feminist Politics«, in: Molly Shanley/Carole Pateman (Hg.), *Feminist Interpretations and Political Theory*, Oxford 1991, S. 239f.

25 Arendt, *Zwischen Vergangenheit und Zukunft*, »Die Krise in der Erziehung«, S. 267.

26 Eine aktuelle Untersuchung dieser Fragen findet sich bei Susan Moller Okin, *Justice, Gender, and the Family*, New York 1989.

27 Pitkin, »Justice«, S. 336.

28 Ebenda, S. 338f.

29 Vgl. Arendts Feststellung: »Die Welt, in der wir leben, muß schließlich erhalten werden. Wir können nicht erlauben, daß sie in Stücke zerbricht. Und das bedeutet jene ›Verwaltung der Sachen‹, die für Engels eine so großartige Idee war und tatsächlich fürchterlich ist, aber dennoch eine Notwendigkeit. Und dies kann nur in einer mehr oder weniger zentralistischen Manier vor sich gehen.« (Hannah Arendt, *Ich will verstehen. Selbstauskünfte zu Leben und Werk*, hg. von Ursula Ludz, München 1996, S. 100.)

30 Edward P. Thompson, *Die Entstehung der englischen Arbeiterklasse*, 2 Bände, Frankfurt am Main 1987.

31 Hannah Arendt, *Crises of the Republic*, New York 1969, S. 23.

32 W.I. Lenin, *Was tun? Brennende Fragen unserer Bewegung* (1902), Werke, Band 5, Berlin [6]1973, S. 355–551.

33 Georg Lukács, »Klassenbewußtsein« (1920), in: *Geschichte und Klassenbewußtsein. Studien über marxistische Dialektik*, Darmstadt [7]1981, S. 119–169.

34 Siehe Rosa Luxemburgs Schriften »Sozialreform oder Revolution?« und »Massenstreik, Partei und Gewerkschaften«, in: Rosa Luxemburg, *Politische Schriften* I, hg. von Ossip Flechtheim, Frankfurt am Main [5]1972.

35 Pitkin, »Justice«, S. 347.

36 Ebenda, S. 344.

37 Hg. und mit einem Essay von Ronald Beiner, üb. von Ursula Ludz, München 1985. Engl. *Lectures on Kant's Political Philosophy*, Chicago 1982.

38 Hannah Arendt, »Reflections on Little Rock«, in: *Dissent* 6, Nr. 1/1959, S. 45–56. Der gleiche Band enthielt kritische Beiträge von David Spitz und Melvin Tumin. Arendt antwortete in *Dissent* 6, Nr. 2/1959, S. 179–181 auf diese Kritikpunkte. Die hier zitierte Herausgebervorbemerkung ist dem Artikel auf S. 45 vorangestellt; dt. »Little Rock«, in: *Zur Zeit. Politische Essays*, hg. von M.L. Knott, üb. von Eike Geisel, München 1989.)

39 Elisabeth Young-Bruehl, *Hannah Arendt. Leben, Werk und Zeit*, üb. von H.G. Holl, Frankfurt am Main 1992, S. 46.

40 Eine Kritik an Arendts reichlich salopp formulierten Bemerkungen über Angelegenheiten der Verteilungsgerechtigkeit findet sich bei Richard J. Bernstein, »Rethinking the Social and the Political«, S. 251 ff.

41 Siehe Arendts Essay *Macht und Gewalt* (1969), üb. von Gisela Uellenberg, München [10]1995, S. 19ff., S. 76ff., S. 94. Arendt war über den Ausbruch von Gewalt in der Studentenbewegung von 1968 besonders besorgt, und in diesem Zusammenhang sprach sie auch über das, was sie als politische Fehler der Black-Power-Bewegung ansah.

42 Siehe dazu ihre Äußerungen in dem Aufsatz »Ziviler Ungehorsam«: »Wir wissen, daß dieses zum Ursprung der Vereinigten Staaten gehörige Verbrechen nicht durch den Vierzehnten und Fünfzehnten Verfassungszusatz aus der Welt geschafft werden konnte; im Gegenteil, der stillschweigende Ausschluß der Schwarzen aus dem stillschweigenden Konsens trat durch die Unfähigkeit oder die Weigerung der Bundesregierung, ihren eigenen Gesetzen Geltung zu verschaffen, noch deutlicher hervor [...] Ein expliziter, eigens an die Neger-Bevölkerung Amerikas gerichteter Verfassungszusatz hätte in den Augen dieser Menschen, die niemals willkommen geheißen worden waren, den großen Wandel eindrücklicher unterstrichen und endgültig besiegelt.« (in: *Zur Zeit. Politische Essays*, S. 149f.)

43 Arendt/Jaspers, *Briefwechsel 1926–1969*, München 1993, Brief Nr. 34 vom 29. Januar 1946, S. 67.

44 Ebenda.

45 Orlando Patterson, *Slavery and Social Death*, Cambridge, Mass. 1982.

46 Eine verspätete Anerkennung einiger Dimensionen dieser Fragen erfolgte 1969, als Arendt schrieb: »Jeder Rassismus, der weiße wie der schwarze, ist von Haus aus gewaltträchtig, weil er gegen natürliche, organische Gegebenheiten protestiert, eine schwarze oder eine weiße Haut, die nicht von Meinungen abhängen, und an denen keine Macht etwas ändern könnte; kommt es hart auf hart, so bleibt nichts als die Ausrottung ihrer Träger. Rassismus ist, im Unterschied zur Rasse selbst, keine tatsächliche Gegebenheit, sondern eine zur Ideologie entartete Meinung, und die Taten, zu denen er führt, sind keine bloßen Reflexe, sondern Willensakte, die sich logisch aus gewissen pseudowissenschaftlichen Theorien ergeben.« (*Macht und Gewalt*, S. 75.)

47 Ralph Ellison, »The World and the Jug«, in: *Shadow and Act*, New York 1964, S. 108.

48 Ralph Ellison, »Leadership from the Periphery«, in: *Who Speaks for the Negro?*, hg. von Robert Penn Warren, New York 1965, S. 343f.

49 Zitiert bei Young-Bruehl, *Hannah Arendt*, S. 436.

50 Hannah Arendt, *Ich will verstehen. Selbstauskünfte zu Leben und Werk*, hg. von Ursula Ludz, München 1996, S. 87f.

51 Ebenda, S. 88.

52 Ebenda, S. 89 u. S. 90.

53 Ebenda, S. 91.

54 Ebenda.

55 Ebenda.

56 R.J. Bernstein, »Rethinking the Social and the Political«, S. 252.

57 Siehe Edmund Burke, *Reflections on the Revolution in France*, London 1790; dt. *Betrachtungen über die Französische Revolution*, Frankfurt am Main 1967; und François Furet, *1789 – Vom Ereignis zum Gegenstand der Geschichtswissenschaft*, Frankfurt/Berlin 1980.

58 Siehe Gordon Wood, *The Creation of the American Republic 1776–1787*, New York 1969; Furet, *1789 – Vom Ereignis zum Gegenstand der Geschichtswissenschaft*, Frankfurt/Berlin 1980; Simon Shama, *Citizens. A Chronicle of the French Revolution*, New York 1989; Patrice Higonnet, *Sister Republics. The Origins of French and American Republicanism*, Cambridge, Mass. 1988; Joyce Appleby, *Liberalism and Republicanism in the Historical Imagination*, Cambridge, Mass. 1992.

59 G.W.F. Hegel, »Die absolute Freiheit und der Schrecken«, in: Werke in zwanzig Bänden, Band 3, *Phänomenologie des Geistes*, Frankfurt am Main 1974, S. 431ff.

60 Alexis de Tocqueville, *Der alte Staat und die Revolution*, München 1978.

61 Siehe Edmund Burke, *Reflections on the Revolution in France* (1790), hg. von Connor Cruise O'Brien, Middlesex, England 1969, S. 149ff.

62 Siehe Joan Landes' hervorragende Erörterung dieser Fragen in »Novus Ordo Saeclorum: Gender and Public Space in Arendt's Revolutionary France«, in: Bonnie Honig (Hg.), *Feminist Interpretations of Hannah Arendt*, Philadelphia 1995, S. 195–221.

63 Siehe Olwen Hufton, *Women and the Limits of Citizenship in the French Revolution*, Donald G. Creighton Lectures, Toronto 1992; Joan Landes, *Women and the Public Sphere in the Age of the French Revolution*, Ithaca, N.Y. 1988; Lynn Hunt, *Symbole der Macht, Macht der Symbole. Die Französische Revolution und der Entwurf einer politischen Kultur*, üb. von Michael Bischoff, Frankfurt am Main 1989; Joan Wallach Scott, *Gender and the Politics of History*, Teil III, New York 1988.

64 Siehe Samuel H. Beers ausgezeichnete Diskussion dieser Fragen in *To Make a Nation. The Rediscovery of American Federalism*, Cambridge, Mass. 1993, bes. Teil II und III; außerdem Joyce Appleby, »The American Model for the French Revolutionaries«, in: *Liberalism and Republicanism in the Historical Imagination*, S. 232–253. Judith Shklar hat die Ansicht vertreten, Hannah Arendt

habe die politische Bedeutung der Identität vernachlässigt, die für Bürger der amerikanischen Republik mit dem Einkommen aus Berufsarbeit gekoppelt sei; siehe Judith N. Shklar, *American Citizenship. The Quest for Inclusion*, Cambridge, Mass. 1991.

65 Die Paradoxien der Gründung werden einer provozierenden Analyse unterzogen bei Bonnie Honig, »Declarations of Independence. Arendt and Derrida on the Problem of Founding a Republic«, in: *American Political Science Review* 85/1991, S. 97–113; siehe meinen Aufsatz »Democracy and Difference. Reflections on the Metapolitics of Lyotard and Derrida«, in: *Journal of Political Philosophy* 2, Nr. 1/1994, S. 1–23. Bruce Ackerman hat in seiner wichtigen Arbeit die konstitutionellen und theoretischen Fragen analysiert, die mit dem Begriff der »Gründungen« für demokratische Politik verbunden sind: *We The People. Foundations*, Cambridge, Mass. 1991.

66 Die amerikanische Unabhängigkeitserklärung, 4. Juli 1776, nach Ernst Fraenkel, *Das amerikanische Regierungssystem. Eine politische Analyse.* Quellenbuch, 2. durchgesehene Aufl., Köln/Opladen 1962, S. 28–31, in: Thomas Jefferson, *Betrachtungen über den Staat Virginia*, hg. und mit einem einführenden Essay von H. Wasser, Zürich 1989, S. 469.

67 Jean Cohen/Andrew Arato, *Civil Society and Political Theory*, Cambridge 1992, S. 199.

VI. VOM PROBLEM DER URTEILSKRAFT ZUR ÖFFENTLICHKEIT

Das vorangegangene Kapitel gelangte zu einem überwiegend negativen Resultat: Ich hatte dargelegt, daß Hannah Arendts Unterscheidung zwischen der sozialen und der politischen Sphäre, die ja für ihre Kritik an der modernen Gesellschaft zentralen Stellenwert besitzt, unhaltbar ist. Des weiteren muß auch ihr phänomenologischer Essentialismus, wonach jede menschliche Tätigkeit einen ihr gebührenden Ort in der Welt hat, zurückgewiesen werden. Denn er vermischt Kategorien der Handlungstheorie mit einer fragwürdigen Institutionenanalyse. Aber was bleibt dann von der für Arendt charakteristischen Auffassung des Politischen übrig? Kann man Fragen und Probleme, vor denen die politischen Ordnungen der Gegenwart stehen, mit Arendtschen Kategorien durchdenken? Oder läuft der Versuch, das politische Denken von Arendt für uns zurückzugewinnen, so ziemlich auf das hinaus, was man Arendts Analyse der Polis zumindest nach einer Lesart vorwarf: nämlich eine »nostalgische Übung« zu sein?

Rufen wir uns ins Gedächtnis zurück, daß Arendt selbst zwei Methodologien anwandte, wenn sie Tradition und Vergangenheit behandelte: Die phänomenologische Methodologie von Heidegger und Husserl, durch die die »originäre« Bedeutung von Ausdrücken und die ureigensten Bedingungen von Phänomenen wiedererlangt werden sollten; und eine von Walter Benjamin inspirierte Methodologie des Fragments, derzufolge man die Vergangenheit entweder wie ein Sammler oder wie ein Perlentaucher behandelt, der nach solchen Schätzen auf die Suche geht oder hinabtaucht, die bislang unverbunden und unzusammenhängend daliegen.[1] Wenn wir uns Arendts politisches Denken zu eigen machen wollen, müssen wir uns an die letztgenannte Methodologie halten.

Dieses Kapitel wird eine solche Methode der fragmentierten Geschichtsaneignung anwenden, indem es verschiedene Aspekte des Arendtschen Denkens thematisch vertieft. Ich beginne bei der Eichmann-Kontroverse, um dann das Problem des Urteilens zu erörtern, wie es sich in Arendts Abhandlung *Das Urteilen. Texte zu Kants politischer Philosophie* darstellt.[2] Danach werde ich den Mangel an normativen Grundlagen für die Politik in Arendts Denken analysieren, indem ich einige Implikationen ihrer Kant-Lektüre untersuche. Schließlich werden sich meine Überlegungen auf den Begriff des »öffentlichen Raums« richten, der von Jürgen Habermas zum Begriff der »Öffentlichkeit« umgearbeitet wird. Welche Rolle spielt dieser Begriff für die zeitgenössische Demokratietheorie? Und was bleibt im Licht der heute geübten feministischen Kritik von Arendts Einteilung in einen privaten und in einen öffentlichen Bereich noch gültig?

Denken und Urteilen in *Eichmann in Jerusalem*

Hannah Arendts unabgeschlossene Überlegungen zum Urteilen, die den dritten Band ihres letzten Werks, *Vom Leben des Geistes*, bilden sollten, sind einigermaßen rätselhaft.[3] Die Undurchsichtigkeit ergibt sich nicht in erster Linie aus der erschwerten Aufgabe, daß die Rezipienten ihres Denkens heute gedanklich vervollständigen müssen, was eine Autorin zu Lebzeiten zu sagen beabsichtigt haben mochte, aber nicht mehr sagen konnte. Das hermeneutische Rätsel entsteht vielmehr deshalb, weil Arendts Behauptungen über das Urteilen auf drei Gruppen entfallen, die untereinander in einem Spannungsverhältnis stehen.

In der Einleitung zu *Das Denken*, dem ersten Band der Werkfolge *Vom Leben des Geistes*, erklärt Arendt, daß ihre Beschäftigung mit den Geistestätigkeiten des Denkens, Wollens und Urteilens auf zwei verschiedene Anregungen zurückgehe.[4] Den unmittelbar auslösenden Anstoß gab ihre Beobachtung des Eichmann-Prozesses in Jerusalem. Die zweite, aber nicht minder wichtige Veranlassung entsprach ihrem Wunsch, die Vita contemplativa (das betrachtende Leben) als Gegenstück der Vita activa (des tätigen Lebens) zu untersuchen. Als sie den Ausdruck von der »Banalität des Bösen« prägte und zur moralischen Charakterisierung der Taten Eichmanns auf die Erklärung eines monströsen oder dämonischen Wesens des Täters verzichtete, war sich Arendt bewußt, daß sie damit gegen die Tradition des westlichen Denkens verstieß. Denn diese hatte das Böse in metaphysischen Begriffen als unhintergehbare Lasterhaftigkeit, Verderbtheit oder Sündhaftigkeit aufgefaßt. Arendt behauptete jedoch, die auffallendste Eigenschaft an Eichmann sei nicht Dummheit, Bösartigkeit oder Lasterhaftigkeit, sondern etwas, was sie als »Gedankenlosigkeit« beschrieb. Dies führte sie zu einer weiteren Fragestellung:

»Hängt vielleicht das Problem von Gut und Böse, unsere Fähigkeit, Recht vom Unrechten zu unterscheiden, mit unserem Denkvermögen zusammen? [...] Könnte vielleicht das Denken als solches – die Gewohnheit, alles zu untersuchen, was sich begibt oder die Aufmerksamkeit erregt, ohne Rücksicht auf die Ergebnisse und den speziellen Inhalt – zu den Bedingungen gehören, die die Menschen davon abhalten oder geradezu dagegen prädisponieren, Böses zu tun?«[5]

Arendt ging dieser Frage in einer Vorlesung »Über den Zusammenhang von Denken und Moral« nach, die 1971 ungefähr zur selben Zeit entstand, als sie den Band *Das Denken* verfaßte. In der Vorlesung fragt sie noch einmal sehr eindringlich: »Ist unsere Fähigkeit zu urteilen, das Recht vom Unrechten, das Schöne vom Häßlichen zu unterscheiden, von unserem Denkvermögen abhängig? Fallen die Unfähigkeit zu denken und ein verheerendes Versagen dessen, was wir gemeinhin Gewissen nennen, zusammen?«[6]

Wie diese Textstellen zeigen, war Arendt hauptsächlich daran interessiert, die Wechselbeziehung zwischen Denken und Urteilen als moralischen Fähigkeiten zu erhellen, als sie sich mit dem Problem des Urteilens auseinandersetzte. Ihr ging es um das Urteilen als Fähigkeit, »Recht und Unrecht zu unterscheiden«. Erst in zweiter Linie – und im Gegensatz zu ihrem Interesse am Urteilen als einem moralischen Vermögen – konzentrierte sich Arendt auch auf das Urteilen als Fähigkeit, rückblickend der Vergangenheit Bedeutung abzugewinnen, als Fähigkeit, die untrennbar zur Kunst des Geschichtenerzählens gehört. In der »Nachschrift« zum Band *Das Denken* skizzierte sie kurz, wie das Problem des Urteilens in Band III behandelt werden sollte. Sie hatte weiterhin vor, das Urteilen so zu diskutieren, wie es »für das Problem von Theorie und Praxis und für alle Versuche, zu einer auch nur einigermaßen einleuchtenden Theorie der Ethik zu kommen«[7], von Bedeutung ist. Der letzte Absatz ihrer »Nachschrift« läßt aber bereits die Ethik hinter sich und geht zu den Problemen der Geschichtsschreibung über. Arendt will der Geschichte das Recht streitig machen, das letzte Urteil zu sprechen – »Die Weltgeschichte ist das Weltgericht« (Hegel) –, ohne die Bedeutung der Geschichte zu leugnen. Wie Richard Bernstein und Ronald Beiner festgestellt haben, hat sich Arendts Interesse in diesen nachgetragenen Überlegungen offenbar vom Standpunkt des Akteurs, der urteilt, um danach zu handeln, zu dem des Zuschauers, der urteilt, um der Vergangenheit Sinn abzugewinnen, verschoben.[8]

Letztlich schwanken Arendts Überlegungen zum Urteilen nicht nur zwischen einem Begriff vom Urteilen als einer moralischen Fähigkeit, die das Handeln anleitet, und einem Begriff des Urteilens als einer in der Rückschau wirkenden Fähigkeit, die den Zuschauer oder den Geschichtenerzähler anleitet. Hinzu kommt noch eine tiefer sitzende philosophische Verunsicherung im Hinblick auf den Status des Urteilens. Dies betrifft ihren Versuch, in ihrem Werk die Aristotelische Auffassung vom Urteilen als einem Aspekt der »phronesis« mit dem Kantischen Verständnis vom Urteilen als der Fähigkeit zur »erweiterten Denkungsart« oder zum »repräsentativen Denken« zusammenzuführen. Christopher Lasch hat dazu festgestellt:

»Auf der einen Seite verficht Arendt die These, das Urteilen sei die wesentliche politische Tugend, was offensichtlich zu einer Aristotelischen Auffassung von Politik führt, derzufolge sie einen Teilbereich der praktischen Vernunft bildet. Auf der anderen Seite beruft sie sich auf Kant als Quelle für ihre Ideen über das Urteilen und führt damit eine ganz andere Auffassung von Politik an. Danach muß sich politisches Handeln nicht auf die praktischen Künste, sondern auf allgemeine moralische Grundsätze gründen [...] Arendts Erörterung des Urteilens verhilft nicht zur Klärung des Unterschieds zwischen der antiken und der modernen Moral- und Politikauffassung, sondern vermischt vielmehr die beiden Auffassungen.«[9]

Im folgenden möchte ich versuchen, einige der höchst verwickelten Fragen zu entwirren, die sich durch die unschlüssigen und, wie wir sehen werden, auch paradoxen Überlegungen zur Problematik des Urteilens bei Arendt aufdrängen. Die schwierigste dieser Fragen bleibt nach wie vor die, welchen Sinn und welche Absichten Arendt mit dem Buch *Eichmann in Jerusalem* verband.[10]

Eichmann in Jerusalem: Ein Bericht von der »Banalität des Bösen« als »Cura posterior«?[11]

Bei allen von Arendt verfaßten Schriften bleibt die Auseinandersetzung, die durch *Eichmann in Jerusalem* hervorgerufen wurde, doch die schärfste, die verworrenste und am schwersten beizulegende Kontroverse. Die Sperrigkeit dieses Werks wie auch der Kontroverse um das Werk hat ihren Grund möglicherweise in der Verflechtung von sozialgeschichtlichen Erzählungen mit philosophischen Überlegungen. Denn es sind mindestens drei sozialgeschichtliche Erzählungen in dieser Arbeit enthalten: Als erstes natürlich Arendts Schilderung der Umstände von Eichmanns Festnahme, seiner Untersuchungshaft und des Gerichtsverfahrens unter der Regie israelischer Behörden, wobei auch das Verhalten des Hauptanklägers Gideon Hausner während der Verhandlungen zur Sprache kommt. Zweitens Arendts Versuch, sich über das Verhalten sogenannter gewöhnlicher Deutscher während der Naziherrschaft und insbesondere während des Holocaust klar zu werden. Eichmann wird für sie zum paradigmatischen Fall, an dem sich analysieren läßt, wie weder besonders bösartige noch besonders gerissene Leute in die Maschinerie des Bösen hineingezogen wurden und die Taten verüben konnten, die sie begingen. Drittens stoßen wir auf Arendts Schilderung der Rolle der Judenräte – spezieller Ausschüsse, die mit Erlaß vom 21. September 1939 von den Nazis ernannt wurden – bei der Verwaltung der jüdischen Bevölkerung in Polen, in den baltischen Ländern (Lettland, Estland und Litauen) und in den besetzten Gebieten der ehemaligen Sowjetunion (Weißrußland und die Ukraine); und wir stoßen dann auch auf die Schilderung der Rolle, die die Judenräte bei der Durchführung der sogenannten Endlösung spielten, indem sie mit den Nazis kooperierten.[12] Die inhaltliche Überschneidung dieser Erzählungen mit der philosophischen These von der »Banalität des Bösen« bestürzte Arendts Leser. Es entstand gewissermaßen der Eindruck, als beschuldige sie ihr eigenes Volk und dessen Leitungskräfte der Komplizenschaft im Holocaust, während sie Eichmann und andere Deutsche entlastete, indem sie deren Taten »banal« nannte.[13] Kann das Hannah Arendts Absicht gewesen sein? Sollte sie sich in ihren Urteilen so getäuscht haben?

Die Wendungen »Banalität des Bösen« und »Gedankenlosigkeit« zur Beschreibung von Eichmanns Taten machten die Sache zweifellos nicht besser. Um ihre komplizierten und letzten Endes vielleicht sogar ungeordneten Gedanken zum Problem der »persönlichen Verantwortung unter der Diktatur« verständlich zu machen, zwang Arendt die englische Sprache in ein Prokrustesbett. Arendt wollte nicht sagen, daß Eichmanns Beteiligung an der Vernichtung der Juden und anderer Völker durch die Nationalsozialisten banal war. Sie bezog sich damit vielmehr auf eine ganz bestimmte Eigenschaft im Denken und im Charakter des Täters selbst.[14] Der Briefwechsel zwischen Mary McCarthy und Hannah Arendt wirft etwas Licht auf die unglücklich gewählte Terminologie.[15] In einem Brief vom 10. August 1954 richtete Mary McCarthy eine philosophische Frage an Hannah Arendt. Sie habe über das gemeinhin bekannte Problem Raskolnikoffs aus Dostojewskys *Verbrechen und Strafe* nachgedacht: »Warum sollte ich meine Großmutter nicht umbringen, wenn ich das will? Nenne mir einen vernünftigen Grund.«[16] Arendt erwiderte mit einer professoralen Geste, die sowohl die Tiefe als auch die Schwierigkeit der Frage anerkannte: »Die philosophische Antwort wäre die des Sokrates: Da ich mit mir selbst leben muß, ja in der Tat die einzige Person bin, von der ich mich niemals trennen kann, deren Gesellschaft ich für immer zu ertragen habe, will ich kein Mörder werden, ich will mein Leben nicht in Gesellschaft eines Mörders verbringen.«[17] Mary McCarthy überzeugte das nicht: »Der von mir postulierte moderne Mensch würde Sokrates achselzuckend entgegnen: ›Warum? Was ist denn Schlimmes an einem Mörder?‹ Und Sokrates wäre wieder da, wo er anfing.«[18]

Nahezu zwanzig Jahre später kommen sie auf die gleiche Frage zurück. Arendt hatte ihr Manuskript »Über den Zusammenhang von Denken und Moral« an Mary McCarthy geschickt, damit sie es redigiert. Diese beklagt sich, und nicht zum ersten Mal, über Arendts Neigung, der englischen Sprache Bedeutungen aufzwingen zu wollen, die sie eigentlich nicht kennt.[19] Sie bemängelt, daß »thoughtlessness« im Englischen normalerweise »Zerstreutheit, Nachlässigkeit, Vergeßlichkeit« [nicht Gedankenlosigkeit] bedeutet und daß Arendt sich mit einem Synonym wie »inability to think« [Denkunfähigkeit] behelfen solle. Doch selbst nach dieser terminologischen Verbesserung ist Mary McCarthy keineswegs davon überzeugt, daß Eichmann nicht an außergewöhnlicher moralischer Schlechtigkeit oder Verderbtheit, sondern an »Gedankenlosigkeit« krankte. Sie schreibt, »Ich hätte gesagt, daß Eichmann zutiefst, beispiellos dumm war [...] Hier stimme ich eher Kant zu [...] daß Dummheit nicht durch Schwäche des Geistes, sondern durch ein ›schlechtes Herz‹ verursacht wird.«[20]

Arendts Versuche, Gedankenlosigkeit, Mangel an Urteilsfähigkeit und schlechtes Handeln zu verknüpfen, werfen für die Moralphilosophie Fragen auf, die ich später noch einmal aufnehmen werde. Es ist nach wie vor äußerst schwierig, die richtige Verbindung zwischen der sozialgeschichtlichen Erzählung und den moralischen Fragen herzustellen. Die neuere Geschichtsforschung konnte zeigen, daß Arendts Urteile in mehreren Punkten entweder nicht ausreichend belegt oder schlecht begründet oder beides waren. Hans Mommsen schreibt 1986 in seiner ausgezeichneten Einleitung zur Neuauflage von *Eichmann in Jerusalem*:

»Eine Reihe von Feststellungen sind nicht hinreichend kritisch überprüft. Einige Schlußfolgerungen verraten eine begrenzte Kenntnis des Anfang der 60er Jahre zur Verfügung stehenden Materials. Die Schilderung der historischen Abläufe stützt sich neben der älteren Studie von Gerald Reitlinger vor allem auf die 1961 erschienene Darstellung der Vernichtung des europäischen Judentums durch Raul Hilberg, dessen Gesamtinterpretation sie indessen ausgesprochen kritisch gegenüberstand, obwohl diese in wichtigen Punkten ihrer eigenen Auffassung entgegenkam. Zugleich verwertet sie in der Funktion der Journalistin gelegentlich Informationen, deren Wahrheitsgehalt nur durch mühselige historische Analyse und gutenteils erst nach Zugänglichkeit der Akten geklärt werden kann.«[21]

Hans Mommsen nennt mehrere solcher historisch fragwürdiger Punkte: Hannah Arendt hatte den Widerstand gegen Hitler geradezu bagatellisiert, und die Verschwörung des 20. Juli 1944 hatte sie in der Erstauflage nur beiläufig erwähnt.[22] Außerdem hielt sie an der zweifelhaften Ansicht fest, deutsche Kommunisten seien in großer Zahl der NSDAP beigetreten; sie unterschätzte ebenfalls den kommunistischen Widerstand gegen Hitler.[23] Mommsen meint deshalb, Arendt habe zwar eine spezifische Problematik angedeutet, »aber die tieferen Ursachen des fehlenden Widerstandswillens [...] nicht hinreichend herausgearbeitet. Vielmehr machte sie, ähnlich wie im Falle der Kooperation zahlreicher jüdischer Funktionäre, die fehlende individuelle Bereitschaft, das eigene Leben zu opfern, zum Maßstab ihres Urteils.«[24]

Von allen schwierigen geschichtlichen und moralischen Fragen, die Hannah Arendt streifte, ist ihre Beurteilung des Verhaltens der Judenräte in der Tat noch immer die heikelste. Daß sie über diese Ereignisse und die darin verwickelten Personen ihr Urteil abgab, trug ihr auch den Zorn, die Ablehnung, scharfe Mißbilligung und Verachtung von seiten der offiziellen jüdischen Gemeinschaft ein.[25] Die Historiker sind sich einig, daß Arendt die verschiedenen Phasen der »stillschweigenden« Kooperation zwischen dem Naziregime und jüdischen Organisationen oder Ausschüssen sorgfältiger hätte unterscheiden müssen. Hans Mommsen stellt immerhin fest, daß es vor 1936 eine gewisse Zusammenarbeit zwischen der Gestapo und zionistischen Organisationen gegeben hatte, da »für beide Seiten eine negative Identität der Ziele gegeben war«.[26] Jede Seite wünschte auf die eine oder andere Weise, die jüdische Bevölkerung werde Deutschland und andere europäische Gebiete verlassen. Auch der Zentralverein deutscher Staatsbürger jüdischen Glaubens hegte noch bis 1938 die Hoffnung, irgendeinen Modus vivendi mit dem Regime finden zu können. Um die Aktivitäten von Leo Baeck, dem damaligen Berliner Oberrabbiner zu beschreiben, bediente sich Hannah Arendt des Ausdrucks »der jüdische Führer«, ließ diesen Ausdruck in späteren Auflagen des Buchs jedoch fallen.[27]

Die Rolle der Judenräte beschäftigte Arendt schon, als sich die Auseinandersetzung um Eichmann gerade erst entwickelte. Noch vor Prozeßbeginn schrieb sie am 23. Dezember 1960 an Karl Jaspers:

»Dann habe ich die Befürchtung, daß Eichmann erstens beweisen kann, daß kein Land Juden wollte (also die Art von zionistischer Propaganda, die Ben Gurion will und die ich für ein Unheil halte) und zweitens demonstrieren wird, in welchem ungeheuerlichen Ausmaß die Juden mitgeholfen haben, ihren eigenen Untergang zu organisieren. Dies ist zwar die nackte Wahrheit, aber diese Wahrheit, wenn sie nicht wirklich erklärt wird, könnte mehr Antisemitismus erregen als zehn Menschenraube.«[28]

Arendt war auch ein paar Jahre später noch davon überzeugt, daß das jüdische »Establishment« (wie sie selbst sagt) deshalb so außerordentlich an der Sache interessiert war und sich in hohe Kosten stürzte, um gegen sie vorzugehen, weil es zu verbergen galt, »daß die jüdische Führung (Jewish Agency vor Gründung des Staates) sehr viel mehr Dreck am Stecken hat als irgend jemand vermutete – jedenfalls weiß ich nicht sehr viel darüber. Soweit ich sehen kann, dürfte es um Beziehungen zwischen der jüdischen Führung und den Judenräten gehen.«[29]

Es wird die Aufgabe von zukünftigen Historikern des Holocaust sein, Umfang, Beschaffenheit und Beweggründe der Kooperation zwischen den Nazis und den verschiedenen jüdischen Organisationen nachzuweisen. Nicht zu übersehen sind die außerordentlich unterschiedlichen territorialen und demographischen Voraussetzungen, denen die jüdischen Organisationen von Berlin bis zu den Judenräten der Ghettos von Lodz, Wilna und Bialystok gegenüberstanden. Hannah Arendt nahm zur Rolle der Judenräte einen durchaus zweideutigen Standpunkt ein: Einerseits läßt sich ihr Buch so lesen, als ob es ihr allein um den mangelnden jüdischen Widerstand ging und um einen Aufstand, wie er zwar im Warschauer Ghetto stattgefunden hatte, sonst aber ausblieb. In Anbetracht ihrer linken, zionistischen Sympathien, die auf ihre Studentenzeit zurückgingen, war diese Reaktion natürlich verständlich. Andererseits war sie gegenüber Gideon Hausner, dem Hauptankläger im Eichmann Prozeß, äußerst kritisch eingestellt, denn er sollte die Zeugen eben genau daraufhin befragen, warum sie keinen Widerstand geleistet hätten. Arendt hielt diese Strategie der Befragung für »töricht und grausam«.[30]

Welche Motive hatte sie dann selbst, wenn sie diese Fragen aufwarf? War es so schwierig zu verstehen, daß jüdische Gemeinden und ihre Leitungskräfte nicht das Ausmaß und die Beispiellosigkeit des Verbrechens ermessen konnten, das an ihnen verübt wurde? War es so schwer zu begreifen, daß sie die Vernichtungspolitik der Nationalsozialisten als eine massivere Form des traditionellen Antisemitismus interpretieren würden, dem sie ja seit unvordenklichen Zeiten ausgesetzt waren?[31] War es so unmöglich einzusehen, daß die Judenräte so etwas wie Ordnung und Alltäglichkeit im Leben ihrer Gemeinden aufrechterhalten wollten und irgendwie hofften, sie könnten doch noch Einfluß nehmen und vielleicht sogar Aufschub bewirken, um das Schlimmste von ihnen abzuwenden?[32] Wenn es »töricht und grausam« war, Juden danach zu fragen, warum sie unter diesen Verhältnissen keinen Widerstand geleistet hätten, wie Hannah Arendt es Gideon Hausner vorwarf, worauf wollte sie selbst dann hinaus? Ich habe auf diese Fragen keine ganz befriedigenden Antworten.

Ich neige zu der Meinung, daß Hannah Arendt hier eine Kassandra-Rolle spielte. Sie hatte entschieden, daß es an der Zeit war, diese Fragen zu stellen, und sei es auch nur deshalb, weil Eichmann selbst sie zu seiner eigenen Verteidigung aufwerfen würde. Sie glaubte, es sei richtiger für die jüdische Weltgemeinschaft, sich und ihr Gewissen in bezug auf den Holocaust selbst zu erforschen. Ihr schon zitierter Brief an Karl Jaspers vom 23. Dezember 1960 stützt eindeutig diese Lesart.[33] Vielleicht hatte sie das gleiche im Sinn, als sie vier Jahre später im Juni 1964 an Mary McCarthy schrieb:

»Du bist der einzige Leser, der verstanden hat, was ich sonst noch nie zugegeben habe – nämlich, daß ich dies Buch in einem merkwürdigen Zustand der Euphorie schrieb. Und daß ich mich seitdem in der ganzen Angelegenheit – nach zwanzig Jahren – unbeschwert fühle [*light-hearted*]. Erzähle es niemandem; denn ist das nicht der eindeutige Beweis, daß ich keine ›Seele‹ habe?«[34]

Die Verwendung des Worts »light-hearted« (unbeschwert) in diesem Zusammenhang ist vermutlich ein weiterer terminologischer Mißgriff von Arendt. Denn Arendt meinte wohl, daß es ihr ums Herz leichter wurde, weil sie eine Last losgeworden war. Indem sie die Scham, Wut und Traurigkeit öffentlich äußerte, die sie privat dreißig Jahre lang mit sich herumgetragen hatte, konnte sie immerhin einiges von der Last abschütteln, die ihr die Geschichte aufgeladen hatte. Hannah Arendt hatte natürlich zuvor schon über den Totalitarismus, den Antisemitismus, die Vernichtungslager und die Todesmaschinerie der Nazis geschrieben. Völlig neu an der Eichmann-Affäre war aber, daß zum ersten Mal innerhalb der jüdischen Gemeinschaft und unter den Überlebenden des Holocaust ein Streit darüber entbrannte, wie und mit welchen Begriffen man sich die Erinnerung an den Holocaust und dessen Opfer zu eigen machen sollte. Hannah Arendt gebührt trotz ihrer umstrittenen Urteile Anerkennung dafür, daß sie als eine der ersten überhaupt zu solchen Fragen ermutigte.[35] Sie stand vor dem Problem, wer denn, wenn überhaupt irgend jemand, im Gedenken an die Opfer spreche? Wie, in welcher Begrifflichkeit könnte man das tun?[36] Sie versuchte, einen Standpunkt zu beziehen und zu behaupten, der den offiziellen Organisationen des Staates Israel und den internationalen jüdischen Organisationen nicht entsprach, und geriet damit in Schwierigkeiten. Und überhaupt, wer war sie eigentlich? Von wo aus sprach sie denn?

Das Buch über Eichmann weist von allen Werken Hannah Arendts die stärkste jüdische Prägung auf. Sie identifiziert sich darin moralisch und im Erkenntnisinteresse mit dem jüdischen Volk, auch wenn andere, so z.B. Gershom Scholem, ihr vorwerfen sollten, es fehle ihr an »Ahabath Israel« (Liebe zum jüdischen Volk).[37] Es ist so, als ob Arendts Bemühungen, die moralischen, politischen und rechtswissenschaftlichen Grundlagen für den Prozeß und die Verurteilung von Adolf Eichmann zu finden, bei ihr selbst einige der tiefgreifendsten Paradoxien zutage förderten, die die Wahrung jüdischer Identität unter den Voraussetzungen der Moderne mit sich bringt. Hannah Arendt rang darum, das Allgemeine und das Besondere, ihren modernen Kosmopolitismus und ihren Glauben an irgendeine Form kollektiver jüdischer Selbstbestimmung in Einklang zu bringen. Ihre Überlegungen führen uns hier zu einigen ihrer wichtigsten Themen in der politischen Philosophie zurück. Der Briefwechsel mit Karl Jaspers gewährt auch hierin so manchen Einblick.

Nachdem Eichmann am 11. Mai 1960 vom israelischen Geheimdienst aus Argentinien entführt worden war, plagten sich Karl Jaspers und Hannah Arendt mit Befürchtungen wegen der Illegalität dieser Aktion und wegen der moralischen und rechtlichen Fragen, die auftauchten, wenn man Eichmann vor ein israelisches Gericht stellte.[38] Arendt ist bis zuletzt überzeugt, daß der Staat Israel einen Rechtsbruch begangen habe, denn »um ihn vor Gericht zu bringen, war eine klare Verletzung des Völkerrechts erfolgt«.[39] Sie sieht auch, daß Israel sich das in der internationalen Staatengemeinschaft nur deshalb erlauben konnte, weil Eichmann faktisch staatenlos war. Weder das Deutschland der Nachkriegszeit noch Argentinien, wo er sich unter falschen Angaben niedergelassen hatte, erhoben den Anspruch, Eichmann sei ihr Staatsbürger.

Insofern Hannah Arendt die Rechtfertigbarkeit der Umstände von Eichmanns Gefangennahme bezweifelte, dachte sie nicht anders als Karl Jaspers. Jaspers wünschte sich allerdings, Israel werde die rechtliche Zuständigkeit für den Prozeß an einen internationalen Gerichtshof oder eine internationale Körperschaft abgeben. Arendt hingegen verteidigte das Recht Israels darauf, Eichmann vor Gericht zu bringen und abzuurteilen.[40] Es wurden drei Arten von Einwänden gegen den Eichmann-Prozeß erhoben. Der erste Einwand war bereits im Falle der Nürnberger Prozesse laut geworden. Danach wurde beanstandet, Eichmann werde nach einem rückwirkenden Gesetz gerichtet und er stehe vor dem Gerichtshof des Siegers. Hannah Arendt hielt die Entgegnung des israelischen Gerichts auf diesen Einwand für berechtigt: Die Nürnberger Prozesse wurden vom Gericht in Jerusalem als Präjudizfall angeführt, und das israelische Strafgesetz von 1950 zur Nazikollaboration basierte darauf.[41] Arendt stellt interessante Beobachtungen zum Prinzip »nullum crimen, nulla poena sine lege« (keine Strafe ohne Gesetz) an. Sie gelangt zu dem Ergebnis, daß das Prinzip der Retroaktivität, wonach niemand für eine Handlung verurteilt werden kann, die zum Zeitpunkt der Tat nicht gesetzwidrig war, »sinnvoll nur auf Taten anzuwenden ist, die dem Gesetzgeber bekannt sind«.[42] Wenn in der Menschheitsgeschichte ein Verbrechen geschieht, das bis dahin unbekannt war, wie der im Holocaust verübte Völkermord, verlangt die Gerechtigkeit in diesem Fall ein neues, noch nicht dagewesenes Gesetz. Der Eichmann-Prozeß verletzte das Prinzip der Retroaktivität durchaus nicht, denn vor den Nürnberger Prozessen hatte kein Gesetzgeber je ein Gesetz erlassen, nach dem es möglich gewesen wäre, Eichmann den Prozeß zu machen.[43] Die Nürnberger Prozesse verankerten ein solches Gesetz durch das Londoner Statut von 1945, und Israel berief sich auf sein eigenes Gesetz gegen Völkermord von 1950, das auf dem Nürnberger Statut von 1945 aufbaute. Das Argument, die Rechtsprechung in den Nürnberger Prozessen sei ebenso wie im Falle Eichmanns eine »Siegerjustiz«, beeindruckte Hannah Arendt nicht besonders. Denn sie war der Ansicht, die Verbrechen des nationalsozialistischen Regimes seien derart beispiellos, daß man neue Kategorien und neue Kriterien benötige, um die Handlungen und Ereignisse beurteilen zu können, mit denen man es hier zu tun bekam. Der Eichmann-Prozeß stellte alle Beteiligten, von den Geschworenen über die Journalisten bis hin zur Meinung der Weltöffentlichkeit, vor das Dilemma, »ohne Geländer« urteilen zu müssen.

Auf den Einwand, daß der Gerichtshof in Jerusalem für das Gerichtsverfahren gegen Eichmann nicht zuständig sei, gab Arendt eine eher ausweichende Antwort. Denn diese Frage betraf das Recht des Staates Israel, alle Opfer von Adolf Eichmann zu vertreten und in ihrem Namen zu sprechen. Arendt ist der festen Überzeugung, daß ein jüdisch definiertes, politisches Gebilde seine Opfer vertreten könne, insofern Eichmann die Ermordung von Juden betrieben hatte, weil sie Juden waren und nicht etwa deshalb, weil sie Polen, Litauer, Rumänen usf. waren. Ihrer Meinung nach ließ sich die Grundlage, auf der die Vertretung von Eichmanns Opfer durch Israel möglich sei, mit der Konvention gegen Völkermord vereinbaren, die von der Vollversammlung der Vereinten Nationen am 9. Dezember 1948 angenommen worden war. Diese Konvention sah wörtlich vor: »Des Völkermords [...] beschuldigte Personen [...] werden vor die zuständigen Gerichte des Staates, auf dessen Gebiet die Handlung begangen worden war, oder vor einen internationalen Gerichtshof gestellt, der für jene vertragschließenden Parteien zuständig ist, die sich seiner Zuständigkeit unterworfen haben«.[44] Arendts Erläuterung dieser eher technischen Frage zur Festlegung territorialer Rechtshoheit führt zu recht überraschenden Schlüssen:

»Israel hätte sehr wohl territoriale Gerichtsbarkeit für sich in Anspruch nehmen können, wenn es erklärt hätte, daß ›Territorium‹ im juristischen Sinne ein politischer und rechtlicher und nicht ein bloß geographischer Begriff ist. Territorium in diesem Sinne meint nicht so sehr, und vor allem nicht primär, ein Stück Land, es bezieht sich vielmehr auf den ›Raum‹, der zwischen den Gliedern einer Gruppe unweigerlich entsteht, wenn sie in jahrtausendealten Bezügen sprachlicher, religiöser und geschichtlicher Natur miteinander verbunden sind, die sich zudem in Sitten und Gesetzen niedergeschlagen haben, die sie gegen die Außenwelt schützen und untereinander differenzieren. Solche Beziehungen werden räumlich dadurch manifest, daß sie selber den Raum konstituieren, innerhalb dessen die verschiedenen einzelnen der Gruppe sich aufeinander beziehen und miteinander umgehen. Es wäre niemals zur Entstehung des Staates Israel gekommen, wenn das jüdische Volk in den langen Jahrhunderten der Zerstreuung sich nicht einen solchen Zwischen-Raum über alle geographische Entfernung hinweg geschaffen und bewahrt hätte, und zwar vor der Rückkehr in die alte Heimat.«[45]

Das ist in der Tat eine merkwürdige Behauptung. Wenn ein Bürger eines bestimmten Landes oder des Konsulatsgebiets eines bestimmten Landes auf fremdem Territorium angegriffen wird, hätte demnach die Regierung des Landes, aus dem das Opfer stammt, die territoriale Zuständigkeit, die Täter zu richten, ihre Auslieferung zu verlangen usw. Aber will Hannah Arendt damit andeuten, daß der Staat Israel einen Anspruch darauf hat, alle Juden in der Welt und sogar diejenigen, die keine israelischen Staatsbürger sind, zu vertreten? Und zwar einfach aus dem Grund, weil dieser Staat selbst niemals hätte entstehen können, »wenn das jüdische Volk sich nicht einen solchen Zwischen-Raum geschaffen und bewahrt hätte«? Dagegen ist hauptsächlich einzuwenden, daß die Angehörigkeit zu einem Staat nicht aus einem Akt der Zustimmung, der Wahl oder einer anderen positiven Willensbekundung abgeleitet wäre, sondern von etwas abhängig gemacht würde, das als indirektes Resultat mit der eigenen ethnischen Identität verknüpft ist. Eine solche Analyse läßt die ethnischen Kategorien und die der Staatsbürgerschaft zusammenfallen, indem sie nahelegt, daß alle, die ethnisch betrachtet Juden sind, potentiell israelische Staatsbürger sind. Das ist ein vom israelischen Rückkehrergesetz akzeptiertes Prinzip. Die Kehrseite dieses Gesetzes ist natürlich, daß denjenigen Menschen, deren ethnische Identität oder Nationalität nicht die jüdische ist, die aber gleichwohl in den Gebieten unter Rechtshoheit des Staates Israel leben, die vollen Staatsbürgerrechte vorenthalten werden. Arendts Überlegungen zu der Frage, ob die Strafverfolgung Eichmanns in die territoriale Gerichtsbarkeit Israels fällt, laufen konträr zu ihren im übrigen sorgfältigen Unterscheidungen zwischen Staatsbürgerrechten und ethnischer Identität.

Diese ungelöste Spannung zwischen dem Universellen und dem Partikularen ist nirgendwo offenkundiger als dort, wo Arendt die Hauptkategorie der »Verbrechen gegen die Menschheit« zur Sprache bringt. Auf der Grundlage dieses Rechtsbegriffs hätte ihrer Meinung nach Eichmanns Verurteilung erfolgen müssen. Sie kritisierte den Urteilsspruch des israelischen Gerichts wegen seiner juristischen Unklarheiten. Besonders kritisch sah sie den Punkt, daß das israelische Gericht den Begriff »Verbrechen gegen die Menschheit« verwendet hatte, »insofern er einmal Völkermord an nichtjüdischen Völkern (wie Zigeunern oder Polen) einbezieht, dann aber auch alle anderen an Juden oder Nichtjuden begangenen Verbrechen, vorausgesetzt, sie wurden nicht mit dem Vorsatz begangen, das Volk als Ganzes auszurotten«.[46]

Für Arendt war diese Art der Problemstellung völlig verkehrt, da schon die Kategorie selbst grundsätzlich falsch verstanden worden war. Die bis dahin nicht gebräuchliche Kategorie der »Verbrechen gegen die Menschheit« war gerade deshalb eingeführt worden, um damit eine neue Art von Tat bezeichnen zu können: Den Völkermord nämlich, der an einem Volk verübt wurde, weil es schlicht und einfach als diese spezifische Art von Volk auf der Erde existierte, als Volk, das eine Seinsweise unter vielen anderen möglichen Erscheinungsformen »menschlicher Vielfalt« verkörperte. Juden wurden nicht deshalb getötet, weil sie Feinde des Regimes, Klassenverräter oder den Führer bespitzelnde Spione oder ähnliches waren, sondern weil sie qua Juden zu einer bestimmten Art von Wesen erklärt wurden, die kein Recht besaßen, auf dieser Erde zu leben. Der Völkermord benötigt irgendeine Form des Rassendenkens als seine Grundlage, weil er es darauf abgesehen hat, ein Volk auszulöschen wegen kollektiver Eigenschaften, die es bestimmter Zuschreibungen zufolge besitzen soll. Jeder Völkermord ist daher eine Form »ethnischer Säuberung«, wie uns der Krieg in Jugoslawien gelehrt hat. Arendt stellt fest:

»Hätte das Gericht in Jerusalem verstanden, daß Diskriminierung, Austreibung und Völkermord nicht einfach dasselbe sind, dann wäre sofort klargeworden, daß das größte Verbrechen, mit dem es konfrontiert war, die physische Ausrottung des jüdischen Volkes, ein Verbrechen gegen die Menschheit war, verübt am jüdischen Volk, und daß nur die Wahl der Opfer, nicht aber die Natur des Verbrechens aus der langen Geschichte von Judenhaß und Antisemitismus abgeleitet werden konnte. Insofern die Opfer Juden waren, war es nur recht und billig, daß das Verfahren vor einem jüdischen Gerichtshof stattfand; aber insoweit das Verbrechen ein Verbrechen an der Menschheit war, hätte es eines internationalen Tribunals bedurft, um in dieser Sache Recht zu sprechen.«[47]

Arendt wollte schließlich das Universelle und das Partikulare, das Ideal der Menschheit und die Tatsache menschlicher Besonderheit und Vielfalt miteinander in Einklang bringen. Der Begriff der »Verbrechen gegen die Menschheit« erinnert sofort an den Begriff des »Rechts, Rechte zu haben«, der in *Elemente und Ursprünge totaler Herrschaft* erörtert wurde (S. 462). In beiden Fällen beruft man sich auf etwas anthropologisch wie normativ Universelles. Allein kraft unseres Menschseins sind wir Wesen, die beanspruchen können, auf bestimmte Weise behandelt zu werden, argumentiert Arendt, und wenn uns eine solche Behandlung nicht gewährt wird, heißt das, daß sowohl ein Unrecht als auch ein Verbrechen an uns begangen wird. Arendt dachte natürlich nach Kantischem Muster, daß wir »moralische Personen« sind und daß unser Menschsein und unsere moralische Persönlichkeit zusammengehören. Dennoch sind das nicht die Begriffe, die sie gebraucht. Sie versucht auch nicht wie Kant, die wechselseitige Verpflichtung, die wir einander schuldig sind, mit unserer Fähigkeit zu begründen, in Übereinstimmung mit den Prinzipien der Vernunft zu handeln. Selbst ihre Formel vom »Recht, Rechte zu haben«, ist enttäuschend zweideutig: Wenn wir ein Recht darauf haben, Rechte zu haben, wer hätte es uns dann entziehen können? Und wenn wir ein solches Recht nicht schon haben, wie können wir es dann erlangen? Und was ist in dieser Formel eigentlich mit »einem Recht« gemeint? Ein durch den Gesetzgeber rechtlich anerkannter und garantierter Anspruch? Oder ein moralischer Anspruch, den wir als Mitglieder einer Menschengruppe an unsere Mitmenschen richten und der erreichen soll, daß diese uns als Ihresgleichen anerkennen? Es ist eindeutig der zweite, der moralische Sinn des Begriffs von einem Recht, an den Arendt dabei denkt. Aber ihr ist nicht daran gelegen, dafür eine Rechtfertigung zu geben.[48] Sie war keine Denkerin, die sich um fundamentalistische Begründungen bemühte, und sie ließ sich nicht auf eine Strategie normativer Rechtfertigung ein. Ihre späten Überlegungen zu Kants Urteilslehre enthüllen aber das Ausmaß, in dem sie eine Vertreterin des moralischen Universalismus und der Moderne war und blieb. Der Eichmann-Prozeß bildete so etwas wie eine Wasserscheide, weil er die Widersprüche zutage förderte, mit denen Hannah Arendt existentiell und begrifflich ihr ganzes Leben lang kämpfte.

Das Urteilen in Kants Moralphilosophie und Arendts Wiedergewinnung des Urteilsbegriffs

Die Eichmann-Affäre führte in mehreren Hinsichten den herausragenden Stellenwert des Urteilens für den Bereich menschlicher Angelegenheiten vor Augen. Es gab zum einen das rückblickende Urteil, das jeder Historiker und jede Erzählerin vergangener Ereignisse fällt. Es gab zum anderen das moralische Urteil der Zeitgenossen, die das Gerichtsverfahren gegen Eichmann, seine Handlungen und Taten anstrengten. Und es gab außerdem den Mangel an Urteilskraft auf seiten Eichmanns. Wenn man *Eichmann in Jerusalem* wiederliest, spürt man geradezu Hannah Arendts Ratlosigkeit angesichts der Person und des Verhaltens von Eichmann vor und während des Prozesses. In der »Vorrede« schreibt sie, daß sie eine allgemeine Diskussion um den Begriff der »Banalität des Bösen« begrüßt hätte. Sie versucht dies auch zu erläutern:

»Eichmann war nicht Jago und nicht Macbeth, und nichts hätte ihm ferner gelegen, als mit Richard III. zu beschließen, ›ein Bösewicht zu werden‹ [...] Er hat sich nur, um in der Alltagssprache zu bleiben, *niemals vorgestellt, was er eigentlich anstellte.* Es war genau das gleiche mangelnde Vorstellungsvermögen, das es ihm ermöglichte, viele Monate hindurch einem deutschen Juden im Polizeiverhör gegenüberzusitzen, ihm sein Herz auszuschütten und ihm wieder und wieder zu erklären, wie es kam, daß er es in der SS nur bis zum Obersturmbannführer gebracht hat und daß es nicht an ihm gelegen habe, daß er nicht vorankam [...] Es war gewissermaßen schiere Gedankenlosigkeit – etwas, was mit Dummheit keineswegs identisch ist –, die ihn dafür prädisponierte, zu einem der größten Verbrecher jener Zeit zu werden.«[49]

Das philosophische Problem des Urteilens hatte sich bei diesem Gerichtsverfahren in aller Dringlichkeit gestellt, und um es zu lösen oder besser gesagt, um es zu durchdenken, nahm sich

Hannah Arendt die Moralphilosophie und politische Philosophie Kants vor.

Einer der erstaunlichsten Aspekte an Arendts Auseinandersetzung mit dem Begriff vom Urteilen in der Kantischen Philosophie ist, wie Richard Bernstein bemerkt hat, wohl so zu beschreiben: »Obwohl sich Arendt auf Kant berief, wußte sie sehr gut, daß sie sich von seiner Position kompromißlos entfernte. Bei Kant fällt die ›Fähigkeit, Recht und Unrecht zu unterscheiden‹, ohne jeden Zweifel in den Bereich der praktischen Vernunft und nicht in den Bereich der reflektierenden Urteilskraft, die vom Besonderen zum Allgemeinen oder zum Universalen aufsteigt.«[50]

Kant hat, in der Tat, die Rolle des Urteilens in der praktischen Philosophie keineswegs ignoriert. Die Urteilskraft als das »Vermögen, das Besondere als enthalten unter dem Allgemeinen zu denken«, kommt dann zum Tragen, wenn »das Allgemeine gegeben« ist und »das Besondere darunter subsumiert« werden muß.[51] »Bloß reflektierend« ist die Urteilskraft dann, wenn »nur das Besondere gegeben« ist, »wozu sie das Allgemeine finden soll«. Da Kant zufolge das Sittengesetz als universell gültige Richtlinie für das moralische Handeln unter allen Umständen gegeben ist, ist das moralische Urteilen bestimmend anstatt reflektierend. Aber diese Schlußfolgerung ist voreilig, denn selbst nach Kants eigener Argumentation können moralische Urteile nicht bloß bestimmend sein; sie umfassen nicht lediglich die Subsumtion des Besonderen unter das allgemeine Gesetz.

In dem Abschnitt »Von der Typik der reinen praktischen Urteilskraft« seiner *Kritik der praktischen Vernunft* schrieb Kant: »Ob nun eine uns in der Sinnlichkeit mögliche Handlung der Fall sei, der unter der Regel stehe oder nicht, dazu gehört praktische Urteilskraft, wodurch dasjenige, was in der Regel allgemein (in abstracto) gesagt wurde, auf eine Handlung in concreto angewandt wird.«[52] Dieses Problem weist besondere Schwierigkeiten auf. Eine Handlung, die vom Gesetz der praktischen Vernunft bestimmt ist, darf keinen weiteren Grund zu ihrer Ausführung enthalten, und laut Kant verhält es sich so, daß »alle vorkommenden Fälle zu möglichen Handlungen [...] nur empirisch, d.i. zur Erfahrung und Natur gehörig sein können«. Deshalb ist es völlig absurd zu meinen, man könne in der Sinnenwelt einen Fall finden, der es erlaubt, das Gesetz der Freiheit auf ihn anzuwenden.[53] Kant faßt die Schwierigkeit folgendermaßen zusammen:

»Hingegen ist das Sittlichgute etwas dem Objekte nach Übersinnliches, für das also in keiner sinnlichen Anschauung etwas Korrespondierendes gefunden werden kann, und die Urteilskraft unter Gesetzen der reinen praktischen Vernunft scheint daher besonderen Schwierigkeiten unterworfen zu sein, die darauf beruhen, daß ein Gesetz der Freiheit auf Handlungen als Begebenheiten, die in der Sinnenwelt geschehen und also sofern zur Natur gehören, angewandt werden soll.«[54]

Kant geht in dieser Darstellung davon aus, daß alles Handeln der Menschen ein Geschehen in der Welt ist, das den Naturgesetzen unterworfen ist. Damit aber Freiheit möglich sein soll, muß er einräumen, daß zwar alle Handlungen, einmal vollzogen, zu Begebenheiten in der Sinnenwelt werden, manche Handlungen aber einzig und allein von der Idee des Sittengesetzes verursacht sein müssen. Was eine moralische Handlung von einer unmoralischen unterscheidet, ist der Grund ihrer Bestimmung, das heißt das Wesen der Prinzipien, die allein die Maximen des Handelnden regieren. Und mehr noch: Nur solche Handlungen können moralisch gut sein.

Wie so häufig bei Kant, vermischen sich in seinen Betrachtungen zu diesem Gegenstand zwei Fragen. Die erste können wir die nach der Epistemologie menschlicher Handlungen nennen: Wie können Handlungen identifiziert und individuiert werden?[55] Kants Zwei-Welten-Metaphysik – die Einteilung in die noumenale und die phänomenale Welt – führt ihn zu der Auffassung, alle Handlungen seien Ereignisse, sobald sie einmal als Taten in die Welt gekommen sind. Das Problem besteht jedoch gar nicht darin, ob Handlungen auch Ereignisse sind, sondern darin, ob die Sprache, die zur Beschreibung von Naturgeschehen angemessen ist, epistemologisch gesehen geeignet ist, auch menschliche Handlungen zu beschreiben. Selbst als Ereignisse in der Welt können Handlungen nur in ihrem Bezug auf Vernunftgründe verstanden werden, das heißt in bezug auf sinnhafte Gründe oder Prinzipien, die als ihre Ursachen wirken. Gründe haben die Bewandtnis, daß sie ein Verstehen erfordern; sie lassen sich nur aus der Perspektive der Beteiligten oder Handelnden selbst beschreiben.[56] Kant, der ganz im Bann der übertriebenen Verheißungen einer von Newton revolutionierten Wissenschaft steht, gibt alle Unterschiede zwischen den Natur-, Geistes- und Gesellschaftswissenschaften preis und geht wie selbstverständlich davon aus, daß eine Naturwissenschaft im Sinne Newtons auch für das menschliche Handeln möglich ist.

Die zweite Frage, von der sich Kant leiten läßt, ist die Unterscheidung zwischen dem moralisch Richtigen und dem moralisch Guten. Handlungen sind dann moralisch richtig, wenn sie mit dem Sittengesetz übereinstimmen. Moralisch gut sind allerdings nur jene Handlungen, deren Grund oder Motivation allein darin besteht, die Pflicht zur Übereinstimmung mit dem Sittengesetz zu erfüllen. Die Unterscheidung zwischen dem moralisch Richtigen und dem moralisch Guten ist nicht kontraintuitiv, denn es ist durchaus möglich, das Richtige aus falschen Gründen zu tun. Die Absichten des Handelnden sind ganz offenkundig eine wesentliche, obschon keinesfalls die einzige Komponente der moralischen Qualität oder Tugend einer Handlung. Mir scheint aber, Kant befindet sich auf dem Holzweg, wenn er mit Nachdruck darauf besteht, daß wir niemals wissen können, ob eine Handlung in diesem Sinne moralisch tugendhaft war, weil das moralisch Gute sich seiner Verkörperung in der Erscheinungswelt widersetzt. Obwohl Kant die Rolle des Urteilens für die praktische Philosophie nicht verkennt, werden seine Überlegungen dazu in die problematische Konstruktion seiner

Zwei-Welten-Metaphysik hineingezogen, und das verhindert von vornherein eine eingehendere Untersuchung dessen, was alles mit dem Gebrauch der moralischen Urteilsfähigkeit verbunden sein mag.

Können wir nunmehr eine Erklärung dafür finden, warum Arendt, die wiederholt betonte, das Urteilen sei ein Vermögen, »Recht von Unrecht zu unterscheiden«[57] – und eben nicht bloß das Schöne vom Häßlichen – nicht müde wurde, Kants Lehre vom reflektierenden Urteil als ein Modell für das Urteilen ganz allgemein hinzustellen? Arendt konnte Kants Zwei-Welten-Metaphysik und der sich daraus ergebenden Geringschätzung menschlichen Handelns zweifellos nichts abgewinnen. Denn so gesehen unterscheidet sich Kant nicht von der philosophischen Tradition insgesamt, für die eine Verachtung der Vita activa charakteristisch ist. Arendts ganze Handlungstheorie, bei der sich das Handeln im Raum der Erscheinungen entfaltet, bietet uns eine starke Alternative zur Kantischen Theorie der Zwei-Welten-Metaphysik. Arendt sah aber in Kants Lehre vom ästhetischen Urteil noch etwas anderes: In der Konzeption der reflektierenden Urteilskraft, die Kant selbst – aus Arendts Sicht, fälschlicherweise – auf den ästhetischen Bereich beschränkte, entdeckte Arendt ein Verfahren, um ein intersubjektives Einverständnis im öffentlichen Bereich zu sichern. Diese Art eines intersubjektiven Einverständnisses ging unzweifelhaft über die Äußerung bloßer Vorlieben hinaus, obgleich es nicht die apriorische und sichere Gültigkeit erreichte, die die Kantische Vernunft verlangte. Wir sollten uns Kants Beschreibung der »reflektierenden Urteilskraft« noch einmal in Erinnerung rufen:

»Unter dem sensus communis aber muß man die Idee eines gemeinschaftlichen Sinnes, d. i. eines Beurteilungsvermögens verstehen, welches in seiner Reflexion auf die Vorstellungsart jedes anderen in Gedanken (a priori) Rücksicht nimmt, um gleichsam an die gesamte Menschenvernunft sein Urteil zu halten und dadurch der Illusion zu entgehen, die aus subjektiven Privatbedingungen, welche leicht für objektiv gehalten werden könnten, auf das Urteil nachteiligen Einfluß haben würde. Dieses geschieht nun dadurch, daß man sein Urteil an anderer nicht sowohl wirkliche, als vielmehr mögliche Urteile hält und sich in die Stelle jedes anderen versetzt [...]«[58]

Arendt liefert in ihrem frühen Aufsatz »Kultur und Politik« eine aufschlußreiche Erläuterung zu diesem Abschnitt:

»In der *Kritik der Urteilskraft* nun fügt Kant unter den ›Maximen des gesunden Menschenverstandes‹ diesem Prinzip des Übereinstimmens mit sich selbst das Prinzip einer ›erweiterten Denkungsart‹ hinzu, das darin besteht, daß ich ›an der Stelle jedes anderen denken‹ kann. Zu der Einstimmigkeit mit sich selbst tritt also eine mögliche Einstimmigkeit mit anderen. Auf dieser erweiterten Denkungsart beruht die Urteilskraft, aus ihr schöpft das Urteilen seine eigentliche Kraft der Gültigkeit; und dies heißt negativ, daß es sich ›über die subjektiven Privatbedingungen‹ seiner selbst hinwegzusetzen vermag, und positiv, daß es ohne die Präsenz von anderen, an deren Stelle es ja gilt mitzudenken, nicht funktionieren, gar nicht zum Zug kommen kann. Was die Präsenz des Selbst für die formale Widerspruchslosigkeit der Logik und die nicht weniger formale Widerspruchslosigkeit der Gewissensethik ist, ist die Präsenz der anderen für das Urteilen. Ihm kommt daher eine gewisse konkrete Allgemeingültigkeit zu, aber niemals eine universale Gültigkeit überhaupt. Der Anspruch auf Geltung kann nie weiter reichen als die anderen, an deren Stelle mitgedacht wird.«[59]

Arendt erörterte ihr Abweichen von Kant in diesem Punkt vor allem deshalb nicht weiter, weil sie in Kants Idee der »erweiterten Denkungsart« ein Modell für die Art von intersubjektivem Einverständnis erblickte, zu dem wir in der Öffentlichkeit letztlich doch gelangen möchten. Eine solche Urteilsfähigkeit entspricht nicht der Empathie. Denn, wie Arendt festhält, ist sie nicht gleichbedeutend damit, den Gesichtspunkt anderer zu übernehmen oder zu akzeptieren. Die erweiterte Denkungsart vergegenwärtigt einem selbst lediglich, welches die Perspektiven anderer Betroffener sind oder sein könnten und ob ich, so wie ich handele, »jedes anderen Beistimmung werben« kann. Wenn wir eines der früheren Themen aus Hannah Arendts Biographie der Rahel Varnhagen wieder aufgreifen, können wir sagen, daß die »erweiterte Denkungsart« die Urteilsqualitäten aufweist, die unabdingbar sind, um die Perspektivität der öffentlichen Welt zu erfassen.

Dieses Modell der erweiterten Denkungsart fordert uns auf, einen moralischen Dialog mit allen Beteiligten aufzunehmen oder gedanklich durchzuspielen. Haben wir aber Grund zu der Annahme, daß wir mit seiner Hilfe jenen roten Faden zu fassen bekommen, den Hannah Arendt für das Denken, Urteilen und moralische Erwägungen gesucht hatte? Hannah Arendts Denken in diesem Punkt ist auch hier wieder verschlungen, denn obgleich sie die Bedeutung der »erweiterten Denkungsart« als Prinzip im öffentlich-politischen Bereich ohne weiteres anerkannte, verfiel sie in ihren Überlegungen zur Moral auf das Platonische Modell von der Einheit der Seele mit sich selbst. In dem Aufsatz »Über den Zusammenhang von Denken und Moral« beschreibt sie das Gewissen im Anschluß an Sokrates' *Gorgias* als Harmonie oder Einssein der Seele mit sich selbst.[60] Obwohl ich das Gewicht dieser Erfahrung für moralische Erwägungen nicht abstreiten möchte, war Arendt – wie schon Mary McCarthy feststellte – doch etwas vorschnell mit der Annahme, daß aus dem Wunsch des Selbst nach Einheit und innerer Übereinstimmung ein prinzipiengeleiteter moralischer Standpunkt erwachsen könne. An dieser Stelle möchte ich ganz einfach die berühmt gewordenen Zeilen von Walt Whitman sprechen lassen: »*Do I contradict myself? Very well then I contradict myself, I am large, I contain multitudes.*«[61]

Obwohl Arendt Harmonie als die moralisch relevante Erfahrung hervorhob, betrachtete sie *Pluralität* als das politische Prinzip schlechthin. Doch mit dieser Betonung von Eintracht oder Harmonie entwarf sie für das moralische Urteilen im Gegensatz zum politischen Urteilen eine mehr oder weniger intuitionistische Konzeption. Sollte die Grundlage für die Gültigkeit unserer moralischen Urteile etwa darin bestehen, daß letztere einem jeden gestatten, »ganz mit sich selbst übereinzustimmen«? Machen wir dann nicht die Gültigkeit im Grunde genommen zu einer Angelegenheit, die den Eigenheiten der jeweiligen individuellen Psyche anheim gestellt ist? War nicht in den Augen Arendts eines der irritierendsten Merkmale an Eichmann, daß er mit sich selbst so »im reinen« zu sein schien? Arendt hat nicht überzeugend darstellen können, daß eine Haltung moralischer Reflexion und strenger Prüfung, wie sie vom Verfahren der erweiterten Denkungsart gefordert wird, und die Platonische Emphase von Einheit oder Harmonie der Seele mit sich selbst miteinander vereinbar sind. Die Fähigkeit der erweiterten Denkungsart kann sehr wohl moralische Konflikte und Entfremdung zur Folge haben. Allerdings ist eine Haltung moralischer Entfremdung in einer Welt, die aus den Fugen geraten ist, möglicherweise mehr beheimatet als eine Haltung der schlichten Harmonie mit sich selbst.

Hannah Arendt hat in ihren wenig schlüssigen Überlegungen über das Denken und Urteilen zwei verschiedene Modelle verwendet, um das Verhältnis zwischen diesen beiden Vermögen aufzuklären. Auf der einen Seite haben wir das Denkvermögen, verstanden als die Fähigkeit, alles zu untersuchen, »was sich begibt oder die Aufmerksamkeit erregt, ohne Rücksicht auf die Ergebnisse und den speziellen Inhalt«[62]; es ist eng verbunden mit moralischen Qualitäten wie Autonomie, Widerspruchsfreiheit, Unbeirrbarkeit, Unabhängigkeit und Zuverlässigkeit des Urteils. Auf der anderen Seite haben wir das Modell des Urteilens und insbesondere das Modell eines Urteilens, das gefordert ist, wenn eine allgemeine Regel oder in Kantischem Sprachgebrauch das »Allgemeine«, worunter das Besondere zu subsumieren ist, fehlt. Unter solchen Umständen wird das Urteilen zur Tätigkeit der »erweiterten Denkungsart«, einer Fähigkeit, sich selbst die Perspektivität der Welt zu vergegenwärtigen und die vielen Blickwinkel zur Kenntnis zu nehmen, aus denen eine Angelegenheit gesehen und beurteilt werden muß. Diese Fähigkeit ist keineswegs gleichbedeutend mit Empathie, denn sie bedeutet nicht, die »Empfindungen anderer nachzuvollziehen«. Vielmehr ist damit eine kognitive Fähigkeit des »Mitdenkens« gemeint. Das Urteilen ist angewiesen auf die moralisch-kognitiven Fähigkeiten der Weltlichkeit, das heißt auf ein Interesse an der Welt und an den Menschen, die diese Welt ausmachen, sowie auf ein klares Gespür dafür, wo die eigenen Grenzen liegen und wo die anderer anfangen. Rahel Varnhagens Freundeskreis kam über eine »romantische Innerlichkeit« nicht hinaus, weil ihnen an einem Punkt die Fähigkeit abhanden gekommen war zu unterscheiden, wie die Welt ist und wie sie ihrer Vorstellung oder ihrem Wunsch nach sein sollte. In der Stimmung, so hatte Arendt kritisch vermerkt, werden die Grenzen zwischen dem »Innen« und dem »Außen« verwischt. Während das Denken Autonomie, Widerspruchsfreiheit, Unbeirrbarkeit, Unabhängigkeit und Zuverlässigkeit verlangt, erfordert das Urteilen Weltlichkeit, ein Interesse an den Mitmenschen und die Fähigkeit, den Standpunkt anderer ohne Projektion, Überhöhung und Entstellung zu würdigen.

Diese beiden Modelle hängen insofern zusammen, als Widerspruchsfreiheit ein Vorzug aller kognitiven Prozesse und nicht bloß des Urteilens ist. Außerdem gibt es auch eine Beziehung zwischen der Zuverlässigkeit des Denkprozesses und der Fähigkeit des Denkenden, die Grenzen zwischen sich und anderen richtig einzuschätzen. Denken und Urteilen unterscheiden sich nichtsdestoweniger in der Hinsicht, daß die geistige Unabhängigkeit und die Würdigung der Perspektivität einander widerstreiten können. Die angestrebte Widerspruchsfreiheit kann dazu verleiten, Widersprüche, Zweideutigkeiten und Ambivalenzen glätten zu wollen. Sie läßt möglicherweise den Wunsch aufkommen, eine Weltanschauung auszubilden, eine Form des Denkens, die sich im Besitz des »Schlüssels« zu jeder politischen

Frage glaubt, weshalb Arendt sie lediglich belächelte. Unbeirrbarkeit im Denken kann dazu führen, die Ansprüche anderer an einen selbst zu ignorieren und ihre andersartigen Perspektiven zu leugnen. Denken und Urteilen stehen also in einem Spannungsverhältnis zueinander, und die Verbindung, die Arendt zwischen ihnen herstellen wollte, ist bestenfalls eine schwache.

In diesen Überlegungen steckt eine ausgeprägte Ironie – der sich Hannah Arendt mit Sicherheit bewußt war. Die Ironie besteht darin, daß Martin Heidegger, in Arendts Augen der größte Denker unseres Jahrhunderts, der dem Wort »Denken« seine ursprüngliche Bedeutung im Griechischen als »Vermögen, vor dem Einfachen zu erstaunen« zurückgab[63], zugleich jemand war, dem es an Urteilskraft mangelte. Arendt selbst hielt eine gewisse »Weltlosigkeit«, eine bestimmte Weltverdrossenheit und Weltabgeschiedenheit für ein Wahrzeichen echter Philosophen, im Gegensatz zu solchen Menschen wie sie selbst, die sich in der Welt menschlicher Angelegenheiten engagieren und von »einer Liebe zur Welt« getragen sind. Doch alles, worauf damit hingedeutet wird, ist, daß einer, der denken konnte wie kein zweiter, nämlich Martin Heidegger, und einer, der so gut wie gar nicht denken konnte, nämlich Adolf Eichmann, letztlich von derselben politischen Ideologie und politischen Bewegung vereinnahmt wurden. Welches Verhältnis besteht also wirklich zwischen dem Denken, dem Urteilen und dem Handeln?

Die genauere Erforschung der zwischen dem Denken, Urteilen und Handeln bestehenden Beziehungen hätte eine moralphilosophische Abhandlung erfordert. Hannah Arendts Betrachtungen zu dieser Thematik sind indes seltsam kognitivistisch, denn die motivationale Frage danach, wie scharfsinniges Denken und begründetes Urteilen in ein Handeln überführt werden können, wird von ihr gar nicht weiter untersucht. Erkennen und Handeln wird man gleichwohl unterscheiden müssen. Man muß nicht nur wissen, was man, unter welchen Umständen, auf welche Art und Weise usw. tun muß, sondern man muß auch richtig motiviert sein, um das Urteilen in ein Handeln umzusetzen. Mag sein, daß es Heidegger und Eichmann nicht so sehr oder sogar hauptsächlich an Urteilsfähigkeit im einen Fall und an kognitiven Denkfähigkeiten im anderen Fall fehlte; was ihnen beiden abging, waren wohl eher die motivationalen Haltungen der Zivilcourage und Bürgertugenden, Fähigkeiten also für ein unabhängiges politisches Handeln, und die Befähigung, von der »erweiterten Denkungsart« Gebrauch zu machen.

Arendts politische Theorie und ihre fehlenden normativen Grundlagen

Auch diese Überlegungen entbehren nicht einer gewissen Ironie. Denn die historischen Situationen, die Arendt zu ihrer unablässigen Erforschung des Zusammenhangs von Denken und Moral antrieben, waren vor allem der Nationalsozialismus und Totalitarismus unseres Jahrhunderts. Das sind jedoch gerade Fallbeispiele dafür, wie eine für die soziale Welt konstitutive Intersubjektivität so stark zerschlagen und geschädigt werden kann, daß bei den Individuen jegliche Motivation und Fähigkeit, sich auf das erweiterte Denken einzulassen, erstirbt. Die moralische Einstellung der erweiterten Denkungsart fehlt offenbar gerade dann, wenn wir sie am dringendsten brauchen. Das gilt vor allem in Zeiten des moralischen und politischen Umbruchs, wenn das normale Gefüge moralischer Interaktionen, die das Alltagsleben ausmachen, so angegriffen ist, daß die Verpflichtung, den anderen als jemanden zu berücksichtigen, dessen Perspektive ich ebensosehr abwägen muß wie meine eigene, sich aus dem Gewissen und Bewußtsein der einzelnen verflüchtigt.

Diese Erkenntnis verleiht Hannah Arendts Werk einen melancholischen Zug. Die nicht ganz schlüssigen Überlegungen und das unaufhörliche Nachsinnen über die Hinfälligkeit der

Menschenrechte; ihre Überzeugung, wonach wir nicht als Gleiche geboren werden, sondern erst dadurch zu Gleichen werden, daß wir als Angehörige einer moralischen und politischen Gemeinschaft anerkannt werden; und ihr ironisches Eingeständnis, daß Eichmann als früherer Nazi wie sie selbst als verfolgte Jüdin eine staatenlose Person war, von denen weder die eine noch die andere durch eine internationale Rechtsordnung und einen internationalen Normenkodex geschützt war – in diesen Fällen kommt ihre Melancholie angesichts unseres Jahrhunderts besonders zum Vorschein.

Hannah Arendts Skepsis darüber, daß moralische Überzeugungen und Grundsätze die Politik gleichsam bändigen oder kontrollieren und ihr eine Richtung geben können, die mit den Menschenrechten und der Menschenwürde vereinbar ist, hat in ihrem Denken eine normative Lücke hinterlassen. Sie widersetzt sich dem rechtfertigenden politischen Diskurs, widersetzt sich mithin dem Versuch eines Nachweises der Rationalität und Gültigkeit für unseren Glauben an die Universalität der Menschenrechte, an die Gleichheit der Menschen und an die Verpflichtung, andere respektvoll zu behandeln. Obwohl sich Hannah Arendts Auffassung von Politik und vom Politischen ohne eine normative Position, die stark in universalistischen Menschenrechten, Gleichheit und Respekt wurzelt, kaum nachvollziehen oder überhaupt verstehen läßt, kann man in ihren Schriften nicht feststellen, daß sie sich um eine normative Rechtfertigung bemüht.

Diese Problematik ist in der Sekundärliteratur nicht unbemerkt geblieben. George Kateb ist zum Beispiel zu der Ansicht gelangt:

»Arendts griechisch geprägtes Denken legt nahe, politisches Handeln sei nicht dazu da, Gerechtigkeit herzustellen oder anderen moralischen Zielen zu dienen. Die höchste Erfüllung des politischen Handelns ist existentiell, und die existentiellen Prämien dabei sind offensichtlich höher zu veranschlagen als die moralischen. Das macht den Kern des Arendtschen Radikalismus aus. Zumindest in einem Punkt müssen wir jedoch hartnäckig bleiben: Verfügt Arendts von der griechischen Antike beeinflußte Theorie über moralische Beschränkungen des politischen Handelns, auch wenn sie die moralische Motivation verwirft?«[64]

Kateb zielt zwar mit seiner Frage auf Elemente in Arendts Handlungstheorie, die aus einer agonistischen Lesart der Aristotelischen Praxis-Auffassung stammen, aber seine Kritik kann durchaus verallgemeinert werden. Die Beziehung zwischen dem Handeln und dessen moralischen Beschränkungen bleibt nicht nur in Arendts Handlungstheorie unbeantwortet, auch in ihrer Auffassung von politischen Institutionen im ganzen gesehen werden die Fragen nach Gerechtigkeit, Gleichheit und gegenseitiger Anerkennung nicht wirklich berücksichtigt. Arendts Überlegungen zur Moral sind nicht nur flüchtig und können kaum überzeugen. Mehr noch, ihrem Werk fehlt auch eine Rechtfertigung der normativen Dimension des Politischen, d.h., sie übergeht die Frage nach sozialer und politischer Gerechtigkeit und stiftet dadurch Verwirrung.

Margaret Canovan und Martin Jay nähern sich diesem Problem über die Kategorie des »politischen Existentialismus« (Jay) beziehungsweise des »politisierten Existentialismus« (Canovan).[65] Canovans Feststellungen dazu sind recht aufschlußreich:

»Nach dem Totalitarismus standen die Menschen ohne moralische Gewißheiten da, sie brauchten ›eine neue Grundlage für die menschliche Gemeinschaft‹. Arendt behauptete [...] daß es zwar absolute moralische Regeln, die eine solche Grundlage bilden könnten, nicht gebe und daß auch die authentischsten der persönlichen moralischen Erfahrungen diese Regeln nicht liefern könnten. Nichtsdestoweniger könne aber in der fundamentalen menschlichen Bedingtheit der Pluralität, d.h. in der Akzeptanz der Tatsache, daß wir die Erde mit anderen teilen, die uns gleichen und wiederum auch nicht gleichen, eine Grundlage für ein solides Zusammenleben der Menschen und ein Schutz vor dem Totalitarismus gefunden werden.«[66]

Margaret Canovan scheint mir gar zu sicher, daß Hannah Arendt aufgrund dieser Beobachtungen dem Lager der Anhänger eines »antifundamentalistischen Politikkonzepts« zugerechnet werden kann, und ich habe meine Zweifel, ob eine solche Einordnung für Arendt wünschenswert wäre. Meine Einwände gegen den philosophischen Antifundamentalismus in der Ethik und Politik habe ich an anderer Stelle bereits vorgetragen; sie sollen hier nicht noch einmal ausgeführt werden.[67] Canovans Bemerkungen über Arendts »Pluralitäts«-Begriff führen mich in der Frage nach den normativen Grundlagen des Politischen in Arendts Werk nicht zum Antifundamentalismus, sondern legen mir eine andere Deutung nahe. Und dieser Möglichkeit möchte ich nun genauer nachgehen.

Hannah Arendts Denken ist tief in einer Position verwurzelt, die ich »anthropologischer Universalismus« nennen werde. *Vita activa* behandelt die Menschen als Angehörige derselben natürlichen Gattung, der das Leben auf der Erde unter bestimmten Bedingungen gegeben ist – den Bedingungen der Natalität, der Pluralität, der Arbeit, dem Herstellen und dem Handeln. Diese philosophische Anthropologie entspringt einer Abstraktionsebene, auf der alle Formen kultureller, sozialer und geschichtlicher Differenzierung zwischen den Menschen als nebensächlich behandelt werden – gemessen an den »fundamentalen Gegebenheiten« ihrer Bedingtheit. Die Annäherung an die menschliche Bedingtheit auf dieser Abstraktionsebene impliziert bereits eine ethische Geste, die aus unserer grundsätzlichen Gleichheit und Gemeinsamkeit als Mitgliedern derselben Gattung erwächst. Eine solche philosophische Anthropologie kann auch als eine Form der Besinnung oder der moralischen Bewußtwerdung betrachtet werden oder als eine Art und Weise, sich der eigenen Vernünftigkeit zu vergewissern, indem man begreift, was es heißt, ein Mensch zu sein. Wodurch zeichnet sich eine derartige

Besinnung aus? Zunächst einmal durch ein Bewußtsein unserer Natalität wie auch unserer Mortalität, die uns nach Augustinus von der Sünde heilt zu glauben, wir seien der Grund unseres Seins. Das sind wir natürlich nicht: Wir sind wesentlich abhängige Geschöpfe, sind wahllos von unseresgleichen geboren worden und sind ganz und gar auf die Gutwilligkeit und Solidarität anderer angewiesen, um zu werden, wer wir sind. Darüber hinaus sind wir körperliche Wesen, deren materielle Bedürfnisse in ständiger Auseinandersetzung und im Stoffwechsel mit der Natur befriedigt werden müssen. Dieser Prozeß der materiellen Bindung an die Welt hat auch eine weltbildende und weltschaffende Funktion. Arendt betont ganz ähnlich wie die Anthropologie des jungen Marx in den *Ökonomisch-philosophischen Manuskripten aus dem Jahre 1844* die welt- und objektschaffenden Eigenschaften der menschlichen Tätigkeiten, indem sie zwischen Arbeiten und Herstellen unterscheidet. Wir sind in eine Bedingtheit der Pluralität hineingestellte Geschöpfe. Anderen Mitgliedern unserer Gattung sind wir hinreichend ähnlich, um uns stets in dem einen oder anderen Sinne mit ihnen verständigen zu können; gleichwohl individuieren wir uns auch im Sprechen und Handeln, wodurch wir enthüllen, wie unterschiedlich wir sind. Pluralität ist eine Bedingung für Gleichheit und Verschiedenheit, eine Bedingung für Gleichheit-in-Verschiedenheit.

Ein derartiger anthropologischer Universalismus beinhaltet eine Ethik radikaler Intersubjektivität, die auf der grundlegenden Einsicht beruht, daß jedwedes soziale Leben und die moralischen Beziehungen zu anderen mit der Dezentrierung des primären Narzißmus ihren Anfang nehmen. Ist Mortalität diejenige Bedingtheit, die das Selbst veranlaßt, sich aus der Welt in eine grundsätzliche Sorge um ein Schicksal zurückzuziehen, das nur das eigene sein kann, so ist *Natalität* die Bedingtheit, durch die wir uns in eine Welt hineinbegeben; zuerst mit Hilfe des guten Willens und des Beistandes derjenigen, die uns erziehen, und später kraft unserer eigenen Taten und Worte. Die Einsicht in die Bedingtheit der Natalität ermöglicht zwar die Dezentrierung des Subjekts, reicht aber noch nicht aus, um eine Einstellung des moralischen Respekts unter Gleichen daraus folgen zu lassen. Denn zur Bedingtheit der Natalität gehören auch Ungleichheit und hierarchisch gestufte Abhängigkeiten. Im Gegensatz dazu beschreibt Arendt den gegenseitigen Respekt als »eine Art ›politischer Freundschaft‹, die der Nähe und Intimität nicht bedarf; er drückt die Achtung vor der Person aus, die aber in diesem Fall aus der Entfernung gesehen ist, welche der weltliche Raum zwischen uns legt« (VA, S. 238). Der Schritt, der von den konstituierenden Bestandteilen einer philosophischen Anthropologie (Natalität, Weltlichkeit, Pluralität und den Formen menschlicher Tätigkeit) zu dieser Einstellung des Respekts vor den anderen führt, fehlt in Arendts Denken. Ihr anthropologischer Universalismus setzt die Einstellung des Respekts eher voraus, als daß er sie rechtfertigen würde. Denn, wenn wir einander als Mitglieder derselben Gattung behandeln, gewähren wir einander in einem gewissen Sinne bereits Anerkennung als moralisch Gleiche. Der philosophische Schritt, der von einer Beschreibung der Gleichheit menschlicher Bedingtheit zu derjenigen Gleichheit führt, die aus moralischer und politischer Anerkennung hervorgeht, wird von Arendt nicht näher geprüft. Oder wenn man die quaestio juris Kantianisch formulieren will: Weswegen oder aus welchem Grund sollte ich den anderen als meinesgleichen achten? Arendt antwortet darauf mit einer quaestio facti, einer scheinbar tatsachengerechten Beschreibung der menschlichen Bedingtheit. Der Pfad, der von der anthropologischen Pluralität der menschlichen Bedingtheit zur moralischen und politischen Gleichheit der Menschen in einer Gemeinschaft wechselseitiger Anerkennung führt, wird gerade deshalb nicht philosophisch thematisiert, weil er historisch gesehen so kontingent erscheint. Arendt entwickelt erst in dem Moment die Elemente für ein Verfahren, mit dem man in der Ethik zu intersubjektiver Gültigkeit und Rechtfertigung gelangen kann, als sich ihre Überlegungen zu

Kants Theorie der reflektierenden Urteilskraft auf das Gebiet der Ethik erstrecken. In ihrer scharfsinnigen Auslegung von Kants Theorie der »erweiterten Denkungsart« ist eben das enthalten.

Aber sind nicht die existentialistischen und antifundamentalistischen Impulse ihrer politischen Philosophie gerade das, was Hannah Arendt für viele heute so anziehend macht? War sie nicht eine Vertreterin der Postmoderne »avant la lettre«? Einige provokante Interpretationen neueren Datums haben versucht, Hannah Arendts Denken in eine mehr Nietzscheanische Richtung zu drängen und ihre Kantianische Seite abzuschwächen. Dana Villa hat die Beziehung zwischen Arendts Auffassungen vom Handeln als »agonales Agieren« einerseits und bestimmten Nietzscheanischen Themen andererseits näher untersucht. Dabei betont er besonders die in Aufsätzen wie »Freiheit und Politik« enthaltene Konzeption von Handeln und Freiheit.[68] So schreibt er in *Arendt and Heidegger. The Fate of the Political*:

»Die Stärke der Aristoteles-Deutung von Arendt sollte nun klar geworden sein. Wenn die Idee der ›praxis‹ im Kampf gegen eine undemokratische Instrumentalisierung des Handelns wirksam eingesetzt werden soll, dann steht die gründliche Dekonstruktion des teleologischen Zusammenhangs, aus dem dieser Begriff hervorging, an erster Stelle des Unternehmens [...] Das ist der kompromißlose Standpunktwechsel, den Arendt vornimmt, um die Praxis ›wiederzugewinnen‹. Es ist ein revolutionäres Projekt, und es bringt Formulierungen hervor, die paradox sind und oft Verwirrung stiften [...] Gegenüber der eigentümlichen Bedeutung und Wirklichkeit des Handelns, die es zu erfassen gilt, werden Motive, Ziele, Bedingungen und Folgen weitgehend zweitrangig.«[69]

Villas Lesart zufolge wird Arendt zu einer Vertreterin der »Hochmoderne«, die »auf Politik um der Politik willen« besteht.[70] Ich kann dieser Analyse der Arendtschen Handlungstheorie nicht zustimmen, weil eine solche Betrachtungsweise die

Dimension der narrativen Verfaßtheit des Handelns völlig übergeht. Eine derartige selektive Gewichtung der Arendtschen Agonistik stellt Arendt in den Schatten Nietzsches. Sie unterschätzt den wesentlichen Beitrag von Arendt zur Philosophie der Handlung im 20. Jahrhundert, der in der Entdeckung einer Verbindung zwischen Handeln, Erzählen und Interpretation besteht. Das Handeln ist zwar eine zentrale Kategorie in Arendts Denken, doch die ausschließliche Betonung des Handelns gewährt lediglich einen verkürzten Zugang zu ihrem Denken, solange es nicht in seinen richtigen Zusammenhang neben Natalität und Pluralität gestellt wird. Hannah Arendt war keinesfalls eine Denkerin, die sich bloß dem politischen Handeln verschrieben hatte, ihr Denken galt ebenfalls der Kultur und den Institutionen der Menschen, politischen Parteien und Bewegungen, individuellen und kollektiven Identitäten, geschichtlichen Verläufen und Zukunftsmöglichkeiten. Daß sich in ihrem Werk eine wesentliche Spannung von Anfang bis Ende durchhält, erkennen wir erst dann, wenn wir ihre philosophischeren Überlegungen zum Handeln, zur Identität und Pluralität in die Entwicklung ihres politischen Denkens als Ganzes einordnen: Zwischen ihrem moralischen und politischen Universalismus auf der einen Seite und ihrer ungebrochenen Bindung an das philosophische Ethos griechischen Denkens auf der anderen Seite besteht ein polarisiertes Verhältnis. Oder genauer, zwischen ihrem Universalismus, wenn sie Fragen dieses Jahrhunderts durchdenkt – vom Zionismus über den Imperialismus und das Schicksal der Staatenlosen bis zum Eichmann-Prozeß –, und ihrem griechischen Denken, wie es ihr in Heideggers Vorlesungen der Jahre 1924 und 1925 nahegebracht worden war. Eben diese Spannung macht Hannah Arendt zu einer Vertreterin der Moderne wider Willen.

Natürlich ist mittlerweile gut bekannt, daß jede Interpretation notwendigerweise selektiv ist. Der Deutungsvorgang ist ein Dialog zwischen dem Autor, dem Leser und der Gemeinschaft früherer und zeitgenössischer Interpreten, mit denen man sich im Dialog befindet. Jedes Deuten ist mehrstimmig. Vielleicht gleicht es weniger einem geordneten Gespräch als einer Symphonie der Stimmen. Was uns Arendts Stimme so gegenwärtig erscheinen läßt, ist die Aussicht auf eine wünschenswerte Politik im posttotalitären Moment. Ob wir diese Politik nun, wie Margaret Canovan vorschlägt, als eine Form des »republikanischen Existenzialismus« bezeichnen oder ob wir sie nach Maurizio Passerin d'Entrèves »radikale Demokratie« nennen, ändert jedoch nichts daran, daß wir ein nicht unerhebliches Paradox ins Auge fassen müssen[71]: Hannah Arendts Soziologie moderner Institutionen und ihre Unterscheidung zwischen dem Sozialen und dem Politischen sind so problematisch, daß sich schwer erkennen läßt, wo oder wie ihre normative Vision des Politischen in den heutigen Institutionen verankert werden sollte. Wir brauchen also nicht nur eine Neuinterpretation von Hannah Arendts Denken, sondern auch eine Revision. Denn, wenn wir »mit Arendt gegen Arendt« denken wollen, müssen wir die Pietät bei Textanalysen hinter uns lassen, müssen uns selbst Fragen im Stil von Arendt stellen und zu Antworten bereit sein, die nicht auf Arendts Linie liegen.

Es ist kaum möglich, mit dem politischen Denken von Hannah Arendt zurechtzukommen, ohne die Frage nach der Wiedergewinnung der Öffentlichkeit aufzuwerfen. Arendt hat uns den zentralen Stellenwert bewußt gemacht, den der Begriff der Öffentlichkeit für jedes egalitär und partizipatorisch ausgerichtete, demokratische Projekt besitzt. Dies bleibt einer ihrer wichtigen Beiträge zur politischen Philosophie. Doch sie vernachlässigt eine alternative Genealogie der Moderne, die ja schon sehr früh in ihrer Rahel-Varnhagen-Biographie beschlossen lag; wie besonders aus *Vita activa* ersichtlich wird, läßt diese Vernachlässigung ihren Begriff des öffentlichen Raums ohne institutionelle Verankerung frei dahintreiben, als wäre es eine nostalgische Schimäre am Horizont der Politik.

Vom öffentlichen Raum zur Öffentlichkeit: Hannah Arendt und Jürgen Habermas

Jürgen Habermas veröffentlichte 1962 sein Buch *Strukturwandel der Öffentlichkeit.*[72] Obwohl schon die ersten Seiten dieses Werks verraten, wie bedeutend der Dialog mit Arendt für Habermas gewesen sein muß[73], ist die Vielschichtigkeit ihres Austauschs und das Ausmaß seiner intellektuellen Anleihen bei Arendt nicht gebührend gewürdigt worden. Jürgen Habermas verdankt Hannah Arendt nicht nur die Wiederentdeckung des Begriffs vom öffentlichen Raum. Auch die ausschlaggebende Unterscheidung zwischen »Arbeit« und »Interaktion« bei Habermas, die den Ausgangspunkt seines Begriffs vom »kommunikativen Handeln« bildet, geht stark auf Arendts Kritik an Marx in *Vita activa* und auf ihre eigene Differenzierung zwischen Herstellen, Arbeiten und Handeln zurück.[74] Habermas hat Arendts Werk zuweilen kurz und bündig als Teil einer »Aristotelischen« Erneuerung der »praxis«-Kategorie bezeichnet.[75] Die Etikettierung als »Neoaristotelismus« verdeckt jedoch die Unterschiede zwischen Denkern wie Hans-Georg Gadamer und Hannah Arendt. Beide waren sicherlich einer gewissen Heideggerianischen Lesart des Aristoteles verpflichtet, deren Elemente ich im vierten Kapitel untersucht habe. Gadamer erneuert die Aristotelische Kategorie der »praxis« im Rahmen einer Philosophie der »phronesis«, einer Philosophie der praktischen Vernunft und des praktischen Urteilens und der Befassung mit den Eigenheiten ethischer und politischer Situationen. Er stellt diese Form der »phronesis« der Cartesianischen Gewichtung methodischer und abstrakter Wissensformen in der modernen Philosophie gegenüber.[76] Hannah Arendt schlägt einen anderen Weg ein[77] und erforscht die »sprachliche Struktur menschlichen Handelns«. Ihre These, »die meisten Taten haben die Form von Worten« (VA, S. 167 ff.), steht entschieden für den von ihr gewählten Weg. Arendt vertritt nicht den Standpunkt, das Sprechen selbst sei eine Handlungsform, wie es J. L. Austin und John Searle mit ihren »Sprechakttheorien« getan haben. Sie behauptet, das menschliche Handeln sei sprachlich strukturiert, insoweit es nur vermittels einer narrativen Darstellung als das identifiziert, beschrieben und erkannt werden könne, was es ist. Der Urheber von Taten wie der Erzähler von Geschichten müssen imstande sein, sprachlich mitzuteilen, was das ist, was sie da tun. Arendts Entdeckung der sprachlichen Struktur menschlichen Handelns gab meines Erachtens einen wichtigen Anstoß für Habermas' spätere Theorie des kommunikativen Handelns. Ein zusätzliches und ebenso wichtiges Erbe, das Arendt Habermas vermachte, besteht in dem Begriff des öffentlichen Raums.

Nach *Vita activa* war Jürgen Habermas' *Strukturwandel der Öffentlichkeit* dasjenige Werk, das eindringlich auf die zentrale Rolle dieses Begriffs für die moderne Politik ganz im Gegensatz zur antiken Politik aufmerksam machte. Mit dem Wechsel von Arendts Begriff des »öffentlichen Raums« zum Begriff der »Öffentlichkeit« bei Habermas erfolgten einige gravierende Veränderungen. Während Arendt erstens unter den Voraussetzungen der Moderne einen Zerfall der öffentlichen Sphäre sieht, vermerkt Habermas für die Zeit der Aufklärung die Entstehung einer neuen Form von Öffentlichkeit in Gestalt eines Publikums privater Individuen, die gemeinsam über öffentliche Angelegenheiten debattieren.[78] Das bürgerliche Lesepublikum der frühen Aufklärung, welches in nuce das kritisch-politische Publikum des späten 18. und frühen 19. Jahrhunderts darstellt, gebraucht seine Vernunft in öffentlichen Angelegenheiten, indem es über eine dritte Stimme diskutiert, die Stimme des abwesenden Autors. Es vollzieht sich ein Wechsel vom Modell eines okularen zu einem auditiven Publikum; man stellt sich das Publikum nicht mehr wie im Falle des vereinigten Demos als eine Gruppe von Menschen vor, die einander sehen. Das Publikum kommt vielmehr zunehmend über unpersönliche Kommunikationsmittel, wie die Druckerpresse, Rundschreiben,

Romane sowie literarische und wissenschaftliche Zeitschriften, zustande.

Zweitens macht sich Arendts Auffassung des Öffentlichen an topographischen und räumlichen Metaphern wie dem »Erscheinungsraum«, der »Stadt und ihren Mauern« fest, während Habermas die Umwälzungen in den Mittelpunkt rückt, die das Aufkommen der Printmedien für die Identität des Publikums mit sich brachte. Die Öffentlichkeit wird zu einer virtuellen Gemeinschaft der Leser, Verfasser und Interpreten.[79] Für Habermas ist die Sphäre des Öffentlichen eben nicht bloß oder gar prinzipiell eine Arena des Handelns, sondern ein unpersönliches Medium der Kommunikation, Information und Meinungsbildung. An dem terminologischen Wechsel vom »öffentlichen Raum« zur »Öffentlichkeit« läßt sich dieser Punkt unschwer ablesen. Das Publikum verliert bei diesem Vorgang an Substanz, wird ungreifbarer.

Der Begriff des öffentlichen Raums in Hannah Arendts Theorie ist allgemein so eng mit ihrem Verständnis vom Handeln im Erscheinungsraum verknüpft, daß der entscheidende Platz dieses Begriffs in einer *Theorie demokratischer Legitimität* nicht mehr erkennbar ist. Erst durch systematische Umgestaltungen, die Habermas an diesem Begriff von Arendt vornimmt, wird es uns möglich, die Verbindung zwischen der Öffentlichkeit und demokratischer Legitimität wiederherzustellen.[80] Zum besseren Verständnis dieser Umgestaltungen möchte ich zwei Begriffe einführen, mit denen sich die Funktionen des öffentlichen Raums für die Arendtsche Auffassung des Politischen beschreiben lassen.

Wenn Arendt den öffentlichen Raum mit dem Raum der Erscheinungen verknüpft, wie sie es häufig tut, schwebt ihr in erster Linie ein Modell der Face-to-face-Interaktionen vor. Aber eine solche Sicht privilegiert nicht nur die unmittelbare menschliche Interaktion, sondern setzt auch einen beachtlichen Grad an Homogenität und Konvergenz in bezug auf ein gewisses gemeinsames Ethos voraus. Denn wie sonst könnte ein Handeln anderen in seiner Bedeutung »offenkundig« sein? Wie könnte eine Gruppe von Menschen das »Was« der Handlung und das »Wer« des Täters erkennen, ohne ein beträchtliches Maß an Zusammenhalt in bezug auf die Interpretation zu haben? Zusammenhalt bedeutet aber keineswegs Einstimmigkeit, sondern ein bestimmtes Maß an Konvergenz in der Interpretation. Dies möchte ich als holistische Funktion des öffentlichen Raums bezeichnen. Der öffentliche Raum ist dieser Sicht entsprechend ein Raum, in dem sich ein Kollektiv selbst gegenwärtig wird und sich selbst durch ein von allen geteiltes Repertoire zur Verfügung stehender Interpretationen wiedererkennt.

Der öffentliche Raum hat außerdem eine epistemische Funktion. Besonders auffallend ist diese Dimension dann, wenn Arendt sich darum bemüht, den Bereich des Sozialen von dem des Politischen scharf zu trennen. Damit unterstreicht sie, daß der Prozeß des öffentlich-politischen Kampfs das schmale Eigeninteresse in ein breiter geteiltes öffentliches oder allgemeines Interesse umwandeln muß. Die authentische politische Einstellung besteht in der Fähigkeit und Bereitschaft, sich auf »die erweiterte Denkungsart« einzulassen, d.h. im einzelnen, in der Öffentlichkeit Gründe vorzutragen, den Standpunkt des anderen in Erwägung zu ziehen, die Diktate des Eigeninteresses in ein allgemeines, öffentliches Ziel zu überführen. Oder wie Arendt in ihrem Kommentar zu Kants Theorie der Urteilskraft formulierte:

»In der *Kritik der Urteilskraft* nun fügt Kant unter den ›Maximen des gesunden Menschenverstandes‹ diesem Prinzip des Übereinstimmens mit sich selbst das Prinzip einer ›erweiterten Denkungsart‹ hinzu, das darin besteht, daß ich ›an der Stelle jedes anderen denken‹ kann. Zu der Einstimmigkeit mit sich selbst tritt also eine mögliche Einstimmigkeit mit anderen. Auf dieser erweiterten Denkungsart beruht die Urteilskraft, aus ihr schöpft das Urteilen seine eigentliche Kraft der Gültigkeit.«[81]

Hier wird die erkenntnistheoretische Funktion des öffentlichen Raums beschrieben, und zugleich wird deutlich, wie eine solche »vorwegnehmende Verständigung mit anderen« auch die Grenzen der Face-to-face-Gesellschaft überschreitet.

Beide Modelle, das holistische wie das epistemische, spielen eine wichtige Rolle für jegliche Theorie demokratischer Legitimität, die, sei sie nun vormodern oder modern, den Standpunkt vertritt, die Regierung sei grundsätzlich für das Volk, durch das Volk und mit dem Volk auszuüben. Dennoch gibt es zwischen den stärker radikal-demokratisch ausgerichteten Traditionen und den liberal-repräsentativen Traditionen interessante Unterschiede hinsichtlich der Gewichtung der beiden Modelle. Wenn wir Jean-Jacques Rousseau, Thomas Jefferson oder den jungen Karl Marx als Theoretiker einer radikal partizipatorischen Demokratie verstehen wollen, liegt die Betonung auf der Gegenwärtigkeit eines geeinten Volkswillens, wobei das Volk als eine beratende oder beschlußfassende Gemeinschaft versammelt ist.

Wenn wir dagegen den Anspruch der liberalen Tradition betonen, wonach sich eine jede legitime Regierung aus der Zustimmung der Regierten ableitet, läßt sich die Öffentlichkeit als ein Mechanismus betrachten, über den eine solche Zustimmung ausgedrückt wird. Im Gegensatz zur Betonung der tatsächlichen leiblichen Anwesenheit des Volkes bei den partizipatorisch denkenden Demokraten ist die liberale Tradition eher bereit hinzunehmen, daß die Zustimmung des Volkes auf eine vermitteltere Art und Weise sowie durch komplexere Institutionen der Zivilgesellschaft und des Staates ausgedrückt werden kann. Der geniale Zug von Habermas' Diskussion im *Strukturwandel der Öffentlichkeit* bestand ja darin, daß er das liberale Prinzip politischer Legitimation, nämlich den privaten Vernunftgebrauch der Bürger zur Prüfung öffentlicher Angelegenheiten, einer radikal-demokratischen Kritik unterzog.[82]

Habermas stellt den Zusammenhang zwischen dem Begriff der öffentlichen Sphäre und den modernen Formen politischer

Legitimität her, die die freiwillige Einigung gleicher Bürger als die Basis solcher Legitimität erachten. In der Kantischen Ausdrucksweise ist der »öffentliche Gebrauch seiner Vernunft«[83] deshalb unerläßlich, weil ein verallgemeinerbarer Standpunkt erst dadurch entstehen kann, daß der eigene Standpunkt in bezug auf öffentliche Angelegenheiten dem Urteil anderer ausgesetzt und mit ihren Gesichtspunkten konfrontiert wird. Wenn die vernünftige und freiwillige Zustimmung der Bürger oder ihr wechselseitiges Versprechen, wie Arendt sagen würde, die Grundlage für die Legitimität im politischen Bereich bildet, dann ist für moderne politische Institutionen eine öffentliche Sphäre unabdingbar, in der Meinungen ausgetauscht, Argumente ausgesiebt und gemeinsam Überlegungen angestellt werden. Durch seine Analyse zeigt Habermas ganz deutlich die Verbindung, die zwischen dem modernen Verständnis von politischer Legitimität und der Öffentlichkeit besteht. Elemente zu einer solchen Sichtweise waren bei Arendt in einigen späteren Aufsätzen, so z.B. in »Ziviler Ungehorsam«[84], ansatzweise bereits enthalten; ein systematisches Argument, das die politische Legitimität in ihrer demokratischen oder liberalen Form mit der öffentlichen Sphäre in einen stringenten Zusammenhang bringen würde, ließ sich Arendts Theorie jedoch nicht entnehmen. Ihre Gedanken zum öffentlichen Bereich gingen statt dessen oft in einer romantischen Anrufung jener Macht unter, die auftritt, wann und wo immer das Volk durch gegenseitige Versprechen geeint ist. Das gelegentliche Wiederauffinden des »verlorenen Schatzes der Revolutionen« erfuhr jedoch kaum jemals eine institutionelle Verankerung in der modernen Welt.

Doch auch wenn uns die Geschichte des politischen Denkens lehrt, wie unverzichtbar ein bestimmtes Verständnis von Öffentlichkeit sowohl für die demokratische als auch für die liberale Theorie ist, sind alle normativen Theorien der Öffentlichkeit eine ganze Zeitlang verdächtigt worden, für das heutige politische

Leben völlig irrelevant zu sein. Das ist der Punkt, an dem von Arendt formulierte Fragen auf Antworten warten, die nicht von Arendt sind.

Die umstrittene Öffentlichkeit und die Krise der Privatsphäre

Walter Lippmann veröffentlichte 1927 das Buch *The Phantom Public.*[85] In diesem Werk, das vor dem Hintergrund wachsender Hoffnungslosigkeit und Ernüchterung hinsichtlich der Lebensfähigkeit repräsentativer Demokratien in Europa und Nordamerika geschrieben worden war, verwarf Lippmann das »Ideal souveräner und allseits kompetenter Staatsbürger«, das bestenfalls eine Fiktion und schlimmstenfalls ein Phantom sei.[86] Lippmanns elitäre und pessimistische Beurteilung, was die fiktive Qualität von kollektiven Prozessen der Deliberation gewöhnlicher Bürger angeht, löste bei John Dewey mit *Die Öffentlichkeit und ihre Probleme* eine lebhafte Reaktion aus. Dewey räumte ein, daß die Erfahrung industrieller und städtischer moderner Gesellschaften »das echte Gemeinschaftsleben« aushöhle, aus dem sich die amerikanische Demokratie entwickelt habe, und gab zu, daß »die Öffentlichkeit verloren zu sein scheint [...] Wenn eine Öffentlichkeit existiert, dann ist sie sich über ihren Verbleib sicherlich genauso unsicher, wie sich die Philosophen seit Hume über den Sitz und den Aufbau des Selbst im unklaren sind.«[87] Dennoch versuchte Dewey eine Vision von radikaler Demokratie auszuarbeiten. Die Individuen könnten wieder als demokratische Aktivbürger eingesetzt werden, indem man jene Bindungen der Gemeinschaft mit neuem Leben erfüllt, aus denen die Erfahrung Amerikas mit der Demokratie in den Städten Neuenglands einmal geboren worden war.

Die Theorien der Öffentlichkeit von Walter Lippmann bis Hannah Arendt, von John Dewey bis Jürgen Habermas sind anscheinend von einer nostalgischen Trope befallen: Wo einst eine öffentliche Sphäre des Handelns und der Beratung, der Beteiligung und der kollektiven Beschlußfassung existiert hatte, gibt es sie heute nicht mehr; oder wenn es noch eine öffentliche Sphäre gibt, dann ist sie so entstellt, geschwächt und korrumpiert, daß sie höchstens einer blassen Erinnerung von damals gleicht. Mit diesen Theorien hat es immer die eigenartige Bewandtnis eines »Es war einmal und ist nicht mehr«, ganz gleich, ob man nun die Athenische Polis als Paradigma wählt, ob man sich die Erfahrung republikanischer Stadtstaaten der italienischen Renaissance vergegenwärtigt oder vielleicht das authentische Publikum in den Zusammenkünften von Privatpersonen während der Aufklärung sucht, die ihren »privaten Verstand zur Diskussion öffentlicher Angelegenheiten« gebrauchen (Habermas), oder ob man etwa die Stadtversammlungen in Neuengland idealisiert. Das öffentliche Publikum ist ein Phantom, das nicht verschwinden wird. Selbst nach unzähligen Begräbniszeremonien und Grabreden, die ihm galten, kehrt es zurück, um das Gewissen und die Erinnerung heimzusuchen.

Auf den Schlußseiten von *Strukturwandel der Öffentlichkeit* zitiert Habermas C. Wright Mills gerade im Hinblick auf die Unterscheidung von »Publikum« und »Masse«. Ein Publikum verweist nach Mills auf eine Kommunikationsform, in der ebensoviele Menschen Meinungen äußern wie aufnehmen, wo es einen Kanal für unmittelbare und wirksame Antworten gibt, und in der die Meinung ein wirksames Ventil im Handeln findet. In einer »Masse« hingegen drücken weit weniger Menschen Meinungen aus, als sie Meinungen aufnehmen; es ist entweder schwierig oder unmöglich, darauf zu antworten, und die Umsetzung der Meinung im Handeln wird von Autoritäten überwacht, die die Kanäle solchen Handelns organisieren und steuern. Die Masse besitzt gegenüber den kontrollierenden Institutionen keinerlei Autonomie.[88]

Mit der Verbreitung der Industrialisierung und neuer Technologien weicht die Vorherrschaft der gedruckten Medien zunächst der Telegrafie und dem Radio, dann den elektronischen Medien und in unseren Tagen den Informationstechnologien. Da die Kommunikationsmittel ständig mehr Menschen miteinander verbinden und ihnen Zugang zu immer mehr unpersönlichen Informations- und Kommunikationswegen verschaffen, verliert das »Publikum« seine metaphorische Verankerung in irgendeiner körpergebundenen Form und wird entsubstantialisiert. Bei den neuen Kommunikationsmedien wie z.B. E-mail können die Kommunizierenden weder einander sehen noch die Stimme des anderen hören. Sie sind lediglich als Sender und Empfänger elektronisch beförderter Botschaften vorhanden. Das neue Publikum ist zunehmend körperlos oder räumlich gesehen ortlos. Es wird durch ein anonymes öffentliches Gespräch gebildet, das sich in vielfältigen gesellschaftlichen Räumen abspielt und an dem sich potentiell unendlich viele Stimmen beteiligen können. Lippmanns und Deweys öffentlicher Aktivbürger ist heute nurmehr ein gesichtsloser Sprecher und Hörer in einem anonymen öffentlichen Gespräch.

Kann eine solche anonym geführte öffentliche Unterhaltung das Medium sein, in dem demokratische Beratungen stattfinden können? Weder Lippmann noch Dewey glaubten, daß unter diesen sozialen und technologischen Voraussetzungen ein »Gespräch« möglich sei, ganz zu schweigen von einem Prozeß öffentlicher Deliberation. Tatsächlich stoßen wir um uns herum überall auf den augenscheinlichen Widerspruch, daß die *Qualität* der öffentlichen Debatte und Argumentation mit dem vermehrten Zugang zu den öffentlichen Kommunikationsmitteln abgenommen hat. Die Radio-Talk-Shows haben die öffentliche Beratung und Diskussion nicht befördert – statt dessen ist die öffentliche Sphäre voller Stimmen, die Ressentiments, Vorurteile und unreflektierte Meinungen äußern, meistens in exhibitionistisch herausfordernder Weise. Je unpersönlicher das öffentliche Gespräch geworden ist, desto größer auch die Versuchung,

»die Sau rauszulassen«. Die Grenze zwischen Intimität und Publizität ist weitgehend aufgeweicht.

Die Idee des souveränen Volkes, das gemeinschaftlich über Angelegenheiten von allgemeinem Interesse nachdenkt und berät, ist ein regulatives Ideal der demokratischen Regierungsform, und die Besorgnis um die Öffentlichkeit ist im Grunde genommen Angst um die Demokratie in modernen, komplexen, multikulturellen und zunehmend globalisierten Gesellschaftsordnungen. Das regulative Prinzip der Demokratie benötigt die Idee von einer autonomen Öffentlichkeit, definiert als Prozeß, in dem vermittels der kollektiven Deliberation die Selbstverwaltung erfolgen kann. Zwischen diesem konstitutiven Ideal der Demokratie einerseits und den in wachsendem Maße substanzlos gewordenen Trägern des anonym geführten öffentlichen Gesprächs in Massengesellschaften andererseits existiert ein Bruch. Mit diesem Bruch verwandelt sich das regulative Ideal der Demokratie in eine konstitutive Fiktion, und eben diese Fiktion löst ununterbrochen Ängste aus.

Wir sollten uns allerdings klar darüber sein, daß dieses regulative Ideal selbst höchst problematisch ist und es auch immer war. Ungeachtet seiner normativen Kraft ist es für das Verständnis des demokratischen Projekts in mehreren wichtigen Hinsichten irreführend. Will man das Ideal der Öffentlichkeit und des demokratischen Projekts noch einmal theoretisch durchleuchten, sollte man zunächst bei einer neuerlichen Analyse dieser konstitutiven Fiktion der Demokratie ansetzen. Ich möchte hier vier Aspekte aufführen, unter denen das Prinzip eines souveränen deliberativen Organs der Bürger problematisch ist: nämlich hinsichtlich der Identität des Staatswesens (a), der sozialen Komplexität (b), der Rationalität von Verfahren (c), und des Mythos demokratischer Souveränität und Verfassungsstaatlichkeit (d).

Die Identität des Staatswesens. Alle bislang bekannten »Öffentlichkeiten« beruhten auf dem Ausschluß bestimmter Gruppen von Individuen von der politischen Partizipation oder Deliberation; und zwar geschah das mit der Begründung, diesen Individuen mangele es an den geistigen, emotionalen, ökonomischen, politischen oder kulturellen Tugenden und Fähigkeiten, die für die Beteiligung an öffentlichen Belangen als unverzichtbar angesehen wurden. In der Geschichte der verschiedenen Kulturen und Gesellschaften war es durchweg üblich, Frauen, körperlich arbeitende Menschen, die Besitzlosen sowie Mitglieder bestimmter rassischer, religiöser und ethnischer Gruppen oder Sprachgemeinschaften von der Beteiligung an der öffentlichen Sphäre auszuschließen. Die Öffentlichkeit steht als Begriff ebensosehr für Inklusion wie für Exklusion: Sie gründet sich auf das definierende »wir« und das »sie«, auf das, was zu recht öffentlich ist, und das, was privat ist. Wie Hannah Arendt bemerkte, besteht eine absurde Entwicklung komplexer Demokratien des 20. Jahrhunderts darin, daß der sogenannte Niedergang oder Wandel der Öffentlichkeit zusammenfiel mit einer noch nie dagewesenen Aufhebung von Zugangsbeschränkungen für bis dahin ausgeschlossene Gruppen. Wäre es also denkbar, daß das regulative Ideal der Demokratie – das souveräne Volk – niemals angemessen verwirklicht werden kann, weil es als ein Ideal stets wegen der Ausschlüsse, die es erzeugt, oder der Grenzen, die es zieht, mit Zweifeln bedacht und in Frage gestellt werden muß? Das »souveräne Volk« in einer Demokratie kann keine fixe Größe sein; es liegt im Wesen der Demokratie, daß die Grenzen zwischen dem »wir«, das entscheidet, und dem »sie«, über das entschieden wird, stets dem Zweifel und der Anfechtung unterworfen sein werden.

Soziale Komplexität. Wie *Vita activa* gezeigt hat, bringt die soziologische Grundgestalt der Moderne einschneidende Veränderungen für das, was »öffentlich« und was »privat« bedeutet. Das Private bezieht sich nunmehr auf die häuslich-intime Sphäre, auf die ökonomische Sphäre des Privatbesitzes und der Vertragsgeschäfte und auf die zivile Sphäre vielfältiger freier Zusammenschlüsse, die in wachsendem Maße auch ein autonomes Gebiet der Wissenschaft und der Literatur sowie anderer kultureller oder religiöser Bestrebungen umfassen. Eine ganze Reihe moderner Sozialtheoretiker von Rousseau bis zum jungen Hegel, vom jungen Marx bis zu Hannah Arendt sieht das demokratische Projekt und die soziale Komplexität moderner kapitalistischer Zivilgesellschaften als unvereinbar an.

Dagegen argumentieren Theoretiker, die dem Projekt der Moderne wohlwollend gegenüberstehen, wie z.B. der späte Hegel der *Rechtsphilosophie von 1821*, Benjamin Constant, Alexis de Tocqueville und John Stuart Mill, daß das Projekt demokratischer Selbstverwaltung und die individuelle Freiheit keineswegs unvereinbar seien, sondern einander vielleicht sogar ergänzen könnten. Die Behauptung dabei ist nun, in der Polis habe die Demokratie nur auf Kosten der Individualität, Kreativität und Selbstentfaltung erlangt werden können. Die Freiheiten in der antiken Polis hätten, so grandios sie auch waren, die Freiheit des Individuums erdrückt, sobald die beiden in Konflikt gerieten. Die Herausforderung besteht jetzt darin, das demokratische Projekt unter den Voraussetzungen sozialer, kultureller und moralischer Heterogenität noch einmal neu zu konzipieren.

Von den umsichtigeren unter den liberalen Beobachtern der modernen Zivilgesellschaft stammt die Errungenschaft, zwei Prinzipien in die Demokratietheorie eingeführt zu haben. Erstens die Notwendigkeit von Institutionen mit repräsentativer und vermittelnder Funktion in der Zivilgesellschaft, die die Interessen und Ansichten einer zunehmend verschiedenartig zusammengesetzten Bürgerschaft, wie sie die moderne Zivilgesellschaft prägt, auf staatlicher Ebene zum Ausdruck bringen. Und zweitens ergänzend dazu eine unabhängige Sphäre öffentlicher Meinung, die sich innerhalb, statt außerhalb der Grenzen einer Zivilgesellschaft bildet.

In konzeptueller Hinsicht kam der wirklich bedrohliche Angriff auf das regulative Ideal der Demokratietheorie von kritischen Beobachtern, die erkannt hatten, wie sich der Charakter gesetzgebender und parlamentarischer Organe veränderte. So veröffentlichte Carl Schmitt 1923, bereits vier Jahre vor Lippmanns *The Phantom Public*, unter dem Titel *Die geistesgeschichtliche Lage des heutigen Parlamentarismus* seine Kritik an den liberalen Demokratien.[89] Schmitt zeichnete ein Phänomen nach, das uns heute noch stark beschäftigt, obwohl die Konsequenzen, die er aus seiner Analyse zog, in eine ganz andere Richtung wiesen als zum Projekt einer neu gestärkten Demokratie. Schmitts Theorie umfaßte die These, die parlamentarischen Organe in liberalen Demokratien würden von Organen, die über das Allgemeinwohl berieten, umgestaltet zu Organisationen, in denen mächtige, private Körperschaften über Interessen verhandelten und Abmachungen trafen. Die öffentliche Gesetzgebung werde von Mal zu Mal mehr an einflußreiche Komitees delegiert, die in Hinterzimmern tagen, während sich die Bühne öffentlicher Deliberation und Debatte entleere. Dieser veränderte Charakter gesetzgebender Organe in liberalen Demokratien demaskierte nach Meinung von Carl Schmitt die Illusion des »government by debate«, auf der diese Systeme basierten. Je mehr die Regierung kraft Debatte durch Verhandlungen zwischen einflußreichen Gruppen ersetzt werde, desto besser werde man den endgültigen und nicht debattierbaren Augenblick der Entscheidung erkennen können, auf dem jede politische Macht beruhe. Nicht das gemeinsame Organ aller Staatsbürger sei der Souverän, sondern derjenige, der die Macht habe, über den Ausnahmezustand zu entscheiden. Carl Schmitts autoritäre und in letzter Konsequenz faschistische Theorie der Souveränität erklärte die öffentliche Sphäre insgesamt für überflüssig.

Die Veränderung legislativer und repräsentativer Organe in den Demokratien von beratenden Organen zu verhandelnden Organen, die größer werdende Distanz, die sich zwischen die Prozesse der Beschlußfassung mit demokratischen Vertretern, gesellschaftlichen und technischen Eliten auf der einen Seite und das gewöhnliche Publikum auf der anderen Seite legt, und zudem der hohe Schwierigkeitsgrad der Fragen, mit denen sich die Allgemeinheit und ihre Repräsentanten befassen müssen, stellen allesamt Aspekte sozialer Komplexität dar, die das Ideal wie die Praxis der Demokratie fragwürdig erscheinen lassen.

Rationalität und kollektive Deliberation. Die Vorstellung von kollektiven Prozessen der Überlegung und Beratung hat sogar unter Demokratietheoretikern stets Mißtrauen erweckt. Rousseau glaubte, das vereinte Volk könne sich nicht überlegt beraten, denn das würde nur Fraktionen erzeugen.[90] Das »Volk« solle sich seiner selbst statt dessen durch Rituale, Zeremonien und öffentlich symbolische Regeln vergegenwärtigen. Madison unterstützte ein Prinzip demokratischer Kultivierung der Allgemeinheit durch kluge, gerechte und edle Entscheidungen einer öffentlichen Elite, während Jefferson das System städtischer Räte als die einzige Art von Institutionen ansah, deren Größenordnung mit Prozessen öffentlicher Deliberation vereinbar wäre. Allerdings geht es hier um mehr als nur um die praktikable Größe einer debattierenden Öffentlichkeit. Um ein Mindestmaß an Rationalität zu erzielen, benötigen die deliberativen Prozesse Regeln und Verfahren ebenso wie zeitliche Begrenzungen und einen Schluß der Debatte. Hannah Arendt hat diese prozedurale Dimension ungebührlich vernachlässigt. So sind Publizität und Rationalität keineswegs immer vereinbar. Die öffentliche Debatte und Deliberation muß auch Verfahren einhalten, um irgendeine Form von Rationalität zu gewährleisten. Das Prinzip demokratischer Legitimität verlangt, daß all diejenigen, deren Interessen von kollektiv vereinbarten Handlungsregeln betroffen sind, die Möglichkeit haben, an den deliberativen Prozessen hinsichtlich der Rechtfertigbarkeit solcher Entscheidungen teilzunehmen. Die demokratische Legitimität erfordert zwar ein Maximum an Publizität, doch die Aufgabe gerechter Institutionen und vernünftiger Verfahren besteht darin, wenigstens eine minimale Rationalität bei den Ergebnissen des demokratischen

Prozesses aus Debatte, Deliberation und Beschlußfassung zu sichern. Seit die Stadt Athen das Todesurteil über Sokrates verhängte, war die Irrationalität von Mehrheitsentscheidungen der Pfahl im Fleische der Demokratie. In einer Demokratie ist das »Volk« zwar der Souverän, aber es ist weder immer gerecht noch immer klug.

Souveränität und Konstitutionalismus. Eine grundlegende Neuerung in liberalen Demokratien, durch die eine Vermittlung zwischen Rationalität und Legitimität, demokratischer Souveränität und Gerechtigkeit ermöglicht wird, besteht in der Einsetzung von Verfassungsgerichten und richterlichen Prüfverfahren. In den meisten Demokratien unserer Zeit findet in der Tat ein komplizierter werdendes Tauziehen um das Prinzip demokratischer Souveränität und verfassungsrechtlicher Überprüfung statt. Vom theoretischen Standpunkt her gesehen, sind Verfahren verfassungsrechtlicher Überprüfung innovative Antworten auf die Paradoxien demokratischer Legitimität. Denn was passiert, wenn das souveräne Volk ungerecht vorgeht, weil es die Rechte bestimmter Gruppen in seinen Grenzen verletzt? Und was hat zu geschehen, wenn die Entschlüsse des souveränen Volkes die Grundsätze der eigenen Verfassung mißachten? Die Demokratien heute entwickeln sich zu immer komplexeren Kommunikationsprozessen zwischen gesetzgebenden, gerichtlichen und gewählten Organen und ihren Ergebnissen. Die Resultate solcher kommunikativer Prozesse können zweifellos antidemokratisch und gegen den ausdrücklichen Willen der Mehrheit gerichtet sein, sie können aber auch fortschrittlicher ausfallen als Mehrheitsmeinungen und beim Schutz von Minderheitenrechten mehr Gerechtigkeit bezeugen.

Zusammenfassend läßt sich sagen: Während das Ideal einer souveränen Öffentlichkeit, die kollektiv über das Allgemeinwohl beratschlagt, ebensosehr ein regulatives Ideal wie eine konstitutive Fiktion der Demokratie ist, zeigen historische, gesellschaftliche und institutionelle Entwicklungen die Notwendigkeit, dieses Ideal punktuell einzuschränken. Die Grenzen des Staatswesens sind nie ein für allemal festgelegt, sondern immer grundsätzlich anfechtbar. Die soziale Komplexität zeitgenössischer Gesellschaften überantwortet sowohl repräsentativen Institutionen als auch Formen der Selbstorganisation auf der Ebene einer freien Zivilgesellschaft einen politischen Auftrag. Das Demokratieprinzip kann in der modernen Zivilgesellschaft über unterschiedliche Achsen zum Zug kommen, die sich um ganz verschiedene Probleme drehen. Die Rationalität der Deliberation erfordert Verfahren und Institutionen, die all jenen, die von den Ergebnissen bestimmter Entscheidungen betroffen sind, Gleichheit, Freiheit und Beteiligungsrechte garantieren. Der Sitz des souveränen Volkes muß in einer Demokratie demnach leer bleiben, weil mehrheitlich gefaßte Beschlüsse selbst der Überprüfung, Anfechtung und Kritik durch Verfassungsgerichte und andere Organe richterlicher Revision unterzogen werden können. In einer Demokratie hat das souveräne Volk das letzte, aber nicht das endgültige Wort. Deshalb lassen sich komplexe Demokratien wohl am besten als selbstregulierende und selbstkritische Institutionen zur Deliberation und zur Beschlußfassung definieren.

Wie steht es nun mit der Öffentlichkeit und ihren Problemen? Wir haben gesehen, daß das Phantom nicht verschwinden wird und im Grunde genommen auch nicht verschwinden sollte. Hannah Arendts Werk hat uns in aller Schärfe daran erinnert, daß die Öffentlichkeit als ein regulatives Ideal für die demokratische Form von Selbstverwaltung nicht nur eine soziologische Größe ist, sondern eine Norm und ein Prinzip darstellt, in deren Namen wir die Fairneß von Ergebnissen, die Vernünftigkeit von Entscheidungen und die Klugheit von Beratungen kritisieren können.

Um diesem Phantom unter den heutigen Bedingungen neues Leben einzuhauchen, wird man all die Grenzen, die Arendt zwischen dem Politischen und dem Gesellschaftlichen, der Verwaltung und dem Recht zog, aufheben und neu festlegen müssen. Gerade wegen der entmutigenden Kompliziertheit der meisten Probleme, denen sich Volksvertreter und Staatsbürger in den demokratischen Gesellschaftsordnungen gleichermaßen gegenübersehen, bedarf das demokratische Mandat neuer und innovativerer Mittel, um komplizierte Deliberation und Entscheidungen der Legislative in öffentlich bzw. allgemeinverständliche Information zu übersetzen. Des weiteren verlangen die Herausforderungen, die sich den demokratischen Gesellschaftsordnungen unter den Bedingungen sozialer Komplexität stellen, innovative institutionelle Entwürfe. Tatsächlich erleben wir aber überall eine Erschöpfung utopischer Energien (Habermas)[91], und unsere soziale Vorstellungskraft scheint uns gerade da zu verlassen, wo wir sie am dringendsten brauchen. Diese Erschöpfung utopischer Energien geht, was die Geschichte, die Gesellschaft und die Kultur betrifft, mit einem schwindelerregenden Gefühl für Kontingenz einher. Es sieht so aus, als könnte alles anders sein oder anders gewesen sein, nur sind unsere politischen Kulturen viel zu träge, um innovative Lösungen hervorzubringen. Unter diesen Voraussetzungen ist eine Neubelebung der öffentlichen Sphäre für die politischen Gemeinwesen unverzichtbar, um ihre soziale Vorstellungskraft, ihre utopischen Hoffnungen für die Zukunft zu beflügeln. Das gesamte Spektrum unserer Institutionen muß zu reflexiven Prozessen der Selbsterneuerung und -erforschung ermutigt werden.

In der heutigen global gewordenen Welt spielt die Öffentlichkeit bei der Formung der Wähleridentitäten von anonymen Bürgern in immer komplexeren Nationalstaaten eine wichtige Rolle. Die öffentliche Sphäre hat seit jeher dazu gedient, dem politischen Gemeinwesen den Spiegel vorzuhalten, in dem es seine Identität zu sehen bekam – vergrößert, verzerrt oder verschwommen. Überhaupt ermöglicht die kulturelle Konstruktion des Öffentlichen in unterschiedlichen Gesellschaften zu verschiedenen historischen Zeitpunkten den unverstelltesten Zugang zur

Selbstdefinition eines Kollektivs. Ein demokratisches Volk muß seine Identität in der Öffentlichkeit in Szene setzen, damit es seine innere Vielfalt erkennen kann und mit den Folgen, die diese Vielfalt gegebenenfalls für sein Selbstverständnis hat, zurechtkommen kann. Sowohl bei Individuen wie bei Kollektiven wachsen sich Bedrohungen, die von einem Anderssein ausgehen und nicht zerstreut werden, zu Ressentiments gegenüber anderen aus, die nicht so sind, wie man selbst. Die freie Öffentlichkeit in einer demokratischen Gesellschaftsordnung muß allen Gruppen in der Zivilgesellschaft in gleicher Weise die Möglichkeit zugestehen, sich in der Öffentlichkeit darzustellen. Jede neue soziale, kulturelle oder politische Gruppe präsentiert ihren Standpunkt den anderen oder stellt sich selbst den anderen so dar, daß sie sich umdeutend zu einer öffentlichen Erscheinung wandelt. Die bürgerschaftlich relevante Vorstellungskraft kann nach wie vor nur mit Hilfe dieses Prozesses der öffentlichen Selbstdarstellung und Selbstverdeutlichung gepflegt und gefördert werden. Der Vorgang, in der Öffentlichkeit gute Gründe verständlich darzulegen, zwingt dazu, den Blickwinkel all derer einzunehmen, denen man den eigenen Standpunkt einsichtig machen und überzeugend darstellen möchte und denen man die eigene Geschichte erzählen will. Die Fähigkeit von Individuen und Gruppen, den Standpunkt anderer zu berücksichtigen, die Perspektive umzukehren und die Welt aus deren Blickwinkel zu sehen, ist in einer bürgerrechtlich verfaßten Gesellschaftsordnung eine entscheidende Tugend, die sich natürlich unter den Bedingungen kultureller Vielfalt und sozialer Unübersichtlichkeit als notwendig und überaus anfällig erweist. Die Öffentlichkeit ist wie die Pupille im Auge eines Staatswesens; ist deren Sicht verfinstert, verschwommen oder getrübt, dann ist der Orientierungssinn des politischen Gemeinwesens ebenfalls gestört.

Wir verdanken Hannah Arendts politischer Philosophie nicht nur die Wiederentdeckung des Öffentlichen als einer Hauptkategorie für jede demokratisch-liberale Politik. Wir sind ihr auch verpflichtet, was die Einsicht in die Interdependenz von Öffentlichem und Privatem betrifft.[92] Es handelt sich um Glieder eines binären Gegensatzes: ohne das Private ist das Öffentliche unvorstellbar und umgekehrt. Mit dem Ausdruck »privat« ist eine große Bedeutungsvielfalt verknüpft, die ich hier kurz wiederholen möchte: Seit der Entstehung einer Warentauschwirtschaft und der Entwicklung moderner staatlicher Institutionen bezieht sich der Ausdruck »privat« auf eine breite Spanne institutioneller Phänomene: den häuslichen beziehungsweise reproduktiven Bereich des Haushaltes, die Wirtschaftsordnung eines freien Markts mit Produktion, Tausch, Verteilung und Verbrauch und schließlich die Sphäre bürgerlicher, kultureller, religiöser, wissenschaftlicher, literarischer und künstlerischer Vereinigungen in der Zivilgesellschaft.[93]

Hannah Arendts Zugriff auf die Begriffe des Öffentlichen und des Privaten zeichnet sich durch die phänomenologische Darstellung aus, und nicht etwa durch den vorausgesetzten institutionellen Rahmen, gegen dessen soziologische Schwächen ich in diesem Buch schon mehrfach Einwände erhoben habe. Die folgende Textstelle aus *Vita activa* mag das verdeutlichen:

»Obwohl der Unterschied zwischen privat und öffentlich sich bis zu einem gewissen Grade mit solchen Gegensatzpaaren deckt wie Notwendigkeit und Freiheit, Flüchtigkeit und Bestand, schließlich Scham und Ehre, so folgt daraus doch keineswegs, daß nur das Notwendige, das Flüchtige, das Schamvolle im Bereich des Privaten zuhause ist. Die elementarste Bedeutung dieser beiden Bereiche besagt, daß es Dinge gibt, die ein Recht auf Verborgenheit haben, und andere, die nur, wenn sie öffentlich zur Schau gestellt werden, gedeihen können.« (VA, S. 70)

Was Arendt hier vorschlägt, ist so etwas wie eine Konzeption menschlicher Ausgeglichenheit und psychischer Integrität, die nur dann aufrechterhalten werden kann, wenn der private und der öffentliche Bereich in einem bestimmten Verhältnis zueinander stehen. Arendt meint mit dem Privaten in diesem Zusammenhang nicht die Religions- und Gewissensfreiheit, die historisch gesehen in der liberalen Gesellschaftsordnung als das grundlegende individuelle Abwehrrecht (privacy right) verstanden worden war. Auch daran, daß es ein individuelles Recht (privacy right) auf ökonomischen Reichtum gibt, glaubt Arendt nicht.[94] Mit dem Privaten im oben zitierten Sinne – »daß es Dinge gibt, die ein Recht auf Verborgenheit haben, und andere, die nur, wenn sie öffentlich zur Schau gestellt werden, gedeihen können« – meint Arendt hauptsächlich die Notwendigkeit, bestimmte Aspekte der »häuslich-intimen« Sphäre vor dem feindseligen Blick des Auges der Öffentlichkeit zu verbergen. Welche Aspekte dieser »häuslich-intimen« Sphäre müssen also dem öffentlichen Blick verborgen bleiben und vor dem politischen Geschehen geschützt werden? Diese Frage läßt sich nachträglich beantworten, wenn man die Unterscheidung zwischen dem Privaten und dem Intimen mitbedenkt. Und hier zeichnet sich ein überraschendes Zusammentreffen von zeitgenössischen feministischen Anliegen und Arendts politischer Theorie ab.

Hannah Arendt unterschied zwischen dem Intimen und dem Privaten. Sie sah im Aufkommen der Moderne in der westlichen Welt während des 16. und 17. Jahrhunderts nicht nur den Wandel von einer politischen Öffentlichkeit zu einer gesellschaftlichen Öffentlichkeit, sondern auch den Wandel des Privaten zur »Intimität«. Die intensive Beschäftigung mit der Intimität und mit der individuellen Subjektivität hielt sie lediglich für zwei Aspekte desselben Prozesses. Das moderne Zeitalter isolierte die Individuen und zwang sie in die Schranken anonymer öffentlicher Tätigkeiten, wie sie auf dem Markt des Warenaustauschs herrschen. Zugleich brachte es den Kult der Individualität hervor, die unablässige Beschäftigung mit sich und die Sorge um die Einzigartigkeit, die Authentizität und psychische Harmonie des Selbst. Die Hinwendung zur Individualität und zur Intimität ist für Arendt von einer »Weltlosigkeit« gekennzeichnet, die eine Begleiterscheinung solcher menschlichen Beziehungen ist.

Arendt betont, daß es einen Sinn des Privaten gibt, der mit der Intimität und deren Form von Weltlosigkeit nicht zu verwechseln ist. Sie schreibt:

»Das zweite, wesentlich nicht-privative Merkmal des Privaten hat mit seiner Verborgenheit zu tun, damit, daß die eigenen vier Wände der einzige Ort sind, an den wir uns von der Welt zurückziehen können, nicht nur von dem, was in ihr ständig vorgeht, sondern von ihrer Öffentlichkeit, von dem Gesehen- und Gehörtwerden. Wir kennen alle die eigentümliche Verflachung, die ein nur in der Öffentlichkeit verbrachtes Leben unweigerlich mit sich führt. Gerade weil es sich ständig in der Sichtbarkeit hält, verliert es die Fähigkeit, aus einem dunkleren Untergrund in die Helle der Welt aufzusteigen; es büßt die Dunkelheit und Verborgenheit ein, die dem Leben in einem sehr realen, nichtsubjektiven Sinn seine jeweils verschiedene Tiefe geben. Die einzig wirksame Art und Weise, die Dunkelheit dessen zu gewährleisten, was vor dem Licht der Öffentlichkeit verborgen bleiben muß, ist Privateigentum, eine Stätte, zu der niemand Zutritt hat, und wo man zugleich geborgen und verborgen ist.« (VA, S. 68)

Wenn Arendt in dieser Passage Privateigentum fordert, »eine Stätte, zu der niemand Zutritt hat, und wo man zugleich geborgen und verborgen ist«, meint sie damit nicht, man müsse eine Eigentumswohnung oder ein Privathaus besitzen – sie selbst mietete, soweit ich weiß, eine Wohnung in New York City und hatte keine Besitztümer. Ein Platz, der einem privat gehört, bedeutet, dem Selbst einen Mittelpunkt zu geben, ihm Schutz zu gewähren, einen Ort zu haben, an dem Fähigkeiten entfaltet, Träume und Erinnerungen gehegt und die Wunden des Ichs gepflegt werden können und wo dem Selbst die Empfindungstiefe verliehen wird, die es ihm gestattet, »aus einem dunkleren Untergrund in die Helle der Welt aufzusteigen«, wie Arendt sagt. Diese Textstelle ist als eine eindringliche Bejahung des »Zuhauses« zu lesen. Vor dem Hintergrund der massiven Heimat- und Obdachlosigkeit in unseren Gesellschaften, liegt die Klarsichtigkeit von Arendts Beobachtung auf der Hand: Das Zuhause verleiht dem Selbst nicht nur die Tiefe, ohne die es nichts als ein Schatten auf den Straßen ist, sondern das Heim stellt auch den Raum zur Verfügung, der schützt und hegt und das Individuum für sein Auftreten in der Öffentlichkeit mit der nötigen Robustheit ausstattet. Das obdachlose Selbst ist ein Individuum, das von den Kräften des Gesellschaftlichen, gegen die es sich täglich wehren muß, um sich zu schützen, leicht zugrunde gerichtet werden kann.

Mit Arendts Auffassung vom »Zuhause« – das ist nun meine Terminologie, nicht ihre – kommen wir zu dem bedeutsamsten Sinn, den das Private in ihrer Theorie hat und den die heutige feministische Theorie kultivieren sollte. Ich möchte allerdings zunächst zwischen einer bestimmten häuslichen Struktur, nämlich der monogamen Kleinfamilie mit männlichem Haushaltsvorstand, und dem »Zuhause« unterscheiden. Hannah Arendt selbst hat diese Unterscheidung nicht vorgenommen. Das ist der Hauptgrund dafür, warum sich ihre Bejahung des Privatbereichs streckenweise wie eine geschichtslose Rechtfertigung einer geschlechtsspezifischen Arbeitsteilung liest, die geschichtlich betrachtet die moderne Frau aus dem Bürgertum an das Haus band. Wenn die Feministinnen gezeigt haben, daß die patriarchale Familie den meisten Frauen kein »Zuhause« bot, so hat die Schwulenbewegung in den letzten zwei Jahrzehnten öffentlich deutlich machen können, daß es viele Arten gibt, eine Familie zu sein und ein Zuhause zu teilen.

Der Begriff des »Zuhauses« vereint mehrere moralische und politische Güter und Grundsätze in sich. Man kann sie Intimität, Häuslichkeit und Raum für Individualität nennen. Welche Form sexueller Beziehungen die Intimität am besten ausdrückt, läßt sich längst nicht mehr nach Maßgabe einer biologisch begründeten Geschlechtsidentität diktieren. Heterosexuellen wie homosexuellen Beziehungen kann es gleichermaßen gelingen oder mißlingen, Intimität für die beteiligten Individuen herzustellen. Häusliche Verhältnisse sind dafür ausgelegt, den menschlichen Körper zu erhalten und seine täglichen Bedürfnisse zu befriedigen, Kinder großzuziehen, zu umhegen und zu erziehen und dem Selbst einen Raum zur Verfügung zu stellen, in den es sich zurückziehen kann. Diese Aufgaben können von vielen verschiedenen Verwandtschaftsformen und familienähnlichen Arrangements erfüllt werden, was in der Geschichte auch der Fall war, und müssen durchaus nicht von der Kleinfamilie mit männlichem Haushaltsvorstand übernommen werden.

Intimität und Häuslichkeit tragen gemeinsam zur Förderung und Entfaltung der Individualität bei. Der vorrangige moralische und kulturelle Zweck des Haushalts unter den Voraussetzungen der Moderne ist in diesem Sinne die Entwicklung und das Gedeihen autonomer Individualitäten. Aus diesem reformulierten Begriff des Privaten ergibt sich als wichtige Konsequenz nicht nur die Neubestimmung der familiären Einheit, sondern auch der Auftrag an die Gesetzgebung, Kinder und ihre Bezugspersonen auf der Basis des Rechts auf ein Zuhause zu schützen. Hierunter ist ein moralischer und politischer Anspruch des Kindes auf physische, materielle und seelische Bedingungen zu verstehen, die der Entwicklung seiner Persönlichkeit förderlich sind.

Obwohl diese Ausführungen Hannah Arendts Kategorien beträchtlich erweitern und ihnen eine Richtung geben, die sie selbst nicht vorhersehen konnte, sind sie mit ihren tiefergehenden Überlegungen zur Bedeutung der Privatsphäre durchaus vereinbar. Nach zwei Jahrzehnten Kritik an der Einteilung in öffentlich/privat und an der Art und Weise, wie diese Dichotomie benutzt wurde, um im Privatbereich häusliche Gewalt, Kindesmißbrauch und Vergewaltigung in der Ehe zu vertuschen, tritt die feministische Theorie jetzt in eine neue Phase des Nachdenkens über diese Fragen ein. Die binäre Einheit aus Öffentlichkeit und Privatsphäre darf nicht bloß verworfen, sondern muß umstrukturiert werden. Wie sich an den Fragen um das Abtreibungsrecht bis hin zu den Debatten um Pornographie, an den Kämpfen schwuler und lesbischer Paare, Adoptiveltern sein zu dürfen und als »häusliche Partnerschaften« anerkannt zu werden, ablesen läßt, deutet sich eine neuerliche Bejahung des Werts der Privatsphäre an.[95] Denn ohne eine robuste Privatsphäre, die unsere Bedürfnisse nach Intimität, Häuslichkeit und Individualität erfüllt, würden wir nur im alles verzehrenden, grellen Licht der Öffentlichkeit existieren, wie Hannah Arendt sehr klar gesehen hat. Die Wiedergewinnung der öffentlichen Welt ist ohne parallel erfolgende Wiederherstellung der Privatsphäre unmöglich oder doch unwahrscheinlich. Hannah Arendts politisches Denken ist auch für diese Aufgabe ein unentbehrlicher Leitfaden. Ihre Überlegungen zu den Paradoxien des Nationalstaats und zu den Menschenrechten, ihre Kultursoziologie des Parias und des Parvenus und ihre unbeirrbare Zuversicht in die Fähigkeit gewöhnlicher Bürger, die Begeisterung für bürgerschaftlichen und demokratischen Aktivismus neu anzufachen, werden dafür sorgen, daß Hannah Arendts Vermächtnis uns auch morgen noch inspirieren wird.

1 Hannah Arendt, »Walter Benjamin«, in: *Menschen in finsteren Zeiten*, hg. von Ursula Ludz, München ²1989, bes. S. 237ff.

2 Hannah Arendt, *Das Urteilen. Texte zu Kants Politischer Philosophie*, hg. von Ronald Beiner, üb. von Ursula Ludz, München 1985.

3 Eine Fassung des folgenden Abschnitts ist zuvor erschienen als »Judgment and the Moral Foundations of Politics in Hannah Arendts Thought«, in: *Political Theory* 16, Nr. 1/1988, S. 29–51; auch teilweise enthalten in S. Benhabib, *Selbst im Kontext. Kommunikative Ethik im Spannungsfeld von Feminismus, Kommunitarismus und Postmoderne*, üb. von Isabella König, Frankfurt am Main 1995, S. 131–158.

4 Hannah Arendt, *Vom Leben des Geistes*, Band 1, *Das Denken*, München 1979, S. 13.

5 Ebenda, S. 15.

6 Hannah Arendt, »Über den Zusammenhang von Denken und Moral« (1971), in: *Zwischen Vergangenheit und Zukunft, Übungen im politischen Denken* I, hg. von Ursula Ludz, München 1994, S. 129.

7 Arendt, *Das Denken*, S. 211.

8 Ronald Beiner, »Hannah Arendt über das Urteilen«, in: Arendt, *Das Urteilen. Texte zu Kants Politischer Philosophie*, S. 115ff.; R.J. Bernstein, »Judging – The Actor and the Spectator«, in: *Philosophical Profiles*, Philadelphia 1986, S. 221–238. Siehe auch Arendts Unterscheidung zwischen dem Standpunkt des Handelnden und dem des Beobachters in *Das Urteilen*, S. 65f., S. 71f.

9 Christopher Lasch, Einleitung zu *Salmagundi*, Sonderheft Hannah Arendt, hg. von Christopher Lasch, Nr. 60/1983, S. xi. Ich habe in meinem Artikel »Judgment and the Moral Foundations of Politics in Hannah Arendts Thought« (dt. *Selbst im Kontext*, S. 148ff.) einen möglichen Weg zur Vereinbarkeit der Aristotelischen und der Kantischen Perspektive in der Moralphilosophie skizziert.

10 Hannah Arendt, *Eichmann in Jerusalem. Ein Bericht von der Banalität des Bösen*, üb. von Brigitte Granzow, mit einem einleitenden Essay von Hans Mommsen, München, Neuausgabe 1986.

11 Die Berichterstattung über den Eichmann-Prozeß und die Arbeit an dem Buch hatte Arendt eine *Cura posterior* genannt; siehe E. Young-Bruehl, *Hannah Arendt. Leben, Werk und Zeit*, üb. von H.G. Holl, Frankfurt am Main 1992, S. 451–518. Auf den letzten Seiten von *Origins of Totalitarianism* (New York 1979, S. 443, erstmals 1951) hatte Hannah Arendt den Holocaust und besonders die Vernichtungslager als das Erscheinen eines »radikal Bösen« auf Erden bezeichnet. Dieser Ausdruck, der aus Kants *Die Religion innerhalb der Grenzen der bloßen Vernunft* (1793) stammt [siehe Immanuel Kant, *Die Metaphysik der Sitten*. Werkausgabe Band VIII, hg. von W. Weischedel, Frankfurt am Main 1979, S. 665], wurde von Hannah Arendt später fallengelas-

sen. Warum das geschah, ist schwer zu erklären. Denn Hannah Arendt gab den Anspruch, mit den Konzentrations- und Todeslagern habe sich ein zuvor nicht bekanntes, radikal Böses ereignet, nicht auf: »Das Grauen vor dem radikal Bösen weiß, daß hier das Ende des Umschlagens von Qualitäten und Entwicklungen gekommen ist. Hier gibt es weder politische noch geschichtliche noch einfach moralische Maßstäbe [...]« Es bleibt höchstens die Erkenntnis, »daß es in der modernen Politik um etwas zu gehen scheint, worum es eigentlich in der Politik, wie wir sie gewöhnlich verstehen, nie gehen dürfte [...]« (*Elemente und Ursprünge totaler Herrschaft*, München [4]1995, S. 683). Am Ende von *Eichmann in Jerusalem* wiederholt Arendt: »Es liegt in der Natur menschlicher Angelegenheiten, daß, ist eine Tat erst einmal in Erscheinung getreten und in der Geschichte der Menschheit verzeichnet worden, sie potentiell in der Menschheit fortbestehen bleibt, auch wenn ihre Aktualität längst in die Vergangenheit gesunken ist [...] Weil also das Noch-nie-Dagewesene, wenn es einmal erschienen ist, ein Präzedenzfall für die Zukunft werden kann, müssen alle Verfahren, die es mit ›Verbrechen an der Menschheit‹ zu tun haben, an einem Maßstab gemessen werden, der heute noch nicht mehr ist als ein ›Ideal‹.« (S. 322 f.)

12 Siehe den maßgebenden Band von Isaiah Trunk, *Judenrat. The Jewish Councils in Eastern Europe Under Nazi Occupation*, eingeleitet von Jacob Robinson, New York 1972; Raul Hilberg, *Täter, Opfer, Zuschauer. Die Vernichtung der Juden 1933–1945*, üb. von H.G. Holl, Frankfurt am Main 1992.

13 Karl Jaspers schreibt am 13. Dezember 1963 einen Brief an Hannah Arendt, aus dem wir ein wenig mehr über diese heftig umstrittene Formulierung erfahren: »Copley erzählte, Heinrich [Blücher] habe die Redewendung ›Banalität des Bösen‹ erfunden und mache sich nun Vorwürfe, daß Du ausbaden mußt, was er angerichtet hat. Vielleicht ist der Bericht falsch oder von mir in der Erinnerung verschoben. Ich denke: der Einfall ist glänzend und als Buchuntertitel treffend. Nämlich: dieses Böse ist banal, nicht das Böse.« Hannah Arendt/Karl Jaspers, *Briefwechsel 1926–1969*, hg. von Lotte Köhler und Hans Saner, München, Neuausgabe Sept. 1993, Brief Nr. 345, S. 578.

14 Siehe Jacob Robinson, *And the Crooked Shall Be Made Straight: The Eichmann Trial, the Jewish Catastrophe, and Hannah Arendt's Narrative*, New York 1965. Robinson macht in seinem Vorwort klar, daß er es als seine Aufgabe ansieht, Hannah Arendt zu »korrigieren«: »Fräulein Arendt vermittelt keine verläßlichen Informationen. Sie hat viele Dokumente und Bücher, auf die sie sich in ihrem Text und in ihrer Bibliographie bezieht, mißverstanden. Für ein Verständnis und eine Analyse des Prozesses fehlt ihr das notwendige Hintergrundwissen.« (S. viii) Siehe dazu auch den erbitterten Briefwechsel zwischen Arendt und Gershom Scholem, sowie zwischen Arendt und

Walter Laqueur, die zusammengestellt sind in dem Band: Hannah Arendt, *The Jew as Pariah. Jewish Identity and Politics in the Modern Age*, hg. und mit einer Einleitung von Ron H. Feldman, New York 1978, S. 240ff.

15 Siehe Arendts Beschreibung von Eichmanns letzten Worten unter dem Galgen: »Es lebe Deutschland. Es lebe Argentinien. Es lebe Österreich. Das sind die drei Länder, mit denen ich am engsten verbunden war. Ich werde sie nicht vergessen [...] In den letzten Minuten war es, als zöge Eichmann selbst das Fazit der langen Lektion in Sachen menschlicher Verruchtheit, der wir beigewohnt hatten – das Fazit von der furchtbaren Banalität des Bösen, vor der das Wort versagt und an der das Denken scheitert.« (*Eichmann in Jerusalem*, S. 300)

16 Siehe meine Rezension ihrer Korrespondenz in: *The Nation*, 27. März 1995, S. 423–425.

17 Hannah Arendt/Mary McCarthy, *Im Vertrauen. Briefwechsel 1949–1975*, hg. und mit einer Einführung von Carol Brightman, üb. von Ursula Ludz u. Hans Moll, München 1995, S. 69.

18 Ebenda, S. 73.

19 Ebenda, S. 80.

20 Ebenda, S. 427f.

21 Hans Mommsen, »Hannah Arendt und der Prozeß gegen Adolf Eichmann«, ein einleitender Essay in: Arendt, *Eichmann in Jerusalem. Ein Bericht von der Banalität des Bösen*, üb. von Brigitte Granzow, München [5]1986, S. ii.

22 Siehe ihre eigenen Anmerkungen zu dieser Frage in ihrer »Vorrede«, S. 25.

23 Hans Mommsen, »Hannah Arendt und der Prozeß gegen Adolf Eichmann«, S. xxii.

24 Ebenda.

25 Hannah Arendt wurde jede erdenkliche Haltung vorgeworfen, vom jüdischen Selbsthaß über einen Anti-Zionismus bis hin zur Unsensibilität, Geschmacklosigkeit und natürlich auch Arroganz. Die Reaktion der jüdischen Gemeinde Amerikas ist von Alan D. Krinsky in einer wissenschaftlichen Arbeit dokumentiert worden; sie ist unter dem Titel »The Controversy« (Boston University, 1990) vom Autor archiviert. Professor Hillel Levine von der Universität Boston möchte ich dafür danken, daß ich in diese Abhandlung Einsicht nehmen konnte. Zur Dokumentation der deutschen Auseinandersetzung siehe F.A. Krummacher (Hg.), *Die Kontroverse. Hannah Arendt, Eichmann und die Juden*, München 1964. Vgl. auch die Literaturangaben in Anm. 15 oben.

26 Hans Mommsen, »Hannah Arendt und der Prozeß gegen Adolf Eichmann«, S. xix.

27 Zu den näheren Umständen dieses Vorgangs, siehe Young-Bruehl, *Hannah Arendt. Leben, Werk und Zeit*, S. 497–502. In der überarbeiteten englischen

Auflage ist die Formulierung gestrichen; vgl. auch Arendt, *Eichmann in Jerusalem*, S. 155.

28 Hannah Arendt an Karl Jaspers am 23. Dezember 1960, in: Hannah Arendt/Karl Jaspers, *Briefwechsel 1926–1969*, Brief Nr. 274, S. 453.

29 Ebenda, Hannah Arendt an Karl Jaspers am 20. Oktober 1963, Brief Nr. 336, S. 560.

30 Arendt, *Eichmann in Jerusalem*, S. 36.

31 Hannah Arendt spricht diese Frage in ihrem Epilog zu *Eichmann in Jerusalem* selbst aus, S. 316f.

32 Eine ausgezeichnete Analyse der »Rationalität«, die das Verhalten der Judenräte geleitet haben mag, und zwar besonders in solchen Fällen, in denen eine jüdische Arbeiterschaft in deutschen Fabriken eingesetzt wurde, ist: Dan Diner, »Historical Understanding and Counterrationality. The Judenrat as Epistemological Vantage«, in: Saul Friedländer (Hg.), *Probing the Limits of Representation. Nazism and the »Final Solution«*, Cambridge, Mass. 1992, S. 128–143.

33 Hannah Arendt/Karl Jaspers, *Briefwechsel 1926–1969*, Brief Nr. 274, S. 450–454.

34 Hannah Arendt/Mary McCarthy, *Im Vertrauen*, hg. von Carol S. Brightman, Brief vom 23. Juni 1964, S. 260.

35 Vgl. hierzu die Aussage von Michael R. Marrus: »Bis zum Eichmann-Prozeß in Jerusalem 1961 wurde über das Massaker an den europäischen Juden nur verhältnismäßig wenig diskutiert [...] Seitdem ist die Forschung rasant fortgeschritten [...] Hannah Arendts *Eichmann in Jerusalem*, ursprünglich eine Einschätzung des Prozesses für den *New Yorker*, hat eine Debatte in der geschichtswissenschaftlichen Literatur ausgelöst, die bis in unsere Zeit nachwirkt.« Michael R. Marrus, *The Holocaust in History*, the Tauber Institute for the Study of European Jewry Series, Toronto 1987, S. 4f.

36 Der von Saul Friedländer herausgegebene Band versammelt viele interessante Perspektiven zu diesen Themen, darunter auch Yael Feldman, »Whose Story Is It, Anyway? Ideology and Psychology in the Representation of the Shoah in Israeli Literature«, in: Saul Friedländer (Hg.), *Probing the Limits of Representation. Nazism and the »Final Solution«*, S. 223–240.

37 Gershom Scholem, »Ein Briefwechsel«, in: Hannah Arendt, *Nach Auschwitz*, Essays & Kommentare 1, hg. von Eike Geisel und Klaus Bittermann, Berlin 1989, S. 63–79, hier S. 65.

38 Hannah Arendt/Karl Jaspers, *Briefwechsel 1926–1969*, Brief Nr. 273, S. 449f.

39 Arendt, *Eichmann in Jerusalem*, Epilog, S. 313.

40 Hannah Arendt/Karl Jaspers, *Briefwechsel 1926–1969*, Brief Nr. 274, S. 450ff.

41 Arendt, *Eichmann in Jerusalem*, Epilog, S. 303.

42 Ebenda.

43 Eine hervorragende Analyse der Nürnberger Prozesse findet sich in: Judith N. Shklar, *Legalism. An Essay on Law, Morals and Politics*, Cambridge, Mass. 1964.

44 Arendt, zitiert in *Eichmann in Jerusalem*, S. 311.

45 Ebenda, S. 312.

46 Ebenda, S. 291.

47 Ebenda, S. 318.

48 Siehe Frank Michelman, »An Annoying Critique of ›A Right to Have Rights‹«, August 1995, vom Autor archiviert.

49 Arendt, *Eichmann in Jerusalem*, S. 15 f.

50 Bernstein, »Judging – The Actor and the Spectator«, S. 232–233.

51 Immanuel Kant, *Kritik der Urteilskraft*, Kap. IV; zitiert nach der Ausgabe von Karl Vorländer, Hamburg 1974, S. 15 f. (=Philosophische Bibliothek, Bd. 38).

52 Immanuel Kant, *Kritik der praktischen Vernunft*, Erster Teil, I. Buch, 2. Hauptstück; zitiert nach der Ausgabe von Karl Vorländer, Hamburg 1974, S. 79 (=Philosophische Bibliothek, Bd. 38).

53 Ebenda, S. 79 f.

54 Ebenda, S. 80.

55 Es gibt eine grundlegende Verbindung zwischen der Ignoranz, die die Tradition gegenüber der Frage des Urteilens im moralischen Leben zeigt, und der Vernachlässigung der Besonderheit des Handelns als Sprechen und Handeln oder als kommunikativer Interaktion. Sobald wir moralisches Handeln als Interaktion betrachten, die in bezug auf andere und in Gemeinschaft anderer vollzogen wird, wird die Rolle des Urteilens vollends unübersehbar. Ich habe diese Themen ausgiebiger untersucht in: »Judgment and the Moral Foundations of Politics«, S. 34–36 (siehe Anm. 3).

56 Zu diesem Thema gibt es eine umfangreiche Literatur. Maßgebliche Beiträge zu dieser Debatte sind: Charles Taylor, »Interpretation and the Sciences of Man«, in: *Review of Metaphysics* 25/1971, S. 3–51; R.J. Bernstein, *The Restructuring of Social and Political Theory*, Philadelphia 1978; A. Giddens, *Studies in Social and Political Theory*, London 1977.

57 Siehe Arendt, *Vom Leben des Geistes*, Band 1, *Das Denken*, S. 15. Arendt, »Über den Zusammenhang von Denken und Moral« (1971), in: *Zwischen Vergangenheit und Zukunft*, S. 129. Aus Notizen von Studenten, die Arendts Seminar zu Kants *Kritik der Urteilskraft* im Jahr 1971 an der University of Chicago besucht haben, wissen wir, daß »Kant zwar Fragen nach Recht und Unrecht aus der Sphäre der reflektierenden (ästhetischen) Urteilskraft heraushielt [...] Arendt selbst war [aber] überzeugt, daß er damit einen großen Fehler beging.« Michael Denneny, »The Privilege of Ourselves. Hannah Arendt on Judgment«, in: *Hannah Arendt. The Recovery of the Public World*, hg. von Melvyn A. Hill, New York 1979, S. 266.

58 Kant, *Kritik der Urteilskraft*, Zweites Buch, § 40; siehe dazu Hannah Arendts Auseinandersetzung mit diesem Abschnitt in: *Das Urteilen. Texte zu Kants Politischer Philosophie*, hg. von Ronald Beiner, üb. von Ursula Ludz, München 1985, S. 94ff.

59 Arendt, »Kultur und Politik«, in: *Zwischen Vergangenheit und Zukunft*, S. 298f.

60 Platon, *Gorgias*, 482 b-c, in: Platon, *Sämtliche Werke* 1, üb. von Friedrich Schleiermacher, Hamburg 1957, S. 283.

61 Walt Whitman, »Song of Myself«, in: *Leaves of Grass and Selected Prose*, hg. und mit einer Einleitung von John Kouwenhoven, New York 1950, S. 74, Strophe 51.

62 Arendt, *Vom Leben des Geistes*, Band 1, *Das Denken*, Einleitung, S. 15.

63 Arendt, »Martin Heidegger ist achtzig Jahre alt«, in: *Menschen in finsteren Zeiten*, S. 179.

64 George Kateb, *Hannah Arendt. Politics, Conscience, Evil*, Totowa, N.J. 1984, S. 31.

65 Siehe Martin Jay/Leon Botstein, »Hannah Arendt. Opposing Views«, in: *Partisan Review* 45, Nr. 3/1978, S. 351; wieder abgedruckt in: Martin Jay, *Permanent Exiles*, New York 1986; Margaret Canovan, *Hannah Arendt. A Reinterpretation of Her Political Thought*, Cambridge 1992, S. 190. Canovan bezieht sich auf L.P. und S.K. Hinchman, »Existentialism Politicized. Arendt's Debt to Jaspers«, in: *Review of Politics* 53, Nr. 3/1991, S. 447–449. Es gibt eine ausgezeichnete Replik auf Jays Standpunkt bei Maurizio Passerin d'Entrèves, *The Political Philosophy of Hannah Arendt*, London 1994, S. 85–90.

66 Canovan, *A Reinterpretation*, S. 191.

67 Ebenda, S. 191, Anm. 137; siehe dazu auch mein Buch *Selbst im Kontext*, S. 96–158.

68 Arendt, »Freiheit und Politik«, in: *Zwischen Vergangenheit und Zukunft*, S. 201–226.

69 Dana Villa, *Arendt and Heidegger. The Fate of the Political*, Princeton, N.J. 1996, S. 52f.

70 Ebenda, S. 55.

71 Canovan, *A Reinterpretation*, S. 201ff.; d'Entrèves, *The Political Philosophy of Hannah Arendt*, S. 139ff.

72 Jürgen Habermas, *Strukturwandel der Öffentlichkeit. Untersuchungen zu einer Kategorie der bürgerlichen Gesellschaft* (1962), Darmstadt [14]1983.

73 Siehe Habermas, *Strukturwandel der Öffentlichkeit*, S. 15ff.

74 Habermas hat sich zu dieser theoretischen Anleihe bekannt in »On the German-Jewish Heritage«, in: *Telos*, Sommer 1980, S. 182; dt. unter dem Titel »Alfred Schütz. Die Graduate Faculty der New School of Social Research«, in: J. Habermas, *Philosophisch-Politische Profile*, erw. Neuausgabe,

Frankfurt am Main 1981, S. 402–410. Siehe dazu auch Margaret Canovan, »A Case of Distorted Communication. A Note on Habermas and Arendt«, in: *Political Theory* 11, Nr. 1/1983, S. 105–116.

75 Siehe Habermas, »Hannah Arendts Begriff der Macht« (1976), in: *Politik, Kunst, Religion. Essays über zeitgenössische Philosophen*, Stuttgart 1982, S. 107; siehe auch Herbert Schnädelbach, »Was ist Neoaristotelismus?«, in: *Zur Rehabilitierung des animal rationale. Vorträge und Abhandlungen*, Band 2, Frankfurt am Main 1992, S. 205–230; sowie die Replik von Maurizio Passerin d'Entrèves, »Aristotle or Burke? Some Comments on H. Schnädelbach's ›What Is Neo-Aristotelianism‹?«, in: *Praxis International* 7, Nr. 3–4/1987–1988, S. 238–246.

76 Siehe Hans-Georg Gadamer, »Was ist Praxis? Die Bedingungen gesellschaftlicher Vernunft«, »Hermeneutik als praktische Philosophie«, beide in: *Vernunft im Zeitalter der Wissenschaft.* Aufsätze, Frankfurt am Main 1976; »Hermeneutik als theoretische und praktische Aufgabe«, in: *Hermeneutik II*, Wahrheit und Methode. Ergänzungen und Register, Tübingen 1986; und H.-G. Gadamer, *Philosophical Hermeneutics*, Berkeley 1976 (Auswahl aus: Kleine Schriften I, II, III, Tübingen 1967 ff.).

77 Albrecht Wellmer hat die Ansicht vertreten, die Kategorie der Urteilskraft sei nicht nur auf dem Gebiet der Politik, sondern auch in der theoretischen Philosophie von Bedeutung; siehe Albrecht Wellmer, »Hannah Arendt on Judgment. The Unwritten Doctrine of Reason«, in: Larry May/Jerome Kohn (Hg.), *Hannah Arendt. Twenty Years Later*, Cambridge 1996.

78 Habermas, *Strukturwandel der Öffentlichkeit*, S. 28 ff.

79 Ebenda, S. 39 ff.

80 Siehe die Aussage von Habermas: »Diese [politisch funktionierende Öffentlichkeit] soll voluntas in eine ratio überführen, die sich in der öffentlichen Konkurrenz der privaten Argumente als der Konsensus über das im allgemeinen Interesse praktisch Notwendige herstellt.« *Strukturwandel der Öffentlichkeit*, S. 105.

81 Arendt, *Zwischen Vergangenheit und Zukunft*, S. 298.

82 Siehe dazu seine Feststellung: »Die bürgerliche Öffentlichkeit steht und fällt mit dem Prinzip des allgemeinen Zugangs. Eine Öffentlichkeit, von der angebbare Gruppen eo ipso ausgeschlossen wären, ist nicht etwa nur unvollständig, sie ist vielmehr gar keine Öffentlichkeit.« *Strukturwandel der Öffentlichkeit*, S. 107.

83 Immanuel Kant, »Beantwortung der Frage: Was ist Aufklärung?« (1784), in: *Was ist Aufklärung? Thesen und Definitionen*, hg. von Ehrhard Bahr, Stuttgart 1974, S. 9–17, hier S. 11.

84 Hannah Arendt, »Ziviler Ungehorsam«, in: *Zur Zeit. Politische Essays*, hg. und mit einem Nachwort von Marie Luise Knott, üb. von Eike Geisel, München 1989.

85 Walter Lippmann, *The Phantom Public* (1927), mit einer Einleitung von W. M. McClay, New Brunswick, N.J. 1993.

86 Ebenda, S. 4ff.

87 John Dewey, *The Public and Its Problems* (1927), Chicago 1954, S. 117; dt. *Die Öffentlichkeit und ihre Probleme*, hg. von Hans-Peter Krüger, Bodenheim 1996.

88 Mills läßt in seine Überlegungen zur Unterscheidung zwischen Publikum und Masse Elemente aus seiner Theorie sozialer Kontrolle einfließen. Ob Mills Theorie über die soziale Kontrolle der Massen noch Bestand haben kann in den Zeiten von Radio-Talk-Shows, Kabelfernsehen, Amateur-Radiosendern und zahllosen anderen Formen des Zugangs zu Kommunikationsmitteln durch unterschiedliche Gruppen darf bezweifelt werden. In der gegenwärtigen Situation sind die Träger dieses anonymen öffentlichen Gesprächs derart diffus, unausgereift und verschiedenartig, daß selbst der Gegensatz zwischen »Publikum« und »Masse« zu flach ist, um die wechselnde Beschaffenheit der Öffentlichkeit im Zeitalter der informationellen Revolution einfangen zu können. Siehe C. Wright Mills, *The Power Elite*, New York 1956.

89 Carl Schmitt, *Die geistesgeschichtliche Lage des heutigen Parlamentarismus* (1923), Berlin [5]1979.

90 Siehe Jean-Jacques Rousseau, *Vom Gesellschaftsvertrag oder Prinzipien des Staatsrechtes*, Politische Schriften, Band 1, Paderborn 1977, Zweites Buch, 3. Kapitel.

91 Habermas, »Die Krise des Wohlfahrtsstaates und die Erschöpfung utopischer Energien«, in: *Die neue Unübersichtlichkeit*, Kleine politische Schriften V, Frankfurt am Main 1985.

92 Kürzere Abschnitte dieser abschließenden Erörterung sind bereits erschienen in Benhabib, »Feminist Theory and Hannah Arendt's Concept of Public Space«, in: *History of the Human Sciences* 6, Nr. 2/1993, S. 97–114.

93 Einige politische Rätsel, die sich an den Status dieser »privaten« Zusammenschlüsse im liberal-demokratischen Staat knüpfen, habe ich bereits im Zusammenhang mit Hannah Arendts Aufsatz über »Little Rock« dargelegt.

94 Für Arendt sind Eigentum und Reichtum unterschiedliche Dinge. Obwohl Eigentum im Sinne eines Platzes, der mir gehört und Bestandteil der Welt ist, die für mein tägliches Wohlergehen sorgt, privat ist, wird Reichtum als öffentlich eingestuft, und seine Aneignung ist stets Gegenstand politischen Handelns und öffentlicher Politik. (Arendt, *Vita activa*, München 1981, S. 57ff.)

95 Einige Gründe dafür, in den feministischen Theoriedebatten nochmals über das private Recht nachzudenken, sind in ihren Grundzügen sehr gut dargestellt worden von Jean Cohen und Nicola Lacey; vgl. Jean Cohen, »Redescribing Privacy. Identity, Difference, and the Abortion Controver-

sy«, in: *Columbia Journal of Gender and Law* 3, Nr. 1/1992, S. 43–117; Nicola Lacey, »Theory Into Practice? Pornography and the Public/Private Dichotomy«, in: *Journal of Law and Society* 20, Nr. 1/1993, S. 9313.

ANHANG

*Das Persönliche ist nicht das Politische**

I.

Hannah Arendts Leben ist eine Parabel auf das zwanzigste Jahrhundert. Sie wurde 1906 in Hannover in eine assimilierte jüdische Familie hineingeboren. 1933 war sie gezwungen, Deutschland zu verlassen, nachdem sie von der Gestapo verhaftet und verhört worden war, weil sie für eine Dokumentation über den Ausschluß der Juden aus den großen Berufsverbänden und Standesorganisationen recherchiert hatte. Sie überquerte die Landesgrenze zur Tschechoslowakei und reiste dann nach Paris, wo sie weiter für jüdische Organisationen arbeitete und an der Übersiedlung von Kindern nach Palästina mitwirkte. Im Jahr 1941 kam sie mit Heinrich Blücher, ihrem zweiten Ehemann, in die Vereinigten Staaten. Später wurden beide amerikanische Staatsbürger. Verfolgung, Staatenlosigkeit, Exil, eine kurze Gefangenschaft in einem Internierungslager, Einwanderung und schließlich Erfolg und öffentliche Anerkennung gehörten daher zu ihren Lebenserfahrungen.

Die posthume Veröffentlichung ihrer umfangreichen Korrespondenz mit Karl Jaspers, ihrem Mentor und Lehrer, mit Heinrich Blücher, ihrem Ehemann, mit Kurt Blumenfeld, dem Freund und zionistischen Politiker, und mit Mary McCarthy, ihrer »besten Freundin«, trägt zum derzeitigen Interesse an Arendts Leben und Werk bei. Doch die Fülle biographischer Details stellt für Wissenschaftler auch ein Dilemma dar. Wie haben wir das

* Dieser Anhang ist die überarbeitete und gekürzte Fassung eines Aufsatzes, der erstmals unter dem Titel »The Personal is not the Political« im *Boston Review* erschienen ist (Okt./Nov. 1999, S. 45-48).

Verhältnis zwischen den persönlichen und den politischen, den intimen und den öffentlichen Aspekten von Arendts Leben zu verstehen? Dafür bieten sich drei Möglichkeiten an. Eine besteht darin, persönliche, insbesondere psychoanalytische Kategorien wie ein Prisma zu verwenden, um Arendts politisches Denken zu begreifen. Eine zweite Möglichkeit würde Arendts persönliches Leben als ein Ausdruck der Kategorien ihres politischen Denkens betrachten. Die dritte Möglichkeit wäre, die öffentliche und die private Seite ihres Lebens getrennt voneinander zu behandeln, als unterschiedliche Sphären, die nach ihren eigenen Kriterien verstanden und beurteilt werden müssen. Damit würden wir Arendt selbst folgen, die eine klare Unterscheidung zwischen dem Öffentlichen und dem Privaten befürwortete und den zeitgenössischen Eifer, »all das öffentlich aufgezeichnet, ausgebreitet und diskutiert zu sehen, was einstmals rein private Angelegenheiten waren und niemanden etwas anging«, scharf verurteilte.[1]

So schwierig es sein mag, den richtigen Blickwinkel für die Annäherung zu finden, so dringlich ist die Aufgabe mittlerweile geworden. Der Frankfurter Verlag Klostermann druckte 1998 einen wichtigen Teil der Arendt-Korrespondenz: ihre Briefe an Martin Heidegger und die Briefe des deutschen Philosophen an sie. Die beiden lernten sich 1924 kennen, als Arendt, damals achtzehn Jahre alt, Studentin in Heideggers Seminaren an der Universität Marburg war. Die kurze, aber leidenschaftliche Liebesaffäre, die folgte, wird immer mit den Ironien, Verwicklungen und Schrekken dieses Jahrhunderts verwoben bleiben. Denn 1933, im selben Jahr, in dem Arendt aus Deutschland floh und sich als staatenloser jüdischer Flüchtling in Paris durchschlug, wurde Heidegger von einer mit den Nazis sympathisierenden Professorenschaft zum Rektor der Freiburger Universität gewählt. Wenn wir das Persönliche und das Politische, das Intime und das Öffentliche in all ihren spannungsvollen Verbindungen untereinander durchdenken wollen, können wir bei dieser Beziehung anfangen.

II.

Ursula Ludz, die deutsche Herausgeberin der Arendt-Heidegger Korrespondenz, nennt deren früheste Phase »Der Blick«. Der erste Brief, der vom 10. Februar 1925 datiert, also bald nach Arendts Ankunft in Marburg entstand, stammt von Heidegger. Er wendet sich mit der Anrede »Liebes Fräulein Arendt« an sie und kündigt an, »ich muß heute Abend noch zu Ihnen kommen und zu Ihrem Herzen sprechen«. In späteren Briefen spricht er sie mit »Liebe Hannah« an oder einfach mit »Hannah!«. Die zunehmende Intensität des emotionalen und erotischen Verhältnisses ist offensichtlich, und Heidegger bekennt in der gestelzten und stilisierten Prosa, die uns aus seinen anderen Schriften so vertraut ist: »Das Dämonische hat mich getroffen. [...] Nie noch ist mir so etwas geschehen.« Nach einer eineinhalbjährigen heimlichen Liebesaffäre mit dem siebzehn Jahre älteren, verheirateten Professor flieht Arendt nach Heidelberg, um bei Jaspers zu studieren. Im Jahr 1929 schreibt sie an Heidegger, um ihm mitzuteilen, daß sie mit Günther Stern (d.i. Günther Anders) verlobt ist, der ebenfalls bei Heidegger studiert hatte.

Das zweite Kapitel ihrer Beziehung beginnt im Winter 1950, als Arendt erstmals nach dem Krieg nach Europa zurückkehrt. Zu diesem Zeitpunkt arbeitet sie für eine Organisation zur Rettung jüdischer Kulturschätze, die Jewish Cultural Reconstruction, und reist durch verschiedene europäische Städte, um die Überreste jüdischen Kulturguts sicherzustellen. Sie nimmt Kontakt mit Heidegger auf. Am 7. Februar lädt er sie zu sich nach Hause ein, zu einem Besuch bei sich und seiner Frau Elfride. Was dann folgt, ist eine erstaunliche Bekräftigung einer kontinuierlichen Bindung – ich bin nicht sicher, ob ich es »Liebe« nennen sollte, denn dieses Wort sagt zugleich so viel und so wenig. Wenige Tage nach ihrem ersten Wiedersehen schreibt Arendt: »Dieser Abend und dieser Morgen sind die Bestätigung eines ganzen Lebens. [...] Als der Kellner Deinen Namen sagte (ich hatte Dich nicht eigentlich erwartet, hatte ja den Brief nicht bekommen), war es, als stünde plötzlich die Zeit stille.«

Beide mögen es so empfunden haben, doch in der Zwischenzeit hatte Heidegger seiner Frau seine damalige Affäre gestanden. Frau Heideggers Reaktion war zwar würdevoll und beherrscht, aber verständlicherweise weit entfernt von jedweder Billigung. Aus anderen Quellen geht eindeutig hervor, daß Arendt sie nicht ausstehen konnte. Arendt war der Ansicht, Elfride Heidegger sei offen antisemitisch und habe großen Anteil an Heideggers politischem Mißgeschick. Diese zweite Phase, in der Arendt Heidegger aufsucht, wann immer sie in Europa ist, und einmal sogar sein Seminar besucht, erfährt eine Unterbrechung, als Elfride Heidegger nach einem von Arendts Besuchen eine Szene macht. Am 5. Juni 1952 richtet Heidegger an Arendt die Bitte, ihm nicht mehr zu schreiben und ihn auch nicht mehr zu besuchen. Sie treten immer noch gelegentlich in Kontakt, doch nach 1959 werden die Briefe spärlicher, und zwischen 1960 und 1966 gibt es überhaupt keinen Briefwechsel.

Die dritte Phase der Beziehung, Ludz gibt ihr den poetischen Titel »Der Herbst«, setzt ein mit Heideggers Schreiben im Jahr 1966, in dem er Arendt zu ihrem sechzigsten Geburtstag gratuliert. Der nachfolgende Briefwechsel, der 1975 mit Arendts Tod endet, offenbart eine wachsende Warmherzigkeit und Anteilnahme zwischen Heidegger, seiner Frau, Arendt und Heinrich Blücher, der die Heideggers während einer seiner Deutschlandbesuche kennenlernt. Arendt und Heidegger, deren jugendlicher Sturm und Drang nun endgültig hinter ihnen liegt, gehen erstmals philosophisch aufeinander ein. Unglücklicherweise reichen die flüchtigen Verweise auf Kant, die Sprache, Merleau-Ponty, Nietzsche und die Metaphysik lediglich aus, den Appetit der Leser anzuregen. Ihr Austausch ist keine philosophische Korrespondenz; er ist vielmehr höchst persönlich und enthüllt eine Anhänglichkeit, die erstaunlich, anrührend und verwirrend ist.

Das letzte Dokument in der Sammlung ist ein Brief von Heidegger an Hans Jonas vom 27. Dezember 1975. Jonas, der Arendt 1924/25 in Heideggers Seminaren in Marburg kennenlernte, war lebenslang ihr Freund und später ihr Kollege an der New School for Social Research. Er hatte Heidegger geschrieben, um ihn über Arendts Tod in Kenntnis zu setzen. Heideggers Antwort trägt die Überschrift: »Dem Freundeskreis in tiefer Trauer verbunden.« Sie ist kurz, elegant geschrieben und ohne Umschweife. Heidegger erinnert sich, daß Arendt ihn und Elfride im August des Jahres besucht hatte. Sie wußten nur, daß sie ihre Vorlesungen in Schottland für den Herbst vorbereitete. »Ein höheres Geschick hat gewaltet, entgegen menschlichem Planen. Uns bleibt nur die Trauer und das Andenken.«

Obwohl die nunmehr veröffentlichte Korrespondenz viele frühere Lücken in unserem Verständnis ausfüllt, waren die wesentlichen Konturen des Verhältnisses zwischen Arendt und Heidegger seit dem Erscheinen von Elisabeth Young-Bruehls Biographie – *Hannah Arendt. Leben, Werk und Zeit* – im Jahr 1982 bekannt. Diese Verbindung wurde von einigen als Beweis für Arendts törichte weibliche Seite angeführt (Elzbieta Ettinger)[2] oder als Ausdruck des schwer gestörten Verhältnisses zu ihrem eigenen Judentum aufgefaßt (Richard Wolin).[3] Solchen Kritikern scheint Arendt selbst eine Warnung ausgesprochen zu haben. Sie schließt ihren Beitrag zur »Tabula gratulatoria« an Martin Heideggers achtzigstem Geburtstag mit den Zeilen: »Mögen diejenigen, die nach uns kommen, wenn sie unseres Jahrhunderts und seiner Menschen gedenken und ihnen die Treue zu halten versuchen, auch der verwüstenden Sandstürme nicht vergessen, die uns alle, jeden auf seine Weise, umhergetrieben haben und in denen dennoch so etwas wie dieser Mann und sein Werk möglich waren.«[4] Arendts Gebet wurde nicht erhört. Die Nachwelt blickte nicht im Geiste vergebender Nachsicht und meditativen Gedenkens, den sie in diesen Zeilen anmahnt, auf Heideggers Verstrickung in den Nationalsozialismus. Ganz im Gegenteil, Arendts Loyalität gegenüber Heidegger hat ihre eigene kontroverse, gleichwohl aber illustere öffentliche Karriere in Verruf gebracht. Die Enthüllung der Beziehung Arendt-Heidegger rief besonders in den Vereinigten Staaten große Bestürzung hervor. Die Redakteure von *New Republic* nannten sie sogar einen »Skandal«.

III.

Im Jahr 1995 erschien Ettingers Buch *Hannah Arendt – Martin Heidegger. Eine Geschichte.* Ettinger, die zuvor unzugängliche Auszüge aus Arendts nachgelassenen Papieren verwendete, sorgte im Vorfeld der Publikation für einiges Aufsehen, indem sie der *Frankfurter Allgemeinen Zeitung* schon vor der Buchveröffentlichung ein Interview zum Thema gab.[5] Rüdiger Safranski, der sich in seinem überaus genauen Buch *Martin Heidegger. Ein Meister aus Deutschland* auf Material aus diesem Interview stützte, wurde von Ettinger verklagt. Nach diesem Vorfall unterband Lotte Köhler, die Direktorin des Arendt Literary Trust, jeden weiteren Zugang zu den Briefen für andere Wissenschaftler. Unter dem Druck, der von diesen Ereignissen erzeugt wurde, stimmte Heideggers Sohn Hermann einer Veröffentlichung der Papiere seines Vaters zu. Die Veröffentlichung der Korrespondenz zwischen Arendt und Heidegger verdanken wir also einer Mischung aus voyeuristischer Neugier, intellektuellem Opportunismus und kultureller Skandalisierung. Von den 168 Dokumenten des Bandes stammen nur ein Viertel von Arendt. Wir wissen nicht, was mit dem Rest ihrer Briefe geschah. Wurden sie von Heidegger vernichtet, weil er bemüht war, die Affäre zu verheimlichen? Entledigte sich Arendt selbst ihrer eigenen Korrespondenz? Wie immer die Umstände gewesen sein mögen, Heideggers Stimme und Präsenz beherrschen den Band.

Ich gehörte zu den Wissenschaftlerinnen, denen der Zugang zu diesen Briefen 1995 und 1996 verwehrt worden war. Als ich mein Buch *The Reluctant Modernism of Hannah Arendt* fertigstellte, näherte ich mich diesem Briefwechsel mit einer einzigen Frage: Was wußte Arendt über Heideggers Engagement bei den Nazis, und wann wußte sie es? Die Antwort könnte eine ganze Reihe damit zusammenhängender Fragen erklären. Warum machte sie ihn nach dem Krieg ausfindig? Wie konnte sie als eine verfolgte jüdische Emigrantin und öffentliche Intellektuelle, die über Juden, Deutsche und den Holocaust so profund und erhellend geschrieben hatte, ihre ungebrochene Freundschaft, Zuneigung und Loyalität zu diesem Mann vor sich selbst rechtfertigen? War Arendt einfach »eine verliebte Frau« –, so als ob uns Liebe blind machen müßte für ethische Prinzipien und öffentliche Verantwortung?

Zur Beantwortung der ersten Frage trägt der Briefwechsel bis auf die Andeutung, daß Arendt schon 1932 gerüchteweise von Heideggers Antisemitismus gehört hatte, nicht viel bei. Als Antwort auf einen Brief, der sich nach diesen Gerüchten erkundigt, schreibt ein wütender Heidegger eine *apologia sua* zurück, in der er all seine jüdischen Doktoranden und Studenten auflistet. Er erwähnt seine persönlichen Freundschaften mit Juden, zu denen auch Edmund Husserl und Ernst Cassirer gehören, und endet mit: »Und erst recht kann es nicht das Verhältnis zu Dir berühren.«[6] Diese Antwort schließt natürlich nicht aus, daß Heidegger mit Mitgliedern einer verhaßten Gruppe persönlich befreundet sein mochte, sie aber kollektiv betrachtet dennoch verachtete.

Diese Antwort bleibt einer der wenigen Fälle, in denen Heidegger seine Reizbarkeit und einen gewissen Ärger zeigt. Sonst ist er ein unbewegter Koloß. Auch als Deutschland um ihn herum zusammenbricht, behält er seinen hartnäckigen, unerschütterlichen Sinn für Abstraktion bei und widmet sich unbeirrbar seinem Werk. Allerdings mit Ausnahme jener kurzen Episode im Frühjahr 1933, als er, einen Monat nachdem er sich zum Rektor der Universität Freiburg wählen ließ, in die NSDAP eintrat. Arendt kannte weder unmittelbar nach dem Krieg noch in den 1950er Jahren das volle Ausmaß von Heideggers politischen Betätigungen in dieser Zeit, wie sie inzwischen von dem Historiker Hugo Ott akribisch rekonstruiert worden sind.

In *Tatsachen und Gedanken*, einem Text, den er für das Entnazifizierungskomitee verfaßte, schrieb Heidegger:

»Im April 1933 bin ich durch das Plenum der Universität einstimmig zum Rektor gewählt worden. [...] Noch am Vormittag des Wahltages zögerte ich und wollte von der Kandidatur zurücktreten. Ich hatte keine Beziehung zu den maßgebenden Regierungs- und Parteistellen, war selbst weder Mitglied der Partei, noch hatte ich mich in irgendeiner Weise politisch betätigt.«[7]

Ott zeigt jedoch, daß »der neue NS-Hochschulreferent aus dem Karlsruher Innenministerium«, Ministerialrat Eugen Fehrle, in den ersten Apriltagen in Freiburg zu Besuch war, um Vorgespräche wegen der Rektoratswahl zu führen und sich zu diesem Zweck mit den Repräsentanten der Universität und einem kleinen Kreis von Nazi-Professoren traf. Einer der bei diesen Gesprächen anwesenden Professoren erwähnt in seinem Bericht, »betreffend den Zusammenschluß der nationalsozialistischen Hochschullehrer haben wir festgestellt, daß Herr Professor Heidegger bereits in Verhandlungen mit dem preußischen Kultusministerium eingetreten ist. Er besitzt unser vollstes Vertrauen, so daß wir bitten, ihn einstweilen als unseren Vertrauensmann an der Universität Freiburg zu betrachten.«[8] Arendt wußte dies alles nicht und hielt beharrlich an ihrer eigenen Interpretation fest, der zufolge Heidegger ein »unpolitischer« Mensch sei, dem es an Weltklugheit und Urteilskraft fehle. Tatsächlich war Heidegger ein hinterhältiger Opportunist; Arendt sah diesen Zug nur gelegentlich an ihm. Meistens zog sie es vor, über das hinwegzusehen, was ihr enger Freund und Mentor Karl Jaspers ihr zuweilen über die Art und das Ausmaß von Heideggers politischen Machenschaften zu berichten wußte.

Ein Gerücht über Heideggers nur kurz währende Amtszeit als Rektor verstörte Arendt zutiefst: Er soll seinem alten Lehrer Edmund Husserl verboten haben, die Universität zu betreten und deren Einrichtungen zu nutzen, weil er ein Jude war. Hannah Arendt erwähnte dies in einer Fußnote ihres Essays »What is Existenz Philosophy?«, den sie 1946 im *Partisan Review* veröffentlichte. Jaspers korrigierte Arendt, nachdem er ein Exemplar des Artikels erhalten hatte. »Die Anmerkung über Heidegger ist im Tatsächlichen nicht exakt«, schrieb ihr Jaspers. »Ich vermute, daß es sich in bezug auf Husserl um den Brief handelt, den damals jeder Rektor an die vom Regime Ausgeschlossenen schreiben mußte [...]. Substantiell ist natürlich wahr, was Sie berichten, nur die Richtigkeit der Schilderung des äußerlichen Vorganges könnte nicht ganz exakt sein.«[9] Wie sich herausstellt, war Jaspers' Darstellung auch nicht ganz richtig. Heidegger sprach als Rektor und Institutsleiter vermutlich deshalb kein Hausverbot gegen Husserl aus, das ihm den Zutritt zu Universität oder Bibliothek untersagt hätte, weil ein nationalsozialistisches Gesetz dies ohnehin überflüssig machte.[10] Heidegger trat 1933 formal in die NSDAP ein und trug das Parteiabzeichen nach Berichten von Augenzeugen noch bis 1938 auf seinem Kragenaufschlag.

Der Psychiater Leslie H. Farber, der an Heideggers Einfluß auf die Schweizer Psychiatrie der Nachkriegszeit interessiert war, schrieb in den frühen 1960er Jahren einen Brief an Arendt, in dem er sich nach Heideggers Verantwortung für Husserls Entfernung aus der Universität erkundigte. Arendt bestätigte in ihrer Antwort eine Information, die Dr. Farber bereits aus anderen Quellen erhalten hatte: daß diese Geschichte mit Husserl jeder Grundlage entbehre. Arendts Brief, der in ihrem Nachlaß in der Library of Congress in Washington, D. C. enthalten und bislang unveröffentlicht ist, erläutert weiter:

»Was den ursprünglichen Vortrag angeht [d.i. die sogenannte Rektoratsrede, Heideggers Antrittsvorlesung bei Übernahme seines Amts], so muß ich bekennen, daß ich ihn seit damals nicht mehr gelesen habe und auch nicht übermäßig erpicht darauf bin, ihn jetzt zu lesen. Ich erinnere mich jedoch ziemlich klar, daß die Rede, obwohl punktuell unerfreulich nationalistisch, keineswegs ein Ausdruck von Nazismus war. Ich bezweifle, daß Heidegger zu der Zeit irgendeine deutliche Vorstellung davon hatte, um was es dem Nazismus überhaupt ging. Aber er lernte vergleichsweise schnell, und nach ungefähr acht bis zehn Monaten war seine ganze ›politische Vergangenheit‹ vorbei [...]. Müssen solche Dinge nach fast 30 Jahren wirklich noch entschuldigt werden? Und müssen wir, die wir in der Gelehrtenrepublik leben, wirklich solche Fragen stellen wie: Waren Sie jemals ein Mitglied dieser oder jener Partei? Die zu Recht oder zu Unrecht in den Fragebogen der Polizei enthalten sind?«

Man kann Arendts Unwilligkeit, sich nach dreißig Jahren auf eine Exegese der »Rektoratsrede« einzulassen, natürlich verstehen. Die Rede, die sich in höchst autoritärem Ton an die deutsche Jugend wendet und sie auffordert, sich im Geiste patriotischer Pflicht in den Dienst der theoretischen und wissenschaftlichen Arbeit zu stellen, ist voller geschraubter Formulierungen über den »geschichtlichen Auftrag« angesichts des deutschen Schicksals. Arendt geht über Dr. Farbers Frage zu Heideggers politischer Betätigung elegant hinweg, indem sie geltend macht, die Sitten einer »Gelehrtenrepublik« sollten sich von einem intellektuellen McCarthyismus unterscheiden. Doch das ist unaufrichtig: Denken hat Konsequenzen, Intellektuelle tragen Verantwortung, Worte können Handlungen sein. Arendt konnte dies nicht leugnen. Die Wahrheit ist, daß sie in diesem heiklen Punkt niemals konsequent war. In ihrem langen Ringen mit der Frage nach den politischen Konsequenzen von Heideggers Philosophie folgte sie zwei Interpretationsschienen und gab sich schließlich mit der zweiten zufrieden.

In »What is Existenz Philosophy?« argumentierte Arendt, Heideggers radikal individualistische Vision des Selbst als Dasein gebe sich leicht für einen ebenso leichtfertigen Kollektivismus her, in dem das Selbst aufgehen würde. Eine solche Kollektivität könne den Individuen eine authentischere Form des Mitseins in der Welt versprechen als die Banalitäten der bürgerlichen Alltagsexistenz. Heideggers Sympathien für die Nazis könne man daher als Kehrseite seiner Verachtung für die bürgerlich-liberale, individualistische Welt politischer Institutionen und Geschäfte sehen, behauptete sie.

Zum Zeitpunkt, als sie die Laudatio auf Heideggers Geburtstag schrieb, hatte Arendt ihre Perspektive jedoch gewechselt. In diesem Text ist ihre frühere scharfe Kritik an den unverantwortlichen politischen Folgen von Heideggers Ontologie nicht mehr vorhanden. Diesmal ehrt sie Heidegger, indem sie sein Engagement für die Nazis mit Platons Verhältnis zu den Tyrannen von Sizilien vergleicht. Den Philosophen, so ihre Meinung, fehle es an politischer Urteilskraft und Weltweisheit. Es handele sich um eine »déformation professionelle«, die zu ihren politischen Fehlern führt! Die letztgenannte Interpretation erlaubte es Arendt, ihre Überlegungen zum Rätsel Heidegger anhand einer Reihe von Dualismen zu kodieren, die sie in ihrer eigenen Philosophie entwickelt hatte: Denken versus Handeln, Philosophie versus Politik, Rückzug aus der Welt versus Engagement in ihr. Diese Kategorien standen ihrer Ansicht nach stets in Spannung zueinander und waren kaum in Einklang zu bringen. Demzufolge konnte man der größte Philosoph des Jahrhunderts sein und im politischen Urteilsvermögen nicht weiter entwickelt sein als der sprichwörtliche Mann auf der Straße. Tatsächlich gab Arendt manchmal zu verstehen, daß der Mann auf der Straße mehr gesunden Menschenverstand in politischen Angelegenheiten besitzen könne, als jene großen Philosophen, die sich auf die Welt nur einen Reim machen können, indem sie sich von ihr abkehren.

Die Dualismen von Philosophie und Politik, von Denken und Urteilskraft gestatteten es Arendt, sich Heidegger und sein Tun verständlich zu machen und ihre Überzeugung beizubehalten, daß sie allein diesen Mann und seine Leidenschaft in gewisser Hinsicht verstanden habe. Arendt spann einen Mythos von Heidegger als dem weltfremden Genie. Sogar die Korrespondenz mit ihrem Ehemann Heinrich Blücher enthält Textstellen, die im Anschluß an verschiedene Reisen ihre Besorgnis ausdrücken, daß Heidegger nicht richtig arbeite und daß er nicht in der Weise schreibe, wie er es eigentlich könne. Blücher schließt sich diesem Mythos von ›Heidegger, dem Genie des Jahrhunderts‹ an.

IV.

Arendts Bereitschaft, dem von Heidegger kultivierten Sinn für seine politische Naivität mit Nachsicht zu begegnen, verlangt in einer Episode ihres Briefwechsels Abstriche von ihrer Freimütigkeit. In einer erstaunlichen Passage eines Briefes vom 12. April 1950 lehnt Heidegger, der lebenslang Antikommunist war, Pessimismus und Verzweiflung als Reaktion auf den beginnenden Kalten Krieg ab und ermahnt Arendt, das »Sein« zu erfassen, ohne es auf die bloße historische Begebenheit zu reduzieren. Er schreibt, daß »das Schicksal der Juden und der Deutschen ja seine eigene Wahrheit hat, die unser historisches Rechnen nicht erreicht. Wenn das Böse, was geschehen und geschieht, *ist*, dann steigt erst von da das Seyn für menschliches Denken und Tragen ins Geheimnis; dann ist dadurch, daß etwas *ist*, solches nicht schon das Gute und Rechte.« Und er fügt ergänzend hinzu: »Im Politischen bin ich weder bewandert noch begabt.«

Was sagt Heidegger hier? Welches Geheimnis des Seins wird vom Schicksal der Juden und der Deutschen offenbart? Ist diese Passage nicht schlichtweg ein Ausweichen vor der individuellen Verantwortung angesichts der Geschichte? Ist der Appell an höhere Mächte nicht einfach eine phantastische Ausrede? Woher nahm Arendt die Geduld, sich solche zweitklassigen Mystifizierungen politischer Prozesse anzuhören? Politische Prozesse, die sie als politische Theoretikerin mit viel Mühe der menschlichen Intelligenz begreiflich zu machen versuchte – so daß »der menschliche Geist nicht im Dunkel irrt«, weil es ihm an Verständnis mangelt, wie sie es im englischen Vorwort zu *The Ori-*

gins of Totalitarianism mit den Worten Tocquevilles sagt. Zu dieser Zeit rang Arendt in *The Origins of Totalitarianism* mit der Frage nach dem »radikal Bösen«. Sie gebrauchte diese Kategorie zur Beschreibung dafür, wie Menschen es durch Völkermord oder Massaker bewerkstelligen konnten, andere Menschen auf dieser Erde »überflüssig« zu machen, indem sie ihnen das Existenzrecht abstritten. Warum packte sie Heidegger nicht an diesem Punkt? Tatsächlich erteilte ihr Heidegger eine komplette Abfuhr, als sie ihm schließlich ein Exemplar von *The Origins of Totalitarianism* zusandte, indem er ihr mitteilte, er könne kein Englisch lesen, aber seine Frau Elfride könne vielleicht einen Blick hineinwerfen!

Im Jahr 1961 findet Arendt letztlich doch zu einem Augenblick der Wahrheit. In einem Brief an Jaspers schreibt sie: »Ich weiß, daß es ihm unerträglich ist, daß mein Name in der Öffentlichkeit erscheint, daß ich Bücher schreibe, etc. Ich habe ihm gegenüber mein Leben lang gleichsam geschwindelt, immer so getan, als ob all dies nicht existiere und als ob ich sozusagen nicht bis drei zählen kann, es sei denn in der Interpretation seiner eigenen Sachen; da war es ihm immer sehr willkommen, wenn sich herausstellte, daß ich bis drei und manchmal sogar bis vier zählen konnte. Nun war mir das Schwindeln plötzlich zu langweilig geworden, und ich habe eins auf die Nase gekriegt.«[11] Ein Jahr zuvor hatte Arendt Heidegger ein Exemplar von *Vita activa* mit folgendem Begleitbrief zukommen lassen: »Lieber Martin, ich habe den Verlag angewiesen, Dir ein Buch von mir zu schicken. Dazu möchte ich Dir ein Wort sagen. Du wirst sehen, daß das Buch keine Widmung trägt. Wäre es zwischen uns je mit rechten Dingen zugegangen – ich meine *zwischen*, also weder Dich noch mich –, so hätte ich Dich gefragt, ob ich es Dir widmen darf; es ist unmittelbar aus den ersten Freiburger Tagen entstanden und schuldet Dir in jeder Hinsicht so ziemlich alles. So wie die Dinge liegen, schien mir dies unmöglich; aber auf irgendeine Weise wollte ich Dir doch wenigstens den nackten Tatbestand sagen.«[12] Heidegger antwortet nicht. Der nächste Brief der Korrespondenz ist vom 13. April 1965. Heidegger schweigt einfach, wie es bei ihm so oft der Fall war. Und Arendt? Wie können wir uns ihre Widersprüchlichkeit erklären?

Es war zweifellos eine schwierige Beziehung voller halbgeäußerter Gefühle und unbeglichener Rechnungen, eine Beziehung, in der keiner der beiden Beteiligten ein entspanntes Verhältnis zum anderen einnehmen konnte. Doch sie stellt auch nur einen sehr eng umrissenen, schmalen Ausschnitt aus Arendts Leben dar. Wir können die Vielschichtigkeit von Arendts Leben und Persönlichkeit erst dann verstehen, wenn wir die vielen Stimmen zusammenfügen, die in ihren Briefwechseln mit Blücher, Jaspers, McCarthy, Blumenfeld und anderen zum Ausdruck kommen. Das zärtliche Necken und Aufziehen, die offene Äußerung sexueller Leidenschaft und Wärme und die schiere Freude am Zusammensein, die die Korrespondenz mit ihrem Ehemann erkennbar werden läßt, steht in scharfem Kontrast zu der beherrschten, gespannten und besorgten Stimme, die in der Heidegger-Korrespondenz dominiert.

In den 1950er Jahren schreibt Arendt an Blücher, wenn sie Europa bereist. Wenn seine Briefe länger als eine Woche auf sich warten lassen, fühlt sie sich verloren. »Ich kann mich in der Welt nicht so rumtreiben [...] wenn Du nicht schreibst«, beklagt sie sich 1950 aus Paris. Er antwortet ihr darauf:

»Gewiß bin ich der Mann, der nicht fähig ist *to make a living*, aber manchmal will mir's scheinen, als sei ich der Mann, der niemals Zeit dazu hatte. [...] Sei ruhig, es steht nichts zwischen uns, kein gesprochenes und kein geschriebenes Wort. Ich liebe Dich und bin Dir ganz nahe. [...] Ich habe wohl, und das unterscheidet mich von Jaspers, die Heimatlosigkeit als erster voll erfahren und akzeptiert und konnte immer sagen ›Wo ich bin, da bin ich nicht zu Hause‹. Dafür habe ich aber auch mir in dieser Welt hier, und nicht in einer überirdischen Zionsheimat, mitten hier in ihr, ein ewiges Zuhause gegründet durch Dich und Freunde, so daß ich auch sagen kann: Wo einer oder einige von Euch mit mir versammelt sind, da ist meine Heimat, und wo Du mit mir bist, da ist mein Haus.«[13]

Es war Blücher, ein Kind aus der Berliner Arbeiterklasse, ehemaliges Mitglied des Spartakusbundes, der mit seinen Genossen brach, als sie Stalinisten wurden, der Autodidakt, der am Bard College Kunstgeschichte lehrte, der die Intelligenzija im Greenwich Village der 1940er und 1950er Jahre mit seinen Vorträgen über moderne Kunst faszinierte, auch wenn er aufgrund seiner Schreibblockade nicht publizieren konnte – es war dieser Blücher, nicht Heidegger, der Arendt ein »Zuhause« gab und ohne den sie sich fühlte, »wie ein verlorengegangenes Rad am Wagen«, das in der Welt herumsaust.[14] Auch die Leidenschaft für Politik war Arendt und Blücher gemeinsam. Sie lernte von ihm nicht nur jede Menge über den Sowjet-Marxismus und den totalitären Kommunismus, sondern er verstand auch besser als irgend jemand sonst ihr Engagement für jüdische Politik und ihre linkszionistischen Sympathien.

Der Beginn ihrer Liebesaffäre im Jahr 1936 fällt zusammen mit Arendts Tätigkeiten für den Zionistischen Weltkongreß und ihrer geheimen Arbeit für eine Organisation, die jüdischen Kindern aus Europa zur Flucht nach Palästina verhilft. Blücher begleitet diese Bemühungen mit Zustimmung; er organisiert in Paris die Zusammenarbeit verschiedener linker Gruppen. Durch seine Kontakte mit dem Milieu vieler zionistischer Sozialisten – insbesondere denen des jüdischen Bunds, die innerhalb der nachrevolutionären Sowjetunion einen jüdischen Staat errichten wollten – kennt er die jüdische Politik, hegt Sympathien und solidarische Gefühle für sie. Sein Berliner Dialekt, den er in seinen Briefen an Arendt oft einsetzt, um sie aufzuheitern, ist mit jiddischen Ausdrücken gespickt. Bei Blücher fühlte sich Arendt aufgehoben, denn sie konnte die Leidenschaft für die Politik, ihr Leben als öffentliche Intellektuelle, ihr Engagement für jüdische Belange und ihre Weiblichkeit zusammenbringen. Mit Heidegger war diese Mischung nicht möglich; sie blieb allenfalls das bewunderungsvolle, intelligente und attraktive, aber schweigsame Frauchen, das vorgab, nur in seiner, Heideggers Arithmetik »bis drei und manchmal sogar bis vier« zählen zu können, wie sie sich ausdrückt. Bis zu dem Zeitpunkt, als sie es wagte, Heidegger eines ihrer Bücher zu schicken. Heidegger blieb für sie ein Bote aus einem anderen Reich – dem Reich der Metaphysik und Philosophie und der Symbiose griechischen und deutschen Denkens.

V.

Da die Einzelheiten über Hannah Arendts Leben und Freundschaften durch die posthume Veröffentlichung ihrer Korrespondenz sowie durch zahllose neuere Untersuchungen zu ihrem Werk und ihrer Person in zunehmendem Maße bekannt werden, drängt sich uns die Frage auf: Wie sollen wir denn all diese historisch-kontextuellen Details in unser Verständnis von Arendt als einer politischen Philosophin integrieren? Gibt es eine Form der Analyse, die Leben und Denken, das Werk und die Person gelungen synthetisieren kann, ohne in einen Voyeurismus zu verfallen oder es beim bloßen Aufzählen geschichtlicher Tatsachen zu belassen?

Hannah Arendt hinterließ uns keine »Lehre« der Politik oder des Staates und auch keine »Theorie der Gerechtigkeit« oder dergleichen. Ihr Werk demonstriert, wie man über Politik »denken« kann und gleichzeitig der Versuchung widersteht, Systeme zu bilden. Sie gehört zu den wenigen Zeitzeugen des 20. Jahrhunderts, deren Einsichten auch für die schwierigen Situationen unserer Zeit noch immer erhellend wirken. Wir lesen sie heute gerade wegen und nicht trotz der problematischen Unterscheidungen und Gegenüberstellungen, die sie geschaffen hat. Wir lesen sie, weil sie uns hilft, politisch zu denken, und nicht deswegen, weil sie Antworten auf unsere politischen Fragen parat hat. Arendt lehrt uns vor allem, daß es ohne ein Mindestmaß an persönlicher

Intimität, an emotionalem Rückhalt und ohne Privatleben, das »dem Licht der Öffentlichkeit verborgen bleiben muß«, kein lebendiges, erfülltes öffentliches Leben geben kann. Und daß wir ohne Unterscheidung zwischen ökonomischen Fragen nach der gerechten Verteilung knapper Ressourcen und politischen Fragen danach, wie wir als Kollektiv die Institutionen bilden wollen, die uns regieren sollen, keine freien Bürger sein können.

Das Persönliche ist nicht das Politische: Das ist die Botschaft von Arendts Leben und Werk. Die Politik ist der Raum, den wir gemeinsam erzeugen, kraft dessen, was wir in der öffentlichen Sphäre miteinander teilen können. Das Persönliche wird dann politisch, wenn jemandes Identität als Jude, als Frau, als Flüchtling usw. – eine Identität, die man mit anderen teilt – von der umgebenden Gesellschaft angegriffen wird. Um aber eine angegriffene Identität in ein politisches Projekt zu übersetzen, muß man die Wechselfälle des individuellen Schicksals transzendieren und herausfinden, was ihnen gemeinsam ist und was von allen in der öffentlichen Sphäre geteilt werden kann. Der Begriff »Interesse«, darauf weist Arendt hin, hatte ursprünglich mit der stark individualistischen Bedeutung, die wir ihm heute beilegen, nichts zu tun. *Inter-est* bedeutet wortwörtlich, was zwischen uns ist, was uns verbindet und was uns voneinander trennt. Arendt war der Ansicht, beim Politischen gehe es um das öffentliche Interesse und um die Verpflichtung, ein lebendiges öffentliches Leben zu schaffen. Die Politik sollte weder in das fragile Gebiet menschlicher Bindungen und Freundschaften einbrechen noch Individuen dazu zwingen, die dunklen und obskuren Abgründe des menschlichen Herzens öffentlich zu machen. Arendts bewegende Loyalität zu Heidegger, aber auch ihre starken Bindungen an ihre vielen Freunde bezeugen ihre eigene Praxis dieser subtilen »Kunst der Trennung«.

1 Hannah Arendt, *Menschen in finsteren Zeiten*, »Isak Dinesen«, München 1989, S. 116.

2 Elzbieta Ettinger, *Hannah Arendt – Martin Heidegger. Eine Geschichte*, München 1995.

3 Richard Wolin, »An Affair to Remember: Hannah and the Magician«, in: *New Republic*, 9. Okt. 1995, S. 27-37.

4 Hannah Arendt/Martin Heidegger, *Briefe 1925-1975*, aus den Nachlässen hg. von Ursula Ludz, Frankfurt am Main 1998, S. 193.

5 *Frankfurter Allgemeine Zeitung*, 6. Februar 1993.

6 Hannah Arendt/Martin Heidegger, *Briefe 1925-1975*, S. 69.

7 Hugo Ott, *Martin Heidegger. Unterwegs zu seiner Biographie*, Frankfurt am Main 1988, S. 138.

8 Ebenda, S. 141.

9 Hannah Arendt/Karl Jaspers, *Briefwechsel 1926-1969*, München 1985, Brief 40, S. 79.

10 Am 6. April 1933 hatte der Reichskommissar und Gauleiter Robert Wagner einen Erlaß herausgegeben, der alle Beamte »nicht-arischer« Abstammung vom Amt suspendierte. Als emeritierter Professor der Universität Freiburg, der der Gesetzgebung des Landes Baden unterstellt war, wurde Husserl am 14. April von seiner »Beurlaubung« offiziell in Kenntnis gesetzt. Am 28. April 1933 wurde der Erlaß wieder aufgehoben, weil das sogenannte Reichsgesetz zur Wiederherstellung des Berufsbeamtentums in Kraft trat, das dazu diente, den Staatsdienst »judenfrei« zu machen. Heidegger wußte bereits von diesem Gesetz und brauchte deshalb selbst nichts gegen Husserl unternehmen. (Siehe Hugo Ott, *Martin Heidegger*, S. 170 f.)

11 Arendt/Jaspers, *Briefwechsel 1926-1969*, Brief 297, S. 494.

12 Hannah Arendt/Martin Heidegger, *Briefe 1925-1975*, S. 149.

13 Hannah Arendt/Heinrich Blücher, *Briefe 1936-1968*, hg. und mit einer Einführung von Lotte Köhler, München 1996, S. 212.

14 Ebenda, S. 200.

NACHWORT ZUR TASCHENBUCHAUSGABE

von Otto Kallscheuer

Weder Habermas noch Heidegger

Philosophische und politische Existenz bei Hannah Arendt

Die deutsche Denkerin, jüdische Emigrantin und amerikanische Intellektuelle Hannah Arendt war gewiß eine Denkerin der Moderne – war sie deshalb auch eine »modernistische« (modern eingestellte – für soziale und kulturelle Modernisierung fechtende) Denkerin? Im öffentlichen Auftreten, in ihren essayistischen, politisch und kulturell eingreifenden Schriften war Hannah Arendt ganz zweifellos eine Antikonformistin. Schon ihr Lebensweg paßte in keine Schublade.

Sie war 1906 in Hannover geboren und seit 1909 in Königsberg in einer weltlichen jüdischen Familie aufgewachsen;[1] sie hatte in den Zwanzigern bei Martin Heidegger und Karl Jaspers Philosophie studiert, mit denen sie auch nach dem Krieg freundschaftlich verbunden bleiben sollte. Da hatte sie sich aber längst in den Vereinigten Staaten, wo sie seit 1941 mit ihrem zweiten Ehemann Heinrich Blücher lebte, einen Namen als streitbare Essayistin und brillante Philosophieprofessorin gemacht.

Daß sie nach dem Krieg auch zu Heidegger, ihrem ehemaligen Lehrer und Geliebten der Studienzeit, dem nachmaligen Nazi-Rektor der Universität Freiburg, die Verbindung wiederaufnahm, sollte nach beider Tod Anlaß zu diversen fragwürdigen Schlüssellochtheorien werden. Von der jüdischen Studentin Hannah konnte man etwa in Elzbieta Ettingers Skandalchronik lesen, sie habe ihre Überidentifikation mit dem abwesenden Vater auf Martin, den deutschesten aller Denker der Eigentlichkeit übertragen und daher nach dem Kriege in ihrer Ent-Schuldung des geliebten Meisters auch ihr eigenes jüdisches Problem verdrängt (und dgl. mehr).[2] Vor allem in den USA erhielt Ettingers in Deutschland mit Recht unbeachtete Montage hitzige Publizität und ließ im »politisch-korrekten« akademischen Milieu alsbald die Wogen höher schlagen. Plötzlich wollten Kritiker in Hannahs Liebe zu Martin gar das Motiv für Arendts Buch über den Eichmann-Prozeß erblicken: für ihre in der jüdischen *community* heftig umstrittene Darstellung der Rolle der Judenräte in der nationalsozialistischen Massenvernichtung! Für feministische Arendt-Verteidigerinnen hingegen kam allein der (an sich ja nicht unplausible) Gedanke an einen *auch* persönlich vermittelten denkerischen Einfluß des Philosophen einem Sakrileg gleich. Karl Löwiths oder Hans Jonas' oder Herbert Marcuses philosophische Abhängigkeit von Heidegger hatte noch nie jemand bezweifelt. Aber die hatten auch nicht mit dem Meister geschlafen!

Seyla Benhabib geht in einem neuen Anhang zum vorliegenden Buch (S. 343-360) ausführlich auf diese Kontroverse ein – und gottlob hatte sich das diskursive Theater über die fatale Attraktion zwischen dem Nazi-Denker und der feministischen Ikone, über den »letzten Tango von Weimar« (Richard Wolin), schließlich durch die Veröffentlichung der Originalbriefe erledigt, die von Ursula Ludz vorbildlich ediert, umfassend dokumentiert und behutsam kommentiert wurde.[3] Wie immer man nun die persönlichen Beziehungen zwischen Todtnauberg im Schwarzwald und dem Riverside Drive an der Upper West Side beurteilen mag – philosophisch ist der Briefwechsel irrelevant. Heidegger hat Arendts Bücher ohnehin nie gelesen.

I.

Zu ihren Lebzeiten war Arendts Name in Deutschland vor allem mit zwei wichtigen politischen Kontroversen der Nachkriegszeit verbunden: in den fünfziger Jahren mit dem Streit um den im kalten Krieg zugleich analytischen wie politischen Kampfbegriff des »Totalitarismus«, also um die Frage, ob man Nationalsozialismus *und* Kommunismus als eine gemeinsame neue Herrschaftsform charakterisieren könne; und in den sechziger Jahren mit ihrer Reportage zum Prozeß gegen »Eichmann in Jerusalem«. Arendts gleichnamiges Buch[4] provozierte mit seiner Diagnose von der gewöhnlichen »Banalität« des radikal Bösen, der Organisation des industriellen Massenmordes durch einen »gewöhnlichen«, pflichtbewußten Funktionär des Nazi-Terrors wie Adolf Eichmann. Arendts kritische Schilderung der Rolle der Judenräte in der arbeitsteiligen Massenvernichtung verletzte die Gefühle zahlreicher Überlebender der Schoah und führte zum persönlichen Bruch der Denkerin mit alten Freunden in Israel wie Kurt Blumenfeld oder Gershom Scholem, welcher ihr vorwarf, »keine Liebe zu den Juden« zu hegen.

In Amerika galt die alteuropäische Antikonformistin Hannah Arendt gewiß als »Liberale«. Freilich wäre es zu ihren Lebzeiten nicht nur ihr selbst, sondern auch den meisten ihrer Leser beiderseits des Atlantiks als reichlich absurd erschienen, Arendts Schriften als Werke einer ›fortschrittlichen‹ Denkerin anzusehen.[5] Und gänzlich verfehlt wäre es, Hannah Arendts Bücher mit einem geschichtsphilosophisch positiv gefaßten Begriff der ›Moderne‹ in Verbindung zu bringen. Gegen diesen richteten sich ja nicht nur ihre philosophisch gehaltvollen Essays seit den fünfziger Jahren.[6] Auch ihre diversen und, wie wir heute wissen, zumeist unvollendet gebliebenen Versuche, nach ihrem Buch über den Totalitarismus und dessen zahlreichen Emendationen, Retraktationen und Überarbeitungen den im zwanzigsten Jahrhundert vollzogenen Zivilisationsbruch zu verstehen,[7] verweigern sich jeder positiven Vision einer philosophischen Moderne oder einer Geschichte vom »Fortschritt im Bewußtsein der Freiheit« (G.W.F. Hegel). Die Katastrophe des zwanzigsten Jahrhunderts begriff Arendt als einen Bruch *mit* der europäischen philosophischen Tradition, der doch zugleich *in* dieser Tradition als ihre Konsequenz zu verorten sei.[8]

Gab es nun vor der jüngsten Welle der Hannah-Arendt-Rezeption, der ja auch Seyla Benhabibs streitbare Monographie zuzurechnen ist,[9] überhaupt so etwas wie eine »Standardauffassung« zu Arendts Werk – gar eine, welche beiderseits des Atlantiks geteilt worden wäre? Als Infragestellung einer solchen *communis opinio* motiviert Benhabib heute im Rückblick ihr Buch (S. II). Ihre hiermit wieder vorgelegte Studie bleibt aber auch für Leser von Interesse, die Benhabibs summarisches Urteil zur älteren Arendt-Rezeption nicht teilen mögen.[10]

Es gab sicherlich jene kulturkritisch eher konservativ eingestellte Arendt-Deutung, die Benhabib anspricht; sie war jedenfalls stark geprägt von Arendts Schriften der fünfziger und sechziger Jahre. Moderne empirisch-quantitative Methoden der Sozialwissenschaften, wie sie in ebenjenen Jahren in den Vereinigten Staaten die Universitäten zu dominieren begannen, lehnte die deutsche Philosophin ab.[11] Einige quasi-aristotelische Züge in ihrem philosophischen Hauptwerk *Vita activa*[12] ließen später im Deutschland der siebziger Jahre an durchaus aktuelle, aber eben nicht modernistische Bestrebungen im Bereich der praktischen Philosophie denken;[13] und manche Urteile Arendts ließen sich *grosso modo* auch mit der konservativen Kritik der modernen Massenkultur in Einklang bringen. Freilich ließen sich durchaus ähnliche Akzente auch bei den Säulenheiligen der Frankfurter Schule finden.[14]

Für ein akzentuiert modernitäts*kritisches* Ethos sprach auch die Rolle Hannah Arendts in der politisch-kulturellen Debatte Amerikas. Als Essayistin, freie Wissenschaftlerin und zunehmend als Gastprofessorin in Chicago, Princeton und New York machte Arendt in der New Yorker Intelligenzija und für die amerikanische universitäre Öffentlichkeit nicht nur die totalitäre Tragödie Europas lesbar. Sie verkörperte in den USA auch einen ›alteuropäischen‹ Denkstil; und sie dolmetschte jene großen philosophischen Traditionen Europas, die sie doch zugleich, aus dem Blickwinkel der zivilisatorischen Katastrophe, nach den europäischen Totalitarismen des zwanzigsten Jahrhunderts, radikal kritisierte und für überwunden erklärte.

Das lange in den USA vorherrschende Arendt-Bild war das einer klassischen Republikanerin, mit durchaus ›römischen‹ Sympathien, die sie ja mit den besten Traditionen der amerikanischen Revolution verband.[15] Zugleich aber galt sie als eine politische Romantikerin – und dies nicht nur aufgrund ihrer idealisierenden Lektüre der amerikanischen Revolutionsgeschichte und Verfassungsdebatten, sondern auch wegen ihrer Räteutopien und »achtundsechziger« Sympathien. Zudem kritisierte Arendt die kulturellen und sozialen Nivellierungen der zeitgenössischen Moderne als anthropologisch verhängnisvollen »Weltverlust« der technischen Zivilisation und modernen Massengesellschaft; ergo hat sie natürlich auch den amerikanischen Liberalismus, diesseits seiner heroischen, republikanischen Gründerphase, stets scharf attackiert, und zwar *sowohl* politisch *als auch* kulturell.[16]

Wer über Hannah Arendts Ablehnung der amerikanischen pragmatistischen, optimistischen, individualistischen Denk- und Lebensweise noch im Zweifel gewesen sein sollte, kann sich seit 2002 in zahlreichen Notizen ihres nach 1950 über zwei Jahrzehnte geführten »Denktagebuchs« den O-Ton ihres *philosophischen*, wenngleich natürlich nicht politischen Antiamerikanismus zu Gemüte führen.[17]

II.

Das erste Motiv für die neue Arendt-Rezeption der letzten beiden Jahrzehnte war freilich kein philosophisches, sondern ein politisches: Bei den (mehr oder minder) »samtenen Revolutionen«

bzw. Implosionen der kommunistischen Regime Mittel- und Osteuropas beriefen sich die mit dem Pathos des revolutionären Neuanfangs das Licht der Öffentlichkeit suchenden antikommunistischen Freiheitsbewegungen auf Ideen, die sie auch in Büchern Hannah Arendts gefunden hatten – und einige ihrer Theoretiker wie Adam Michnik in Polen oder Janos Kis in Ungarn taten dies sogar explizit.

Bereits die Selbstidentifikation des antikommunistischen Dissenses als ›antitotalitär‹ ging auf Arendts Schriften zurück – und auch hier mangelt es nicht an Paradoxien: Arendt selbst hatte ja den sowjetischen Block seit Chruschtschow bekanntlich nicht mehr als totalitäres System angesehen. Arendts Schriften zum Ungarn-Aufstand, ihre Thesen zum öffentlichen Engagement in der Demokratie als der eigentlichen »Vita activa« und über die freiheitliche (statt soziale) amerikanische Revolution hatten die osteuropäische Intelligenzija eher auf amerikanischem Wege oder aber (man denke nur an Autoren wie Raymond Aron oder Claude Lefort) durch französische Vermittlung erreicht.[18] Auch spielte – insbesondere in Polen[19] – die Tradition eines christlichen Antitotalitarismus eine Rolle, welche freilich eine Reihe von Berührungspunkten zur Arendtschen Konzeption aufweist.[20]

Gegenüber den marxistischen Ideologemen sozialer Emanzipation, aber auch gegenüber westlichen Detente-Politikern beriefen sich die antikommunistischen Bürgerrechtler zuallererst auf die Irreduzibilität öffentlicher Freiheit. Zeitweilig inszenierten dann Bürgerforen und runde Tische ein Pathos des konstitutionellen Neuanfangs – wie Arendt es in ihrem Buch *On Revolution* skizziert hatte. Zur Interpretation der tatsächlich stattfindenden Regimewechsel hingegen waren Arendts Kategorien dann nur von bedingter Brauchbarkeit. Keine einzige der halbwegs erfolgreichen post-kommunistischen Stabilisierungen läßt sich ja *einfach* als radikaler konstitutioneller Neuanfang beschreiben. Und statt durch republikanische Prinzipien politischer Gleichheit gehegt zu werden, hat sich mittlerweile in allen Ländern des kapitalistischen

Neubeginns im europäischen Osten die soziale Frage eine zentrale Rolle zurückerobert, häufig in der Sprache eines populistischen Nationalismus plebejischer Prägung.

III.

Ganz gewiß antikonformistisch, aber eben nicht modernistisch oder fortschrittlich war Arendts Reaktion auf die amerikanische und europäische Studentenbewegung und die Neue Linke gewesen. Im Begriff des Fortschritts sah sie ganz im Gegenteil am Ende der sechziger und zu Anfang der siebziger Jahre die eigentliche Wurzel des »verblüffenden Konservatismus« gerade der marxistischen Neuen Linken. Dazu zählte sie übrigens auch den »intelligentesten und einfallsreichsten der jüngeren deutschen Soziologen«, nämlich Jürgen Habermas.

Im »Widerstand gegen die Zumutung, den Grundbegriff aufzugeben, der seit mehr als hundert Jahren der gesamten Linken von den Liberalen über die Sozialisten bis zu den Kommunisten gewissermaßen heilig gewesen ist und den wir zweifellos nirgends auf so hohem geistigen Niveau finden wie in den Schriften von Karl Marx«, erweist sich auch die Neue Linke als Erbin jener europäischen Tradition, die längst zerbrochen ist. In *Macht und Gewalt*, ihrer Auseinandersetzung mit der Studentenbewegung, hielt Arendt vielmehr der marxistischen (Selbst-)Interpretation der Neuen Linken den ausschließlich »moralischen Charakter ihrer Rebellion« entgegen. Für Arendt rührten »die zahlreichen theoretischen Unstimmigkeiten seitens der Neuen Linken [...] samt und sonders daher, daß man die Wirklichkeit des zwanzigsten Jahrhunderts mit [den Fortschritts-] Kategorien des neunzehnten zu verstehen sucht«.[21]

Der Form nach war Arendts Fortschrittskritik – als reflexiver Rekurs – zwar paradoxerweise selber fortschrittlich. Doch der intellektuelle Gehalt ihrer Kritik hat (jenseits der klassisch konservativen Kulturkritik an der Massengesellschaft) weit eher Berührungspunkte mit der Avantgarde – Hannah Arendt hält dem Konservatismus eines Denkens, das in seiner invariablen Zukunftsorientierung auf einen erhofften Prozeß des Fortschritts fixiert bleibt, das unvorhergesehene *Ereignis* der Revolte entgegen.[22] Die von den politischen Eliten gänzlich unerwartete Studentenrebellion der sechziger Jahre, »die sich ausschließlich in moralischen Kategorien versteht«, gehört für Hannah Arendt somit selber noch mit zur Widerlegung der Geschichtsauffassung des stetigen, planbaren, sich akkumulierenden Fortschritts – sei es der liberalen Rechten, sei es der klassischen marxistischen Linken: »In beiden Fällen meint man, daß etwas ganz und gar Neues und Unvorhersehbares sich nicht ereignen kann, nichts, was nicht notwendigerweise aus dem folgt, was wir kennen.«[23]

IV.

Wenn also Seyla Benhabib im vorliegenden Buch Hannah Arendts emphatischen Begriff politischer Öffentlichkeit ausgerechnet aus den Perspektiven einer Habermasschen Diskursethik zu rekonstruieren versucht, so entbehrt dies nicht einer gewissen theoriepolitischen Ironie. Benhabib richtet sich damit zugleich gegen eine neuere (nicht nur, aber vor allem) in der US-amerikanischen akademischen Szene gepflegte *post*moderne Interpretation des Arendtschen Werkes. Diese setzt die ohne den Einfluß ihres Lehrers Martin Heidegger (und die Lektüre Friedrich Nietzsches) nicht vorstellbare anti- oder nachmetaphysische Wende in Hannah Arendts philosophischer Weltauffassung in Beziehung zu ihrem am *Ereignis* orientierten politischen Denkstil.

Wolfgang Heuer hat diesen »Weg (der Arendt-Rezeption) in die Postmoderne« treffend skizziert: »Auf jegliche Metaphysik zu verzichten bedeutet, für nichts eine letzte Begründung zu geben und keinen äußeren Maßstab zu erfinden. Folglich gibt es keine

Begründung für eine hierarchische Beziehung zwischen dem Individuum und der Gesellschaft, der Philosophie und der Politik, dem Denken und dem Fühlen oder innerhalb des Denkens selbst. Arendt erlag nicht der Versuchung, die traditionellen Hierarchien bloß umzukehren, etwa das Handeln der Politik oder die Politik der Philosophie überzuordnen [...]. Arendt entwarf statt dessen jenseits der Hierarchien und eines bipolaren Denkens eine neue Art der Räumlichkeit: Jeder Faktor, das schiere Leben, die von uns geschaffenen Gegenstände und die Beziehungen untereinander, ist von den anderen abhängig und wirkt zugleich auf diese ein.«[24]

Dana R. Villas lesenswertes Buch über »The Fate of the Political« in Arendts und Heideggers Philosophie, an das auch Benhabibs Deutung kritisch anknüpft, bleibt wohl das beste Exempel dieser derart radikal antimetaphysisch argumentierenden »politischen« Arendt-Lektüre.[25] Im Vorwort und letzten Kapitel ihres Buches motiviert Benhabib ihren deutlichen Dissens mit Villas »performativer« Deutung der politischen Öffentlichkeit; sie versäumt es freilich, sich mit Villas eigener *retractatio* auseinanderzusetzen, welche – fernab von Heidegger – Arendts Deutung der amerikanischen *constitutio libertatis* einer originellen Kritik aus dem Geiste Tocquevilles unterzieht.[26]

Die bisherigen schematischen Hinweise mögen ausreichen, Benhabibs Monographie theoriepolitisch zu verorten: Während eine eher liberal-konservative Arendt-Rezeption aus dem Geiste des kalten Krieges die partizipatorische, ja republikanische Politikauffassung der Philosophin mit altliberaler Skepsis betrachtete, aber gegenüber Arendts eigener Kritik am kulturellen Modernismus, am »Man« der Massengesellschaft positiv eingestellt war, hatten jüngere amerikanische feministische, dekonstruktivistische oder postmodernistische Arendt-Lektüren den Akzent geradezu umgekehrt: Ihnen wird Arendts Orientierung an einer pluralen, intersubjektiven, dezentrierten Existenzweise des Politischen auch zum Anstoß für die dekonstruktivistische Subversion kultureller Traditionen selbst. Diese war unterdes in den amerikanischen »Gender-, Race- and Cultural Studies« zur gängigen Praxis der akademischen Ideologiekritik geworden.

Beide Stoßrichtungen, die republikanische Modernitätskritik und die postmoderne Dekonstruktion, haben sich auf Hannah Arendts Kritik der Moderne berufen – freilich aus entgegengesetzten Motiven. Die ältere, klassisch-republikanische Kritik an der Massendemokratie führt häufig zur Ablehnung der kulturellen und sozialen Moderne, und viele Autoren dieser Generation und Einstellung sind dann ja tatsächlich Neokonservative geworden.[27] Umgekehrt schließt die jüngste, dekonstruktivistische Postmoderne zwar an die Radikalisierung avantgardistischer Impulse der ästhetischen Moderne an und setzt vor allem die emanzipatorische Utopie der beständigen, progressiven Öffnung von Lebensformen fort. Die Perspektive einer im Zuge der demokratischen Rationalisierung zwangsläufigen ethischen »Normalisierung« des Lebens aber lehnt der postmoderne Dekonstruktivismus der »Foucaultschen Linken« ebenso ab wie den philosophischen Diskurs der Moderne.[28]

Seyla Benhabibs Deutung von Arendts intellektueller Biographie und politischer Theorie versucht zwar nicht, alle Ambivalenzen in Arendts Entwicklung zu glätten oder auch ihre Widerstände gegen die Versprechungen der Moderne zu überspielen, auf die der englische Titel *The Reluctant Modernism of Hannah Arendt* wohl präziser anspielte als die deutsche Melancholie. Dennoch beansprucht Seyla Benhabib, ihre gesellschaftstheoretische Lektüre der totalitären Erfahrung und ein Projekt radikaler (also auch »situierter«) Intersubjektivität vermöchten die Modernitäts- und Rationalitätskritik Hannah Arendts auch noch mit jenem politisch-philosophischen Projekt kommunikativer Vernunft versöhnen, das Jürgen Habermas aus der Gesellschaftskritik der Frankfurter Schule zum moralischen Vernunftrepublikanismus aus Kantischer Tradition entwickelt hat. Benhabib will belegen, »in welchen Hinsichten Habermas ein Arendtianer ist« (S. V). Dabei kann sie sich durchaus auf die »deliberativen« Elemente in Arendts emphatischem Begriff politischer Öffentlichkeit berufen sowie auf deren Ethik radikaler Intersubjektivität (S. 304 f.).

V.

Doch von Jürgen Habermas' Diskurs der Moderne trennen Hannah Arendt nicht nur historisch-politische Urteile (wie das zur Französischen Revolution[29]). Gegenüber seiner prospektivischen Verbindung von kognitiver Moralauffassung, vernunftrepublikanischer Politik und kommunikativer Wahrheitslehre, die ihn die Verständigung über moralisch-praktische Fragen als »rationale Willensbildung« begreifen läßt, hegte Arendt grundsätzliche Bedenken. Habermas hat diese sehr wohl gespürt und artikuliert[30] – bei Benhabib treten sie weitgehend in den Hintergrund.

Man muß hier bedauern, daß Seyla Benhabib für diese Neuauflage die im letzten Jahrzehnt veröffentlichten Vorlesungen, Entwürfe und Notizen aus Hannah Arendts Denkwerkstatt nicht in ihre Analyse einbezogen hat. Denn diese verbieten einen *philosophischen* Anschluß des habermasianischen, vernunftrepublikanischen »Projekts der Moderne« an Arendts Perspektiven auf Denken und Handeln vielleicht noch eindeutiger als bereits ihre zu Lebzeiten veröffentlichten Schriften.

Hannah Arendt hat beständig auf dem grundlegenden Unterschied zwischen Moral und Politik bestanden, sie hat sich daher jeglichem »politischen Moralismus«[31] grundsätzlicher widersetzt als Habermas. Dies liegt natürlich daran, daß für Arendt die sokratische Frage *die* relevante moralische Frage geblieben ist: die Frage, »wie man leben soll«[32], als nicht primär soziale Konfrontation des moralischen Ich mit sich selbst. Das moralische Selbst muß sich in seinem Handeln entscheiden, mit welcher Art von Person es für den Rest seines Lebens zusammenleben will (oder »kann«[33]); und darum bleibt für Hannah Arendt das »moralische Problem politisch eine Grenzerscheinung«[34] – es ist nur in »Zeiten des Ausnahmezustandes« relevant. Es taugt zur Beurteilung von Personen, nicht von Politiken.

In ebenso radikalem Gegensatz zu Habermas scheidet Hannah Arendt jede (also auch die demokratische) Politik von allen Wahrheitsfragen ab. Kontingente Tatsachenwahrheiten werden ›politisch‹ ja nur durch ihre Manipulation – wie in der Watergate-Affäre –, die »philosophische Wahrheit aber [betrifft] den Menschen nur im Singular«, und also »ist sie ihrem Wesen nach unpolitisch«.[35]

Diese – spezifisch philosophische – Vereinzelung des Denkens will Arendt in ihren Manuskripten und späten Büchern ebenso verteidigen wie die – spezifisch politische – Dimension öffentlichen Handelns in Pluralität. Beide Dimensionen der Freiheit gilt es zu scheiden, aber beide, Denken und Handeln, werden heute bedroht durch die totalitären Gefahren der modernen Massengesellschaft. Und an deren Diagnose knüpfte sie mit ihren Versuchen im *Denktagebuch* zunächst an.[36]

Gerade hatte Hannah Arendt die erste Fassung ihres Totalitarismusbuchs fertiggestellt, das bekanntlich mit einer katastrophalen Diagnose der modernen Zivilisation endet: Totalitäre Herrschaft konnte nur unter den Menschen einer bereits sozial atomisierten Moderne entstehen, welche ihren Common sense bereits verloren hatten. In den Lagern von Auschwitz und des Archipel GULag ist für Arendt nicht allein die abendländische Politik, sondern auch die Tradition der abendländischen Metaphysik an ein Ende gekommen.

Ohne das in der neuzeitlichen Wissenschaft und Politik dominierende Welt- und Menschenbild wären der Sieg totalitärer Massenbewegungen und der Terror totalitärer Herrschaftsformen im zwanzigsten Jahrhundert theoretisch unvorstellbar, aber auch praktisch-technisch unrealisierbar gewesen. Und wie im zwanzigsten Jahrhundert im Zeichen der Krise der europäischen Nationalstaaten die totalitären Bewegungen aus den durch Krieg und Krise atomisierten Massen entstehen, so reproduzieren siegreiche totalitäre Regime erneut die bindungslose Vereinzelung von Tätern wie von Opfern des Terrors.

Diese spezifisch *moderne* Vereinzelung, die Zerstörung aller (mit)geteilten Wahrnehmung, aller sozialen Bande und jeden Gemeinsinns, war Vorbedingung des ideologischen Erfolgs der totalitären Bewegungen und ist zugleich das durch den Terror reproduzierte Produkt totalitärer Regime. In der von Arendt in ihren *notebooks* inaugurierten Sprache heißt sie nunmehr: Zerstörung von *Pluralität.* Die totalitär gewordene Moderne eliminiert die Wahr-Nehmung und Anerkennung menschlicher Vielfalt und Differenz. Arendts Suche nach einem denkerischen Neuanfang nach dem Totalitarismus will diese Zerstörung von Pluralität philosophisch dechiffrieren, will den metaphysischen Sündenfall ausfindig machen, um im Denken mit der existentiellen Umkehr zu beginnen – im Denken.

Und hier beginnt zugleich die philosophische Komplikation dieser Denktagebücher: Denn Denken (»*das* Denken«, des Seins wie des Seienden, *des* Menschenwesens oder *der* Menschen) ist für Arendt gerade keine plurale, interaktive Tätigkeit. Noch ihr posthum veröffentlichtes Triptychon zum Leben des Geistes, *Denken – Wollen – Urteilen*, wird dies bestätigen.[37]

VI.

Hannah Arendts Ideal der öffentlichen Versammlung, Beratung und Bewährung ist nicht am kommunikativen Modell epistemischer Wahrheitsfindung orientiert, sondern am agonalen Wettstreit der Bürger um den Kurs des Gemeinwesens. Ein solches Bild ist uns nicht allein aus der Blütezeit der griechischen Polis und dann den *exempla virtutis* der römischen Republik überliefert; es stellte auch das Leitbild des neoklassischen Republikanismus der frühen Neuzeit dar, in dem heute die politische Ideengeschichte die große Alternative zur Hobbesschen Begründung des Politischen erblickt. Im Agon um die symbolische Grundlegung eines Gemeinwesens konstituiert sich politische Existenz, und mitunter tritt jene Exzellenz in Erscheinung, die beim Betrachter »Enthusiasmus« auslösen kann – im Sinne von Immanuel Kants Urteil über die Französische Revolution im *Streit der Fakultäten*, an den ja Hannah Arendts Kommentar in *Das Urteilen* anknüpft.[38]

Im Gegensatz zu Seyla Benhabib zögere ich hier nicht, in bezug auf Arendts Theorie des öffentlichen Handelns von einem politischen Existentialismus zu sprechen.[39] Ich verstehe hier die zumeist waltenden terminologischen Berührungsängste vieler Arendt-Interpreten nicht. Gewiß, Arendts politischer Existentialismus ist ein »libertärer« Existentialismus der *Inter*subjektivität, nicht der bloßen Selbstbehauptung eines monadischen Einzelnen – ob nun in der projektiven Selbstvergewisserung im Feinde, der »eigenen Frage als Gestalt« (Carl Schmitt), oder in Heideggers »Dasein zum Tode« eines jeden, jemeinigen Individuums. Denn Hannah Arendts »eigentliche Existenz« heißt *Pluralität*: die Vielheit der in ihrer Weltauffassung verschiedenen Menschen, von denen jeder einen eigenen Anfang (oder Ent-Wurf) verkörpern kann.

Doch diese humane Vielheit und Vielfalt ist und bleibt heikel: Nicht allein die erste, biologische Natur des bloßen (Über)-Lebens, sondern in der Moderne zunehmend auch die zweite Natur, eine sekundäre (kognitive, moralische, emotionale) Uniformierung der Menschen, bedrohen mit der Pluralität der Weltwahrnehmungen auch das eigentliche Humanum. Denn Menschenwürde ist gebunden an Situationen der Pluralität von und zwischen (verschiedenen) *Personen*. Sie ist abhängig von einer prekären, zunehmend bedrohten Lebensform, die durch die moderne Konstellation einer wissenschaftlich und bürokratisch überformten Lebenswelt, durch die Bildung von Massen bloßer (gleichartiger) *Individuen* gefährdet ist.

Auch darum gibt Arendt in ihren politischen Essays stets der *doxa* den Vorzug vor der *episteme*, einem gesicherten, gar noch wissenschaftlich bestätigten Wissen: Allein der Meinungsstreit ist die Existenzform der politischen Freiheit – nicht die wissenschaftliche Problemlösung oder die sozialtechnologische Politikberatung. Auch die zwangsläufige »Logicality« wissenschaftlich-technischer Denkmuster in der Moderne ist *eine* der Bedingungen der Möglichkeit des modernen Totalitarismus. Politische Gemeinwesen der Moderne, die keinen Zwischen-Raum öffentlichen Streits mehr zustande kommen lassen, kennen die Freiheit nicht.

* * *

Kantianer wie Aristoteliker mögen es bedauern, daß es Hannah Arendt nicht gelang, ihre metaphysische Bestimmung solitären Denkens mit ihrem Plädoyer für die Dimension öffentlicher Vielheit als Existenzform politischer Freiheit zu einer einheitlichen ›praktischen Philosophie‹, zu einer kohärenten Theorie zu vereinen. Habermasianer wie Heideggerianer werden Motive und Zitate dafür finden, die »Ikone Arendt« zur Schutzpatronin ihrer Deutung der Moderne zu erheben.[40] Aber es ist der offene Konflikt im eigenen Denken, der in Hannah Arendts posthumen, unveröffentlichten Schriften und Notizen – mit ihren zahlreichen Denk- und Schreibräumen[41] – noch weitaus deutlicher zutage tritt als in ihrem publizierten Werk, der es lohnend macht, sich in diesen Streit zu verwickeln.

1 Arendts Großvater war Präsident der liberalen jüdischen Gemeinde Königsbergs, deutscher Identität (im Centralverein), aber das Wort Jude sei (so Arendt später) in ihrer Kinderzeit zu Hause nie gefallen. Siehe Jürgen Manthey, *Königsberg. Geschichte einer Weltbürgerrepublik*, München 2005, S. 612-630.

2 Elzbieta Ettinger, *Hannah Arendt – Martin Heidegger: Eine Geschichte*, München 1995.

3 Hannah Arendt/Martin Heidegger, *Briefe 1925-1975*, hg. von Ursula Ludz, Frankfurt am Main 1998.

4 Hannah Arendt, *Eichmann in Jerusalem. Ein Bericht von der Banalität des Bösen*, München 1964. Siehe auch Arendts Nachwort zur amerikanischen Ausgabe von Bernd Naumanns Berichten zum Frankfurter Auschwitz-Prozeß, jetzt in: Bernd Naumann, *Auschwitz*, Berlin 2004, S. 309-331.

5 Instruktiv für die zeitgenössische europäische Schwierigkeit, Hannah Arendt in das Rechts/Links-Schema (oder auch fortschrittlich/konservativ) einzuordnen, ist etwa das Interview, das Adalbert Reif mit Hannah Arendt zur Studentenbewegung der sechziger Jahre geführt hat, als Anhang abgedruckt in: Hannah Arendt, *Macht und Gewalt*, München 1970, S. 105-133.

6 Das gilt nicht zuletzt für ihre essayistische Sichtung der »Traditionsbestände im politischen Denken der Gegenwart« aus den fünfziger Jahren. Die meisten dieser »Übungen im politischen Denken« finden sich jetzt in: Hannah Arendt, *Zwischen Vergangenheit und Zukunft*, hg. von Ursula Ludz, München 1994.

7 Hannah Arendt, *Was ist Politik? Fragmente aus dem Nachlaß (1956-1959)*, hg. von Ursula Ludz, München 1993; Hannah Arendt, *Über das Böse. Eine Vorlesung zu Fragen der Ethik*, aus dem Nachlaß hg. von Jerome Kohn, München 2006. In letzter Instanz ist sogar *Vita activa*, München 1967 das unvollendete Fragment eines Buches, das zunächst *Amor mundi* heißen sollte. Von dessen Denkorten, Engpässen, Sackgassen, auch den nicht beschrittenen Denkpfaden zeugen Arendts »Denktagebücher«: Hannah Arendt, *Denktagebuch 1950-1973*, hg. von Ursula Ludz und Ingeborg Nordmann, München 2002.

8 Dazu siehe Otto Kallscheuer, »Denken ohne Geländer. Hannah Arendts Wahr-Nehmung des Totalitarismus als Durchbruch zum politischen Denken«, in: Antonia Grunenberg (Hg.), *Totalitäre Herrschaft und republikanische Demokratie. Fünfzig Jahre ›The Origins of Totalitarianism‹ von Hannah Arendt*, Frankfurt am Main 2003, S. 17-32; vgl. die Textzusammenstellung: Hannah Arendt, *Über den Totalitarismus. Texte aus den Jahren 1951 und 1953*, hg. von Ursula Ludz, Dresden 1998.

9 Zuerst erschien das Buch unter dem Titel *The Reluctant Modernism of Hannah Arendt* in der von Morton Schoolman herausgegebenen Reihe »Modernity and Political Thought«, Vol. 10, Thousand Oaks, Cal. 1996; die deutsche Ausgabe erschien erstmals 1998 in der Reihe *Rationen* des Rotbuch Verlages.

10 Siehe Otto Kallscheuer, »Der verweigerte Dialog. Hannah Arendt und die europäischen Intellektuellen«, in: Peter Kemper (Hg.), *Die Zukunft des Politischen. Ausblicke auf Hannah Arendt*, Frankfurt am Main 1993, S. 142-180; und zuletzt die Synopse von Wolfgang Heuer, »Ich selber wirken?«, in: *Text + Kritik*, Nr. 166/167, Hannah Arendt, September 2005, S. 174-182, vgl. die ebenda (S. 183-195) von Sarah-Christin Hemmen zusammengestellte Auswahlbibliographie zu Hannah Arendt.

11 Mit Recht hat Alfons Söllner für die gesamte Gruppe der Immigranten aus der deutschen politischen Philosophie – Hannah Arendt, Herbert Marcuse, Leo Strauss und Eric Voegelin – von einer »philosophischen Konterrevolution« gesprochen, die sich mit unterschiedlichen philosophischen Ansätzen der szientifischen empirisch-quantitativen »Behavioral Revolution« widersetzte, die in den amerikanischen Sozialwissenschaften der fünfziger Jahre ihren Siegeszug davontrug. Vgl. seine Ausführungen in: Alfons Söllner, *Deutsche Politikwissenschaftler in der Emigration*, Opladen 1996; speziell zu Arendt siehe ders., »Hannah Arendts Totalitarismusbuch im Kontext der zeitgenössischen Debatte«, in: Antonia Grunenberg (Hg.), *Totalitäre Herrschaft und republikanische Demokratie*, S. 33-56.

12 Die amerikanische Ausgabe war bereits 1958 unter dem Titel *The Human Condition* erschienen.

13 Manfred Riedel (Hg.), *Rehabilitierung der praktischen Philosophie*, 2 Bde., Frankfurt am Main 1972/1974. Vgl. Herbert Schnädelbach, »Was ist Neoaristotelismus?«, in: Wolfgang Kuhlmann (Hg.), *Moralität und Sittlichkeit*, Frankfurt am Main 1986, S. 38-63.

14 Wie sehr sich freilich die Alteuropäerin Arendt in ihrer *politischen* Appropriation der amerikanischen Republik von den Exilanten der Frankfurter Schule unterschied, zeigt Dagmar Barnouw, »Autorität und Freiheit«, in: Winfried Thaa/Lothar Probst (Hg.), *Die Entdeckung der Freiheit. Amerika im Denken Hannah Arendts*, Berlin 2003, S. 47-68.

15 Hannah Arendt, *Über die Revolution*, München 1963.

16 Am radikalsten vielleicht in »Home to roost« (1975), ihrer Rede zum 200jährigen Jubiläum der amerikanischen Revolution, in: Hannah Arendt, *Zur Zeit. Politische Essays*, hg. von M. L. Knott, Berlin 1986, S. 161-178.

17 Hannah Arendt, *Denktagebuch 1950-1973*.

18 Vgl. die von Ulrich Rödel im Sammelband *Autonome Gesellschaft und libertäre Demokratie* (Frankfurt am Main 1990) hg. Beiträge von Claude Lefort, Cornelius Castoriadis und Marcel Gauchet.

19 Zur polnischen Diskussion siehe zuletzt die ausgezeichnete Dokumentation von Paweł Spiewak (Hg.), *Anti-Totalitarismus. Eine polnische Debatte*, Frankfurt am Main 2003.

20 Siehe dazu die souveräne Skizze von Simona Forti, *Il Totalitarismo*, Roma-

Bari 2001. Vgl. auch die Beiträge in Hans Maier (Hg.), *Totalitarismus und politische Religionen*, Paderborn u. a. 1996; Alfons Söllner/Ralf Walkenhaus/Karin Wieland (Hg.), *Totalitarismus. Eine Ideengeschichte des 20. Jahrhunderts*, Berlin 1997.

21 Hannah Arendt, *Macht und Gewalt*, S. 28 ff., unter Berufung auf Blaise Pascals »Préface pour le Traité du Vide« (1651) und Georges Sorels »Illusions du Progrès« (1908). Als nichtgenannte Quelle darf man auch Walter Benjamins »Geschichtsphilosophische Thesen« vermuten, deren Handschrift dieser in Frankreich bekanntlich Arendt übergeben hatte.

22 Siehe Jean-Marc Coudray [= Cornelius Castoriadis]/Claude Lefort/Edgar Morin, *La Brèche*, Paris 1968. Auf das Vorbild von Benjamins Apokalypse des Augenblicks wurde bereits hingewiesen.

23 Hannah Arendt, *Macht und Gewalt*, S. 32 f.

24 Wolfgang Heuer, »Gegenwart im Nirgendwo«, in: *Merkur*, Nr. 580 (Juli 1997), S. 600.

25 Dana R. Villa, *Arendt and Heidegger. The Fate of the Political*, Princeton, N.J. 1996.

26 Dana R. Villa, »Arendt und Tocqueville: Öffentliche Freiheit, Pluralität und die Voraussetzungen der Freiheit«, in: Winfried Thaa/Lothar Probst (Hg.), *Die Entdeckung der Freiheit*, S. 201-236.

27 Jürgen Habermas, »Die Kulturkritik der Neokonservativen in den USA und der Bundesrepublik«, in: ders., *Die Neue Unübersichtlichkeit*, Frankfurt am Main 1985, S. 30-56.

28 Vgl. Richard Rorty, *Achieving our Country. Leftist Thought in Twentieth-Century America*, Cambridge, Mass. 1998 (insb. das dritte Kapitel); dt.: *Stolz auf unser Land. Die amerikanische Linke und der Patriotismus*, Frankfurt am Main 1999.

29 Jürgen Habermas, »Die Geschichte von den zwei Revolutionen« (1966), in: ders., *Philosophisch-politische Profile*. Erweiterte Ausgabe, Frankfurt am Main 1981, S. 223-228.

30 Jürgen Habermas, »Hannah Arendts Begriff der Macht«, in: *Philosophisch-politische Profile*, S. 228-248.

31 Im Sinne von Bernard Williams' »Realism and Moralism in Political Theory«, in: ders., *In the Beginning Was the Deed*, hg. von G. Hawthorn, Princeton N.J. 2005, S. 1-17.

32 Platon, *Politeia*, 352d. Siehe dazu Bernard Williams, *Ethik und die Grenzen der Philosophie*, Hamburg 1999 (Reihe *Rationen*).

33 Siehe Hannah Arendt, *Über das Böse*, S. 52: »In Ausnahmezeiten sind, moralisch gesehen, die einzigen zuverlässigen Menschen jene, die sagen ›Ich kann nicht‹.«

34 Hannah Arendt, *Über das Böse*, S. 90 f.

35 Hannah Arendt, *Wahrheit und Lüge in der Politik*, München 1972, S. 68.

36 Der erste Eintrag datiert vom Juni 1950: »Das Unrechte, das man getan hat,

ist die Last auf den Schultern, etwas, was man trägt, weil man es sich aufgeladen hat« (Hannah Arendt, *Denktagebuch*, S. 3). Nach Abschluß ihrer Diagnose des totalitären Jahrhunderts und kurz vor Beginn ihres *Denktagebuchs*, im Februar 1950, war Arendt bekanntlich ihrem ehemaligen Philosophieprofessor Martin Heidegger wiederbegegnet. Nicht Heideggers Ethos, aber doch sein Stil »des« Denkens gibt fürderhin einen Kontrapunkt, aber auch impliziten Maßstab für Arendts eigene Versuche im eigenen *Denktagebuch* ab. Arendt zitiert Platon im hellenischen O-Ton. Aber sie denkt mit/gegen Heidegger deutsch.

37 Hannah Arendt, *Vom Leben des Geistes*, 2 Bde., München 1979.

38 Hannah Arendt, *Lectures on Kant's Political Philosophy*, hg. von Ronald Beiner, Chicago 1982; dt.: *Das Urteilen. Texte zu Kants politischer Philosophie*, München 1985. Siehe auch zahlreiche Eintragungen und speziell das »Kant-Heft« im *Denktagebuch*, S. 807 ff.

39 Vgl. Harald Bluhm, »Von Weimarer Existenzphilosophie zu politischem Denken«, in: Winfried Thaa/Lothar Probst (Hg.), *Die Entdeckung der Freiheit*, S. 69-92.

40 Siehe meinen Artikel »Die Schutzpatronin«, *Frankfurter Allgemeine Sonntagszeitung*, 4. Dezember 2005.

41 So das schöne Bild aus Barbara Hahns Lektürenotizen *Hannah Arendt – Leidenschaften, Menschen und Bücher*, Berlin 2005.

Suhrkamp Verlag GmbH
Torstraße 44, 10119 Berlin
info@suhrkamp.de
www.suhrkamp.de